湛庐CHEERS

与最聪明的人共同进化

HERE COMES EVERYBODY

金融之王

[美] 利雅卡特·艾哈迈德（Liaquat Ahamed）◎著
巴曙松 李胜利 等◎译

四川人民出版社

不要读历史，要读就读传记，因为那才是真正的生活。

——本杰明 · 迪斯雷利

Lords of Finance

目录

第二部分 金本位的“扑克游戏”

第一次世界大战以后，银行家们普遍认为世界应该重返金本位，而且越快越好。然而，持续了4年的强迫性战争已让欧洲各国几近破产，债台高筑，而美国则积累了总额近45亿美元的黄金储备，占四大经济体总共60亿美元黄金储备的绝大部分。金本位越发成为一种“扑克游戏”：所有筹码都集中在了一个玩家手里。

第三部分 他们救赎了黄金，毁灭了世界

斯特朗一直希望一旦欧洲主要国家都能回归金本位制，目前这种全球黄金流向美国的不均衡状况就能够自动纠正。但这从来都没有发生过。帮助欧洲摆脱噩梦的方法只有一个，那就是进一步降低美联储的利率。而当斯特朗通过降息让股市喝上一小杯威士忌时，他怎么也不会想到喝醉了的股市是如此疯狂。

第四部分 史无前例的大萧条来了

自1929年以来，经济危机已经几乎遍及世界的每一个角落，金融机构纷纷破产，货币体系近乎崩溃，全球笼罩在现代历史最严重的一次经济灾难的阴影之中。在这个特殊的时期，无知的金钱充斥着各个角落，它缠住谁，谁就会成为投机分子；它要是不高兴了，人们就会感到恐惧。

第五部分 余波未了

放弃金本位制这个不散的阴魂是经济复苏的关键，英国、美国和法国先后放弃了金本位，但德国却是一个例外。作为那个时代最具有创新能力的银行家，沙赫特尽情展示了他那杰出的发明才能。为了到达未知之处，他以一种无所畏惧的心情前行，他常说为了恢复德国经济他宁愿与魔鬼做一个约定。

Lords of Finance
推荐序

借鉴金融史
推进国际金融稳定与中国金融改革

戴相龍

曾任中国人民银行行长、天津市市长、
全国社会保障基金理事会理事长

巴曙松研究员主持和组织翻译了《金融之王：毁了世界的银行家》。这本书记录了第一次世界大战后英、美、德、法四个主要发达国家中央银行行长的一系列重大金融货币决策以及他们的人生。巴曙松研究员约我为此书写序。现在来读这本书，正好可以借阅读此书之机思考如何推进国际金融稳定与我国金融体制改革。

金融很深奥，看懂此书并非易事。但是，只要掌握金融运行的五个基本环节，你就会较快地了解金融，也有利于分析这四位中央银行行长的功过。**金融是一个体系，这个体系由货币、经营和管理货币的企业、金融市场、调控货币供应的中央银行和金融监管机构所组成。**稳定的货币和适当的货币供应量，是促进商品生产、扩大国际贸易、改善国际收支的基础。金融企业经营或管理货币，通过市场交换合理配置货币，提高了货币使用效率。中央银行调控货币供应量，维护币值稳定，促进经济稳定增长。中央银行或后来分设出去的金融监管机构，促进金融企业依法运行，维护金融稳定。

金融体系中的五个环节，只要一个环节出问题，就有可能引发金融危机。中央银行在金融体系中具有特别重要的地位。为了了解书中四位中央银行家的金融决策，必须了解中央银行职责。

从金融史的角度看，西方成立中央银行的最初动机是为了政府融资、调控货币发行、办理票据清算、履行商业银行最终贷款人职能并对金融企业实行监管。在第一次世界大战前，只有美、英、法、德、日等少数发达国家建立了中央银行制度。在战争中，不少银行大肆发行货币，引发了恶性通货膨胀，因此稳定币值也逐步受到了各国的重视。1920年，在布鲁塞尔举行了历史上第一次国际金融会议，建议各国建立中央银行，并由中央银行集中货币发行，以控制货币发行和稳定币值。从1921年至1942年，新成立的中央银行有43家，世界上主要国家差不多都在这一时期建立了中央银行。中央银行的职能得到进一步拓展，逐步被赋予了“发行的银行、银行的银行和国家的银行”的主要职能，在经济宏观调控和稳定金融市场中发挥着重要作用，成为国家管理经济的重要部门。

英格兰银行行长蒙塔古·克莱塔·诺曼，被称为“无形帝国的君主”，在他“当政”的十年中，他和纽约联邦储备银行行长本杰朗·斯特朗、德国中央银行行长亚尔马·沙赫特、法兰西银行行长埃米尔·莫罗，共同组成了“世界最孤高排外的俱乐部”，他们掌握国家金融货币决策大权，把他们说成是“金融之王”是名副其实的。他们恢复金本位制，只是导致后来发生世界经济“大萧条”的一个货币因素，发生世界经济大萧条，还有更深刻的社会经济和政治制度原因。因此，说这些金融之王是“毁了世界的银行家”并不全面。不过，作为中央银行家的传记，用此书名似也无妨。这本著作，在反思之前那次席卷全球的金融危机时，被各国金融界广泛关注。该书获得2010年普利策历史奖，《纽约时报》“2009年十佳图书”，彭博通讯社推荐的2009年十大最佳商业类书籍。大家都试图从金融发展历程中寻找把握未来金融发展的坐标。把这本书翻译成中文是一项非常有意义的工作。

1929—1933年间，由于美国发生严重的金融危机，导致全球经济大萧条。

1929 年 10 月 24 日，纽约股市大跌，10 月 29 日当天下跌 23.6%。到 1932 年，道琼斯指数较 1929 年最高点下跌 89%。危机发生后两年，有 7 000 多家商业银行倒闭，14 万家企业倒闭，1 700 万人失业，失业率高达 28%，美国钢铁公司开工率下降到 19%。1929 年，美国国民生产总值为 1 040 亿美元，1932 年下降到 580 亿美元，美国财富的一半被蒸发，生产力倒退到 1906 年的水平。

后来，不同经济学流派对大萧条成因有不同的解释，凯恩斯的解释强调消费需求和投资需求不足导致总供给严重大于总需求；米尔顿·弗里德曼的解释强调货币供给的收缩；美联储前主席伯南克的著作《大萧条》又对大萧条原因给出了自己的解释。综合各种经济学派的观点，大萧条成因主要有三条。**首先是生产社会化和生产资料私有制矛盾的加剧和爆发。**主要发达资本主义国家崇拜和推行自由市场经济，导致一段时期工业生产迅速发展，工业品大大丰富。但是，由于资本家追求利润而压低工资水平，导致工人收入只能缓慢上升。1929 年，美国的每一个家庭如果想取得最低限度的生活必需品，每年需要 2 000 美元的收入。但当时有 60% 以上的家庭达不到这个数额。社会购买力严重滞后于经济发展，因此引发了经济危机。**其次，生产过剩的一个重要原因是美国等发达国家中央银行实行了收紧的货币政策，导致世界范围内的通货紧缩。**1928 年纽约联邦储备银行行长本杰朗·斯特朗逝世后，新任行长在 1928 年春到 1929 年 10 月股市大跌时，采取货币收缩政策，这加剧了经济危机的深化。**最后，金本位制导致货币紧缩，并将金融危机扩展到全球主要国家。**1918 年第一次世界大战结束后，因为在大战中各国中央银行滥发纸币，导致通货膨胀，西方发达国家又逐步恢复金本位制。第一次世界大战后，黄金集中到美国，美国出现通货膨胀。同时，英法等国因黄金流出过多，导致货币紧缩，抑制了社会需求，经济加剧下滑。1931 年 9 月英国脱离金本位制，许多投机者预料美国也会脱离金本位制，因此，各国央行纷纷抛售美元，囤积黄金，并集中提取在美国银行的存款，进一步加剧了美国经济危机。由于西方许多国家与美国同时实行金本位制，美国金融危机又传输到其他国家。

美国第 31 届总统赫伯特·胡佛年轻时发迹于中国的开滦煤矿，并在天津利顺德饭店长期居住，1913 年回到美国，1928 年 11 月当选为美国总统。胡佛总统在任期间，实行紧缩货币政策，将美国经济推向深渊。最终，是罗斯福新政使美国逐步脱离大萧条。1933 年 3 月，罗斯福宣誓就任美国总统，他呼吁美国公民增强信心，采纳凯恩斯理论和策略，推行“罗斯福新政”。新政的核心是通过国家力量干预市场，通过市场行为调节经济。主要措施是增加政府开支，为失业者创造就业机会，为民众提供充分的福利保障。新政取消金本位制，制定了《银行救助法令》《联邦证券法》《1933 年银行法》，对银行证券业务分业经营、分业监管。经过几年的努力，美国经济终于恢复增长。

时隔 70 多年，2007 年 4 月，美国发生了次贷危机。2008 年 9 月，“金融海啸”爆发。美国房贷两大巨头房地美和房利美被政府接管。五大投资银行，一个破产，一个被合并，三个改为银行控股公司。2009 年，美国经济衰退 2.6%。美国金融危机迅速传导到欧洲，世界经济衰退 0.6%。

美国及许多国家的政府和经济学家对美国发生“金融海啸”的原因，也有不同的解释，但对下列解释基本有共识。

一是货币政策失当。美国长期实行低利率政策，这推动了全国负债消费，特别是民众对房地产的过度负债消费。后来的利率下调，造成房地产贷款的损失，使银行出现巨额坏账，引发金融危机。但是，美联储前主席格林斯潘并不完全同意这个分析。

> 在我担任中国人民银行行长期间，我和格林斯潘每年都有几次见面。让我感叹的是，他到中国来访总是自己提着行李，随员只有一个保卫人员。2008 年 10 月 25 日，我在华盛顿见到格林斯潘先生，当面问到外界批评他货币政策失当的问题时，他说：“我在 2004 年已提高短期利率水平，过去只要提高短期利率水平，有 80% 的可能会促进长期利率上升。但是，现在这个办法不灵了，因为有的国家和中东石油出口大国将大量美元流向美国，压低了长期利率。”他没有说“有的国家”是指哪些国家，但我知道他讲的“有的国家”是指中国等新兴经济体。

二是金融监管缺失。面对房地产贷款的大量增加，投资银行大量发行以房地产贷款抵押的债券，有的投资银行则对这种债券发行进行担保。最初一美元的贷款，可以被放大为几元，甚至十几美元的金融衍生品。因此，美国政府批评华尔街的“贪婪”引发了金融危机。

三是美国政府引导全民过度负债消费。在2010年11月北京国际金融论坛上，美国芝加哥商品交易所前主席发言，不但批评美国政府过分运用行政手段处置金融危机，而且说是美国政府过度扶持房地美、房利美而引导银行过度发放房地产贷款，造成了美国金融危机。

我赞同上面的分析，但我认为美国这次发生金融危机还有更深刻的货币制度原因，即美元既是美国本币，又是居垄断地位的国际储备货币。这种货币制度促使美国政府和华尔街精英在决策中犯了错误。

面对这次国际金融危机引发的全球经济衰退，2008年11月，20国集团会议召开，着重讨论共同实行救助刺激政策。此后又召开了三次会议，着重讨论加强金融监管，促进世界经济结构平衡，促进全球金融趋向基本稳定的问题。

20国集团普遍扩大财政赤字，降低利息，扩大货币供应，使全球经济停止衰退。2010年，美国扩大了出口，中国扩大了消费，世界经济结构不平衡有所改善。加强全球金融监管工作也开始起步。接受1997年亚洲金融危机的教训，发达国家成立了金融论坛，研究推进金融稳定。1999年5月，国际货币基金组织和世界银行联合推出了《金融部门评估规划》(*Financial Sector Assessment Program*)，从几个方面描述了金融稳定的概念，并提出一系列量化指标。在反思金融危机的基础上，主要发达国家也在积极推进本国的金融改革进程。

> 2010年7月15日，美国参议院继众议院之后通过了《金融监管改革法案》；9月7日，欧洲议会也通过了《泛欧金融监管改革法案》；9月，全球金融稳定理事会和监管当局会议，把商业银行核心资本的标准提高了一倍多；国际货币基金组织也开始提高中国等新兴经济体在基金的份额。

20国集团几次会议都提出要改革国际金融体系，特别是要推进国际货币体系的改革。但是，这方面的改革尚未起步。**国际货币体系改革现实可行的方案是推**

进国际储备货币的多元化，建立由美元、欧元和人民币、日元、英镑组成的国际货币体系。同时，将中国人民币列入特别提款权（SDR），逐步发挥SDR作用。这项改革只能是逐步进行。美国实施宽松货币政策，导致美元流向全球。反之，美国实施紧缩货币政策，又有大量美元回流美国，如此，必然导致全球震荡。这也是1997年发生亚洲金融危机的一个货币根源。为应对这种风险，各国加大外汇储备。2010年底全球外汇储备8万多亿美元，比1997年增加一倍多。2010年各国公布币种的4万多亿美元外汇储备中，美元仍占60%以上。美元仍将是全球主要储备货币，但是，美国应受国际约束，将美国财政赤字和债务占经济总量的比例逐步下降，至少应下降到全球主要国家的平均水平。否则，美元地位会进一步下降，这不仅不利于世界经济发展，也严重威胁到美国经济发展。

我对欧盟一系列国家为维护区内根本利益而放弃主权货币的勇气表示赞叹。1998年欧盟8个国家的首脑访问中国，了解中国对欧元使用的态度。中国政府对欧元使用表示理解和支持。中国人民银行最早发表声明，接受欧元用于贸易结算。我和德国中央银行行长蒂德迈尔、法国中央银行行长特里谢有一张三人合影，这不仅因为我们三人都是中央银行行长，而且因为我们三人有一个共同经历——都当过采煤工人。现在，特里谢先生任欧盟中央银行行长已经近8年，为欧元稳定使用做出了重大贡献。欧元区有17个国家，各个国家经济规模差别很大，德国、法国、意大利经济总量占欧元区的三分之二，希腊仅占2.2%。面对全球金融危机，一些规模较小的国家发生主权债务危机并不奇怪，现在会发生，以后还会发生。**欧元区主要国家经济发展尚好，加之已经建立救助机制，欧元区有能力排除在有些国家发生的主权债务危机。**欧元区经济发展较慢很重要的一个原因是，社会福利政策超过国家承受力。欧元已经稳定存在，欧元在全球外汇储备中的比例正在上升。贬低欧元，甚至说欧元会退出，这是毫无道理的。

欧元之父蒙代尔提出，国际货币体系改革是国际货币多元化，即建立由美元、欧元和亚洲某种货币为主组成的国际货币体系。蒙代尔提到的“亚洲某种货币”，可能是指今后有可能产生的“亚元”。亚洲不同于欧洲，“亚元”的创立还十分遥远。人民币和日元可同时成为国际货币体系的组成部分。

借鉴金融史，要研究继续推进中国金融体制改革，特别是加快中国金融的全球化步伐。**金融危机一般通过实体经济、金融渠道和心理预期三种方式传导。**1929—1933 年出现大萧条，由于中国没有实行金本位制，没有受到“大萧条”的冲击，反而获得很大发展。2008 年美国出现“金融海啸”，由于中国资本项目未开放，人民币没有成为国际货币，也避免了受国际金融危机的严重冲击。相反，中国在应对国际金融危机中进一步强大。今后，全球或者地区范围内还会出现严重金融危机，中国还能继续避免国际金融危机的冲击吗？我看是不可能的。

> 现在，中国已与世界经济发展联成一体。2010 年，我国对外货物进出口贸易量已接近 3 万亿美元，中国外汇储备已超过 2.8 万亿美元，中国人民银行总资产的 83% 为国外资产。保守预测，到 2020 年中国经济总量占全球经济总量的比例会超过 17%。今后世界上发生严重金融危机，都会通过各种渠道传导到中国。

今后中国金融改革，要立足本国，面向全球金融市场，提高中国金融业国际竞争能力和处理国际重大金融事务中的话语权，建立对严重金融危机的预警机制，提高应对能力。要正确制定和执行各项宏观经济政策，促进经济增长方式转变，保持国民经济又好又快增长，提高我国国力。要改善社会资金使用结构，通过股票、债券和基金，尽快提高直接融资占社会融资的比例。要推进人民币利率市场化，提高我国商业银行参与国际市场竞争能力。要完善汇率形成机制，促进国际收支平衡，发挥人民币在境外贸易结算和境外投资中的作用，促进发展人民币离岸中心，稳步推进人民币国际化。人民币国际化，应该有一个较为严格的标准，即人民币能够完全可兑换，可以承担国际货币全部功能，人民币在国际储备货币中有较高的比例。因此，人民币国际化可能要经过三四个五年的努力。人民币国际化，要加快资本项目可兑换进程，可以通过金融市场实现，但也可以通过双边政府特定安排加以推进。要建设跨国大型金融集团，打造国际金融中心。现在，我国几家超大型商业银行的上市市值已名列世界前茅，要将其打造成国际金融集团。在继续发挥香港国际金融中心作用的同时，按照邓小平同志的期望和国家既定方针，正确处理金融交易中心在上海、金融管理中心在首都的关系，加快把上海建成国际金融中心。

一部视角独特的经济金融史：大萧条中的群像记录

巴曙松
北大汇丰金融研究院执行院长
中国银行业协会首席经济学家
中国宏观经济学会副会长

金融危机爆发，迅速把国际市场上呼风唤雨的金融家推到聚光灯下，经受严厉的指责与批评。这些银行家也似乎手足无措，与各国政治家一道，在各种或明或暗的论坛或者俱乐部上寻求挽救危机的种种举措。G20首尔峰会，就是这众多会议中有代表性的一个。

公众好奇的是，在惜墨如金的会议公报之外，在肤浅的媒体表面报道之外，这些金融家和政治家们究竟都做了一些什么？是如何讨论的？最终的结果是如何达成的？不同的银行家和政治家所持的观点看法有多大的差异？最后如何达成妥协的？

了解这些深层次的动态，对于把握国际金融市场动向，无疑具有重要的价值，但是，要及时了解这些动态，却并不是一件容易的事情，媒体所报道的现象与最终披露的真相往往有很大的差距。那么，如何才能弥补这种缺陷呢？

从类似的历史事件中寻找启迪，是可行的方案之一。因为金融家在金融危机中的表现往往异常相似，而且经过时间的积淀，泡沫散去，可以看到一个更为清晰的事实。

这可以说是我们翻译《金融之王：毁了世界的银行家》的主要驱动力所在：这本书是关于国际银行家在上一轮大危机中的群像记录。但是这不仅仅是历史，因为在这一次的危机中，我们看到类似的故事在重演。尽管背景不同，情节有异，主角转换，但是，国际金融家在市场大起大落中表现出来的自信与恐惧、勇气与胆怯、责任与贪婪，却无比相似。

纵观金融市场起起落落的历程，金融市场的有趣之处在于，每一次身处市场大起大落的人们，往往会找出不同的理由来强调“这一次大牛市是不同的”，但是泡沫破灭之后，却残酷地发现，其实每一次的危机，从形成机理到演进过程，乃至不同机构和人物的表现，都异常相似。仅仅就在最近这些年的时间里，就发生了日本房地产泡沫、南美债务危机、亚洲金融危机、俄罗斯债务危机、互联网泡沫以及此次金融海啸等一系列严重的金融危机。

可以说，纵观金融市场，**市场波动的历史给我们的最大教训是，人们很少从历史中吸取教训**。人类进入 21 世纪，不仅现代通信技术的广泛应用使得全球即时通信成为现实，计算机的广泛应用也使得金融家们的聪明才智被发挥得淋漓尽致，把金融产品变得越来越复杂。然而，金融危机并没有因此而减少，相反，发生的频率更高，波及的范围更广，破坏程度更大。现在看来，2008 年以来，经过各国协调一致的大规模经济刺激计划，虽然使全球经济避免了 20 世纪 30 年代“大萧条”的重演，但是美国依然没有走出“无业的复苏”，欧洲更是问题重重。

“执古之道，以御今之有。”为了尽可能将金融灾难的冲击减小到最低，我们需要正视金融界的傲慢和偏见，并虚心地从金融市场波动的历程中去找寻金融危机的内在规律性。

从具体的内容上看，本书讲述了第一次世界大战后，欧洲和美国的政府和中央银行如何根据巴黎和会的安排，重建金融体系，并由此引发了 20 世纪 30 年代那场世界性的大萧条的故事。全书围绕英、美、德、法四个主要发达国家的中央银行行长展开。他们手握重权，力图重塑世界繁华；又个性鲜明，不少人盲目自信，最终饮恨“沙场”，把世界推入金融危机的深渊。本书角度独特，不仅如一部优美的传记，情节引人入胜；又如一部有独特视角的经济金融史。

今天的人们很难想象两次世界大战中间的时期，本书中的四位央行行长有多大的权力和威望，虽然他们的名字甚至连现在的金融专家也很少耳闻。但在当时，以英格兰为首的几个主要中央银行被称为“堡垒中的堡垒”，而这几家央行的行长们则被称为“世界最孤高排外的俱乐部”和“无形帝国的君主”。他们担当着第一次世界大战后重建世界金融体系的重任，其任何决策都足以影响当时的整个世界。可以说，他们的故事，就是主导当时世界经济发展的最有代表性的音符之一。

第一次世界大战后，欧洲版图被重新划分，主要国家百废待兴，通胀肆虐。重建世界的责任和梦想考验着各国政治家和经济学家的智慧，但是他们的努力却造就了史无前例的经济危机。

本书作者认为，从巴黎和会开始，错误的战争赔款安排导致了德、法、英等国向美国欠下巨额债务，在全球金融体系中产生了巨大的断层，为后来的危机埋下伏笔。更大的错误在于当时的中央银行家们，在世界黄金分配严重失衡和经济总量大幅增加的情况下，错误地推动并重建了金本位制。在黄金供给严重短缺的情况下，金本位制失去了自动调节经济的功能，为了维护英格兰银行的核心地位，这些金融大亨们又错误地下调美元利率，滥发纸币，提高税赋，这无疑雪上加霜，最终引发了美国股市泡沫。

最终，在 1929 年 10 月的最后一周，股市泡沫破灭，美国经济陷入了衰退，并产生了双重效应：一方面国际信贷紧缩的结果使得德国和其他国家陷入了衰退，另一方面则重创了美国经济。尽管当时这些央行行长们仍然具有不小的影响力，但因受金本位制度的束缚也无能为力。随着美元的下跌，各国货币竞相贬值，将金融市场的危机延伸到全世界的经济体系中。幸好，当时的凯恩斯独具慧眼，其独树一帜的经济思想也被用于拯救大萧条的努力，这与那些金融大亨们形成了鲜明的对比。

如同我们所反复强调的，历史不会重现，但总是惊人的相似。1929—1933年间的股市泡沫破灭和一系列银行恐慌与2008年爆发的全球金融海啸有着相同的特性，无不都是源于金融工具的滥用和金融家们的贪婪以及监管上的缺陷、政府应对上的不足，等等。如果说在1933年，储户们还需要排队到银行去挤兑，但现代的投资者们只要轻敲鼠标就可以让金融市场受到巨大冲击。而且，现在全球金融体系在规模上更大，产品上更复杂，金融杠杆的应用更疯狂，各国金融市场的联系更紧密，这使得许多金融机构可能会在一夜之间遭受灭顶之灾。可以说，**现在的银行体系比以往影响更广泛，但是对风险也更敏感，因此，这次恐慌横扫整个世界金融体系的速度更快，破坏性更大。**还算幸运的是，在这次危机中各国央行和当局反应迅速，采取了一系列前所未有的措施，向金融市场注入了巨额资金，同时向金融机构注入了大量资本金，使全球经济金融体系暂时避免了重陷大萧条式的全球衰退。尽管这一系列措施的效果目前还无法全面评估，但以短期效果来看，虽有负面影响但是效果至少比大萧条时要出色不少，这大概也是国际金融家们充分汲取了包括本书在内的金融历史的教训与经验所致。

本书的英文版本在国际出版界获得过不少殊荣，例如，该书曾经荣获2010年普利策历史奖，《纽约时报》2009年年度十佳图书，彭博通讯社推荐的2009年十大最佳商业类书籍等。作者利雅卡特·艾哈迈德是一位拥有20多年工作经历的职业投资经理人，曾任世界银行投行部主管。本书从2004年就开始创作，对几位中央银行家的批评和对大萧条的系统回顾，也算是对4年后金融危机的重要借鉴。

近年来，我有意识地每年组织翻译一些有重要专业和现实价值的著作，例如弗里德曼的成名作《美国货币史》以及《大而不倒》和《末日博士鲁比尼的金融预言》，其中一个重要的考虑，是中国金融业发展的现实需要。

中国经济在迅速崛起，在国际金融市场上的影响力也在明显提升，但是，我们对于国际金融市场的纵横捭阖还是所知有限，特别是切入第一线的运作的了解，更是所知寥寥。这需要我们做大量的基础工作，介绍一些真正有价值的、有利于中国的金融界了解全球金融运作的代表性权威著作，这样可以避免我们陷入无知的自大，或者陷入无端的自卑，或者被不知所云的阴谋论所吸引而忽视了对市场规律本身的研究。

这一本介绍国际金融界大佬群像的著作，是我们进行的又一次努力。我认为，这本书对于正在积极参与国际金融治理探索的中国金融界来说，应当是深有价值的——在此前一些对国际金融市场进行介绍的中文著作中，当然有许多是深有价值的，但是也有一些著作，或者是概念性的、较为理论色彩的分析，或者是武侠小说式的阴谋论的想象，而这本书可以给我们一些切身的体会与感悟。

本书的翻译由我主持和组织，我和李胜利博士共同承担翻译的组织协调和统稿校订工作。巴曙松、李胜利、杨现领、矫静、毛奔、徐小乐、孟之静、肖冬红等参与了初稿的翻译；巴曙松、李胜利、王盼、刘芷冰参与了全文的校对。湛庐文化和四川人民出版社的编辑们为促成此书的翻译和出版做了大量工作，在此表示诚挚的感谢。

《金融之王：毁了世界的银行家》这本书的扉页上，本杰明·迪斯雷利的这句话可以说是对这本书十分有力的推介：**“不要读历史，要读就读传记，因为那才是真正的生活。”**本杰明·迪斯雷利这位为建立英国殖民帝国不遗余力的精明的犹太人，曾经两度出任英国首相，担任过三届内阁财政大臣，他自己就是本书中所描述的毁了世界的银行家群体中的一员。在这位毁了世界的银行家看来，以鲜活的人物为中心展开的传记类著作，因为更多地用现实的故事来构建，较少拘泥于理论的框架，因而更容易使读者获得教益。当然，因为水平所限，书中翻译错误在所难免，欢迎读者指正。

是为序。

Lords of Finance

引言

谁是金融之王

1931年8月15日，媒体公开发表一则声明：英格兰银行行长由于近几个月承受巨大压力而身体不适，根据医生的建议，他已经停止了所有工作并到国外休养。声明中提到的行长就是被授予“金十字英勇勋章”的蒙塔古·克莱特·诺曼，尽管他多次拒绝这个头衔，因为他并非许多人以为的勋爵或爵士，但他确实以此为荣，毕竟这是证明一个军官表现英勇的次高级别的勋章。

诺曼对媒体界总是很提防，他在旅途中为了逃避多事的记者而假扮身份，故意错过火车，因此留下了不好的名声。甚至有一次他原本打算登上开往加拿大的约克公爵夫人号邮轮，为避开记者竟然借助一条绳梯从邮轮的一端滑到另一端，真令人难以置信。而这时，带着与生俱来的戏剧天赋，他对聚集在码头对岸的记者宣布：“我想我需要好好休息一下了，因为最近我非常辛苦，身体也大不如前了，我觉得在这艘豪华邮轮上旅行对我的身体应该是有益的。”

在金融界中，诺曼精神脆弱早已被认为是一个公开的秘密，但很少有人知道真相——在过去的两周里，世界金融危机愈演愈烈，欧洲银行体系也正处于崩溃的边缘，由于巨大压力造成的精神失常使这位行长已经不能胜任目前的工作。英格兰银行的声明从旧金山传到了中国的上海，世界各地的投资者为之震惊。

多年以后，人们很难想象在两次世界大战期间蒙塔古·诺曼拥有多大的权力和威望，他的名字如今也很少再为人所知。但在当时，他被公认为是世界上最具影响力的中央银行家，被《纽约时报》形容为“无形帝国的君主”。欧盟之父让·莫内（Jean Monnet）则认为英格兰银行是“堡垒中的堡垒”，而“蒙塔古·诺曼作为这个堡垒的管理者，令人敬畏”。

在其主事的10年中，诺曼和其他三位中央银行行长一度被媒体戏称为“世界上最孤高排外的俱乐部”成员。**诺曼和纽约联邦储备银行的本杰明·斯特朗、德意志银行的亚尔马·沙赫特以及法兰西银行的埃米尔·莫罗，形成了中央银行家的“四重奏”，他们承担着第一次世界大战后重建世界金融体系的重任。**

但是到了1931年中期，诺曼成为最初的四人组中仅存的一位。斯特朗于1928年逝世，享年55岁；莫罗于1930年退休；沙赫特在1930年因和自己的政府发生争执而辞职，他正在向阿道夫·希特勒和纳粹示好。因此，重建世界金融体系的重任就落在了那个面带诙谐笑容、有着神秘的戏剧天赋、留着凡·戴克式的胡须、身穿神秘戏装、头戴宽边帽、身披下垂披肩、带着耀眼翡翠领带夹的谜一般的英国人身上。

在世界经济进入史无前例的衰退时期的第二年，世界上最举足轻重的中央银行家精神失常实在是一件很不幸的事情。各国的生产大幅下滑——受打击最大的美国和德国下滑达40%。工业国家的所有工厂——从底特律的汽车厂到鲁尔的钢铁厂，从里昂的丝绸厂到泰恩赛德的造船厂，要么关闭，要么只有少数开工。市场需求严重萎缩，导致大萧条后的两年中物价下跌了25%。

在工业国家，失业的工人遍布城市和乡村。在世界最大的经济体美国，有800多万人失业，占其劳动力规模的15%。在第二和第三大经济体英国和德国，分别有250万人和500万人加入失业大军。在世界最大的四个经济体中，只有法国似乎躲过了席卷世界的经济危机，但最终也跌入深渊。

失业的人们无所事事地流落在街头、公园、酒吧和咖啡馆。在纽约和芝加哥，越来越多的人因失去工作而流离失所，只能住在货箱、废旧钢铁、兽皮、帆布甚至车皮搭建的窝棚里，连中央公园都变成了人们的宿地。在柏林、汉堡和德累斯顿的郊区，类似的窝棚区也比比皆是。在美国，成千上万的失业者逃离城市，四处找寻工作机会。

失业带来了暴乱和造反。在美国的阿肯色州、俄克拉荷马州以及中部和西南各州都发生了抢夺食物的骚乱。在英国，矿工、纱厂工人和织布工人开始罢工。在柏林，几乎发生了内战。在1930年9月的选举中，纳粹利用人们对失业的恐惧，对协约国、共产主义者和犹太人等大加指责，说他们造成了德国人的痛苦，以此获取了650万张选票，并使其在议会中的席位从12个增加到107个，成为继社会民主党之后的第二大党。随之，纳粹和共产主义者常常在街头巷尾发生冲突。类似的政变也在葡萄牙、巴西、阿根廷、秘鲁以及西班牙发生。

最大的威胁来自银行体系的崩溃。1930年12月，美国银行（虽然这家银行以国家的名字命名，但它却是一家没有任何官方背景的私人银行）倒闭，这成了美国历史上最大的银行破产案，大约两亿美元的存款因此而遭到冻结。1931年5月，奥地利最大的银行——罗斯柴尔德家族（Rothschilds）的拥有2.5亿美元资产的奥地利信贷银行破产。6月20日，赫伯特·胡佛总统宣布延期一年偿付战争债务和赔款。7月，德国第三大银行达纳特银行破产，引发了整个德国银行体系的挤兑和资本外逃的浪潮。海因里希·布吕宁总理宣布银行暂停营业，限制民众从银行提款的金额，并暂停外国短期债务的偿付。当拥有大量德国债权的英国人发现德国违约后，危机于当月底席卷了伦敦。人们突然发现之前无须担忧的债权无法履约，世界各地的投资者又纷纷涌向伦敦提款，英格兰银行被迫向法国和美国的银行（法兰西银行和纽约联邦储备银行）借款6.5亿美元，以避免其黄金储备被耗尽。

随着失业的蔓延，银行破产，农产品价格暴跌，工厂关闭，仿佛世界末日就要来临了。

6月22日，著名经济学家约翰·梅纳德·凯恩斯告诉芝加哥人：

“我们正处在现代世界最严重的灾难之中——灾难由所有的经济因素造成。据莫斯科人说，这是资本主义最后的、终极的经济危机，我们的社会将无法承受。”以研究文明的兴衰而著称的历史学家阿诺德·汤因比（Arnold Toynbee）在为皇家国际事务研究所（Royal Institute of International Affairs）撰写年度事件评论时说：“1931 年，世界各地的人们都在深思熟虑，并坦诚地讨论西方社会体系即将崩溃和走向终结的可能性。”

当年夏天，蒙塔古·诺曼几个月前写给他在法兰西银行的一位同僚克莱门特·莫雷的一封信见诸报端。诺曼声称：“除非出台有力的拯救措施，否则文明世界的资本主义制度将在一年内崩溃，这一点我确信不疑。”他还以尖刻的笔调补充道：“我希望这一预言能够存档，以备将来参考。”有传言说在赴加拿大修养之前，他坚持认为应该使用配给证，以避免当欧洲各国的货币普遍崩溃时，英国回到物物交换的境地。

在经济危机中，中央银行家们也都纷纷恪守几个世纪以来母亲教导孩子的那句警言：“如果你不能说得完美，那就什么也不要说。”这句话让这些金融业官员们在处理危机时避免再次陷入尴尬局面——他们要么在公众面前坦承问题而造成市场恐慌，要么对公众漫天撒谎而维持相安无事。像诺曼这样如此德高望重的人愿意坦诚地谈论西方文明的崩溃，这充分说明面对“经济海啸”金融当局的无计可施和困惑。

诺曼不仅是世界上最显赫的中央银行家，他还被金融界和政府官员们公认为具有良好的品质和判断力。

一向趾高气扬的摩根财团资深合伙人托马斯·拉蒙特说诺曼是“他遇到过的最有智慧的人”。在政界，英国财政大臣菲利普·斯诺登，一位多次预言资本主义最终会灭亡的忠诚的社会主义者，真诚地称赞诺曼“不仅仅是女王跟前的最优雅的大臣”，“他对于国家所遭受苦难的同情心像母爱一样泛滥”，而且他“充满自信，富有感染力”。

诺曼在很多事情上处理得当，赢得了经济界和金融界的好评。第一次世界大战后，他坚决反对向德国索取战争赔款。整个20世纪20年代，他一直在警告各国黄金储备的短缺问题。此外，他还较早地警告了美国股市的泡沫风险问题。

但是也有少数人指责正是他推行的政策，尤其是教徒般死板地拥护的金本位制度，引发了席卷西方世界的经济危机，这其中包括约翰·梅纳德·凯恩斯和温斯顿·丘吉尔。在诺曼结束其加拿大的假期前夕，丘吉尔这位两年前在华尔街几乎倾家荡产的人从比亚里茨给他的前任秘书和好友埃迪·马什（Eddie Marsh）写信说："我遇到的每个人都在警告金融业要发生问题……我希望把蒙塔古·诺曼吊死，我有重要的证据驳斥他。"

1929—1933年的世界经济危机——现在叫作"大萧条"，是20世纪最重要的经济事件。没有任何国家逃脱厄运，它带来的负面影响持续了十多年时间，影响到社会和经济生活的方方面面，伤害了整整一代人。这场经济危机引发了欧洲20世纪30年代"堕落的十年"，导致了希特勒和法西斯的崛起，以及比第一次世界大战更为可怕的第二次世界大战。

20世纪20年代的大繁荣向大萧条的滑落，可以通过多种方式来讲述。在本书中，我选择剖析当时的4位主要中央银行家，他们分别管辖着英格兰银行、美国联邦储备系统、德意志银行和法兰西银行。

1918年，当第一次世界大战结束时，百废待兴，金融体系也岌岌可危。19世纪后期，在金本位基础上发展起来的国家债券体系以伦敦为中心迅速发展，引起了国际贸易和经济的快速繁荣。1919年，这一体系崩溃，英国、法国和德国几近破产，债台高筑，它们的国民因为物价飞涨而陷入贫困，其货币也几近崩溃。只有发了战争财的美国变得更为强大。

政府认为是银行家发挥作用的时候了，因此解决世界金融危机的重任就集中到4个重要国家的中央银行身上：英国、法国、德国和美国。

本书讲述了第一次世界大战后这些中央银行家们重建国际金融体系的故事。

20世纪20年代中期，他们似乎成功了：国际外汇市场稳定，资金流动自由，经济增长得以恢复。但繁荣的背后也出现了隐患，被公认为金融体系稳定基石的金本位制度约束了经济的发展。本书的后几章描述了中央银行家们在应对大萧条时那些无序和徒劳的努力。

和现在一样，20世纪20年代的中央银行家拥有巨大的权力和威望。4位中央银行家的故事贯穿了本书：英格兰银行的蒙塔古·诺曼，有些神秘和神经质；法兰西银行的埃米尔·莫罗，生性多疑且憎恨和恐惧外国人；德意志银行的亚尔马·沙赫特，死板、傲慢、才华横溢而又狡猾；纽约联邦储备银行的本杰明·斯特朗，表面上精力充沛、劲头十足，但其实是个深受伤害、不堪重负的人。

这4个人都是那个时代的重要人物，处于舆论漩涡的中心。他们的生活和工作为我们了解20世纪20年代那段复杂的历史（未实现的和平、战争债务和赔款、恶性通胀、欧洲的衰落和美国的暴富、虚假的繁荣和彻底的破灭等不幸的故事）提供了一个很好的视角——更人性化、更深入浅出。

> 他们各自的行事方式都体现了他们国家当时的国民心态。蒙塔古·诺曼对自己不完美的直觉有着堂吉诃德式的信心，他沉溺在大英帝国昔日的辉煌里，不愿意承认它在世界上的日渐衰落。偏执和满怀仇恨的埃米尔·莫罗，准确地体现了所有遭受战争创伤的法国人的心态。本杰明·斯特朗富有行动力，代表了美国的新一代，他们积极地利用自己的金融实力去干预世界事务。只有易怒和傲慢的亚尔马·沙赫特没有反映出战败后德国人的失落心态，或许他只是简单地把这种情绪隐藏了起来。

他们曾经手握重权，但最后都几乎彻底退出了历史舞台。他们曾经家喻户晓，被媒体称为“世界上最孤高排外的俱乐部”成员，但随着时间的流逝，他们现在都已被人们遗忘。

20世纪20年代是一个过渡期，它见证了一个时代的终结和一个新时代的开始。当时的中央银行还是私有的，主要目标是维护货币稳定和处理银行恐慌事件，而中央银行稳定经济的概念则刚刚开始萌芽。

在19世纪，英格兰银行和法兰西银行的领袖们还不为公众熟知，只是在金融界有人知道他们。而到了20世纪20年代，中央银行家们已经和今天一样家喻户晓了。媒体充斥着关于他们的决策和秘密会议的谣言，他们当时面临的很多经济事务和问题也和现在的中央银行家一样：股市的剧烈波动、外汇市场的动荡、大额资金在金融中心之间的流动等。然而，他们用以决策的信息却非常之少，可以实施的手段也很原始。当时，经济统计刚开始兴起，银行家们只能靠信件沟通，当时一封信从纽约寄到伦敦需要一个星期，在紧急时期也只能靠电报，只是到了后期，他们才能使用电话通信，而且还常常遇到麻烦。

当时的生活节奏也和今天完全不同。因为没有飞机，横穿大西洋需要5天时间，出门要带着侍从，晚宴要穿着礼服。当时，纽约联邦储备银行行长本杰明·斯特朗可以毫无顾虑地到欧洲出差4个月——5月份启程，花一个夏天在欧洲各国的首都穿行，和他的同行们商谈，其间在一些度假胜地稍事休息，最后于9月份返回纽约。

当时的人们既有国际化的思维，也有狭隘的地域观念。在那个时代，种族主义和民族主义偏见盛行，著名的金融巨头皮尔庞特·摩根的儿子杰克·摩根拒绝给德国发放贷款，因为“德国人是二等公民”，他还反对犹太人和天主教徒进入哈佛大学监督委员会，因为“犹太人总是认为他们是上等人，而美国人是二等人；罗马天主教徒则认为教皇至上，美国人次之”。在19世纪末20世纪初的金融界，无论是在伦敦、纽约、柏林还是巴黎，都存在着两种截然不同的银行。一种是盎格鲁-撒克逊式的银行，比如J. P. 摩根、布朗兄弟、巴林银行；另一种则是犹太式的银行，比如罗斯柴尔德家族的4个银行、拉扎德银行、德国犹太人的沃伯格-库恩雷波银行，以及与众不同的欧内斯特-卡塞尔爵士银行。当时的新教徒大都反对犹太人，这两个集团相互排斥，他们都自命不凡，鄙视对方。在那个时代，人们都沾沾自喜、自命不凡，对失业和贫困问题漠然视之。只有德国把这股偏见的暗流演变成了悲剧——这也是本书故事的一部分。

当我开始写这4位中央银行家以及他们如何应对大萧条的故事时，我发现另外一位当时最著名的经济学家也必须提及，他就是约翰·梅纳德·凯恩斯——1919 年他刚出道时才 36 岁。当其他 4 位主人公痛苦地应对各种麻烦时，他不甘寂寞，站在另一个立场发表观点。和其他人不同，他不是政策制定者，只是一位独立的观察员。在每个故事的转折点，他都坚持自我，其言论毫不客气而又充满智慧、满怀自信。

在本书中，作为 4 位主人公的对立面，凯恩斯不可或缺。4 位中央银行家都是金融界的大佬，受正统的职业准则的约束。相反，凯恩斯是一位牛虻、剑桥大学的教师、自我发家的百万富翁、出版者、编辑和畅销书作者，他不用担心那些可怕的表决制度而引起的麻烦。尽管他比其他 4 位显贵只年轻了十几岁，但凯恩斯显然和他们不是一代人。

要了解中央银行家们在大萧条中扮演了什么角色，首先需要了解一些中央银行及其运作的知识。中央银行充满神秘色彩，它们的核心工作严格对外保密，即使经济学家也很难理解它们。简而言之，中央银行垄断了货币的发行[①]。这一权力使得它们拥有信用（利率）的定价权，因此可以决定在市场中投放多少货币。

尽管中央银行充当了决定国内信贷政策的国有机构的角色，但在 1914 年，大部分中央银行都是私有的，因此它们的角色十分奇怪、复杂。它们首先要对董事会负责，其股东主要是商业银行，必须对股东分红，但又被授予了非营利目的的非凡权力。与现在中央银行的稳定物价、实现充分就业的法定目标不同，1914 年的中央银行最重要的目标是维护币值的稳定。

当时，大部分国家实行金本位制度，即将币值与一定重量的黄金挂钩。比如，1 英镑等于 113 格令纯金，而 1 格令等于麦穗中的一颗麦粒的重量（取其均值）。同样，1 美元被定义为 23.22 格令黄金。由于所有的货币都与黄金挂钩，因此它们之间的相对价值是固定的。因此，1 英镑等于 113/23.22 即 4.86 美元。根

① 这种垄断未必是完全垄断。在英国，英格兰银行于 1844 年取得货币垄断发行权之后，苏格兰银行和其他一些特许银行也可以发行货币。1921 年，萨默塞特郡的福克斯 – 富勒银行发行了最后一张私人银行券。——作者注

据法律，所有纸币都可以自由地兑换黄金，每家中央银行也都必须承担以金块兑换任何数量本国货币的责任。

作为货币，黄金被使用的时间达千年之久。1913 年，全世界的金币大约有 30 亿美元，占全世界实际流通货币量的 25% 左右，另外有 15% 的银币，其余的 60% 为纸币。所以，在金本位制度下，黄金只是货币的一小部分。

当时，世界上 2/3 的黄金没有在经济中流通，而是以金砖的形式存放在银行的金库里。在每个国家，尽管每个银行都存有黄金，但绝大部分黄金还是存放在中央银行，作为银行体系的储备和黄金标准的“锚”，决定经济中的货币和信用规模。

由于中央银行垄断货币发行权——实际上就是印钞票，因此为了防止这种特权被滥用，各国都以法律的形式强制它们持有一定数量的黄金，以作为纸币的支持。这些法规在每个国家都有所不同，例如在英国，英格兰银行最初可以发行 7 500 万英镑没有黄金支持的纸币，多于这个数目的纸币则必须有等量的黄金作为支持。在美国，美联储发行的纸币需要有 40% 的黄金支持，不允许发行没有黄金支持的纸币。尽管各国的法规不同，但最终的效果都是自动锁定各国的货币量，使其几乎机械地受制于各国的黄金储备。

为了调控经济中的货币数量，中央银行使用利率工具，这类似于在一个巨大的货币调节器上将指针上下调节。当黄金过多时，信贷成本降低，吸引消费者和企业借款，为经济注入更多的货币；相反，当黄金紧缺时，利率提高，吸引消费者和企业存款，收紧流通中的货币。

由于货币兑换黄金的价值以法律的形式确定，纸币发行的数量受黄金储备的约束，政府的行为由此也会受到黄金储备的限制，当现金短缺时，其价值也不会变动，因此不会发生通货膨胀。这对于采用金本位制度的国家来说是一种“荣誉的象征”，表明政府会保持稳定的货币制度，采用规范的金融政策。在 1914 年，有 59 个国家采用金本位制度。

很少有人认识到这种制度有多么脆弱，其基础有多么不牢。有史以来，世界上开采出来的所有黄金加起来也只不过刚能填满一幢中等的两层小楼。而且，新的黄金产量既不稳定，也不可预测，时多时少，很少能满足经济的需要。因此，当发现新的金矿时（例如19世纪50年代美国加利福尼亚州和澳大利亚的黄金潮，以及19世纪90年代南非发现黄金），世界的商品价格就会下跌。

并非没有人批评过金本位制度，但大多都是些奇怪肤浅的论断。有些人则认为，如果信贷受限于黄金数量，就会伤害企业和债务人——尤其是兼具两者特征的农民，这在通货紧缩时期尤为明显。

支持宽松货币和扩大信用的最著名的代表是来自内布拉斯加这个农业州的议员威廉斯·詹宁斯·布赖恩（Williams Jennings Bryan），他积极呼吁取消黄金作为储备的特殊地位，将白银也列为储备金属。

> 在1896年的民主党大会上，他发表了美国历史上一篇重要的演讲——辞藻华丽而又极具威严，他指责东部的银行家们："请告诉我哪些城市受惠于金本位制度？我的回答是这些大城市依靠的是我们广袤肥沃的土地。假如你们的城市被摧毁，如果我们的农场还在，那么你们的城市就会很快魔术般地恢复；但如果我们的农场被摧毁，你们的城市也会变成一片荒野……你们不能把用荆棘做成的帽子扣到工人的头上，你们不能把人类钉在黄金的十字架上。"

风水轮流转，在布赖恩发表演讲的10年前的一个周末，南非的两位金矿勘探者在威特沃特斯兰德的一个农场散步时偶然发现了一片金矿，后来这里成为世界上最大的金矿。到布赖恩发表演讲时，黄金产量暴涨了50%，南非取代美国成为最大的黄金生产国，黄金匮乏的时代结束了，包括农产品在内的所有商品价格再次开始上涨。虽然布赖恩于1900年和1908年两次获得了民主党的选举提名，但始终没有当上总统。

尽管在金本位制度下，黄金这一贵金属的供给时多时少，导致物价在一个大的经济周期内上下波动，但这种波动非常温和，最后物价也会回归到正常水平。

金本位制度可以控制通货膨胀，但不可能阻止金融泡沫的产生和破灭。这些泡沫和危机好像是深深根植于人类的天性中，是资本主义制度所固有的。根据一项统计，历史上曾经发生过 60 次经济危机——有记载的第一次金融危机发生在公元 33 年的台比留时期，当时的罗马帝国为了防止金融系统崩溃，向金融市场注入了 100 万个金币。

每次经济危机的特征都有所不同，有的发端于股票市场，有的发端于信贷市场，有的发端于外汇市场，有的甚至发端于商品市场。有的经济危机仅仅发生在一个国家内部，有的波及数国，个别的甚至波及整个世界。但是，所有的经济危机都具有一个相同的特征：是一个从贪婪滑向恐惧的可怕过程。

在金融危机前期，投资者陶醉在财富膨胀的乐观情绪中。然后，银行家们开始漠视风险，乐观情绪转变为过度自信，有时甚至变成狂热。泡沫逐渐积累，达到人们难以想象的程度。最后，突发的扰动出现——破产、巨额损失或金融诈骗的流言等，不管事情本身如何，这些情况都将引起人们情绪的突然转变。接着，恐慌开始出现，投资者抛售资产，市场大幅下跌，损失难以估量，银行也收缩贷款，紧张的存款人蜂拥到银行提现。

如果金融危机时期所谓的悲剧仅仅是那些愚蠢的投资者和债主们发生亏损，那么其他人也不会太在意，但问题是银行会担心其他银行出现问题。由于 19 世纪的金融机构联系密切，相互之间借贷了大量资金，因此一家银行的经营困难就会波及整个金融体系。正是因为危机具有传染性，能够威胁到整个金融体系，中央银行就必然会被卷入，所以中央银行除了具有稳定金本位制度的职责，还具有另外一个重要功能——预防银行恐慌和其他的金融危机。

中央银行有很多有力的工具来处理这些突发事件——尤其是其货币发行权和其持有的大量黄金储备。中央银行处理金融危机的最终目的简单而又复杂——重塑银行的信用。

金融危机并没有成为古董。当我于 2008 年 10 月开始本书的写作时，世界各国正处于金融危机之中：自 1931—1933 年金融危机（这也是本书最后几章的重点）以来最严重的金融危机。信贷市场萎缩，金融机构囤积资金，银行现金很快被提光，股票市场暴跌。任何对银行体系的脆弱和金融危机威力的描写，都不如亲眼所见更令人印象深刻。观察各国的中央银行和金融当局处理当前金融危机的情形——千方百计重塑人们的信心，用令人难以想象和令人震惊的手段去引导市场情绪，我们进一步确信，在处理金融危机时没有神奇的手段和简单的规则。为了抚平投资者和市场的焦虑情绪，中央银行家们都在与最基本也是最不可预测的大众心理做斗争。这种处理不可预测的金融风暴的技巧，最终使得他们扬名立万或者名誉扫地。

Lords of Finance

第一部分

他们从战争中走来

欧洲的金融家们眼睁睁地看着自己的大陆正一步步滑向战争深渊，欧洲信用体系逐渐崩溃，世界股票市场关门大吉，金本位摇摇欲坠，但他们却依然抱有幻想，认为全球商业所遭受的干扰只是短暂的，将会很快回归到正常的贸易状态。很少有人想到，他们目前所遭受的对世界经济秩序的冲击是长期而严重的。

Lords of Finance

第1章 美好时代的终结

人类经济发展史上一个特别的章节，在1914年8月走到了尽头。

——约翰·梅纳德·凯恩斯，《和平的经济后果》

1914年，伦敦是以金本位为基础的国际信用体系的中心。这个体系的形成推动了全球贸易的急速扩张和繁荣。之前的40年里，整个世界风平浪静——既没有战争，也没有巨大变革。19世纪中期是科技进步的年代，铁路、轮船和电报的使用已经蔓延至全球，促进了金融结算和贸易的扩张。欧洲资本自由流动，充斥全球，为印度的港口、马来半岛的橡胶园、埃及的棉花种植、俄国的工厂、加拿大的麦田、南非的黄金和钻石矿、阿根廷的牧场、连接柏林和巴格达的铁路以及苏伊士和巴拿马运河提供融资，国际商务由此兴盛。虽然整个体系经常被金融危机和银行恐慌所动摇，但总体而言萧条期一般很短暂，整个世界经济形势总是很快复苏。

金本位是那个时代的图腾，人们对它的信仰超越一切，甚至超越了对自由贸易、低税收、小政府等理念的崇拜。黄金是这一金融系统生命活力的源泉，大部分货币都与它挂钩，因此黄金构成了银行的基础，是战时或危机期间的安全储备。中产阶级是储蓄的主力军，随着这一阶层规模的不断壮大，金本位制度不仅是调整货币问题的有效机制，而且还有利于巩固和加强维多利亚时期的经济优越性以及公共政策的审慎性。英国著名小说家 H. G. 威尔斯（H. G. Wells）曾评价它是“愚昧的忠诚”。无论是伦敦还是纽约，巴黎还是柏林的银行家们都对它敬畏有加，他们怀着一种教徒般的虔诚，把它看作上帝赐予的礼物、超越时空的行为准则。

1909 年，英国记者诺曼·安吉尔（Norman Angell）在担任《每日邮报》（*Daily Mail*）法国版驻巴黎记者时出版了一本小册子《欧洲的幻觉》（*Europe's Optical Illusion*）。这本小册子的主题是说战争的经济利益是虚假的，国家之间的贸易和金融联系如此广泛，但凡有点理智的国家就不应该考虑发动战争。强国之间的战争引发的经济混乱，特别是对国际信用体系的破坏，必然会伤害各方的利益，胜利者和失败者失去的一样多。即使战争偶然爆发于欧洲，它也将很快被终结。

安吉尔因关于全球相互依赖关系的论述而著名。他的一生似乎都是在流浪中度过的。他出生于英国林肯郡一个中产阶级家庭，早年被送往法国圣奥梅尔的一所公立中学读书，17 岁成为日内瓦一家英文报纸的编辑，并在那里读完大学，之后由于对欧洲的未来感到失望而移民美国。虽然身高只有 1.5 米，身体单薄，但他却一生从事体力劳动，在加利福尼亚的 7 年中，他做过葡萄种植员、沟渠挖掘工、牛仔、邮递员以及采矿工，最终他安顿下来，成为《圣路易斯环球民主报》（*St.Louis Globe-Democrat*）和《旧金山纪事报》（*San Francisco Chronicle*）的记者。1898 年，安吉尔返回欧洲，到达巴黎，在那里他加入了《每日邮报》。

1910 年，安吉尔的小册子以书籍的形式出版，即《大幻觉》（*The Great Illusion*）。他认为，当战争因为没有经济效益而不再是展示国家力量的手段时，就没有那么残酷了，这种说法在那个物质主义的时代引起了共鸣。这本书受到了疯狂的追捧，截至 1913 年已经卖出了 100 多万册，并被翻译成 22 种语言文字，包括中文、日文、阿拉伯文和波斯文等，有 40 多个组织为传播书中的信息而成立。其中的观点被英国外交大臣爱德华 · 格雷爵士（Sir Edward Grey）、冯 · 梅特涅伯爵（Count von Metternich）、法国社会党领袖让·饶勒斯（Jean Jaurès）等引用，据说以好战闻名的德皇威廉对此理论也颇感兴趣。

安吉尔最忠实的信徒莫过于伊舍子爵二世（Viscount Esher Ⅱ）——自由主义思想的奠基人，以及爱德华七世（King Edward Ⅶ）的心腹雷金纳德·布雷特（Reginald Brett）。虽然伊舍在政府中占据高位，但他却只想保留警察局副局长和温莎城堡副总督的职位，并在幕后施加强大影响力。最重要的是，他是帝国国防委员会的建立者之一，这是一个建立于布尔战争之后的非正式但却强有力的组织，反映了大英帝国的军事战略。

1912 年 2 月，这个委员会就战时贸易债券问题进行了听证。很多德国商船都通过伦敦劳合社进行投保，劳合社主席证实，为了劳合社的荣誉，根据律师意见，他们必须为那些被英国皇家海军击沉的德国轮船进行偿付，这种说法让委员会目瞪口呆。也就是说，英德交战之时，英国的保险公司很可能被要求赔付德国的战舰损失。很难想象，在这种情况下欧洲会发生战争。

毫无疑问，通过在剑桥大学和索邦神学院举办的一系列关于《大幻觉》的讨论，伊舍子爵想要表明的就是“新经济因素清楚地证明了战争的愚蠢”，而且欧洲战争带来的“商业灾难、金融损失和个人痛苦”如此巨大，令人难以想象。伊舍子爵和安吉尔关于战争低收益、高成本的看法无疑是正确的。但是，由于过分相信国家理性以及被那个时代的经济成果所诱导—— 一个后来被法国人称为“香格里拉美好时代”的阶段，人们最终还是误判了一场把所有欧洲国家都卷入的战争即将爆发的可能性。

第2章

诺曼，一个奇怪孤独的人

英国，1914年

任何一个去看精神病医生的人都应该好好检查一下自己的脑袋。

——萨缪尔·戈德温

1914年7月28日，星期二，蒙塔古·诺曼来到伦敦，他当时是布朗·希普利（Brown Shipley）这家盎格鲁－美国式商业银行的合伙人之一。时值假期，像所有和他同一阶层的人一样，他上个星期的大部分时间都在乡下度过。由于他正在解除合伙关系，因此暂时需要留在这个城市。据报道，当天下午奥地利已经对塞尔维亚宣战，并开始炮轰贝尔格莱德。但这一消息对他并没有影响，在巨大的谈判压力下，诺曼感觉非常不适，于是他决定返回乡下。

诺曼和几乎所有其他的英国人都没想到，之后的几天里，这个国家将要面临历史上最严峻的银行危机，那个曾经让整个世界变得繁荣昌盛的国际金融体系即将彻底被摧毁，并且谁也没有料到，之后不到一周的时间里，大部分欧洲国家，包括英国在内，都盲目地加入战争中。

和他的大部分同胞一样，诺曼没有注意到过去几个月来欧洲危机正在酝酿。

6月28日，在萨拉热窝，一名塞尔维亚民族主义者、喜剧乐队成员投掷炸弹暗杀奥地利王储弗朗茨·斐迪南大公和他妻子索菲的事件，在当时看起来似乎只是发生在混乱的巴尔干半岛上的另一起暴力事件而已。然而，到了 7 月 24 日，这起事件终于引起了人们的关注，奥地利对塞尔维亚发出最后通牒，指控它参与了谋杀，并威胁发动战争，这个消息上了英国报纸头条。

但即使到了这个时候，大部分人仍然轻松地继续着他们的假期。发生在中欧的危机很难引起人们的特别关注，即使是首相 H. H. 阿斯奎斯（H.H.Asquith）也有充分的理由继续轻松地在伯克郡打高尔夫过周末，而外交大臣爱德华·格雷爵士也像夏天的每个周末一样，启程到汉普郡钓鲑鱼去了。

那是英国为数不多的阳光灿烂的夏季之一，一连几天万里无云，温度高达 32 摄氏度。诺曼已经在美国度过了两个月的超长假期，像往常一样，他在纽约和缅因州逗留，打发时间。6 月底，诺曼启程返回英国，悠闲地在伦敦度过 7 月，他享受着美好的天气，会一会来自伊顿的老朋友，并观看令其全家人为之着迷的板球比赛打发时光。最后，他终于与合伙人清算完毕，抽离了他的资本，双方分道扬镳。这是个痛苦的决定。他的祖父曾是布朗－希普利银行（美国布朗兄弟投资公司的下属公司）长达 35 年的资深合伙人，而诺曼自己从 1894 年开始就在那里工作，但欠佳的身体以及与其他合伙人之间的一再冲突使他似乎别无选择，只能与之脱离关系。

7 月 29 日，星期三早上，诺曼返回格洛斯特郡，却发现有封加急电报催他回伦敦。于是他坐同一天的火车返回，由于傍晚才到达，所以没能赶上英格兰银行董事会的紧急会议。诺曼从 1905 年开始就是这个“高级俱乐部”的成员。

虽然已经 43 岁了，但诺曼仍然没有结婚，他一个人住在索普洛奇（Thorpe Lodge）一栋大大的两层水泥房子里，旁边就是伦敦西部的荷兰公园。这所房子和他的 7 个仆人是他的两大财富。当他于 1905 年买这栋房子的时候，它几乎是一片废墟，在之后的 7 年里，他致力于这栋房子的重建，亲自参与房屋内部结构和家具的设计。受威廉·莫里斯（William Morris）和工艺美术运动思想的影响，他雇用了最好的工匠，使用最昂贵的材料，甚至有时会在从城里回家的路上到工场停留，帮着做木工。

> 不得不说，他对于装饰的品位有点独特，甚至可以说是怪异。他的房子镶嵌着从非洲和美国进口的木头，使得整栋房子显得忧郁森严，像是百万富翁的修道院。房子几乎没有任何装饰：门廊用微微发光的砖砌成，乍一看像是珍珠蚌，但实际上却是一种工业硅树脂；两个巨大的日本屏风上绣着孔雀，还有一个巨大的17世纪的意大利壁炉。但就是这样的一栋房子却是他远离尘世的避难所。他建造了一个宽敞的穹隆形的音乐厅，在这里他可以举办小型音乐会，演奏勃拉姆斯或舒伯特的四重奏，有时候专为他一个人而演奏。房子下面，他把一个小围场改造成一个精致的露台花园，间以果树遮阴，上面还有植物藤架，夏天他可以在这里用餐。

虽然诺曼继承了遗产，但除了这栋房子以外，他的生活非常简单。他已经把位于赫特福德郡马奇哈德姆的他父亲的不动产转让给了他已经结婚、建立了家庭的弟弟，而他自己则满足于这片土地上有着农家院落的小别墅。

诺曼的行为举止和穿着打扮怎么看都不像是个银行家。他身材高大，前额较宽，留着已经变白的小胡子，有一双修长的艺术家或音乐家的手，他看起来更像是一位委拉斯开兹（Velázquez）笔下的贵族或是查尔斯二世（Charles II）时代的朝臣。但是，除了外表，他的专业血统是无可挑剔的：他的父母皆来自英国最有地位、最著名的银行家家庭。

> 蒙塔古·诺曼生于1871年，从童年时起，他似乎就与这个世界格格不入。他出生时体弱多病，当他还是个小男孩时，就饱受偏头痛之苦。他的母亲性格冲动，高度敏感，而且常常情绪低落，抑郁成疾，对诺曼更是常常小题大做。像他的祖父和父亲一样，他也在伊顿公学读过书。他的祖父、父亲、叔叔和弟弟都曾担任过11人板球队的队长，但他却并不热衷于此，也没有什么运动细胞。他甚至有些与外界格格不入：孤独、忧郁、与世隔绝。

1889 年，诺曼进入剑桥大学国王学院读书，但他仍然不快乐。因为不适应那种生活，一年之后他就退学了。刚成年的他也很难找到适合他的位置，那几年里他断断续续地在欧洲旅行，在德累斯顿住了一年，在那里他学会了德语，并对投机哲学产生了兴趣，之后又在瑞士待了一年。1892 年，他返回英国参与家族生意，进入他父亲和叔叔担任股东的马丁银行，在朗伯德街分行做实习职员。因为对商业银行这种枯燥的业务不感兴趣、缺乏热情，所以在 1894 年诺曼决定去他祖父的布朗 – 希普利银行试试看。布朗 – 希普利银行的主营业务是美国和英国之间的融资贸易，这至少可以让他离开伦敦，因此他在纽约布朗兄弟银行的办公室待了差不多两年。

在美国他终于找到了适合他的生活方式。在这里，社会约束很少，比起伦敦银行狭小的世界，这里更自由、更有活力，他甚至开始考虑定居美国。然而，战争改变了他的决定。1899 年 10 月，布尔战争爆发。诺曼在 1894 年就已经加入民兵组织，每个夏天都会花几周的时间训练，已经是上尉的他在战争爆发之初就立即加入到了现役部队中。诺曼并不是一个特别狂热的帝国主义者，他只是渴望历险、追求浪漫，或者只是企图逃避他平凡存在的状态。

1900 年 3 月他到达南非，拥有 15 万人的英军正与仅有 2 万人的布尔叛乱军进行着艰苦的游击战。诺曼被任命为一支平叛部队的指挥官，他的工作就是追捕、抓获布尔突击队员。在战场上，诺曼获得了新生。虽然条件艰苦、食物粗劣、天气炎热、缺乏睡眠，但他却在感受到危险的同时也重获自信。“我现在感觉像换了一个人似的，”他在给父母的信中写道，“曾经感觉前途渺茫，现在却决定安顿下来过文明的生活。”

他最终获得了“金十字英勇勋章”，这是授予英勇指挥官的第二大荣誉，很多年来，即使他已经在世界上声名显赫，但这仍是他引以为豪的成就之一，在英国版的《名人录》(*Who's Who*) 中，他唯独坚持要把这一功勋载入他的条目中。恶劣的物质条件最终向他虚弱的身体敲响了警钟，1901 年 10 月他因患上严重的胃炎而被遣返回家。

恢复正常生活之后，他用了两年的时间来恢复健康，包括到里维埃拉地区的耶尔，住在他叔叔的别墅里修养，从那时起他爱上了著名的蓝色海岸。直到 1905 年，他才重新开始在布朗－希普利银行的全职工作，之后的 6 年中他是 4 个主要股东之一，由于陷入了与同事因商业战略不同而导致的无休止的冲突中，这几年成了让他最沮丧的几年。

但是，相比之下他的个人生活给他的压力最大。1906 年，婚约破裂导致他第一次精神失常。之后，他表现出典型的狂躁抑郁症的症状：时而兴高采烈，时而又绝望透顶。很多时候，他最好的同伴都会被他那种持续几周的黑色忧郁所折磨，他变得暴躁易怒、失去理智，对周围所有人乱发脾气。1909 年以后，他的病症加重了，直到 1911 年 9 月他的精神彻底崩溃了。医生建议他彻底休息，因此后来的三年里他只是偶尔工作，日渐隐居起来。就好像要寻找什么似的，他到过很多地方旅行。1911 年 12 月，他在埃及和苏丹度过了一个三个月的假期，一年之后离开，开始另一段更长的旅行：从西印度群岛到南美洲。

在巴拿马时，有个银行经理友好地建议他去看一位瑞士的精神科医生卡尔·荣格博士（Dr. Carl Jung）。他立即返回欧洲，并安排与荣格在苏黎世见面。1913 年 4 月，经过几天血液和脊髓液测试后，这位年轻的著名精神科专家告诉诺曼，他患的是一种精神错乱性全身麻痹症，即一种与三期梅毒并发的精神疾病，并且他可能会在几个月内死亡。精神错乱性全身麻痹症的某些症状与狂躁抑郁症非常相似——情绪在极度喜悦与极度消沉之间剧烈变化，有自杀倾向，之后却可能迸发出巨大的创造力，并且有着夸大妄想症，但这是个惊人的误诊。

诺曼深受打击，又开始寻求另一位瑞士精神疾病专家罗杰·维托兹博士（Dr. Roger Vittoz）的帮助。之后，诺曼在他的照顾下在苏黎世住了三个月。维托兹发明了一种类似于冥想的方法帮助他的病人减轻精神压力，他教病人们将精力集中于一些精美的图案或一个单词从而平静下来。此后，维托兹在伦敦的几个社交圈里大受欢迎，他的病人包括奥特林·莫瑞尔夫人、朱利安·赫胥黎以及诗人艾略特等名人。

对诺曼而言，这仅仅是伴随他一生的深奥的宗教信仰和精神修炼历程的开端。曾经有段时间，他专注于神学研究。20 世纪 20 年代，诺曼成为法国心理学家埃米尔·库埃（Émile Coué）的追随者，库埃鼓吹通过自我暗示掌控自身，这种有点儿像新世纪鼓吹的正面思考的学说在那个时代非常流行。诺曼甚至曾经涉猎过灵异说，他脑袋里充满各种奇怪的思想，比如他甚至坚持要让他的一个同事相信他可以穿墙而过。他还患有某种恶作剧快乐癖，以用那些怪异的想法来嘲笑人们为乐，人们很难知道是否应该把事情当真。

因此，诺曼因他的怪异而著称并不奇怪。他所在城市的熟人都认为他是一个奇怪而孤独的人，每天独自一个人在他的房子里沉湎于勃拉姆斯的音乐之中，常常引用中国哲人老子的名言。他确实从来没有试图融入那个城市热衷交际的氛围中。他的兴趣集中于美学和哲学，虽然他把为数不多的几个银行家引为知己，但却更喜欢混迹于那些折中主义的艺术家和设计师们中间。

7月 30 日，星期四，事情已经很明显了，原本发生在巴尔干半岛上一个没落王朝和一个小国之间的争端正在升级为整个欧洲的战争。针对奥地利攻击塞尔维亚的事件，俄国已经做了全国总动员。国际政治危机随即带来了经济危机。柏林、维也纳、布达佩斯、布鲁塞尔和圣彼得堡的证券交易所都不得不延缓交易。欧洲所有的交易所，除了巴黎的已关闭外，有价证券的清算都集中在伦敦进行。

7 月 31 日，星期五，诺曼到达他位于英格兰银行北面的市区办公室，他发现金融界坚决反对英国卷入这场欧洲大陆的冲突。当时的英国财政大臣大卫·劳合·乔治事后回忆，英格兰银行沉默寡言、不善作秀的行长沃尔特·坎利夫热泪盈眶地恳求道："我们一定不能卷入战争，否则将面临毁灭。"

伦敦是世界金融中心，这个城市主要依靠向国外提供资金支持，而不是向本地工业提供资本。商业银行拥挤地坐落在英格兰银行周围的街道上，银行业的那些家族式的核心集团，如罗斯柴尔德银行、巴林银行、摩根–格伦费尔公司、拉扎德公司、汉布罗公司、施罗德投资公司、克莱沃特公司以及布朗–希普利银行等为伦敦城注入了神秘色彩，它们管理着世界上最大的贷款业务。每年数额高达 10 亿美元的外国债券通过伦敦的银行对外发行。上一年度，巴林银行和汇丰银行向中国提供了 1.25 亿美元的银团贷款；汉布罗公司为丹麦政府提供了一笔贷款；罗斯柴尔德银行承销了 5 000 万美元的巴西债券，并正在谈判另一笔贷款业务；另外还有一些对罗马尼亚、斯德哥尔摩、蒙特利尔和温哥华的债券。4 月，施罗德投资公司通过购买债券借给奥地利 8 000 万美元，而英国即将与奥地利开战。战争一旦爆发，所有这些资金和利息都将鸡飞蛋打。

全欧洲证券交易所的关闭以及黄金可能会被禁运的风险使得整个金本位体系被打乱，同时带来了一个更直接的问题。对于欧洲人来说，他们很难把钱运到国外去偿付他们的商业债务，而为所有这些交易做过担保的商业银行则面临破产的危险。

但是，不只是银行家们受到战争带来的世界金融秩序混乱的威胁，外交大臣爱德华·格雷爵士在所有内阁成员中是最把自己的职业生涯赌在与法国暧昧不清的“理解”之上的，也是最强硬的主战派，即使是他也警告法国大使说：“即将到来的冲突将使欧洲金融体系陷入困境，英国将面临前所未有的经济和金融危机，而英国保持中立或许是避免欧洲信用体系彻底崩溃的唯一途径。”

星期五早上 10 点钟，证券交易所门口张贴了一张告示，宣称在新的通知发出之前交易所将停止交易，这是自交易所 1773 年成立以来破天荒的第一次。

城市周边的银行开始拒绝向客户支付金币。很快地，针线街上的英格兰银行外排起了长队，因为它坚守法律义务，继续用英镑兑换金币。这里并没有什么恐慌，只是被焦虑的气氛所笼罩。人群中，那些焦急地用手指点钞的女士们被允许进入银行院子里，而更大一群发呆的旁观者则聚集到伦敦交易所对面的台阶上。

《泰晤士报》报道说：“虽然有成百上千人一整天都在排队等候，其中很多是外国人，但秩序井然。”这与欧洲其他城市所报道的危机状况形成鲜明对比，《泰晤士报》不无傲慢地宣称，这主要归功于英国人“传统的冷静、镇定”的个性。第二天，聚集在银行外边的人群规模更大，但仍然没有什么真正恐慌的感觉。然而，为了以防万一，那些身着与众不同的浅橙色燕尾服和红色马甲、头戴高帽子的银行守门人员被授予了特别警察的权力——可以逮捕闹事的人。

街上并没有出现骚乱，但恐惧气氛却在商业银行宽敞的会议室里蔓延开来。之前的 6 个月里，银行家们与英格兰银行就一旦发生这样的危机，英格兰银行黄金储备是否充足的问题进行着激烈的辩论。2 月，一份备忘录在银行委员会内部传阅。这份备忘录警告说："一旦战争爆发，外国人有权利，并且他们将毫不犹豫地使用要求兑换金币的权利，这将引起金融秩序的严重混乱。"现在，面临着伦敦大面积的破产风险，陷于恐慌中的商业银行家们开始把他们英格兰银行账户上的黄金抽离，这使得英格兰银行的黄金储备从 7 月 29 日（星期三）的 1.3 亿多美元下降到 8 月 1 日（星期六）的不到 5 000 万美元。而这时，为了吸收存款，维持迅速缩水的黄金储备，英格兰银行宣布把利息提高到前所未有的 10%。

与此同时，危机在欧洲大陆残酷地蔓延。德国于 7 月 31 日（星期五）发动全国动员令，以对抗俄国的全国动员，并对法国发出最后通牒，要求它宣布中立，并把图勒和凡尔登要塞移交给德国以表诚意。第二天，德国对俄宣战，而法国也发布了全国动员令。星期日，形势变得很明显，法国忠实于与俄国的联盟，也就是在几个小时内就会对德宣战。周末，诺曼发电报给纽约布朗兄弟公司的合伙人："欧洲前景非常黯淡。"

经过一个周末，英国人的态度陡然转变成支持战争。正值 8 月银行休假日的周末，成千上万的人兴奋过度，在大太阳下纷纷出门，涌向伦敦市中心，从特拉法尔加广场穿过白厅，到达白金汉宫，堵塞了所有的公共交通，他们欢呼并唱着《马赛曲》和《天佑吾王》等爱国歌曲，主动要求战斗。

星期一，通常情况下人们都已经去度 8 月的银行休假日了。然而，诺曼和其他 150 多名银行家聚集在英格兰银行，进行了一场暴风雨般的会议。正如英国财政大臣劳合·乔治后来的评论所说："处于惊恐中的银行家不会有英雄式的表现。"很多人不知道他们是否已经失去他们曾拥有的一切。人们的嗓门一再提高，甚至有个银行家对英格兰银行的董事挥起了拳头。会议决定向财政大臣提议把银行休假日再延长三天，以争取时间来平息恐慌。财政部同时宣布所有贸易债务将自动延期一个月，在这期间，英格兰银行将决定怎样才能最好地帮助受流动性丧失或破产威胁的商业银行走出困境。①

在最初的几天里，诺曼最关心的是如何保证布朗－希普利银行摆脱困境，如若不然，他就没希望把他的资金拿回来了。这个周末，几百名公司的美国客户滞留在欧洲进退两难，他们聚集在帕尔摩街的办公室，想要兑现他们的信用证。随着状况逐渐好转，人们发现公司的很多业务集中在美国，而美国保持着乐观的中立，所以与此相关的业务损失不大。诺曼虽然是英格兰银行俱乐部的成员之一，但他却发现自己必须花费大部分时间在银行业务上，特别是要努力解决未付债务的难题。

奇怪的是，在这样的紧张时期，繁重的工作使他几乎没时间沉思，这好像反而减轻了他的精神压力。他在写给美国一个朋友的信中说："我从早到晚地工作，却从未感觉到疼痛或劳累，身体状况甚至比几年前还要好。"虽然奇怪但很真实，战争对他有好处。

① 直到战争结束后，政府才偿付了这些未偿付的贸易债务。——作者注

第3章

沙赫特，傲慢的年轻奇才

德国，1914 年

有证据表明，卑微的出身是年轻人野心的阶梯。

——威廉·莎士比亚，《尤利乌斯·恺撒》

就在那一周，人们被事件发展如此之快所吓倒，危机好像无处不在。虽然过去 10 年里，欧洲几乎有一半人渴望战争，却没人能想象到发生在 6 月底的奥地利大公暗杀事件会是这场战争的导火索。

1914 年 7 月，大部分德国人仍然过得很安心，即使在发生萨拉热窝刺杀事件之后，局势依然很平静，很大程度上这是德国政府刻意营造的假象。表象之后的事实是奥地利政府被柏林高层所诱导，以刺杀事件为借口攻击塞尔维亚，好让它再一次且一劳永逸地屈服。奥地利和德国的领导人在公共场合都煞费苦心地掩饰他们的真实意图，所有人都像往常一样假装继续度假。

奥地利国王弗朗茨·约瑟夫（Franz Joseph）说整个 7 月他会一直住在巴德伊舍的山间小屋打猎。德皇也于 7 月 6 日登上霍亨索伦王室号游艇启程前往挪威海峡，去度过他每年三周的假期。特奥巴登·冯·贝特曼·霍尔维格（Theobald von Bethmann-Hollweg）总理在 7 月初前往柏林参加了一个紧急会议，之后马上重返他位于霍亨菲诺的面积达 7 500

英亩①的庄园度假。而在30英里②之外，总参谋部长赫尔穆特·冯·毛奇（Helmuth von Moltke）将军仍然在卡尔斯巴德泡温泉，而国务秘书戈特利布·冯·贾高（Gottlieb von Jagow）则在度蜜月。

在那些对危机感到猝不及防的人中，有一个36岁的柏林银行家，他有一个奇怪的名字：贺拉斯·格里莱·亚尔马·沙赫特（Horace Greeley Hjalmar Schacht）。虽然当局一直在故作姿态，精心掩饰，但早在7月初，关于战争的流言就已经开始在德国银行界高层之间流传。其中从一开始就对局势看法十分消极的是马克斯·沃伯格（Max Warburg），他是声名显赫的汉堡银行家族的成员，以与皇室关系甚密而著称。以不慎重而著称的德皇是银行界流言的源头，因为他坚持要在全国总动员之前通知他的朋友艾伯特·巴林（Albert Ballin）——汉堡海运公司的总裁。也有人说是皇储泄密，他警告他财经界的朋友［包括德累斯顿银行的常务董事尤金·古特曼（Eugen Guttmann）等］说虽然表面风平浪静，但柏林证券交易所里的乐观氛围是大错特错的，德俄之间很可能会爆发战争。

亚尔马·沙赫特只是古特曼的德累斯顿银行的一位部门经理和助理董事，还没有资格参加柏林银行家高层的聚会。从当时的地位来看，他很难相信事态会发展到令人难以控制的程度——让国际竞争对手破坏德国经济奇迹看起来真是一件疯狂的事情。

德累斯顿银行是德国两家最大的银行之一，虽然沙赫特在德累斯顿银行的地位不高，但作为没有家族关系的德国年轻人，他在这个行业已经取得了很大的发展，并且开始引人注意。危机爆发前的几个月，他一直在做一笔给布达佩斯的借贷业务，资金由德国、瑞士和荷兰银行组成的国际财团提供。之后，瑞士银行家费利克斯·索马莱（Felix Somary）评论道："他的风头盖过他的同事——那些腰缠万贯的富豪们的儿子以及那些趋炎附势者。"

① 1英亩=4 046.856平方米。——译者注

② 1英里=1 609.344米。——译者注

沙赫特留着军人般的小胡子，短发从中间分开，很容易被人认作是普鲁士军官。他走路时腰背挺直，像是那种“被训练出来的奇怪的步法”。他姿态僵直，喜欢穿着带有浆挺的、高高的、闪着微光的赛璐珞领子的衣服，整个形象显得有点夸张。但他既不是普鲁士人，更无论如何都跟军人扯不上关系，他出生于一个中产阶级下层家庭，来自德国与丹麦接壤的地区，在整个王国最国际化的城市汉堡长大。

终有一天，沙赫特会因他无尽的野心和追求成功的强大意志而出名，这种个性部分来自对他父亲长期失败的自然反应。他的父亲威廉·路德维希·利昂纳德·马克西姆利·沙赫特（Wilhelm Ludwig Leonhard Maximillian Schacht）出生在北石勒苏益格西海岸，这是一块细长型的陆地，连接丹麦和德国。

> 迪特马尔申是一片盐碱地，有很多小的隔离开来的乳牛场，凄凉、寒风凛冽的乡村被大堤坝保护着，以免受北海长年累月的侵蚀。据说这里的人独立坚韧、简洁明了，甚至于粗暴无礼。石勒苏益格及其邻近的荷尔斯泰因历史上由丹麦王国统治，但这里的居民分为说德语和丹麦语两种，整个 19 世纪，这两个地方的主权问题一直在普鲁士和丹麦王国之间存在争议。①1866 年，经过两场短时战争后，俾斯麦吞并了石勒苏益格和荷尔斯泰因，把它们纳入普鲁士王国。第一次世界大战后的 1920 年，经过公民投票，石勒苏益格的北部，包括沙赫特老家的地区都归还给了丹麦。

威廉·沙赫特的父亲是一个乡下医生，共有 11 个孩子。1869 年，因为对可能会应召入伍的前景感到不快，威廉·沙赫特和其他 4 位兄弟移居到了美国，并在那里待了 7 年。虽然他变成了一个美国公民，但却一直未能站稳脚跟，一直不停地更换工作。他曾经在布鲁克林的德国酿酒厂工作过一段时间，还在纽约一个偏僻小镇上的打字机制造厂干过。最后，到了 1876 年，他决定返回德国。

① 争端的根源十分神秘，当时的英国首相帕默斯顿勋爵（Lord Palmerston）曾说过世界上只有三个人知道底细：已经去世的艾伯特王子（Prince Albert）、外交部一位发了疯的职员以及已经遗忘了细节的帕默斯顿本人。——作者注

他返回之际，恰巧普法战争带来的经济繁荣已经结束，衰退即将来临，因此他的运气并没有好到哪儿去。之后的 6 年里，他从事过各种职业，如教师、报纸的编辑、肥皂制造厂的经理、咖啡进口公司的簿记员，但却无一成功。最后，他找到一份公平保险公司的工作，之后的 30 多年他都待在了那家公司。沙赫特对他的父亲有些抵触情绪，说他父亲就是一个“不知疲倦的流浪者，永远不会在某一个地方安定下来”。与他父亲的软弱无能形成鲜明对比的是，沙赫特有着无以伦比的野心，以至于他在自传里忍不住说，他在 25 岁之前就比他父亲赚钱更多了。

与他笨拙且已退休的父亲相比，他的母亲康斯坦·贾斯廷·索菲·冯·埃格斯（Constanze Justine Sophie von Eggers）就显得“敏感、快乐，并且感情丰富”，即使是在最艰难的时候，她都保持着乐观的心态，把全部的热情都投入到家庭中。

> 康斯坦·贾斯廷·索菲·冯·埃格斯出生在一个长期向皇族提供服务的丹麦家庭，和威廉·沙赫特结婚其实是把自己的社会地位降低了一大截。她的祖父是国王的法律顾问，曾致力于农奴解放运动，负责过 18 世纪末的丹麦货币改革。但其家族逐渐没落，年轻的康斯坦·冯·埃格斯没有获得任何遗产。1869 年，她遇到当时还是身无分文的穷学生威廉·沙赫特，之后跟随他去了美国，三年之后在美国结婚。

1877 年，也就是全家返回德国几个月之后，亚尔马·沙赫特出生在了北石勒苏益格的小镇廷莱夫。他被赋予了一个与众不同的名字贺拉斯·格里莱·亚尔马，他父亲之所以用贺拉斯·格里莱作为他的前两个名字，是因为他想用这种不切实际的方式表达对《纽约论坛报》（*New York Tribune*）创建人和编辑的歌颂，这是他在布鲁克林生活时最崇拜的人。然而，沙赫特的祖母却坚持他名字里必须有一个传统的德国或丹麦名字，因此亚尔马长大之后就改名为沙赫特，但在他之后的生活中，他的一些英国朋友和同事也会称他贺拉斯。

孩童时代的他因为父亲频繁更换工作而不断搬家，1883 年，他们最后定居在汉堡。19 世纪末的德国充满了矛盾。沙赫特生活在欧洲最严厉的阶级制度，实际上是最严格的等级制度之中——君主的独裁统治、容克军事架构以及精英阶层受教育的体系，然而就是在这样的环境下，他成功地拉近了作为小职员或教师的中产阶级下层与上层之间的距离。其实早在 1886 年他 9 岁的时候就被吸收进了约翰诺伊姆学校——汉堡最好的预科学校，在那里他接受了最严格的古典教育，主修拉丁文、希腊语和数学。

他不能完全摆脱阶级压迫给他带来的困扰，因为家庭贫穷，他的学校生活充满了羞辱：有人嘲笑他住在老鼠洞般的贫民窟里，有人讽刺他长裤的布料廉价，还有人羞辱他因买不起而不得不与他人分享一件毕业礼服。由于受到那些富裕学生的冷嘲热讽，他不得不独来独往、努力学习、尽职尽责。

1895 年，他从约翰诺伊姆学校预科毕业进入大学，最终获得了“解放”。之后的几年里，他的日子过得不错。他创作诗歌，加入了文学社，是柏林一份漫谈式小报《克莱内斯杂志》（*Kleines Journal*）的骨干职员，甚至为歌剧作词。① 他也继承了德国人爱转校的传统，在柏林、慕尼黑和莱比锡待过几个学期，1897 年的冬季学期则是在巴黎度过的。他一开始主修医学，并在文学和语言学习方面颇下功夫，最终以政治经济学专业毕业，并继续以“英国 18 世纪的重商主义”为题目撰写了博士论文。

拿到博士学位以后，沙赫特开始从事公共关系职业，开始是在一个出口贸易协会工作，同时兼职为一份普鲁士杂志写经济评论。他勤奋努力并且非常可靠，急切地想给他将要接触的银行家和商业巨头留下深刻印象。1902 年，他终于引起了德累斯顿银行某个董事会成员的注意，并在那里得到一份工作。他升职很快，1914 年就已经成为柏林一家大银行的中层管理人员。

那时的德国，像沙赫特这种家庭背景的人只能从军队或文职中获得发展的机会。然而在战前的几年里，德国正在由一潭死水似的西欧边缘的农业社会向工业社会转变，甚至有超越英国的势头，其经济发展为许

① 很多年以后，当他已经是一位重要官员时，这段往事被人公开，这令沙赫特十分尴尬，他因此起诉了当事人。—— 作者注

多野心家提供了无可限量的商业机会。对于银行家来说，这更是千载难逢的机遇，因为没有哪个国家的银行有这么大的势力。虽然作为国际金融中心，柏林仍不能与伦敦或巴黎相提并论，但德国大的商业机构控制了本地的经济命脉，长期以来都是工业资本的主要提供者。

沙赫特极力用他那呆板的外交造型掩饰他内心的不安，而他似乎有种获得关注的天赋。1905年，因为英语流利，他和另外一名德累斯顿银行董事会成员被派往美国，获得了美国总统西奥多·罗斯福的接见，并获得了对一个年轻银行家而言更为重要的机会：他们受邀到J. P. 摩根的股东餐厅去吃午餐。

婚姻也成为他进阶的基石，他娶了一个普鲁士警官的女儿，这个警官曾被指派去为王室服务。1914年，他们已经有了两个孩子，11岁的丽萨和4岁的杰恩斯，他们一直住在策伦多夫郊区花园西边的小别墅里。每天他在那里乘坐现代化的电气火车往返于工作地波茨坦和家之间，这种电气火车可以连接整个柏林。

沙赫特眼见着国际危机不断发展，直到7月底，他还一直希望事件能够通过外交手段得到解决。虽然他坚持认为战争绝不可能爆发，但这种论断绝对是他的痴心妄想和一厢情愿。他在德国发展得很好，战争爆发可能会让他失去很多，而且他很难看着他的国家陷入战争而无动于衷。虽然有着自由主义的家庭背景，但他却是典型的德皇统治下的附属品：遵从、不问是非的国家主义倾向以及为国家及其物质和知识成果而备感自豪。

像其他大部分德国银行家和商人一样，他坚信罪魁祸首是英国。作为一个霸权衰落的国家，英国阴谋阻止德国获得应有的强国地位。正如他之后所言，“德国在世界市场上的发展进步已经引起了那些老牌工业国家的敌视，它们感觉到市场地位受到了威胁”，特别是英国，“它建立了一个强大的联盟，签订协议直接对抗德国”，想把德国包围起来。

1914年7月的最后几天，战争的流言和对流言的反驳互相激荡。柏林陷入了战争声浪的漩涡，充满着歇斯底里和不安的气氛。从德累斯顿银行总部到倍倍尔广场上的歌剧院，沙赫特有一个就近的位子可以观看下面街道上正在上演的宏大史诗。每天，庞大的人群都会在菩提树下大街的古罗马边境城墙下游行，高唱着《德意志，德意志，高于一切》和其他爱国歌曲。那一周，愤怒的人群有几次几乎要涌入俄国大使馆，而这一切就发生在离他办公室几个街区的不远处。

最后，7 月 31 日（星期五）下午 5 点，近卫团的一个中尉爬上了坐落在德累斯顿银行办公室外菩提树下大街正中的腓特烈大帝的骑马雕像，宣读一份以德皇名义起草的公告。俄国已经下令总动员，战争的阴云笼罩着德国，虽然离宣战还有一步之遥，但柏林已处于全面的军事管制之下。

第二天，当德国宣布发起全国动员的时候，整个街道都洋溢着兴奋的气息。酒吧和露天花园啤酒店通宵营业，狂热的间谍在城市和乡间不断搜寻着什么，任何被怀疑与俄国有关联的人，包括一些德国士兵，都会马上被打死。8 月 3 日，德国对法国宣战，为了攻打法国，德国的军队第二天早上入侵了比利时。从 1839 年起担保比利时保持中立的英国向德国发出退兵的最后通牒，8 月 4 日午夜，过了通牒规定的最后期限，英国对德国宣战。

> 一大群“号叫着的暴徒”用石头砸碎了英国大使馆的所有窗户，并到隔壁的阿德隆酒店要求英国新闻记者的头目留在那里。一些奇怪的流言开始在整个国家传播开来。一份警察机关的报告称：“巴黎门德尔松银行试图经过德国运送一批价值一亿法郎的黄金到俄国。”搜寻“黄金车”成为全国上下痴迷的事情，无辜的德国人驾驶的车辆也受到武装农民和看守的盘查。一位德国的伯爵夫人和一位公爵夫人竟被意外射杀。

然而，虽然公众陷入狂热之中，战争开始的前几天却显得相对缓和。德国似乎正在平稳地度过扫荡了欧洲的金融风暴。在沙赫特看来，德国的形势比英国好多了，仅有过几次小的崩盘：7 月的最后一周股票大跌，几家德国银行陷入困境；北德商业银行——这家汉诺威最大的银行不得不关门大吉。银行家自杀的老故事重复上演，图林根州一位著名的银行家于 7 月 29 日（星期三）饮弹自尽。第二天，波茨坦一位私营银行家在杀了他妻子之后吞食氰化物自尽。

虽然在富豪中发生了一些骚乱，但普通公众却还保持着平静。德国各地的一些小型储蓄所的门外排着长长的队伍，大部分都是本地的仆人和工人，他们耐心地等在城市储蓄银行外面，想把他们的存款取出来。然而却没有人像往常战争发生时那样要求支取黄金，在开始的几天里，德意志银行5亿美元的黄金储备只减少了2 500万美元。

德意志银行为应对战争爆发做了几年的准备，这并不是什么秘密。早在1911年阿加迪尔危机后德国就开始认真地做财经方面的基础研究，那时德国为了争夺摩洛哥处心积虑地挑起与法国之间的争端。危机中期，德国受到了金融恐慌的严重打击。股票市场一天内暴跌30%，公众开始失去信心，国内爆发了银行挤兑，人们开始要求用货币兑换黄金。这种潮流在整个国家风起云涌，而德意志银行在一个月内就损失了1/5的黄金储备。据传闻，这种状况是由法国和俄国的资金提取引发的，而法国财政大臣精心策划了这一切。德意志银行的黄金储备马上就要低于能够应付现金支付的最低法定储备金率了。面临着取消金本位制度的耻辱，德皇恺撒只能看着法国接管摩洛哥的大部分地区，而毫无反击之力。

几个月后，心灵创伤还未平复的德皇召集了一批银行家，其中包括德意志银行行长鲁道夫·冯·哈芬施泰因，询问他们德意志银行是否有能力为一场欧洲战争提供支持。当这些银行家表现出犹豫的神色后，他告诫他们："下次我问你们这个问题时，我希望从你们这些绅士们口中得到一个不同的答案。"

在这段插曲之后，德国政府下定决心，不能再被金融问题所困扰了。政府要求银行加强它们的黄金储备，德意志银行把储备从阿加迪尔时期的两亿美元增加到1914年的5亿美元，相比较而言，英格兰银行却只有两亿美元的储备。政府甚至重启了一项早在18世纪由腓特烈大帝最初构思的计划，成立黄金战争基金，把价值7 500万美元的黄金和白银存放于柏林西郊斯潘道要塞的朱利叶斯城堡。同时，为了防止法国策划的摩洛哥危机事件的再次发生，德意志银行命令各银行限制外国人能够提取的存款数额。

通过这些措施，到了 1914 年 8 月，德意志银行已经拥有足够多的黄金储备，他们坚信能够避免 1911 年的悲剧重新上演。一旦危机抬头，从 7 月 31 日起，德意志银行先发制人，暂停黄金兑换。

但是，当沙赫特看着身着迷彩制服的士兵们排着一列列长队，穿过柏林街头欢呼的人群时，他忍不住想起俾斯麦亲王。这位铁血宰相在位期间一直在努力确保德国在欧洲不被孤立，以至于面临着与俄国和法国的两线作战。他 17 岁时曾参加过颂扬这位亲王的火炬游行，那时 79 岁的俾斯麦已经退休，住在汉堡城外的撒克逊森林里的腓特烈斯鲁庄园。这位老人“极其严肃、好像已经预见到未来世界的沉重和黑暗”的形象给沙赫特留下了极其深刻的印象。他总是会想，俾斯麦在用他那深邃的目光直视着他，训诫他和其他人“不要让我终身致力的工作毁于一旦”。年轻时的沙赫特就有着大胆的想象力，对自己的命运有着宏伟的规划。

第4章 斯特朗，美联储的最佳人选

美国，1914年

一出悲剧，塑造一位英雄。

——斯科特·菲茨杰拉德[①]

1913年夏天的和平时期，数以千计的美国人来到了欧洲，时年41岁的美国信孚银行总裁本杰明·斯特朗和他年仅26岁的美貌妻子凯瑟琳也在其中。他们的旅行很从容，工作、娱乐融为一体。其岳父大人埃德蒙·康弗斯（Edmund Converse）退休之后，斯特朗在1月份被选举为银行总裁，这是他接任之后的首次长假。他在5月中旬就离开了美国，在巴黎短暂出差之后，就到柏林和凯瑟琳碰面。在那里，他们和凯瑟琳的姐姐一起度过了几个星期。凯瑟琳的姐姐，安托瓦内特·冯·罗姆伯格男爵夫人（Baroness Antoinette von Romberg）曾在离婚之后因为孩子的监护权问题又和前夫争执了一场，弄得满城风雨。在那之后，1907年她又从纽约来到了柏林，嫁给了马克西米利安·冯·罗姆伯格男爵（Baron Maximilien von Romberg），成了男爵夫人。罗姆伯格男爵是一位普鲁士贵族，担任第十八燧发枪手团的首领。之后，斯特朗一家去了伦敦，他们是在英国听说了奥地利大公被刺事件。然而，金融市场对此并没有强烈反应，他们也觉得

① 斯科特·菲茨杰拉德（1896—1940），美国著名编剧，“爵士时代”最重要的代表人物。他的每一篇成功作品都是诗人的敏感和戏剧家想象力的结晶，都是他的艺术才能发挥到炉火纯青地步的产物。——译者注

没有匆忙回家的必要。事实上，他们在伦敦待了几个星期，直到 7 月底才乘船回到美国。

回到纽约之初，他们对民主党政府对商业前景造成的潜在威胁满腹忧虑，但反倒对欧洲的紧张局势并不太在意。到了 7 月的最后一周，斯特朗已经回到了他位于华尔街 14 号的办公室里。

信孚银行的总部大楼有 37 层高，是金融中心的标志性建筑之一，也是当时的纽约城第三高的建筑。其顶部有一个 7 层阶梯形的花岗岩金字塔，方圆几英里内都可以看到。从地板到天花板都是用最精致的乳白色意大利大理石装修，办公室的豪华程度在纽约屈指可数。

在成立之后仅仅 12 年的时间里，信孚银行的存款就增加了 30 多倍，拥有近两亿美元的存款，成了美国第二大信托公司，并被公认为是华尔街最有影响力的机构之一。然而，它却依然带有某种神秘色彩。1912 年，普若委员会（Pujo Committee）针对纽约各家银行“货币信托”的影响力举行了听证会。在听证会期间人们才知道，尽管信孚银行股东众多，但所有的表决权都集中在三家受托人手中：亨利·戴维森，J. P. 摩根高级合伙人；伟凯律师事务所的乔治·凯斯（George Case），J. P. 摩根的主要法律顾问；丹尼尔·里德（Daniel Reid），J. P. 摩根控股的美国钢铁公司的创建人与行政执行官。在信孚银行大楼的第 31 层，设有专门为 J. P. 摩根建造的高级公寓。这无疑证实了人们心中的一个看法，即信孚银行不过是彰显摩根财团实力的又一个写照。

华尔街的这个夏天显得格外宁静。20 世纪初，股市曾出现了一段牛市，并延续了几年时间。在之后的近 4 年里，股市萎靡不振，交易量很小。交易所的会员们也都利用 7 月的交易淡季到长岛和新泽西海岸的别墅消夏。危机向纽约袭来的第一个信号出现在 7 月 28 日，这一天，奥地利向塞尔维亚宣战。道琼斯指数从 79 点跌到 76 点，下跌 3 点，跌幅达 4%。尽管从罗马到布鲁塞尔的欧洲主要交易市场，包括欧洲大陆最大的柏林交易市场，都中止了交易，但第二天似乎就恢复了稳定。7 月 30 日（星期四），美国人一觉醒来，得知俄国进行了全国总动员，这才意识到欧洲局势的严重性。股票价格一路狂跌，创下了 1907 年大恐慌以来的最大跌幅，单日高达 7%。

尽管人们认为美国不可能卷入这场危机，但人们普遍担心，作为世界上最大的资本输入国，如果国际信贷资金停止流动，美国可能会受到严重影响。欧洲向美国提供的大约 5 亿美元贷款将于 8 月初至年底到期。在通常情况下，人们可以想当然地认为这些贷款将会展期。但是在目前的情况下，美国却面临着欧洲投资者要求立即还款的压力。与此同时，出口也可能因为航运风险而受到冲击。通常情况下，美元兑英镑的汇率固定在 4.86 ：1，但在接下来的几天里美元却迅速贬值，因为美国的债务人蜂拥而至，纷纷要求以黄金、欧洲货币尤其是英镑来偿付贷款。

7 月 30 日傍晚，斯特朗被召回 J. P. 摩根位于百老汇大街 15 号的临时办公室开会——位于华尔街 23 号的公司总部正在重建。这次临时会议聚集了纽约银行界的核心人物：杰克 · 摩根，摩根财团的名誉领袖和缔造者之子；亨利 · 戴维森，J. P. 摩根高级合伙人；巴顿 · 赫本（A. Barton Hepburn），大通国民银行主席；弗朗西斯 · 海因（Francis L. Hine），第一国民银行总裁，以及信托投资担保公司（Guaranty Trust Company）的查尔斯 · 萨宾（Charles Sabin）。为了避免加重公众的恐慌心理，与会者采取了金融大佬们惯用的伎俩，到处散布缓解公众紧张情绪的言论，内容极其简洁，所表达的意思就是他们丝毫没有担心。杰克 · 摩根声称，在被叫来开会时他正在一个游艇上聚会，回去后将继续他的聚会，亨利 · 戴维森则说他打算回长岛的别墅度假。

但是第二天早上，伦敦证券交易所被迫停牌的消息再一次震惊了纽约。这些银行家们不得不再次碰面，此外代表花旗银行的弗兰克 · 范德利普和 J. P. 摩根的新合伙人之一德怀特 · 蒙罗也加入了其中。会议最终决定关闭纽约股票交易所。

在参加星期五会议的 8 个人中，亨利 · 戴维森对欧洲的动乱局势有着最深刻的见解，他也是杰克 · 摩根的得力助手。实际上，当杰克 · 摩根这个 J. P. 摩根最大的资本合伙人在英格兰享受绅士生活时，正是戴维森在掌管着银行。会后几天，戴维森给他的同事托马斯 · 拉蒙特发了封电报，当时的拉蒙特正在蒙大拿钓鳟鱼。

> 整个欧洲的信用已丧失殆尽：法国下达的暂停货币支付的命令已经生效，并延期支付债务；尽管英国还没有正式禁止，但实际上几乎所有欧洲国家都已如此。我们好像经历了一场地震，有些不知所措。不过，我们很快就会冷静下来，匡扶危局。

就在当时，美元暴跌，资本大量流出，但债务人仍在尽力维持着偿付能力，直觉告诉戴维森一个新的时机即将来临，不仅对于他，对于摩根财团和整个国家都是如此。

戴维森白手起家，对新的机会有着深刻的洞察力，仅从这一点来说，他也是了不起的。实际上，在那天参加会议的 8 个华尔街金融大亨之中，继承过家族财富的只有杰克·摩根。巴顿·赫本在步入金融界之前是一个大学的数学教授；另外有几位甚至都没有受过高等教育；弗兰克·范德利普是在伊利诺伊州的一个农场长大的，从做记者起家；查尔斯·萨宾刚开始从事的是面粉销售工作，后来还是因为奥尔巴尼一家公司的棒球队需要他来当投手，才受雇于该公司开始进入银行业；戴维森则是在宾夕法尼亚州中北部的贫瘠山区长大，是一个卖耕犁的销售员之子。

在与会的 8 个人之中，本杰明·斯特朗年龄最小。他既非一生下来就坐拥万贯家产，也没有接受过高等教育，但却有着一个统治阶层的家庭背景，这能够给他提供很多其他优势。他身材瘦高，长相帅气，较高的发际线和高大的鼻子使他看起来显得有些冷酷，浑身散发着常春藤名校体育明星的气质。他出身优越，家族中有多位商人和银行家。

> 追根溯源，其祖上来自一个清教徒家庭，1630 年从英格兰的汤顿来到了马萨诸塞州。本杰明的曾祖父也叫本杰明，是时任美国财政部长亚历山大·汉密尔顿的秘书，也是海员银行（Seaman's Bank）的缔造人之一。他的家族有着极强的社会责任感，十分热衷于宗教事务。老本杰明·斯特朗是美国圣经协会执行委员会委员。斯特朗母亲的家族也有着同样的家庭背景——她的父亲曾官至部长且是长老会出版委员会的成员。

1872 年，斯特朗出生在哈德逊河谷的一个小镇，在新泽西州的郊区长大，在兄妹五人中排行老四。1891 年他从蒙特克莱中学毕业后，打算跟随大哥去普林斯顿大学继续深造。但这时，正在帮助铁路大王、百万富翁莫里斯·杰瑟普（Morris K.Jesup）打理私人财务和慈善事业的父亲遇到了经济困难，斯特朗只好放弃读大学的愿望。他来到华尔街一家经纪公司上班，随后在 1900 年跳槽到一家银行。

1895 年，斯特朗与玛格丽特·勒布蒂利耶（Margaret Leboutillier）结婚，1898 年迁居到新泽西州的恩格尔伍德，之后的 5 年里他们生了两男两女，在那里安家落户，成了镇上的名流，前途一片光明。斯特朗喜欢打高尔夫和桥牌，还是恩格尔伍德网球队队员。他后来担任了恩格尔伍德医院的财务主管，也就是在那里他遇到了戴维森。

之后的几年里，戴维森成了银行业的大腕。华尔街的一些人认为，他每天进城所乘坐的早上 8:22 出发的火车载着他通往了名利双收的光明大道。如果你有幸结识了他并且被他看中，那么你的机会就要来了。虽然有些夸张，但这种说法也有几分根据。戴维森后来的两位合作者，托马斯·拉蒙特和德怀特·蒙罗都是戴维森的邻居，他们有幸被戴维森发现并被带进了华尔街。1904 年，戴维森给斯特朗提供了他一年前协助创建的美国信孚银行的一个秘书职位。

斯特朗不仅在事业上要感谢戴维森，在生活上更是如此。1905 年 5 月，斯特朗正在外地工作，他的妻子玛格丽特在生过第 4 个孩子后患上了产后抑郁症，无人照料。由于所住的街区曾发生过一起入室盗窃案，斯特朗就买了一把左轮手枪以防不测，手枪被刚刚从亚特兰大疗养院回家不久的玛格丽特偶然发现，于是她自杀死去。第二年，他的大女儿死于猩红热。戴维森夫妇就把斯特朗的三个孩子——小本杰明、菲利普和凯瑟琳领到自己家里，当作自己的孩子来抚养。

1907 年，经历了近两年的单身生活后，斯特朗再婚了，但是有些人认为他操之过急。他的第二任妻子凯瑟琳是一个 18 岁的娇羞女孩，比斯特朗小 17 岁，是埃德蒙·康弗斯之女。康弗斯富甲一方，时任美国信孚银行董事长，是 J. P. 摩根的长期合伙人。亨利·戴维森在婚礼上当起了伴郎。婚后，他们从恩格尔伍德搬到了康弗斯的一所位于康涅狄格州格林尼治的房子居住，以便凯瑟琳能离娘家近一些。

几个月后，到了 1907 年 10 月，美国遇到了一次严重的金融危机，举国震惊。与以前的危机一样，一家大型的投资公司倒闭，恐慌开始蔓延。这次的危机源于一对夫妇想要操纵铜矿公司股价。这对夫妇中的一人是位于布鲁克林的一家银行的总裁，有传言说他们的失败导致银行损失了 5 000 万美元，其中大部分为银行吸收的社会存款，于是客户纷纷前来挤兑。10 月底，恐慌蔓延到整个纽约，该市的各类银行都出现了挤兑风潮，其中包括第三大银行——尼克伯克信托公司（Knickerbocker Trust Company）。

在当时，美国是主要经济体中唯一没有设立中央银行的国家。在历史上，美国人对是否设立中央银行持有一种矛盾的心态。东海岸的金融家同时也是贷款人，一直在敦促政府设立一家职能广泛、有权监管国家货币体系的银行。但也有人认为，把这么大的权力集中在一家机构，这与美国的民主传统相悖。这种主张得到了不少人的支持，尤其是农民，他们是典型的借款人。由于这种根本的分歧，美国的银行政策从一个极端倒向了另一个极端。

1791 年，当时的财政部长亚历山大·汉密尔顿创立了美国历史上第一家中央银行——美国第一银行。但该银行的管辖领域并不广泛，因为在当时除它以外美国只有 4 家银行。1811 年，第一银行的章程到期失效。1816 年，美国又做了一次尝试，创立了所谓的美国第二银行。1836 年，美国又有了新的想法，在安德鲁·杰克逊总统的干预下，第二银行的章程没有续期，银行宣告解散。在随后的 70 多年里，美国一直没有再设立中央银行，但也安然无恙，甚至还曾一度繁荣。但美国也为此付出了一些代价，即它的银行体系落后、零散、不稳定，易受周期性危机和恐慌的影响。

1907 年，纽约的各家银行接连成为挤兑风潮的受害者。在没有中央银行可以求助的情况下，金融界开始求助于皮尔庞特·摩根，因为他是那个时代杰出的金融家，比任何其他银行家经历的危机都要多。1895 年，他甚至还为美国联邦政府解围。当时，政府黄金储备耗尽，无力偿还对欧洲的债务。

尽管摩根银行根本不是美国最大的银行，但皮尔庞特·摩根本人获得的非凡荣誉和头顶的光环使他拥有了足够的权威，当然同时也是责任，他在这次危机中起到了领导作用。人们认为他不是简单的富有，而是像洛克菲勒家族、范德比尔特家族或安德鲁·卡内基家族一样非常富有。他严厉的目光和暴躁的脾气让绝大多数人生畏，甚至包括他的合伙人。后来的事实证明，他的财富被夸大了，他根本没有大多数人想象的那么富有——皮尔庞特·摩根在1913年去世时只留下了一处价值8 000万美元的庄园。当然，这一误解在当时对克服危机是有所帮助的。据说身价10亿美元的约翰·洛克菲勒曾摇摇头说："仔细想想，他连一个富人都算不上。"

摩根迅速召集了最优秀的金融家展开救助工作，他让戴维森和斯特朗做主要助手。他们健壮、帅气、果断、自信，摩根喜欢这样的年轻人围绕在自己身边。这个救助小组有两个任务：第一个是判断这些深陷挤兑风潮的银行，哪些应该得到救助，哪些应该任其倒闭，这是戴维森和斯特朗的主要任务；第二个是筹集救助所需资金，由摩根亲自负责。到11月初，摩根自己投进300万美元，并从其他银行筹集了共800万美元，财政部长承诺提供2 500万美元贷款，约翰·洛克菲勒还提供了1 000万美元。但即便如此，摩根还是没能消除民众的恐慌情绪，储户继续从银行提取存款。一家吸收了上亿美元存款的信托公司也徘徊在崩溃的边缘。

最后，在11月3日（星期日）晚上，摩根把纽约市主要银行的总裁召集到他的新图书馆开会。

这座图书馆位于麦迪逊大道与第36大街的交叉路口，是一处意大利文艺复兴时期风格的宫殿式建筑。图书馆紧挨着他的住宅，是摩根为了展示他所收藏的稀有图书、手稿以及其他艺术品而专门建造的。地板用大理石铺砌，天花板上嵌着壁画，墙上挂着挂毯，靠墙排列着用切尔克斯核桃木精心打造的三层结构的书架，里面塞满了罕见的圣经版本和中世纪的手抄本。在这样一个书香萦绕的环境中召开银行负责人会议显得很不协调。

与会人员一到齐，摩根就把图书馆装修考究的铜门锁上，在与会者一致同意为救助行动再注资 2 500 万美元之前，不允许任何人离开。

1907 年的这次恐慌，暴露了美国的银行体系是多么的脆弱和不堪一击。尽管恐慌已被摩根等人的果断行动所遏制，但它却清楚地表明：美国不能再继续依赖某个人来确保其银行体系的稳定，尤其是当这个人已经 70 多岁，处于半退休状态，且把主要精力都花在收集艺术珍品以及与成群的中年情妇游山玩水上时。

受这次危机的影响，美国国会决定采取行动。1908 年，国会设立国家货币委员会（National Monetary Commission），委员会由 9 名参议员和 9 名众议员组成，参议员纳尔逊·奥尔德里奇（Nelson Aldrich）担任主席。委员会负责对整个银行体系进行研究，并提出改革建议。经过几年的研究，委员会向国会提交了数卷关于欧洲国家中央银行体系的研究报告，但除此以外毫无作为。但在此时，人们对银行系统濒临崩溃的记忆已模糊不清，相关的改革也因此止步不前。

1912 年，已是 J. P. 摩根合伙人的戴维森对银行体系改革止步不前的状况感到沮丧，他担心如果这样下去，下一次恐慌的来临将会造成更大的破坏。于是他打算召开一个专家会议，制订一个正式的计划来建立美国中央银行，这将是美国历史上第三个中央银行。只有 5 个人受到了邀请，除戴维森本人以外，还有参议员奥尔德里奇；48 岁的弗兰克·范德利普，美国最大的银行花旗银行的总裁；42 岁的保罗·沃伯格（Paul Warburg），库恩雷波公司的合伙人，他出身于著名的汉堡银行家族，尽管刚到纽约，却很可能是在筹建中央银行方面最了不起的专家；39 岁的小皮亚特·安德鲁（A. Piatt Andrew Jr.），财政部长助理，曾任哈佛大学教授，并曾随同国家货币委员会前往欧洲研究中央银行设立问题；还有 39 岁的本杰明·斯特朗。

戴维森担心，任何由华尔街银行家提出的计划都会立刻被人们怀疑为是银行家阴谋集团卑鄙、非法的产物——这种担心情有可原。因此，戴维森选择在佐治亚州海岸附近的一个私人小岛上秘密举行会议，这在事实上形成了引发公众怀疑的银行家小集团。会议的准备工作周到、细致。组织者告诉每位与会者于 11 月 22 日抵达新泽西州霍博肯火车站，在那里搭乘奥尔德里奇的私人火车，然后再转乘前往佛罗里达的火车。他们不能一起用餐，不能事先见面，只能单独出海，以捕猎野鸭做掩护，越低调越好。另外，他们只能使用自己的名字，而不能使用姓。斯特朗被称呼为本杰明先生，沃伯格被称呼为保罗先生。戴维森和范德利普则更隐蔽，各自取了一个响亮的假名，分别叫作威尔伯和奥维尔。此后，他们常称自己为“名字俱乐部”的成员。

这些赴会人员在佐治亚州不伦瑞克下车，然后乘船前往杰基尔岛，那是佐治亚州海岸附近一个较小的障壁岛。该岛归杰基尔俱乐部所有，这个俱乐部成立于1888年，是北方富人打猎和冬天休憩的场所。

> 这个被某些杂志描述为“世界上最富有、最具有排他性和最难加入的俱乐部”只有50个会员左右，其中包括皮尔庞特·摩根、威廉·范德比尔特（William Vanderbilt）、威廉·洛克菲勒（William Rockefeller）、约瑟夫·普利策（Joseph Pulitzer）以及阿斯特家族与古尔德家族的人。现在俱乐部已经不接受新的申请，会员资格只能世袭。

在之后的10天里，会议小组包下了整个俱乐部及其侍从人员。俱乐部夏季活动暂停，几周后才会对其他人开放。他们从早上忙到午夜，在俱乐部宽大的会所里开会。会所修建得非常豪华，巍峨的炮塔、宽敞的大厅、迂回的走廊，还有能俯瞰大西洋的窗户。戴维森和斯特朗在破晓时就起床去骑马或游泳，回来吃过早餐后就投入工作。他们吃得非常惬意，成盘的新鲜牡蛎、乡村火腿以及野生火鸡让他们胃口大开。他们还一起庆祝感恩节，范德利普晚年曾写道，这是“我所经历的最高水平的知识分子交流场合”。会议结束时，大家都承诺将保守所有秘密。尽管4年后有杂志提到了这次聚会，但在之后的20年里没有任何参与者公开承认他们曾到过那里。

会议期间，他们提出了一份计划，最终的细节由范德利普和斯特朗草拟完成，并于1911年1月16日发布。这就是奥尔德里奇计划（Aldrich Plan），它的核心内容是设立一个机构——国家储备协会（National Reserve Association）。该协会其实就是一个中央银行，只是换了一个不同的名称，它可以在美国各地设立分支机构，负责货币发行和向商业银行放贷。尽管政府在协会的董事会中派驻代表，但协会本身由银行所有和控制，可以说是银行家的“合作社”。

> 纳尔逊·奥尔德里奇也许是参议院中金融知识最渊博的人，但让他来主导美国中央银行的设立事宜却再糟糕不过了。在有“百万富翁俱乐部”之称的参议院里，他是最富有的人之一。据说他卖出了联合牵引公司和罗得岛电力公司的股份，得到了 1 000 万美元，而且在罗得岛的纽波特还有庞大的地产。他的女儿嫁给了小约翰·洛克菲勒。他热情支持大公司，倡导高关税，极力反对政府管制；而且到处都有传言，说他接受金融业的献金，提供政治帮助。一句话，他是中央银行的反对者们害怕的所有因素的具体化身。

后来的几个月里，保守派和来自中西部的共和党人联合扼杀了奥尔德里奇计划，形势发展令斯特朗感到十分沮丧。幸运的是，1913 年初在参议员卡特·格拉斯的领导下，民主党人在国会以通过修改计划的方式保住了计划方案，提出了格拉斯计划（Glass Plan）。新计划不再主张建立中央银行，因为这样将导致权力过分集中，而是提出建立多个由各个地方自治的机构，他们称其为联邦储备银行。在由当地银行家管理各个机构的同时，再设立一个联邦储备委员会，负责监管整个联邦储备系统，其成员由总统任命。

格拉斯计划采纳了奥尔德里奇计划的很多核心内容，但却遭到了极力反对。反对者认为，**联邦储备系统的分散式架构将已困扰美国银行业多年的权力分散和各自为政问题固化下来，只会导致冲突和混乱。**一贯务实的纽约银行家认识到，格拉斯计划至少能在一定程度上改善之前的状况，因此还是采取了支持的态度。最后，伍德罗·威尔逊总统于 1913 年 12 月 23 日签署了格拉斯计划，《联邦储备法》生效。

1914 年 8 月初，斯特朗忙于参加各种会议。8 月 1 日早上，他还在纽约大都会俱乐部跟结算协会的其他银行家交换意见，当天晚上就又到了范德比尔特饭店，和曾宣布发行一亿美元紧急货币以克服危机的财政部长威廉·麦卡杜（William McAdoo）一起参加纽约银行家大会。第二天，他又去了华盛顿。

斯特朗最为关心的问题是被困欧洲的美国游客。银行和酒店由于担心美元急剧贬值，害怕纸币贬值，都拒绝将旅行支票或银行汇票兑换成现金。数千名富有的美国人被困在欧洲大陆，没有现金可用。报纸上充满了关于美国游客被赶出酒店的报道，他们被迫夜宿火车站，或者在深夜徘徊在巴黎街头。那些成功将支票兑换成现金的人也付出了不小的代价，他们被迫同意 1 美元仅兑换 75 美分。

信孚银行是向赴欧美国人签发旅游支票最多的银行。斯特朗比较幸运，负责公司外汇业务的弗雷德·肯特（Fred Kent）恰好在伦敦度假，他立即在华尔道夫饭店召开了 2 000 人的会议，为受困的美国同胞提供临时资金援助。

如果欧洲人不接受美元，最终的结果只能是美国人选择用黄金来支付。但是，现在欧洲大陆战事危急，怎样才能把黄金运到那里呢？一夜之间，私人航运的保险费率急剧上升，以至于令人望而却步。斯特朗设法说服了政府动用战舰运输私人黄金。8 月 6 日，田纳西号巡洋舰装载着价值 750 万美元的黄金从布鲁克林海军基地出发驶向欧洲大陆。

斯特朗最善于处理这些紧迫的现实问题，虽然这意味着要吃一些苦头，但领导角色非他莫属。尽管他没有摩根财团的某些合伙人那样光鲜体面和见多识广，但人们都喜欢他，对他的强势性格也并不抵触，甚至在华尔街他也是一位让人羡慕的名人。有同龄人曾说：“无论走到哪里，他都是一个领导者。”然而，却很少有人敢说自己很了解斯特朗。在人们心目中，擅长社交的他也有一些负面性格，久而久之这些负面性格不免会表现出来。一位同事回忆说：“他有双重性格，平常彬彬有礼，但有时会突然暴怒。”这说明他也有痛苦和忧愁，只是在平常被很好地掩盖着罢了。

整个 8 月，斯特朗不断往返于纽约与华盛顿之间，还不知刚刚设立的纽约联邦储备银行行长一职正向他悄然走来。如果建立中央银行的奥尔德里奇计划获得通过，戴维森、范德利普这些纽约银行界的领袖们可能早就把斯特朗作为该行的潜在领导人推选出来了。如今，他们在联邦储备系统[①]下设立了许多储备银行，并在华盛顿设立了一个委员会。他们认为，由斯特朗领导纽约联邦储备银行将对他们最为有利。在根据《联邦储备法》设立的 12 个区域性储备银行中，纽约联邦储备银行将会是最大的一个。他们的预见是正确的，纽约联邦储备银行，也就是他们的储备银行，由于规模最大和专业性最强，很可能在联邦储备系统中占据主导地位。

斯特朗是最完美的候选人。他在银行界是出类拔萃的，在 1907 年的恐慌时，他经受住了严峻的考验。自登上佐治亚州的那个海岛参加设立中央银行的会议之后，他已成为这一领域的专家。另外，摩根财团的合伙人对他都很熟悉。他虽然缺少戴维森的天赋或托马斯·拉蒙特的温文尔雅，但无疑是个稳重可靠的人。

这个职位真是让斯特朗左右为难，他一开始时婉言谢绝。尽管他也像其他纽约银行家一样尽量去接受新的联邦储备系统，但他仍然认为该系统存在着重大缺陷，还曾竭力阻止过它的通过。他坚持说，个人收入方面的考虑不会对自己的决定产生影响，但要说一点儿影响也没有确实让人难以相信。他并没有从家族中继承财产，只是在 41 岁这个年富力强的年纪被选为信孚银行的总裁，但还没来得及积累财富。如果接受这个职位，他必须放弃目前担任的所有职位。而这个职位的年薪只有 3 万美元，虽然也很诱人，但与他在纽约一家大银行做总裁的收入相比就显得微不足道了。他的老岳父尤其反对他接受这一职位，他说："本杰明不能靠我的财产来生活。"据说，他老人家的财产有 2 000 万美元之多，他的爱女、斯特朗之妻凯瑟琳将会继承一笔可观的家产。如果收入减少，斯特朗目前的生活方式将无以为继。就在一年前，他们一家，包括他们夫妻两人、他和前妻所生的三个孩子以及和现任妻子所生的两个女儿，刚刚搬进一套 8 000 平方英尺的豪宅。这所豪宅坐落于派克大街 903 号，这里的公寓在纽约享有盛名，每套公寓都占据一整层。斯特朗所支付的年租金高达 15 000 美元。

10 月初，戴维森和沃伯格邀请斯特朗到乡下共度周末。他们都举出了令人无

① 美国联邦储备系统（Federal Reserve System）一般称美联储，负责履行美国的中央银行职责。这个系统主要由联邦储备委员会、联邦储备银行及联邦公开市场委员会等组成。其中，联邦储备委员会是该系统的核心机构。——译者注

可辩驳的理由，认为斯特朗接受这个职位义不容辞，因为他在这个职位上将能更好地为大众服务。戴维森善于言辞，要和他争辩可不容易，特别是斯特朗还欠了他很多人情。1914 年 10 月 5 日，纽约联邦储备银行正式宣布本杰明·斯特朗被选举为首任行长。

第5章

莫罗，被“流放”的天才

法国，1914年

没有一个资本家，在他的有生之年，哪怕只有一天甚至一分钟，不曾设想过他能够……高尚地进行剥削……在每个人心里的某个角落，都藏着一个破碎的诗人梦。

——古斯塔夫·福楼拜，《包法利夫人》

1914年夏天的巴黎，身为法国殖民地阿尔及利亚和突尼斯中央银行总干事的埃米尔·莫罗和其他法国人一样，也在关注着卡约事件。这是一系列丑闻的最新情况，它们曾经美化了法兰西第三共和国的政治，并成为法国人茶余饭后的谈资。财政部长、激进党领导人约瑟夫·卡约主张将所得税引进法国。而在1914年初，一向保守的《费加罗报》（*Le Figaro*）竟发起了抵制所得税的运动，并在首版刊登了卡约年轻时写给前任情人的情书。

他的这位情人伯萨·盖登（Berthe Gueydan）在当时已经结婚，丈夫是个高级文职人员。由于卡约的插足，盖登与丈夫离婚，嫁给了卡约，成为他的第一任夫人。他们鸿雁传书之后，又发生了很多事情。卡约在迎娶盖登之后，又与另一位有夫之妇亨利埃特·克拉勒蒂（Henriette Claretie）有染。克拉勒蒂有着一头浅金色的头发，身材高挑，顾盼流芳，令卡约一见倾心。于是他就与盖登离婚，迎娶了这位新情人。

1914年3月，第二任卡约夫人对丈夫的风流韵事被以如此卑劣的方式传播大为恼火。尽管这些事情都发生在他们开始交往之前，但她真正担心的是，说不定哪天他们婚前的私通信件也会落入媒体之手，以同样的方式被公之于众。于是她决定亲自解决这一问题。3 月 16 日下午 3 点，在梳妆打扮一番后，她离家前去参加晚上在意大利大使馆举行的招待会。途中她拐进一家精品手枪店，挑选了一支布朗宁自动手枪，掖在皮衣下，朝《费加罗报》编辑部走去。她等了报社编辑加斯顿·卡尔梅特（Gaston Calmette）一个小时，最后在他出现时，她靠上前去冷冷地说道："你应该知道我为什么来这里。"然后拔出手枪，在极近的距离冷静地朝他连发 6 枪，可怜的编辑当场死亡。

对丑闻的态度将法国人分为了两个阵营，在巴黎甚至引发了暴乱。右翼分子游行抗议统治阶层的腐化堕落，并与卡约的支持者发生了暴力冲突。7 月 20 日，法院开始审理这起案件。各家报纸都以头版头条报道庭审进程，整座城市都在关注着事态的发展。巴黎市民们更为关心的似乎是政客的荒淫无度与道德腐化、约瑟夫·卡约庞大的情人网络，以及他是如何勾引在此之前一贯单纯、娇羞的克拉勒蒂的。

对于莫罗来说，这次审判具有更为重要的特殊意义。19 世纪 90 年代早期，在巴黎自由政治科学学校读书期间，他曾是卡约的学生。当时的卡约年轻、富有、光鲜照人，前途一片光明。作为一名财政督察员，卡约是精英管理集团的成员，该集团是当年拿破仑为审计国家财政而设立的。巴黎自由政治科学学校，即通常所说的巴黎政治学院，是一所学费高昂的私立研究生院校，于 1872 年普法战争后创建。它的缔造者试图为法国的统治精英打造一个新式培训基地，以便有效抵制法兰西共和国早期的"过度民主化"现象。学院的授课教师并不是学者，而是高级政治家、公务员或商人。在当时，巴黎政治学院的历史并不悠久，但已成为国家高级公务员的主要培养基地。

时值莫罗在巴黎政治学院读书期间，整个法国，包括整个学院都因德雷福斯事件而分裂。1894 年，一个犹太裔炮兵军官阿尔弗雷德·德雷福斯被法院错判为叛国罪。其事实是，法国的情报官员图谋陷害，他们捏造证据，诬告德雷福斯是德国间谍。事件发生后，法国将何去何从，是继续维持一个狭隘的、保皇主义的、天主教化的国家，还是走向国际化、自由和开放，争议相当激烈。学院的院长是德雷福斯的忠实支持者，他与几个意见相左的教授发生了争论。最终，这些教授辞职以示抗议。

与政治学院那些来自巴黎的家境富裕、背景深厚的同学不同，25岁的莫罗是在1893年来学院报到时才到巴黎的。他出生在普瓦捷，是一个地方治安法官的儿子，曾在当地上了大学，毕业时获得了法学学位。他的家族是一个小贵族，来自普瓦捷的一个古老村落普瓦图。他的祖先杜特龙·德·鲍尼亚（Dutron de Bornier）在18世纪曾代表所在地方参加集会。1789年，各个阶层正在凡尔赛宫举行着决定要发起革命的会议，当时莫罗的曾祖父约瑟夫·玛丽–弗朗西斯·莫罗（Joseph Marie-François Moreau）是第三阶层（Third Estate）的代表，并在后来参加了镇压革命的集会，为镇压的成功做了很多贡献。随后，他的曾祖父成了地方行政机关的重要人物——任职财政督察员，负责征收税赋，甚至在王权复辟后也是如此。

1896年，莫罗跟随着卡约的足迹，在竞争残酷的选拔考试中脱颖而出，成了一名财政督察员。尽管考试制度使督察员在很大程度上进入了这个精英阶层，但直到得到提拔前，督察员仍需双亲担保他们每人有2 000法郎的个人年收入。莫罗现在是精英管理集团的成员，在那个年代他们掌握着真正的大权。而在形式上法国则由一些部长管理，他们在充斥着争吵和怒火的国民大会支配下，在内阁中你进我出、不断轮换。一个政府的存在时间通常不超过7个月——从1870年至1914年，法兰西第三共和国只存在了44年，但是更换的内阁却多达50个，其中有的内阁仅存在过一天。在戏剧性的部长辞职、政府垮台、老面孔重新上台的背后，实质上是这些朴实、自信、能干、训练有素的政府要员们在统治着法国。

进入公务员系统后，莫罗升迁得很快。1899年，卡约当上了财政部长，他在这个位置上一干就是7届，这是第一届，而莫罗就在他手下工作。到了1902年，新任财政部长莫里斯·鲁维埃（Maurice Rouvier）亲自挑选莫罗做他的办公室主任。办公室就是部长的私人秘书处，通常由他的门徒和具有潜力的资质较浅的公务员组成，他们负责部长的各种活动，其中包括处理部长的信件、担任部长及其支持者之间的联络员、准备公文简报等。办公室主任则是部长的重要助手，也是其他职员们的领导，这个角色像管理岗位一样具有政治性。

鲁维埃是个温和的共和党人，也是一个银行家，他是法兰西第三共和国培养的最有能力的财政部长之一。不幸的是，他总是被卷入丑闻。在那个充满污秽的时代，其中两件最臭名昭著的丑闻都与他有关。据透露，1887 年，儒勒·格雷维（Jules Grévy）总统的女婿、在爱丽舍宫工作的丹尼尔·威尔逊（Daniel Wilson）售卖奖章，从荣誉奖章到法国荣誉军团勋章无所不卖。尽管鲁维埃没有被直接牵涉到非法交易中，但作为内阁总理他难辞其咎，只好与惊慌失措的老总统一起辞职。

在下台仅两年后，鲁维埃就返回了政府机关，并担任财政部长。然而，1892 年巴拿马运河公司倒闭，大约有 80 万法国投资者遭受了总金额高达两亿美元的损失，鲁维埃又受到牵连。随后的调查发现了一系列腐败、行贿和以权谋私的行径，这些都与巴黎的上层社会和政治界交织在一起。调查还发现，鲁维埃与这起事件的两个幕后核心人物之间有着广泛的交易。其中一个是雅克·德·雷纳克（Jacques de Reinach）男爵，一位拥有意大利国籍的德国犹太人，其死时的场景令人生疑，但令人难以置信的是，他却被宣布为自杀身亡；另一个是科尼利厄斯·赫兹（Cornelius Herz），一个声名狼藉的国际冒险家和金融家，在事发后立即逃离了法国。在随后的国会询问中，鲁维埃被指控接受了贿赂，一同出来指控他的有 104 名代表和无数的记者。鲁维埃自我辩护说，之所以收下钱，是因为他认为这项工程代表了国民利益。毕竟，在此期间他的财产并未非正常地增加过。尽管没有充分的证据可以对他定罪量刑，但鲁维埃再一次被迫辞职。之后的 10 年里鲁维埃远离政坛，在 1902 年莫罗开始为他工作时，他刚刚恢复名誉。

鲁维埃对于公共道德的奇怪看法从未影响过莫罗对他的崇敬。尽管莫罗也承认，他“敬爱”的导师无法明确区分私人利益和公共义务，但他尽量回避这一点，他认为他的导师至少要比同时代的其他政治家要好——这也从一个侧面说明，当时整个社会的道德已经崩溃，政治领域更是如此。莫罗为了报答鲁维埃对他的慷慨帮助，一如既往地感激和忠诚于他。

1905 年，鲁维埃第二次出任总理，莫罗成为他的左膀右臂。而仅仅过了两个月，他的政府就遇到了一次严峻的考验。同年 3 月，一向说话不着边际的德国皇帝威廉二世（以下简称德皇）造访丹吉尔，为了挑战法国在北非的优势地位，他公开宣称支持摩洛哥独立。刚开始，鲁维埃试图与德国协商解决问题。德皇感觉到了法国的软弱，不断提高谈判价码。因此，两国关系开始紧张，德国动员了预备役部队，法国军队也开赴前线。在之后的几个月里，鲁维埃巧妙地化解了危机，不仅保住了法国在摩洛哥的特殊地位，而且还体面地从德法对抗中退出，并与英国展开谈判，为英法协约的缔结打下了基础。对于年仅 36 岁的莫罗来说，他在这场重大的国际冲突中扮演了主要角色，这样的经历无疑是令人兴奋的。但遗憾的是，法兰西第三共和国的内阁只能持续几个月似乎成了宿命，鲁维埃政府很快就被解散。

在 20 多年的宦海沉浮中，特别是因为他那不怎么光彩的金融交易，鲁维埃树敌颇多。在鲁维埃下台后，这些敌人就把矛头对准了莫罗。在做了调任陈述后，莫罗被委派到阿尔及利亚银行，即阿尔及利亚与突尼斯的中央银行，而不是重新回到他的老东家财政部。这家银行与法国或任何其他大国的中央银行相比，就显得相形见绌了。对于一个飞黄腾达的财政部高官来说，这无疑是另一种形式的放逐。这个职位并不像想象中那样任务繁重，因为阿尔及利亚对法国来说地位特殊，所以银行的总部就设在巴黎的政治中心，距离国民大会和外交部只有一步之遥。

阿尔及利亚银行属于私人所有，但它也是服务于法国殖民政策的一个重要机构。1911 年莫罗被提拔为总干事，他在阿尔及利亚酿酒业的发展中发挥了积极作用，并在与突尼斯柏柏尔人的高利贷斗争中站在了最前线。他与摩洛哥军事长官即后来的利奥泰元帅密切合作，在军事占领期间为公共建设工程以及在摩洛哥的进一步殖民提供融资。他不仅是一个银行家，更是一个服务于国家的公务员，而他也是这样看待自己的。1914 年 1 月，他荣获了法国荣誉军团勋章，而能够获此殊荣的不足 1 250 人。

虽然取得了这些成就，但对于雄心勃勃、天资聪慧的莫罗来说，阿尔及利亚银行依然是一潭死水。他以前在财政部的那些同事所掌控的绝不仅仅是某一殖民地的财政大权，而是整个国家甚至整个法兰西帝国的财政大权。每当回首往事，莫罗心里总不是滋味，他在这个没有希望的职位上已经耗费了8年时间，明显已经被人们遗忘了。

也许是和同僚相比，莫罗爬得太快、太高，引起了他们的嫉恨；也许是与别人不同：他寡言少语、态度生硬，甚至有些粗野，从未尝试过参加各种沙龙，更没有巴黎高级官员的气质和仪态。他来自外省，样貌土气，但他以此为荣。1908年，他被选举为家乡圣莱马的镇长，这是一个只有几百个居民的小镇，但他一有机会就会回去。他拥有的弗瑞索纳尔庄园建造于1600年，只有在那里，和童年的玩伴——如今的律师、公证人、治安法官在一起，他才感到最为舒心、惬意。

通常，在每年7月的最后一周，莫罗肯定会急切地盼望着农业部长的通告，以敲定打猎日期。为了不虚此行，他会在狩猎季开始时就回到弗瑞索纳尔庄园。正如他经常所说，那里有很多鹌鹑、鹧鸪和野兔，会让人兴奋不已。但是这一年的7月底8月初，尽管天气晴好，他也不得不放下猎枪。

7月27日，有几件事情虽说不大，但却能像风向标一样预示出巴尔干危机将进一步恶化。卡约夫人谋杀案的新闻逐渐从报纸头版退去，即使是巴黎的报纸对此也不再热心。每天傍晚总有一群人聚在位于波尔索里大道的《晨报》（*Le Matin*）编辑部办公室门外。《晨报》是当时法国非常流行的一份报纸，其编辑部办公室的窗户上贴有最新的简讯。斗争与冲突不可避免，但这次的冲突双方不再是简单的卡约的支持者与反对者，而是反对扩大军事行动的人与新的爱国运动的支持者。

金币也开始神秘地从流通领域中消失。经历了两次灾难性的纸币改革实验—— 一次是18世纪早期结局悲惨的密西西比骗局，另一次是大革命时期发行的纸币，如今的法国人只相信金属货币，对银行和其他一切机构毫无信任可言。出现问题的第一个标志是，许多人都把金币装进了乡下人缝织的长筒羊毛袜里，塞到床垫底下。据说法国农民就是这样保存他们为数不多的黄金的，或者是存放在公证人的保险柜里，就像资产阶级保存他们的储蓄一样。

经过8天的庭审，7月28日晚上9:30，这个由男性成员组成的陪审团投票，最后以11：1的投票结果无罪释放卡约夫人。他们认为，是《费加罗报》的做法使得卡约夫人怒火中烧，才会失去理智做出了杀人举动，因此判定她在杀人时不具备刑事责任能力。这似乎更像是一个充满戏剧性的情节，也使判决结果显得有些苍白无力。在法院的大门外发生了冲突，大批警察被派往现场去驱散仇恨卡约的极端保皇党人。但此刻绝大多数巴黎人更为关心的则是如何购买生活用品，金币与银币很难得到，而店铺包括咖啡馆都不收受银行纸币，甚至雷阿勒的食品市场也突然关门停业。

第二天凌晨4点，几百人聚集在法兰西银行周围以纸币兑换黄金。当天下午，人群增加到3万多人。他们排成一英里多的长队，环绕银行总部所在地图卢兹酒店一周，然后沿着拉齐维尔街，经过皇宫到达里窝利街，一直延伸到杜丽乐花园。有250名警察到现场维持秩序。《泰晤士报》的一名记者被这一场景吓了一跳，他说：“社会各阶层民众排成冗长的队伍。法国人的节俭有着重要意义，无数的普通老百姓在国民银行里都有储蓄。”

法兰西银行宣布，只要有必要它将继续供应黄金，毕竟它是当时世界上最大的黄金储藏者之一。

> 1897年，刚刚到任的行长乔治斯·帕林（Georges Pallain）召集手下，告诉他们法兰西银行的任务就是准备应对“任何不测事件”，实际上他在暗指要向德国报1870年普法战争惨败之仇。在帕林的领导下，法兰西银行开始不断地积聚黄金。德意志银行每一次想要增加黄金储备，法兰西银行总是抢先一步，这有些类似于军备竞赛。到了1914年7月，法兰西银行所拥有的金条总值超过8亿美元。

法国中央银行万万没有想到，它费尽苦心所建立起来的黄金储备最后竟会流散到恐慌的国民手中，而这些黄金储备原本是国家战争融资的基础。十多年来，法兰西银行分散于法国各地的250多家分支机构的负责人都保存着一个秘密信封。他们被告知，这些信封要锁入保险柜，放在随时可以拿到的地方，只有在国家全面动员时方可打开，而信封里装的就是带有蓝色花纹的通知书。

在带有帕林签名的蓝灰色信纸上所写的是向各家分支机构负责人所做出的战

时指示。一旦发布总动员，他们就要面对“艰巨而危险”的任务。他们需要冷静、警觉、主动而坚定地面对令人畏惧的考验。首要而紧急的任务便是停止兑换黄金。一旦分支机构所在城镇落入敌人之手，其负责人要动用所有权力尽己所能地保护银行资产。因此，当 8 月 1 日下午 4 点总动员令发布时，法国的黄金储备立即被冻结了。

一个小时之后，在巴黎已经找不到一辆出租车。所有交通工具，包括私家车、马车和公共汽车都被征用去运送部队，唯一的交通方式就是步行。24 小时之内，公共服务也突然停止，因为所有健全的男人都已奔赴火车站。甚至像丽兹和克里雍这样的豪华酒店也没有了男侍者，只有女服务员为客人服务。

战争爆发后的几周，整座城市沐浴着 8 月的阳光，陷入了大战之前的平静之中，这种平静让人感觉很不自然。巴黎闻名遐迩的街区商店已无人问津；交通停止，公共汽车都已开往前线，地铁时断时续；剧院和电影院也关门了，咖啡馆到晚上 8 点就要歇业，饭馆到晚上 9:30 也要关门。到了月底，随着外国人的离境，各大饭店也都显得冷冷清清。

8 月底，平静突然被打破。德国军队横扫比利时，以迅雷不及掩耳之势穿越法国北部。8 月 29 日，德军离巴黎只有 25 英里，在巴黎市内依稀能听到枪声，还有报道说有人在郊区看见了德国士兵。第二天是星期日，一架德国飞机在巴黎上空盘旋，随即就在巴黎火车站附近扔下了三颗炸弹，所幸没有人员伤亡。星期一，又一架飞机低空飞过，在九月四日街附近扔下几颗炸弹，据说这次轰炸的目标是法兰西银行。同样，这次也没有人员伤亡，只有几块玻璃破碎。

几乎没有哪个法国人知道，8 月 18 日，当德国入侵者还远在 200 英里以外的布鲁塞尔时，法兰西银行就已经开始执行它的紧急计划。毕竟在之前的几百年间，巴黎曾三次落入外国人之手。法兰西银行的黄金储备——38 800 锭黄金和无数袋金币，重达 1 300 吨，在高度保密的情况下通过火车和卡车被安全运送到事先安排好的中央高原与法国南部地区。这次大规模的运输活动相当顺利，其中只有一列火车在克莱蒙–费朗脱轨。随即 500 人被调往那里，将火车推进轨道，收拾散落的金币，驱散好奇的围观者。9 月初，法兰西银行在巴黎的金库已经是空空荡荡了。

第6章

谁将是无形帝国的君主

中央银行，1914—1919年

金钱是战争的万恶之源。

——西塞罗，《腓力比克》

1914年8月的第一个星期可谓是性命攸关的一周，但银行家和财政部长们所关注的绝不是军事准备或军队活动，而是手中黄金储备的规模与耐用性。这种观念有些不合时宜，毕竟现在是1914年，而不是1814年。两百多年以来，纸币已被广泛使用，商人和交易商们也发展了极为先进的信用体系。战争的波及范围受制于手中黄金数量的观念似乎早就过时了。然而，伦敦的一家杂志《联合帝国》（*United Empire*）却断言说：“在战争爆发时，欧洲大陆所能掌控的硬币和金条数量将在很大程度上决定战争的强度以及可能持续的时间。”

这种对寡然索味的银行储备的关注，折射出了人们在战争刚开始几个月里的普遍自满情绪。尽管柏林、巴黎和伦敦的大街上到处都是歇斯底里的人群，但空气中却弥漫着一股异样的、不现实的气息。没有人完全理解“这场战争为什么会发生，打仗究竟是为了什么”，但可以肯定的是，没有人希望战争持续很长时间。尽管敌对双方的士兵都在摩拳擦掌，但每个人都不想拖泥带水，都希望可以让对方死得痛快些。将军们还向士兵许诺说，他们可以回家过圣诞节。受军队官员们积极观念的鼓舞，财政官员们也在盘算，既然战争很快就会结束，那么最重要的事情就是确保财政状况良好，即在战争结束时维持完整无缺的黄金储备。

银行家和经济学家们简直是自以为是到一定程度了，竟然相信“健全货币”的纪律本身就能使每个人恢复理智，使战争不得不结束。1914 年 8 月 30 日，开战后近一个月，《纽约时报》的记者查尔斯·科南特（Charles Conant）报道说，“国际银行界信心十足地表示，不会发生纸币滥发及贬值问题”。而之前的战争都曾引致了恶性通货膨胀。这些银行家还自信地宣称，“现在人们对金融学的理解要比以前更到位”。

费利克斯·舒斯特爵士（Sir Felix Schuster）是伦敦工会和史密斯银行（Smith'sBank）主席，也是伦敦最卓越的银行家之一。他自信地四处游走，并告诉大家战争将在半年内彻底结束，毕竟中断贸易的影响太大了。约翰·梅纳德·凯恩斯，剑桥大学国王学院 31 岁的经济学家，因为在战争财政方面的见解而一夜成名。1914 年，他向朋友们宣称自己“敢肯定战争的持续时间将不会超过一年”，因为到那时能用来支持战争的流动资金将消耗殆尽，他甚至还对某些愚蠢的反对者感到十分恼火。1914 年 11 月，《经济学人》预测，战争将在几个月内结束。当月，在巴黎举行的欢迎英国战争事务秘书、陆军元帅基奇纳勋爵（Lord Kitchener）的宴会上，法国财政部长还自信地宣称，在 1915 年 7 月前战争将不得不结束，因为到那时钱将被花光。事实上，不仅协约国的专家如此目光短浅，匈牙利财政部长雅诺什·特里斯基男爵（Baron Janos Teleszky）在接受内阁询问时说，匈牙利的国库仅能支持三个星期。

欧洲的金融家们眼睁睁地看着自己的大陆正一步步滑向战争深渊，欧洲信用体系逐渐崩溃，世界股票市场关门大吉，金本位摇摇欲坠，但他们却依然抱有幻想，认为全球商业所遭受的干扰只是短暂的，很快就会回归到正常的贸易状态。很少有人想到，他们目前所遭受的对世界经济秩序的冲击是长期而严重的。

这些专家们似乎已经忘记，在战争中首先遭到破坏的不仅仅是真相，还包括稳健的财政体系。在 19 世纪的历次战争中，比如拿破仑战争或美国内战，没有一场战争仅仅是因为黄金不足而罢战。在这些战争中，交战双方不惜动用一切资源——税收、借款、大规模印制纸币来筹集战争款项，到最后拼个你死我活。

到了 1915 年底，欧洲大陆已经有 1 800 万人被动员投入到战争中。在西线，两支庞大的军队——300 万协约国军队和 250 万德国军队在长达 500 英里的前线相持不下，陷入僵局。战线从英吉利海峡开始，穿过比利时和法国，一直到达瑞士边境，就像一条冬眠的巨蛇蜿蜒在西欧版图之上，交战双方就这样僵持着。在种种荒诞的逻辑下，数以万计的人被引入了战场。同时，他们的惨烈牺牲仿佛更加强了战争的正当性，于是更多的人又被所谓的正义旗帜所号召。就这样，战争的残杀为其自身提供了源源不断的动力。

尽管如此，战争初期的自满情绪还是一直延续了很长时间才渐渐淡去。甚至到了 1916 年，速战速决的论调还颇为盛行，依然不断有将领放言说“再过 6 个月就可以取得胜利”。此时的 5 个大国——英国、法国、俄国、德国和奥匈帝国每个月的花费都高达 30 亿美元，几乎占五国 GDP 总和的一半。在人类历史上，还没有哪一场战争可以一次性消耗掉这么多国家如此之多的财富。

虽然各国筹集战争费用的方式不尽相同，但其中的原理是相通的。如果仅仅通过税收方式筹集战款，税率势必高得与没收财产无异，因而也是不可行的。有鉴于此，没有一个国家尝试过这种做法——税收只占所筹资金的很小一部分。实际上，交战双方主要通过借款筹集费用。一旦再也找不到新的借款渠道，它们就会依赖一种几乎和战争本身一样古老的技术——通货膨胀。但是，它们制造通货膨胀的方式与中世纪的国王有所不同。国王要么削减金币或银币的重量，要么发行由便宜合金铸造的硬币，致使货币贬值。而现在的参战国政府则求助于中央银行，通过复杂的会计处理掩饰真相。此时，中央银行就会摒弃它们长期以来所奉行的原则——“以黄金为基础发行货币”，而改为简单地印票子。

在欧洲的所有参战国中，英国拥有审慎财政的悠久历史，为了不违背传统，它采取了最负责任的财政政策。4 年的战争，政府花在战争上的开销多达 430 亿美元，其中包括支援给比较贫穷的欧洲盟国 110 亿美元的贷款（主要是法国和俄国）。为了支付这些费用，英国一方面通过增加税收筹集到了 90 亿美元，约占总金额的 20%；另一方面通过向国内和美国长期借款筹集到了 270 亿美元；其余的款项是从银行借来的，其中以英格兰银行的数额最大。因此，4 年内英国流通中的货币量翻了一番，商品价格也随之翻了一番。

向英格兰银行借款并不是第一次，银行家们在 19 世纪建立金融规则时就是如此打算的。事实上，英格兰银行在最初创立时并不是为了管制货币而是为了支付战争费用。

詹姆斯二世（James II）是最后一位信仰天主教的英格兰和苏格兰国王，他于 1688 年被迫退位。他因试图将罗马天主教作为英国国教而失去民心，议会邀请他的女儿玛丽和女婿威廉这两个新教徒继承王位。詹姆斯逃到法国国王路易十四那里寻求庇护，随后路易十四以“光荣革命”为由发起了对英格兰的战争，这就是著名的奥格斯堡同盟战争。

到了 1694 年，经过与一个比自己大几倍的国家长达几年的战争，英国发现自己已接近破产。有一群城市商人，全部都是新教徒，其中许多都是由于路易十四不能容忍新教徒而被迫离开法国的胡格诺派（Huguenots），到英国财政大臣查尔斯·蒙塔古（Charles Montagu）那里表示愿意以 8% 的利率永久性借给政府 120 万英镑。作为回报，他们将被授权设立一家银行，该银行有权发行 120 万英镑的钞票——这也是英国第一批被官方正式批准发行的纸币，同时被指定独家办理政府业务。由于急需用钱，蒙塔古便欣然接受了这个主意。1694 年底，新银行开业，名称是英格兰银行管理公司。

在成立后的前 150 多年里，尽管规模比竞争对手大很多，而且拥有独家办理政府业务之类的一些特权，这为其提供了主要的收入来源，但英格兰银行管理公司仍像其他银行一样运作着。它发行钞票，吸收存款，保有黄金储备，通过汇票贴现向商人提供短期贷款，为其贸易和商品运输融资。

尽管英格兰银行的确没有把管理货币作为自己的任务，但随着时间的推移，由于规模较大且稳定性较好，它逐渐在英国银行业中取得了统治地位，其发行的纸币也成了英国最主要的纸币，规模较小的竞争对手则开始委托其管理自己的储备。英格兰银行逐渐演变成了一个银行家的银行——伦敦金融城的监护人和“保姆”。在这个过程中，它被亲切地昵称为“针线街的老太太”，但它的权力始终没有被固定下来，其角色和责任也都没有被准确定位。

和英国当时的许多机构一样，英格兰银行的运行机制就像一家俱乐部。26 位董事掌控着银行的大权，他们有一个古雅别致的名称——英格兰银行理事会，这个组织的成员主要由来自伦敦市的银行家和商人所构成的一个封闭小圈子。这个圈子里的成员都曾在伦敦市的几所精英学校里读书，尤其是伊顿公学或哈罗公学，一些成员甚至还是从牛津大学或剑桥大学毕业的。他们都居住在肯辛顿或骑士桥，加入了同样的俱乐部，比较典型的是怀特俱乐部或布德尔俱乐部，并时常在他们位于伦敦周边各郡虽不豪华但很雅致的乡村别墅里相聚。他们的女儿偶尔也会嫁给地主贵族，但更多的情况是在圈子里的家庭之间婚配。世界上很少有哪个群体会像他们生活得这样惬意、自信、文明。

英格兰银行理事会代表着伦敦市各个主要银行业家族的利益。一般情况下，巴林家族（Baring）、格伦菲尔家族（Grenfell）和戈申家族（Goschen）都会有一个代表，布朗·希普利和安东尼·吉布斯（Anthony Gibbs）也会有一个合伙人代表。尽管这个组织也有成员代表少数准男爵的利益，甚至偶尔也会有贵族代表，但从未出现过英国大地主的代表，因为他们都在政界。理事会还曾有一次吸纳了一个犹太人，他就是阿尔弗雷德·罗斯柴尔德（Alfred de Rothschild），从 1868 年一直任职到 1889 年。

董事们通常在 35 岁以后才会被邀请加入理事会，此后终身提名，直到他们老态龙钟、步履蹒跚。许多董事甚至到 70 多岁或 80 多岁都还在任职，一些董事的任职时间超过半个世纪。这实际上是一个兼职工作，他们一周才见一次面，但任务并非十分繁重。此外，各位董事轮流担任每日常务委员会的委员，每天必须有三位董事亲自在银行值班，他们负责掌管金库钥匙，审计银行所持证券，与银行卫队的长官共进晚餐——卫队每晚都要从骑士桥附近的营房到银行执行守卫任务，十分辛苦。作为补偿，他们每年会得到 2 500 美元的奖金，这相当于卫队一个团长的年薪或威斯敏斯特牧师会成员一年的津贴。

在理事会的所有职位中，只有行长和副行长是全职的，在这两个职位任职的董事需要暂时放下其他职务。理事会的每位成员都有机会，实际上是被期望在担任两年副行长之后再做两年行长。因此，在19世纪和20世纪早期，担任英格兰银行行长的人并不意味着具备什么特殊能力，而仅仅表明他具有相当显赫的家世和极好的耐性，可以长寿，生意盈利颇丰且合伙人同意其离职4年。当时的任期仅仅为一年，也很少被延长。在任期的最后，退休的行长会再度成为一名普通的理事会成员，直到他去世或年迈体衰之时。

> 正如19世纪《经济学人》的伟大编辑沃尔特·白芝浩（Walter Bagehot）在揭示英国人生活中的奇怪悖论时所描述的那样，这些理事会成员常常是“安逸而严肃的人……（他们）生活得非常悠闲”。事实上，他觉得银行家忙得不可开交未必是件好事。“如果一个人十分繁忙，这实际上是种不祥之兆。或者忙于琐事，这些事情通常可以由下属做得更好，而他根本无须过问；或者忙于过多的投机……这些都可能使银行毁于一旦。”

按照白芝浩的说法，这种安排使伦敦金融业的稳定性，甚至整个世界都掌控在“一个狡诈的执行官、一个由太过年轻而盲目自大的群体所组成的董事会、一个论资排辈、成员老迈的委员会”手中。这种做事方式有点蹊跷，甚至有些令人难以理解——英国最重要的金融机构，事实上是整个世界的金融界，竟被这样一群业余人士操控着，他们都有更喜欢的事情要做，而只是把掌舵英格兰银行看作是应尽的公民义务。

尽管英格兰银行的董事们负责管理英国境内的信用扩张——后来扩展至全球范围内的货币供应管理，但他们并不假装很精通经济学、中央银行学或货币政策，反而对这些知识不以为然。20世纪20年代的一位经济学家曾把他们比喻为一批船长，称这些船长不仅拒绝学习航海的基本理论知识，而且还认为这些知识是无用的。

但是，他们却坚持货币政策的一个教条，那就是贷款的**“真实票据”理论**，这一理论在今天看来是明显错误的。这一理论认为，如果银行，包括英格兰银行在内，发放贷款只是为商品存货的增加提供融资，比如用来购买棉花、卷纸、铜线或钢筋等商品，而不为长期投资行为或股票、债券投机发放贷款，就不会引发通货膨胀。该理论的荒谬是显而易见的，在通货膨胀时期，随着商品存货价格的持续上涨，该理论却要求银行继续扩大信贷规模，这对于控制通货膨胀无疑是火上浇油。这一理论之所以不会导致货币灾难，是因为金本位制度，该制度能保持商品价格基本稳定，使“真实票据”理论无法在价格上涨的情况下得到运用。

战时财政的特殊性改变了英格兰银行，它被迫发行越来越多没有黄金支撑的纸币，并日益成为满足联合王国财政部需求的附庸。虽说英格兰银行是一家全国性的机构，但多年来其掌门人都还十分谨慎地和政府保持着一定距离。他们都十分清楚，英格兰银行并不是政府的一部分，他们也丝毫不想使其如此。战前，一个杜撰的故事在伦敦广为流传。有一次，财政大臣在皇家委员会要求英格兰银行的一位董事作证。当被问及银行储备时，该董事只愿说储备“非常非常庞大”。在被迫给出哪怕是一个大概的数字时，他都会说“非常非常不情愿对所说内容再做任何补充”。

随着筹集战争款项的压力与日俱增，英格兰银行与政府之间的关系也日趋紧张，最终在 1917 年陷入僵局。当时的行长是沃尔特·坎利夫，他身材高大，肩宽体阔，蓄着让人过目不忘的海象胡子，有着典型的英国人性格。坎利夫还是个有名的打猎爱好者，看起来更像是个乡绅而不是城市贵族。多年来，他判断问题日益专断和古怪，夸大自己作为中央银行行长的作用，他认为在与政府打交道时只能通过首相本人，甚至不能通过财政大臣。

1917 年，坎利夫因为财政部的几位官员对其不恭而大为恼火，其中一位就是自命不凡、为人傲慢的新贵梅纳德·凯恩斯。坎利夫在伦敦以寡言少语而闻名，更以智力有限而为人所知，因为他常常做事不动脑子、不计后果。有一次因为怒火中烧，他在未与其他董事商量的情况下就给加拿大政府（当时的英国黄金储备北美管理人）发去电报，禁止他们以后再接受英国财政部的命令。在第一次世界大战进行得热火朝天时，英国政府逐渐陷入了一个极为尴尬的境地——无力支付美国供货商开出的票据。

当时的英国首相劳合·乔治自然是大发雷霆，他把坎利夫召到唐宁街10号，严厉地训斥了一顿，并威胁说政府要“接管英格兰银行”。经过幕后一系列微妙的协商，受到惊吓的坎利夫给财政大臣写了一封极尽谄媚的信，请求他“接受我为冒犯您的任何行为所做的毫无保留的道歉”。由于战争这一特殊原因，与传统不同的是，坎利夫再一次获得行长提名，又获得了两年的任期，此后就再未被提名。

在战争期间，英格兰银行一直致力于承担着政府债务承办人和保险人的角色，它的几位经理承受着工作和责任的双重压力，压抑得喘不过气来。1915年，副行长布赖恩·科凯恩（Brian Cockayne）邀请蒙塔古·诺曼担任顾问。尽管这个职位是非正式的且无报酬，但由于诺曼在离开布朗·希普利之后无所事事，于是就欣然同意了。1907年诺曼36岁时就曾加入过英格兰银行理事会，但这是拜传统所赐——对于布朗-希普利银行的合伙人来说，成为理事会成员是一项惯例。的确，在开始的几年里诺曼很少到理事会去，对那里的工作也没有什么兴趣。但是，他和这一机构的联系却颇有渊源。他出身于伦敦两个最有名的银行家族，这两个家族属于产生英格兰银行理事会成员的贵族阶层，他的祖父和外祖父都曾是当时颇具声誉的长期董事。

他的祖父乔治·沃德·诺曼（George Warde Norman）尽管不是一个全职的银行家，所继承的遗产也只是木材和房地产，但却通过婚姻得到了马丁银行很大一部分股份，并在1821年被选举为该银行的董事。1830年30岁时，乔治·诺曼从他的全职工作中退了下来，为的是将全部时间都留给他位于肯特郡的私人庄园的生活，沉浸在对文学和历史的兴趣中，提高全家人都痴迷的板球运动水平，尽情享受7个儿子相伴的日子。然而，50多年来他仍是英格兰银行理事会的一个尽职尽责的成员。和典型的成员不同，他对货币经济学产生了浓厚的兴趣并通过学习成了专家。与维多利亚时代众多的悠闲绅士一样，他也出版了自己的小册子，是有关货币理论方面的书籍。他在货币理论上的成就使其成为将金本位制度编入法典运动的领导者，这一成果体现在1844年的《银行法案》（*Bank Act*）之中。他还打破了英格兰银行的传统，断然拒绝出任该行的副行长和行长。他想不出任何理由可以让自己放弃生活中的诸多享受，而被公务缠身，承受那么多的责任和负担，于是他声称自己的神经适应不了那种紧张的生活，而他的孙子却不得不面对这些问题。

诺曼的外祖父马克·克莱爵士（Sir Mark Collet）与其祖父截然不同，他白手起家，从一家商业公司的店员做起，于 1849 年移居纽约。两年后，克莱返回英国加盟布朗 – 希普利银行，该银行是纽约和巴尔的摩的布朗兄弟商业银行在英国的分支机构，最后他成了该银行在伦敦的高级合伙人。1866 年，克莱被选举为英格兰银行理事会的成员，他在担任行长时兢兢业业，并曾因此受封爵位。

拥有这样家族背景的诺曼在加入英格兰银行时，没有人感到吃惊。然而，当他在 1915 年加入时，他的商业银行家职业生涯还并不长，没有什么特别的建树，在伦敦的知名度也不高。在诺曼刚刚加入的前几周，坎利夫曾听到有人评论说："我们这里又来了一条蓄有姜黄色胡须、外表妖里妖气的小鱼。你知道他是谁吗？我一直在注意着，他在这里爬来爬去，无所事事，像丢了魂似的。"当时，还没有人能预测到这条"小鱼"会在这个机构里游向一个不同寻常的高度。他的背景并不能预示他将能很好地胜任中央银行行长一职。然而，三年之内他就被选举为副行长，两年之后又成为行长，并最终把持这个职位长达 24 年之久，这是史无前例的。

如果说英国是交战国中最负责任的，那么它的盟国法国就与其形成了鲜明的对比，是最不负责任的。法国政府为战争共花费了 300 亿美元。几乎没有哪个国家的人民会像法国人一样，对征税采取如此强硬的抵抗态度——哪怕是政府对财产状况的一个小小调查，也会被视为是对他们"私人生活最神圣而不可侵犯之处"的非正当介入，侵害了公民的基本权利。在开战的前两年，法国政府还对是否增税犹豫不决，直到 1916 年国家财政体系面临崩溃时才痛下决心增税。为应付战争开支，法国政府通过增加税收所募集到的款项在总开支中所占的比重还不到 5%。

法兰西共和国之所以没有陷入经济崩溃，是因为政府还有另外两种资源可以利用：首先是以节俭著称的法国中产阶级，他们购买了 150 亿美元的政府债券；

其次是外国政府，尤其是英美政府，他们亲眼看见了法国正在承受着世界大战的煎熬，最后向法国政府提供了 100 亿美元的贷款。但这仍留下了一个巨大的缺口，于是，法国政府就通过增发纸币来填补。在英国，流通的货币量增加了一倍，而法国却增加了两倍。

在法国，利用中央银行筹集资金要比英国容易很多——部分原因在于法兰西银行的行长一直以来都是由政府任命的高级公务员，而不是银行家。早在 1911 年，当时的法国财政部长就未雨绸缪，提前通过法兰西银行设置了一个信用额度，以便在战争情况下使用。颇具讽刺意义的是，和英格兰银行一样，法兰西银行也是在战争中设立的。但与英格兰银行不同的是，法兰西银行建立的初衷不是为了募集战争款项，而是要在货币混乱时恢复秩序。

> 1799 年，法国面临了一次严重的货币短缺。10 年的革命与动乱让法国付出了巨大的代价，金银大量流失国外，革命政府发行的兑换券又以失败告终，这使得法国民众对于缺乏黄金支持的纸币彻底失去了信心。两个金融专家，瑞士银行家让·弗雷德里克·佩雷格（Jean-Frédéric Perregaux）和鲁昂富商、大名鼎鼎的让·巴塞洛缪·康特卢克斯·康特勒（Jean-Barthélémy Le Couteulx de Canteleu），受命于法兰西共和国首位执政官拿破仑·波拿巴，建立了一家以黄金支持纸币发行的新银行。这家银行持有 3 000 万法郎资本，相当于 600 万美元。

这家银行于 1800 年 1 月 18 日正式开张，如果按照大革命期间强制施行的历法来算，是在革命 8 年雪月 28 日。它的资本主要是从商人和银行家族中募集而来的，这些人很多都是新教徒或瑞士裔。但是，以拿破仑为首的野心家们也想从中分得一杯羹，因为银行的预期利润是相当丰厚的。拿破仑本人持有 30 股，每股价值 1 000 法郎；他的秘书，也就是后来因为腐败而被开除，继而投靠路易十八而背叛拿破仑的路易·安东尼·佛瓦莱特·不列纳（Louis-Antoine Fauvelet de Bourrienne）持有 5 股；拿破仑的内弟，后来的那不勒斯国王约阿西姆·穆拉特（Joachim Murat）持有 9 股；拿破仑的继女和准弟媳，后来的荷兰皇后霍腾斯·博阿尔（Hortense de Beauharnais）持有 5 股；后来的西班牙国王，拿破仑的大哥约瑟夫持有 1 股。为了鼓励投资者，法兰西银行也像英格兰银行一样在对政府的关系上尽量保持独立。1803 年，银行被授予在巴黎发行纸币的垄断权。

1805 年，刚刚发生过特拉法加海军灾难，正当拿破仑对奥俄联盟发动新一轮战争之时，恐慌情绪在巴黎商人中传播开来，造成了挤兑，险些导致刚成立不久的法兰西银行破产清算。就在关键时刻，前线传来了拿破仑在奥斯特利茨战役大获全胜的消息，商人们因此恢复了信心，银行得以挽救。尽管人们对这家新银行迅速恢复了信心，法国也得到了奥地利的大额战争赔款，但拿破仑仍然对他的这帮银行家在关键时刻的软弱无能大为恼火。

从奥地利回国之后，拿破仑召开了部长会议，他大发雷霆，将财政部长免职。对于法兰西银行的三人管理委员会成员，他给出了两个选择：要么锒铛入狱，要么缴纳 870 万法郎罚款。他们都选择了缴纳罚款。拿破仑下定决心不再受制于这些金融家，他修改了法兰西银行的条例，使政府有权直接任命行长和两名副行长，在当时这也就意味着由他亲自指定。拿破仑当时宣布："法兰西银行不仅属于它的股东，也属于国家……我希望法兰西银行被牢牢地掌控在政府手中。"

对于埃米尔·莫罗来说，战争就意味他将继续被"流放"在阿尔及利亚任总干事。1914 年，在亨利埃特·卡约被宣布无罪后，莫罗一定暗暗希望自己能够受到导师卡约的提携重返法国财政部。但是战争的爆发打消了他的念头，一向被视为对德软弱的卡约未能进入战时政府。

事实上，在战争期间卡约把自己搞得更糟，因为他一贯判断失误。1916 年，有一帮声名狼藉的家伙涉嫌要与德国幕后媾和，卡约也卷入其中。其中一人叫作保罗·博洛·帕夏（Paul Bolo-Pasha），他曾经为埃及总督和德国情报部门服务，于 1917 年被捕，受审后被判间谍罪而被枪毙。在随后席卷法国全国的反间谍运动中，卡约本人也被控犯有叛国罪，并被剥夺了国会豁免权，于 1918 年受到监禁。他最终于 1920 年在元老院受审，当时的元老院就相当于最高法院。尽管他并未被判叛国罪这一极刑罪名，但还是因与敌人"鲁莽地展开会谈"而被判处有期徒刑 3 年、剥夺公民权 5 年，并被驱逐出巴黎。这是法国特有的一种古老的惩罚措施，通常适用于吸毒者、白人奴隶贩子和暴徒。

看到导师悲剧性的、尴尬得有些滑稽的遭遇，莫罗肯定不止一次地想到，自己因为选错了导师而受到了诅咒。尽管法国政府要求阿尔及利亚银行为战争融资做出更大的贡献，但它只提供了大约2 000万美元的贷款，这和更大、声望更高的兄弟银行法兰西银行所提供的40亿美元相比是微不足道的。1919年，莫罗甚至想过要在阿尔及利亚银行总干事的位置上干到退休，可见当时他已是心灰意冷。

德国支撑战争的战略主要依靠于围绕在德皇身边的那些人，他们相信战争不会持续很久，德意志帝国必将取得大胜，战争结束之后将由战败国支付战争费用。德国政府为战争花费了470亿美元，其中仅有1/10是通过税收的方式募集到的。由于缺乏英国那样完善而成熟的金融市场，缺少法国那样节俭而富有的中产阶级，在大西洋两岸也没有哪个国家可以借给它大量资金，因此德国只能严重地依赖于通货膨胀。战争期间，英国流通中的纸币增加了一倍，法国增加了两倍，而德国却增加了三倍。

颇具荒谬性的是，这一灾难性政策的制定者是欧洲当时最称职的两个财政官员：卡尔·赫弗里希（Karl Helfferich）和鲁道夫·冯·哈芬施泰因。前者是德意志帝国财政部办公室书记，也就是德意志帝国的财政部长，后者是德意志银行行长。

赫弗里希是德国当时最著名的经济学家，也是一所大学的教授，他在战前曾写过一部货币经济学大作《货币》(*Das Geld*)，该著作连续印刷6版，并被译成外文在许多国家出版，包括日本。

哈芬施泰因是位经验丰富的律师，虽然没有赫弗里希那样的背景，但却是整个德意志帝国公认的最敬业、正直、忠诚的官员之一。他目光犀利，胡须长而繁茂，并被细心地打上蜡，他那别致的胡须使他看起来就像是维多利亚音乐大厅里的乐队指挥。事实上，和德意志银行的前两任行长一样，哈芬施泰因也是一个典型的德意志帝国的高级公务员。1857年，他出生在勃兰登堡的一个地主家庭，大学研习法律，后来成为一名县级法院法官。1890年，他入职普鲁士财政部，1908年被提名为德意志银行行长。

为帝国皇帝效命是威廉二世时期德国维持统治的基础，赫弗里希和哈芬施泰因对皇帝本人也是忠心耿耿。赫弗里希尤其明显，他是极右的民族主义者，对德国人的美好前途和领导者的历史使命深信不疑、热情支持。

哈芬施泰因是个守旧的官员，他认为尽职尽责就是最高美德。正如一位银行家所写的那样，“服从与从属早已内化于他的血肉之中”。尽管在法律上国家银行的所有者是私人股东，但哈芬施泰因和其他的银行高官却是在对由政治家组成的董事会负责，其中包括帝国总理和其他 4 名能代表德意志帝国的成员。国家银行的这种权力构造在缔造之初就已形成，它的创建人奥托·冯·俾斯麦伯爵深谙权力运行之道。除了积累个人财富外，俾斯麦对经济学毫无兴趣。然而，在 1871 年创建德意志银行时，他的一位私人理财师和密友格森·布雷奇罗德（Gershon Bleichröder）曾告诫他，有时候政治方面的考虑要凌驾在单纯的经济判断之上，在这种情况下，中央银行太过独立反而会带来不少麻烦。

战争期间，尽管德国的货币供应量激增，物价翻了两番，年通货膨胀率高达 40%，但哈芬施泰因却成了民族英雄。荣誉和鲜花纷纷向他扑来，他成了家喻户晓的人物，甚至德皇都深情地昵称他是“金钱元帅”。

尽管相信这场战争是一个错误，亚尔马·沙赫特还是像帝国的其他公民一样热情地为战争竭尽所能。他高度近视，因而可以免于军事服役。与其他人一样，他也深信德国必将胜利。战争刚刚爆发三个星期，他就开始忙着制订向法国索取战争赔偿的计划。沙赫特计算出了一个数字——100 亿美元，这说明即使是最精明的观察家在估算战争代价时也会和实际偏离得很远。这个数目是 1870 年普法战争后法国赔款的 10 倍，但只是德国此次战争总预算的 1/5。

1914 年 10 月，在西线战事陷入僵持阶段之时，沙赫特在银行业委员会谋得一职，负责监管德国所占领的比利时的财政运行，当时的比利时由军政府统治。他很快发现自己不习惯军队体制，森严的等级制度、狭隘的武夫视野、虚荣的职业军官世袭制都让他难以忍受。

沙赫特似乎很容易树敌。刚到比利时不久，他就触怒了上级卡尔·冯·兰姆少校（Major Karl von Lumm）。兰姆是银行业委员会委员，在战前还是德意志银行的董事。沙赫特对地位非常敏感，他要求加入当时设在布鲁塞尔娱乐场的军官俱乐部。而兰姆这个在战前曾是巴伐利亚预备部队一员的老光棍，对自己的军旅生涯颇为自得，他毫不客气地拒绝了沙赫特的要求，他说沙赫特只是一介平民，而非军人。而沙赫特竟越过兰姆找到了冯·戈尔茨将军（General von der Goltz），戈尔茨是被侵占国比利时的总督，他们在战前就已相识。沙赫特最终得以加入军官俱乐部，但兰姆却因此对他怀恨在心。

沙赫特的任务之一就是负责组建一个货币发行系统。德国军队不再简单地强取豪夺他们需要的商品，而是通过在被侵占国发行特殊流通的比利时法郎来购买。在制度设计上，德国人能以极为优惠的汇率买到这些货币。

市场对比利时法郎的需求极为强劲，1915 年 2 月，沙赫特让他的战前老雇主德累斯顿银行购买了一大笔比利时法郎。兰姆立即指控他违反了公务员道德守则，使他面临调查委员会的调查。委员会通过调查认为，尽管沙赫特没有做违法的或不道德的事，但他试图掩盖曾涉入此事，委员会还给出了判定他近乎做了伪证的理由，“他对问题的回答态度不够诚恳，且在被指出不够诚恳后又找出牵强附会的理由狡辩”。这件事越闹越大，最后被提交到了内政部，沙赫特受到官方的斥责，被迫退出银行业委员会，但并没有被开除。

毫无疑问，兰姆有点儿小题大做了。几年后，沙赫特曾私下说他在接受询问时并未说谎，但确实推卸了不少责任。这件事迷雾重重，无法说清，影响了沙赫特好多年。流言蜚语四处传播，有人说他挪用了大量现金，还有人说他借助获取的国家秘密来聚敛个人财富。

战时服役刚满 9 个月，沙赫特就重新回到了银行界。这一次，膨胀的野心再一次没让他得到什么好下场。回到德累斯顿银行之后，他表现得咄咄逼人，信誓旦旦地要加入董事会，在遭到回绝后他别无选择，只好辞职。之后，沙赫特到国民银行担任董事，这是一家总部设在柏林、口碑很好但次一级的银行。

与大多数德国人的遭遇一样，战争对于沙赫特一家来说也是残酷的。他的两个同胞兄弟先后死去——奥卢夫死于疾病，最小的一个兄弟威廉也在索姆河战役中牺牲。食物十分匮乏，他们要自己种植蔬菜，还养了一只山羊，自己学着给羊挤奶。总之，生活过得非常艰难。

对于美国来说，这场战争简直就是飞来横财。欧洲对美国物资和商品的需求迅速增加，刺激了美国经济的繁荣。这种需求尽管有一部分是靠美国每年向英国和法国提供的 20 亿美元借款支撑起来的，但它的积极作用在于促使大量黄金流入美国，美国的黄金储备从不足 20 亿美元一下子飙升到 40 亿美元。金本位制度的实行使黄金的流入造成了不同寻常的信用扩张，美元的供应量随之翻了一番。

在创建之初的几年里，美联储有些不知所措。它正试图建立自己的人才队伍。作为一个负责货币事务的机构，它还缺乏经验，其本身就是一个充满了政治妥协的产物，章程中也有不少自相矛盾的内容。作为纽约联邦储备银行的行长，本杰明·斯特朗很快就抓住机会利用了美联储内群龙无首的局面。尽管纽约联邦储备银行表面上看来只是 12 家地区性联邦储备银行之一，在理论上要受到设在华盛顿的政治机构——联邦储备委员会的监管，但它实际上早已成为最大的联邦储备银行了。其行长斯特朗也绝不是一个等待别人发号施令的人，他要在整个联邦储备体系中发挥主导作用。因为和纽约银行家保持着特殊的关系，同时也是联邦储备体系的设计人之一，更由于他的性格，斯特朗在关于美国货币和财政政策的讨论中往往一言九鼎。

各联邦储备银行持有的黄金越来越多，于是斯特朗开始担心两件事情：战争结束后将有大量的黄金重新流入欧洲各国，这会从根本上动摇美国的银行体系；相反，如果黄金继续留在美国，将导致欧洲各国黄金储备不足，也会在美国造成严重的通货膨胀。他认识到，无论哪种情况给美国造成的影响都是美联储无法单独应对的，它必须和欧洲各国央行协调行动。因此，1916 年 2 月，他决定对欧洲进行一次“侦察之旅”。

在斯特朗抵达欧洲时，战争已经持续了 18 个月，即将进入最血腥的一年。西欧的战斗主要集中在比利时至法国东部的一条狭长地带上，居住在伦敦或巴黎的人们生活较为艰辛，但并不是特别危险。一年前，德国海军潜艇在爱尔兰海岸附近用鱼雷击沉了英国邮船卢西塔尼亚号，近 1 200 人溺水身亡，其中包括 124 名美国人。此后，美国国务院警告国民不要再到欧洲旅行。

斯特朗首先前往巴黎会见了法兰西银行行长，随后抵达伦敦，也就是在这次访问英格兰银行时，斯特朗才第一次见到了诺曼。他们年龄相仿，初次见面就建立了良好的感情。与他在伦敦工作的同事不同，诺曼曾在美国生活过两年，他喜欢并羡慕美国人民，于是就邀请斯特朗前往索普洛奇共进晚餐。尽管斯特朗身为纽约联邦储备银行的行长，而诺曼只是英格兰银行副行长的顾问，但斯特朗自 4 月回到美国后，便开始和诺曼保持书信联系。刚开始，他们主要就贷款政策交换信息和看法。渐渐地，他们通信的内容越来越随意，谈论了很多私人事情，特别是诺曼要煞费苦心地照料斯特朗的长子本杰明。本杰明当时还是普林斯顿大学的大二学生，在美国以协约国身份加入战争之后，他于 1917 年 5 月以美国急救服务团志愿者的身份前往欧洲。

斯特朗于 1916 年夏天从欧洲返回美国之后，在个人生活方面遭遇了一系列打击。他的妻子，只有 28 岁的凯瑟琳离他而去，还带走了两个年幼的女儿，去了美国西部的圣巴巴拉。实际上，他们的婚姻处于濒于破裂状态已有一段时间了。两人性格不合，彼此不适合对方——斯特朗性格外向、喜欢社交，而凯瑟琳则性格内向、胆小羞怯，而且他们的年龄也相差太多。他的岳父埃德蒙·康弗斯从一开始就反对他接受纽约联邦储备银行的这份工作，认为这是个没有前途的半官方职位，两人的关系也因此不断恶化。他的收入减少，以至于后来捉襟见肘，凯瑟琳也无计可施，真可谓巧妇难为无米之炊。多年来，斯特朗一直希望他们有一天能够和解。1921 年，凯瑟琳没有征求他的意见就向法院提出了离婚请求，这令斯特朗伤心不已。事实上，自 1916 年夏天开始，他们就再没有见过面。

就在婚姻破裂的这个夏天，斯特朗病倒了，咳嗽不止，病情日益恶化，到后来竟然咳血，胸痛难忍。7 月，他被查出患上了肺结核。这种病在当时叫作肺痨，是一种高度传染性疾病，由空气中的致病细菌感染肺黏膜引起。当时，这是一种在欧洲和美国造成平民死亡的最主要疾病，各个阶层的民众都深受其害，患者以青壮年居多。第一次世界大战前，各工业城市通风极差的简陋棚户区已被设施更好的住房所取代，肺结核的发病率也因此显著下降，但战争却导致欧洲的发病率有所回升。斯特朗很可能就是在欧洲访问时染上该病的。

> 19 世纪晚期，人们已经知道了肺结核的致病原因，但还没有有效的治疗措施，大约一半的患者在 5 年内就会死亡。在当时，人们认为高海拔地区稀薄、干燥的空气有助于控制肺结核的传染，这是有一定道理的，因为空气中的氧气含量少将有助于降低该病的危害。人们还相信，病人如若完全停止运动，处于绝对休息状态，肺部便可自我修复，这样就能治愈肺痨，然而事实证明，这是错误的。在欧洲和美国，许多山地景区纷纷向富人和中产阶级提供奢侈的疗养地，在那里他们可以与世隔绝、安心疗养。

斯特朗的医生们都认为他应该向纽约联邦储备银行请个长假。1916 年 7 月，斯特朗去了科罗拉多州，在那里，有 1/3 的人都是从外地过来治疗肺结核的。起初，他住在埃斯蒂斯帕克的一家疗养院里，这家疗养院坐落于科罗拉多 – 落基山北部的山谷中。在这里，病人每天要花上几个小时在户外呼吸山地空气，除此之外别无其他事情可做，因此斯特朗感到十分压抑和沮丧。同年 10 月，他搬到了丹佛，在那里，他搭起了一间小办公室以便与纽约方面保持联系。

1917 年 4 月，美国宣布参战，当时的斯特朗还在科罗拉多修养。6 个星期后，他就返回了纽约。在接下来的 18 个月里，他全力以赴为战争筹集款项，美联储的其他目标也都从属于该任务。美国为战争大约花费了 300 亿美元，其中超过 200 亿是自己的实际花费，另外 100 亿则以贷款的形式借给了其他国家以支撑战争。为了避免美国南北战争时期在战争融资方面所犯的错误，财政部长、总统的女婿威廉·麦卡杜推出了一个大胆的计划，诱使美国民众购买战争债券。作为政府的银行，美联储负责销售这些所谓的自由债券，最终募集了近 200 亿美元，大约有一半是由纽约联邦储备银行完成的。

为了带头在纽约组织活动从而激起民众购买战争债券的热情，斯特朗突然发现自己已在不经意间走到了聚光灯下。他在卡耐基音乐厅或大都会歌剧院主持音乐会，带领爱国游行队伍穿过第五大道，在观看好莱坞明星玛丽·皮克福德（Mary Pickford）和道格拉斯·费尔班克斯（Douglas Fairbanks）等人主演的大片的集会上讲话，渐渐地他在公众中小有名气。宣传技巧对于这些活动非常重要。有一次，斯特朗与其他组织者在中央公园的绵羊草原上实地挖起了战壕，以展示西线战场上的士兵是如何生活的，这让环境保护主义者大为恼火。为了开展另一项活动，他们安排全市的每一个防空警报、警方警报、拖船鸣笛、消防警报和船舶雾笛等持续长鸣 5 分钟。

到战争即将结束时，美联储已经今非昔比。尽管在面对战争财政压力上它也像欧洲的许多中央银行一样不能置身事外，但不同的是，它抵制直接购买政府债券，只是为货币供应量的扩张提供间接帮助，因此赢得了信誉。更重要的是，战争一举改变了美国在世界各国经济和金融中的地位。1914 年刚刚成立的美联储，现在已坐拥世界上最大的黄金储备，这使得它能在国际金本位制度恢复时发挥主导作用。

Lords of Finance

第二部分

金本位的“扑克游戏”

第一次世界大战以后，银行家们普遍认为世界应该重返金本位，而且越快越好。然而，持续了4年的强迫性战争已让欧洲各国几近破产，债台高筑，而美国则积累了总额近45亿美元的黄金储备，占四大经济体总共60亿美元黄金储备的绝大部分。金本位越发成为一种“扑克游戏”：所有筹码都集中在了一个玩家手里。

Lords of Finance

第7章 史上最惨烈的货币贬值

德国赔款

想要颠覆现有社会的基础，没有比货币贬值更绝妙、更可靠的办法了。

——约翰·梅纳德·凯恩斯，《和平的经济后果》

1918年11月11日，第一次世界大战结束了，正像它的爆发一样，让人完全诧异。1918年6月，德国军队突破联军防线，距离巴黎不到50英里。德国民众被政府蒙蔽，认为胜券在握。一个月后，协约国进行反击，似乎整个德国的战争机器都遭到了瓦解，德国军队因最后的攻势耗尽精力而崩溃。德国国内对于战争的支持荡然无存，民众士气低落，士兵成群结队地当了逃兵，海军被封锁在基尔，将士们被迫叛变。德国的盟友也开始在背地里求和。到了10月，军方不顾一切竭尽可能来挽救局势，并向民众交出了权力。11月9日，德皇被自己的将军们流放，登上了一列火车逃往荷兰。11月11日一早，在距离巴黎40英里以外的贡比涅森林的一节火车车厢中，德国签署了停战协议。

整个欧洲大约有1 100万人死亡，其中包括200万德国人、140万法国人以及90万英国人。另有2 100万人受伤，其中大部分都终身残疾。此外还有900万平民死亡，大部分都是死于饥饿和寒冷，或者是因抵抗力下降而死于恐怖的瘟疫。但是，除了可怕的人员伤亡以外，战争所造成的实际物质破坏范围仅限于法国北部和比利时的狭长地带。而在西线，花在重建被破坏的矿井、农场和工厂上的费用，总计也不过 70 亿美元而已。

由于人员和资本的损耗、工厂转向生产武器、牲畜遭到屠宰等原因，大部分欧洲国家的经济都在倒退，其中德国和法国的下降幅度达 30%，英国不到 5%。与此相反，战争却使美国受益匪浅。由于参战较晚，美国的人员伤亡很少，而粮食和原材料的出口却在大增，它对协约国的战争供应大大推进了其经济的发展。在第一次世界大战前，美国每年的 GDP 为 400 亿美元，大约相当于英国、法国和德国的总和，而到了 1919 年，其 GDP 要比以上三国的总和多出 50%。

战争所造成的最有害的经济后果便是欧洲堆积如山的债务。在 4 年持续不断带有强迫性的战争中，欧洲各国政府大约花掉了 2 000 亿美元，彼此间的战争破坏几乎将各国的 GDP 消耗了一半。为了筹措资金，它们提高税负，向自己的国民和美国借巨款，并且简单地印刷越来越多的纸币。欧洲各国都是一丘之貉——英国的货币供应量翻了一番；法国增至此前的三倍；德国做得最绝，增至原来的四倍。尽管美国的货币供应量也翻了一番，但这与制造通货膨胀的战争财政关系不大，与欧洲相比，美国对战争财政的依赖程度要小很多。所以，美国货币数量的增加主要来源于其黄金的大量流入。这就形成了下一个十年的格局：欧洲在为过去的负担继续挣扎，而美国却因运气太好，面对着过多的利益，反倒有些吃不消。

在德皇逃离德国的当天，沙赫特就在柏林。那天早晨，尽管在事实上德皇还没有退位——两周后，德皇才在荷兰的避难所里正式退位，但总理巴登亲王（Prince Max of Baden），德皇的远方堂兄弟，抢先宣布了皇帝的下台。整个城市就像一座集中营，到处纠缠着铁丝网，街道也被推倒的汽车所阻塞。革命正在酝酿之中。这里刚刚宣布了一场大罢工，成千的工人和士兵穿过市中心进行游行，要求成立共和国。

大约中午的时候，沙赫特从波茨坦广场附近的艾斯普兰德酒店里走出来，遇到了一队坐在卡车后敞篷里的士兵，他们正横穿广场。在车站，一个机枪连摆开战斗队形。整个局面似乎没有人可以掌控。为了搞明白到底是怎么回事，同时避免被暴动的人群抓捕，沙赫特和他的同伴朝北走向德国国会大厦，却发现那里早已人去楼空。就在不久前，社会民主党领袖菲利普·沙伊德曼（Philipp Scheidemann）推动了历史，他走上阳台，向下面的人群宣布了共和国的成立。尽管国会还没有批准这一举措，但新的德意志共和国就这样诞生了。暴动的人群就此前往被德皇放弃的柏林宫。

沙赫特随后评价说，在那戏剧性的一天里，混乱之中却存在着某种德国特有的秩序。皇帝的王朝也许倾塌了，德国的政治体制也许被推翻了，但芸芸众生依旧忙于自己的日常事务，试着去忽略这些政治运动。有轨电车没有停开，电、水、气的供应没有中断，几乎没有几个人被杀——那一天的人员伤亡总数不足 15 人。甚至当宫殿附近冷枪不断的时候，逃亡的人群也依然本能地遵守着法律，甚至连“切勿践踏草坪”的警示都被严格遵守。

在全德国范围内，由工人和士兵组成的委员会一跃而起，接管了地方当局的权力。11 月 10 日，沙赫特被选入了当地社区的委员会。

接下来的几周是一个可怕的混乱时期。尽管 11 月革命很大程度上是在和平中进行的，但到了 1 月的最初几周，暴力冲突爆发了。柏林被罢工、游行示威以及激烈巷战完全破坏。在穿过这座愁云惨雾的城市回家时，他能够听到机关枪经久不息的嗒嗒声。有一次，他被困在了凯瑟赫夫酒店，在外面，一群示威者正在和一群政府支持者发生冲突。一颗手雷在人群中爆炸，人们仓皇而逃，有个人横尸在下面的街道上。他在多年后回忆道：“德国的命运悬于一线。”

但是，对于像沙赫特这样有才能的中产阶级来说，这也是个机会。帝国崩溃，旧的秩序被冲破。在德皇出逃后的 48 小时内，全德国有 25 位王公放弃爵位，一直控制着这个国家的容克贵族[①]名誉扫地，其权力已经荡然无存。

起初，沙赫特认为他能够在政界谋得机会。第一次世界大战前，他是青年自由主义同盟的成员，这个组织是国家自由党的臂膀。国家自由

① 容克为德语 Junker 的音译，原指无骑士称号的贵族子弟，后泛指普鲁士贵族和大地主，早期多为贵族庄园主，后被资产阶级化并把持重要军职和官位，在政治方面属于极端的保守主义者，主张君主专制，崇尚武力。——译者注

党是一个国家主义而并不是自由主义的政党，狂热地支持德皇的扩张政策。1901 年，他甚至拒绝被党派提名参加德国国会的竞选。他知道帝国的权力被贵族垄断着，特别是普鲁士贵族，像自己这样背景的人是不会获得任何重要公职的。但是，共和国的新总统在之前是个马具商，新的内阁大臣此前是一名记者，旧的等级体系在现在看来已经瓦解了。

11 月 10 日，当共和国才是个一天大的新生儿时，沙赫特就被邀请参加一个会议，并被请求帮助成立一个新的中间党派——德意志民主党。德意志民主党自身的发展势头很好，成了一个代表学术界、新闻界和商界的政党，该党中的很多成员都是犹太人，它吸引了像马克斯·韦伯、阿尔伯特·爱因斯坦这样的巨擘。在 1919 年的竞选中，德意志民主党一跃成为国会第三大党，紧随社会党、天主教中央党之后。

但是，沙赫特和民主政治的短暂亲密接触注定是不太成功的。由于金融界和商界有着广泛联系，因此他在为德意志民主党筹措资金方面举足轻重，并协助起草党的纲领。但是，沙赫特缺少吸引投票人的亲民性，由于其太骄傲而忽视了建立必要的个人联盟，以至于他没能说服哪怕是一个选区的选民推举他为候选人。在该党的领导层中，他也备受争议。该党的重要人物西奥多·伍尔夫（Theodor Woolf），此前曾是《柏林市民日报》（*Berliner Tageblatt*）的编辑，认为他只不过又是一个搭民主事业便车的机会主义者，对新的共和国毫无忠诚可言。

对于沙赫特自己而言，他也已经看透了这个党。在 1925 年德意志民主党投票赞同取消用来满足退位统治者需要的金库时，他正式与其决裂。在 20 世纪 20 年代晚期，德意志民主党像德国所有的中间党派一样，受到两级政治形态特别是右派的挤压，变得无足轻重。而在那时，沙赫特却已向更大的目标进发了。

或许，他在政治选举上的乏善可陈并没有让人感到奇怪。他完全是一个很难让人喜欢的人，人们发现他冷淡、不易动感情，精明而过于算计。他自己也承认，他总是以一个“冷酷无情、什么都想要搞明白”的形象出现，这在一定程度上是由他的外貌造成的。一个熟人评论他说：“他使自己看上去像一个普鲁士预备军官和一个试图模仿军官的普鲁士初级法官的综合体。”他与众不同的体貌特征——平头、生硬的举动、呆板竖直的站姿、永远一副眉头紧锁咄咄逼人的样子，使他在成名后成了漫画家们极爱采用的素材。但是，比起外貌来说，更是由于他的性格特征——极度空虚、自吹自擂的习惯、顽固、刻薄以及冷嘲热讽——使他总是拒人于千里之外。

他洋溢着令人惊讶的自信，这从侧面体现了他与生俱来的优越感。他在很多方面都具有一个出身于中下阶层的精英的典型特征。由于出身贫苦，在一个阶级和家庭背景的重要性压倒一切的社会里，他生活在一个充满敌意的环境里，在经历了一次次的碰壁后，他认识到只能依靠自己。不管取得怎样的成功，他都将其归功于自己的超凡智慧以及艰苦环境中令人印象深刻的工作能力。一位评论家曾写道：“除了对自我的信念，对他而言，再没有什么是重要的了。这一信念是如此强烈，以至于超脱了个人色彩。他对自我的夸大做到了极致，以至于听众都感受不到他的半点儿自夸。”与其他一些向上爬的人会将自己的玩世不恭隐藏在个人魅力之下不同，他并不在乎别人是否喜欢他。很久以后，当他显露了真面目时，一位政治家写道：“他是一个不合群、独特而孤独的人，没有追随者，也没有战友。他没有朋友，只有敌人。”但是，无可争辩的是，他高度自律、精力过人、不屈不挠。

德国赔款问题——也就是战争的胜利者，特别是英国和法国，究竟能从德国身上弄到多少钱来弥补自己的战争损失，这在此后的 20 年里都是欧洲金融前景的梦魇。战争也许结束了，但冲突并没有终止。美国谈判代表托马斯·拉蒙特回忆道，在 1919 年 1 月召开的巴黎和会上，没有人想提出“会造成更多麻烦、争论、拖延并令人难以接受”的方案。

与会者到了巴黎，他们一致认为因为法国遭受了最严重的国民损失和人员伤亡，所以法国一定会是对德国实行惩罚性赔款的最坚定支持者。然而，事实证明最坚定的支持者是英国。原本英国财政部的自由主义倾向较强，提出了和平计划，基调是适当中庸地解决这一问题。但是，在巴黎和会之前的几个月，英国媒体在《泰晤士报》和《每日邮报》的领导下发起了一场毫无价值的要求施行强硬外交政策的运动，倾向于严厉对待赔款问题。在 1918 年 12 月的选举期间，一个关于协约国应该"像压榨水果一样挤压德国，直到果仁吱吱作响"的口号在选民中引起了共鸣。

英国首相大卫·劳合·乔治为了迎合公众主张，特意指派了在惩罚性赔款问题上最强硬的三位支持者作为英国代表团成员，前去参加在巴黎召开的赔款问题委员会会议，这三个人分别是固执好斗的澳洲总督威廉·休斯（William Hughes）、以无情著称的上议院高级法官萨姆纳勋爵（Lord Sumner）以及粗野暴躁的英格兰银行前行长沃尔特·坎利夫。

> 坎利夫则被定位为这个"三重唱"的金融智囊。尽管他曾是一名成功的银行家，甚至做过英格兰银行的行长，但他在经济学方面确实很无知，甚至连最基本的入门知识都很匮乏。在动身前往巴黎的前几周，他提议德国应该支付1 000亿美元的赔款，这是一个令人吃惊的数字。第一次世界大战前，德国每年的GDP大约为120亿美元，让其担负8倍于其年度收入的债务简直是登峰造极的蠢行，单单是债务利息就会占去德国GDP的40%。尽管坎利夫自己承认计算赔款的依据"不比瞎猜好多少"，但他当时被催着必须要在三天之内提交赔款的具体数额。他还推测说自己甚至可能低估了德国的偿付能力，如果有人说德国能够偿付2 000亿美元，他也"不会不相信这个人"。

> 法国要求赔款的渴望来自其创伤感。在过去的50年里，法国两次被德国入侵，且一直被德国复兴的恐惧折磨着。德国人更好斗、更成功，而且年轻、富有和充满活力。德国的人口总数比法国多出50%，即6 000万德国人对4 000万法国人。尽管法国总理乔治·克列孟梭（George Clemenceau）从来没有像德国宣传的那样，真的宣称基本问题在于德国的人口数比法国多出了2 000万，但这一想法显然是在他脑子里的。因此，法国决定采用所有可能的手段来削弱德国的势力——要求裁军、尽可能地从这个邻国割走部分领土和索取赔款。

在巴黎谈判期间，形势变得显而易见，对于法国来说，和安全相比，金钱是次要的。当法国财政部长卢西恩·克洛茨（Lucien Klotz）坚持争取更多的赔款时，法国代表团的团长克列孟梭对他很不屑，将其称为“唯一的除了金钱之外一无所知的犹太人”，并把他排斥在参加谈判的内阁大臣之外。克列孟梭尝试着在赔款问题上更加灵活，以此作为和美国人谈判的筹码来换取与德国边境的安全保障。只有在这些保障被证明不充分时，他才会转而要求高额赔款。

这正中美国代表团的下怀，他们提倡适度的赔款。其代表团成员包括著名的股票投机家伯纳德·巴鲁克（Bernard Baruch）、J. P. 摩根的托马斯·拉蒙特以及一个年轻的助手——当时年仅 31 岁的约翰·福斯特·杜勒斯（John Foster Dulles）。他们的立场是巨额赔款将与当初德国所签订的放下武器的停战协议条款相矛盾。此外，他们认为惩罚性的赔款将会是一块巨石，不仅仅压在德国身上，更会压在整个欧洲身上。

关于赔款的马拉松式谈判长达 10 周，直到 3 月底各方依然僵持不下。赔款委员会的英国代表以坎利夫和萨姆纳为首，由于他们总在一起，并坚持如此令人无法接受的赔款数额，因而被取了一个“绝配”的绰号。他们提出，如果少于 550 亿美元，赔款问题将不能解决。

美国人倾向的方案是将赔款金额限定在 100 亿～ 120 亿美元之间，且绝不能高于 240 亿美元。尽管威尔逊总统在很多问题上都可以被同在巴黎的其他领袖说服或用计哄骗，但是在这一点上美国代表团将坚持己见，绝不会同意让赔款数额超过这一限制。

各方都做了一些尝试，试图打破这一僵局。劳合·乔治亲自施展了相当的政治手段，但坎利夫和萨姆纳拒绝做出让步。劳合·乔治的座右铭是：“无论是在战争还是在政治问题上，如果可以迂回，绝不进行代价巨大的正面攻击。”他最初任命这两个人，是希望他们可以签订一个适中的解决方案。现如今，这两人的绝不妥协态度却让他自己骑虎难下。劳合·乔治的解决方法是先绕开这两个人，在最后时刻，和会提出将赔款评估一事推迟一段时间，并委派一个专门机构来选定时间，要求这一机构做出决定的时间不得晚于 3 月 31 日。他希望到那时人们会冷静下来，英国的政治气候会发生变化，从而能够达成一个更合理的解决方案。

在 1919 年初的几个月里，巴黎和会还在进行，沙赫特和很多其他德国人一样，都被伍德罗 · 威尔逊高尚的声明所麻痹，并期待他们将大方地做出一个和平的裁定。沙赫特相信真正的问题将是战后高悬的债务会导致欧洲的全面破产。他天真地谈起一个重大的重建计划：由英国和德国联手开发俄国丰富的自然资源，英国提供领导和资本，德国提供人力和工程技术。

1919 年 5 月，当《凡尔赛条约》的条款最终披露给德国时，整个国家都陷入了震惊和愤怒。

德国将失去 1/8 的领土，阿尔萨斯和洛林地区将被归还给法国，萨尔河的煤矿将被割让给法国，北石勒苏益格将全民公投以决定是否愿意成为丹麦的一部分，上西里西亚、坡森和西普鲁士将被划归波兰，莱茵河两岸永远非军事化，军队将被裁减至不超过 10 万人，海军将被撤销，商船也将分配给协约国。尽管协约国推迟了确定赔款金额的时间，但广为人知的是，悬而未决的赔款数额将是巨大的。在过渡期，德国被要求在 1921 年 5 月 1 日前支付第一笔金额达 50 亿美元的赔款。一个新的赔款委员会将会成立，以巴黎为基地，专门负责决定德国的债务问题，同时监督偿还资金的筹集。对于德国来说，最大的羞辱是条款的第 231 条，称为“蒙羞条款”，其中竟将德国列为挑起战争的唯一元凶。

德国对于和约的反应达到了一种歇斯底里的程度。所有形式的公众娱乐活动都暂停一周以示抗议，德国全国降半旗。内阁大臣菲利普·沙伊德曼认为条款“无法忍受、无法实现、无法接受”，声称它将使“德国人沦为奴隶，在铁丝网和监狱的栅栏后被迫劳动”。德国人有 5 天的最后期限来决定是同意条款还是重新面临敌对。沙伊德曼为了不在文件上签自己的名字而选择辞职，他说：“面对将要套上它自己和我们的锁链，哪只手将会毫不畏缩？”在德国接受和约的当天，新教教堂宣布这一天为德国全国范围的哀悼日。

接下来的几年，在可以让德国陷入瘫痪的众多分歧背后，有一件事情能够团结所有阶级和每一个政治派别——民主党和保皇党、自由主义者和社会主义者、天主教和新教、北方人和南方人、普鲁士人、巴伐利亚人、撒克逊人和黑森人，那就是《凡尔赛条约》(或者叫作勒令)是不公平的。同时，在和约加诸德国的各种惩罚中——裁军、割地、占领和赔款，只有赔款唯一有可能成为德国展开外交政策最为殚精竭虑的问题。德国已经被迫温顺地将军事力量削减到和以前相比微不足道的程度，这也使得它在面对领土和殖民地的丢失时无能为力。只有在赔款问题上德国看上去还能够进行一些还击，它发现了每一个巨额债务人在某一时刻都会发现的道理：当欠下巨款时，威胁对方说不能还钱能够使债务人获得有利地位。

沙赫特首次面临赔款问题是在 1919 年秋天。他受命与一群工商界人士前往海牙，和协约国的委员会就一些货物的交付问题进行谈判，这些货物被作为赔款过渡解决方案的一部分。德国代表团遭到了一系列卑劣的羞辱：他们被迫待在最糟糕的旅馆，只有劣质的食物，活动受到限制，还被公然跟踪；最后，在谈判期间他们甚至没有座位而只能站着。当沙赫特抱怨时，他被告知“你似乎忘了你的国家输掉了战争”。这是沙赫特第一次遭遇被他称作胜利者的“中世纪式的傲慢”。

具有讽刺意味的是，是一名英国人，而并非德国人，对赔款发起了最具破坏性的攻击。1919 年 11 月，剑桥大学年轻的教师约翰·梅纳德·凯恩斯出版了《和平的经济后果》一书。凯恩斯在书中论述道，德国若想通过挣钱来赔偿协约国，那么它卖出的商品必须多于买入的，而它的贸易伙伴必须乐于吸收大量商品的流入，承担自身产业崩溃的潜在后果。因此，将赔款要求变得适中一些，也符合协约国自身的利益。正如他所指出的：“若想从德国挤奶，首先要保证其不被毁灭。”据他推断，若世界贸易没有被严重破坏，德国所能承受的最大赔款金额大约为 60 亿美元。

很快这本书就成了畅销书，仅在出版后的 6 个月全球销量就超过了 10 万册，并被美国的《新共和》(*New Republic*)和法国的《新法国评论》(*La Nouvelle Revue Francaise*)连载，还被翻译成法语、德语、荷兰语、弗兰德语、丹麦语、瑞典语、意大利语、西班牙语、罗马尼亚语、俄语、日语和中文。在 36 岁时，凯恩斯凭借着自己的如椽巨笔一举成名——不仅仅是在英国，更是在全世界。

从他小时候起，人们就留意到了年轻的凯恩斯的超凡智力。而且，他从幼年时起就受到良好的教育。1883 年，凯恩斯出生在英国剑桥市，他一生的大部分时间都是在剑桥大学及其周边度过的。父亲约翰·内维尔·凯恩斯（John Neville Keynes）是剑桥大学的教师，也是一位很早就声名鹊起的哲学家和逻辑学家，但是他并没有很大的抱负，转而从事大学的行政工作。凯恩斯在伊顿公学待了 4 年，作为那里的金童之一，他以非凡的学业成绩和广受欢迎而闻名。1902 年，他进入剑桥大学的国王学院攻读数学，很快就被选入名为“使徒会”的学术精英团体。

> 这一团体在当时已经吸纳了 G. E. 摩尔（G. E. Moore）、伯特兰·罗素（Bertrand Russell）、李顿·斯特雷奇（Lytton Strachey）等人。在自己的剑桥岁月里，凯恩斯一头扎入了一个温室，既参加高度思辨的哲学辩论，又和“使徒会”的会友发生同性之间的感情纠缠。就连很少对他人才智留下印象的伯特兰·罗素都将凯恩斯的思路评价为“是我所认识的人中最敏锐、最清晰的”。

1904 年毕业之后，凯恩斯一度尝试加入印度的政府机关当个职员，借此逃离大学。尽管他个性十足地强调说这是因为“我明显比主考官更懂经济学”，但他在公务员考试中只得了第二名，没有被财政部选上。在印度的政府机关才干了不到一年，他就辞职了。尽管工作并不繁重——工作时间为每周一到周五的上午 11 点到下午 5 点，周六的上午 11 点到下午 1 点；除了赛马会日（Derby Day）每年有 8 周的假期，但他觉得自己过于清闲。他的任务包括组织船只将 10 头苏格兰艾尔郡公牛运往孟买，以及定期为国会准备名为“印度在精神和物质文明上的进步”的年度报告。凯恩斯对整个过程所充斥的维多利亚式浮夸感到厌恶，他对李顿·斯特雷奇开玩笑说，自己计划在报告中加上一个关于鸡奸的附录，且附上插图。由于工作的无趣，并且他发现自己很难克制本能式的对于权威的不敬，因此他回到了剑桥大学。

在剑桥，他即将取得大学的经济学教师资格，但他的爱好一直是哲学。1909 年，他开始撰写一本关于概率哲学基础的书，希望以此改变哲学家对不确定性的思考方式。书的主题即为没有什么事情是确定无疑的，未来是不确定的，因而很难定义什么才是理性的做法。在这样的环境下，是直觉而并非分析为行动提供了最终的依据——这体现出他日后对经济学的思考以及近乎同样非凡的投机赚钱能力。

除了对抽象概念和哲学辩论充满热情，凯恩斯还有着更大的雄心。除了教学职责和关于概率的著作，他在战前几年还是印度货币金融皇家专项调查委员会的成员，甚至还就此专题出版过著作，并且掌管着所在学院的投资组合，时不时地就金融问题为《早报》（*Morning Post*）和《经济学人》供稿，还成了《经济学杂志》（*Economic Journal*）的编委，为其投稿和撰写评论。此外，他的业余爱好很多，他收藏了数量可观的古籍和现代绘画，热衷于打高尔夫球，并对芭蕾情有独钟。他还结交了很多非凡的、各式各样的朋友。的确，人们常常认为他的兴趣太过于广泛了。

为了协调所有这些活动，他每周都会在伦敦待上几天，和他的一些年轻朋友合住在不伦瑞克广场 38 号的一所房子里——其中包括阿德里安 · 斯蒂芬（Adrian Stephen）、斯蒂芬的妹妹弗吉尼娅以及她的丈夫伦纳德·伍尔夫（Leonard Woolf），很多人是他在剑桥读本科时就认识的。但是，当他那些颇具波希米亚风格的朋友们将金钱和权力的世界视为污秽的时候，他却非常愿意成为其中的一部分。

随着战争的爆发，他回归政府的机会终于来了。8 月 2 日，星期日，他在剑桥收到了一封来自财政部老同事巴兹尔 · 布莱克特（Basil Blackett）的信："昨天我设法联系你，但发现你并不在市内。我希望你能够为国家出谋划策，并且我认为你将会享受这一过程。如果你在星期一有空见我，我将不胜感激，但恐怕到时你将需要做些决定。"从尊敬的人那里得到这样一份邀请，使自己获得一个接触世界事务的机会，这让他无法拒绝。他甚至等不及前往伦敦的下一班火车，而是说服了妹夫 A.V. 希尔（A.V. Hill）骑摩托车将自己送到伦敦，而自己就坐在摩托车的挎斗上。当天晚上，凯恩斯就已经坐在白厅街的财政部大楼里，奋笔起草一份呈送内阁大臣审阅的文件了，主题即为英国是否应步欧洲其他国家的后尘放弃金本位制度。在财政部的前几个月，他都是财政部的初级经济顾问。

他在财政部升得很快。1917 年初，他就已经成为外部筹资分部的主管，负责保证合理期限美元债务的偿付以备战争之需，并维持英国经济的流动性。这也许是战争期间英国所面临的最紧急的经济问题，因而也使凯恩斯接触到了经济政策制定的中枢环节。

步入最高级的社交和政治圈子后，他完全沉浸于决策者日理万机的生活氛围中。他被首相和首相夫人邀请到乡下过周末，在唐宁街10号打桥牌，利用周末到财政部长家里做客，和康诺特公爵（Duke of Connaught）及摩纳哥公主一起进餐。用上流社会的交际花奥托琳·莫瑞尔（Ottoline Morrell）的话来说，他“贪婪地向往工作、名望、影响力、支配力和他人的羡慕”。

成功和聪慧的结合有时使他让人难以忍受。但是，他那些风华正茂的朋友们，由于活在一个充满艺术、文学、观念的单纯世界里，却能够揶揄他刚刚找到的高层路线，他们甚至甘愿忍受他那让人愤怒的独断专行。他在挑战权威中获得颠覆性的快感，这为他在朋友们眼中挽回了形象。甚至没有人能够逃过他那富有机智、一针见血的评论。才加入财政部没几个月，他在一次会议上的发言就丝毫不比财政部长劳合·乔治少，比如他曾说过这样的话：“本着最大的敬意，在问到自己的想法时，我必须告诉您，我认为您的理由很垃圾。”在其他很多受到粗鲁无礼待遇的人眼中，他只是一个对自己的优越智力过于自负的傲慢的年轻人。

如果仅仅以貌取人，人们是完全猜不到他的这些特点的。他看上去非常普通：向后缩的下巴，稀疏的头发，略带军官样式的胡须。他的着装循规蹈矩，黑色三件套的西服和一顶卷边毡帽，有时是一顶圆顶礼帽。乍一看他就像是一个小有成就、像工蜂一样勤劳的都市人——可能是一位保险经纪人，或者是一位次级公务员。

在高傲的面纱之下，他实际上怀有某些深刻的不安——特别是对于自己的相貌。有一次在向朋友李顿·斯特雷奇坦露心声时他说：“我一直遭受着一个困扰，我自己无法改变，而且我猜想这个困扰将永远挥之不去，那就是我的相貌是如此让人厌恶。我想，自己将无法在身体上和别人亲近。”但是大部分和他亲近的人都同意一点，那就是他是最迷人、最有吸引力的伙伴。他的言谈闪烁着思想，才华横溢、诙谐生动。艺术评论家克莱夫·贝尔（Clive Bell）回忆说：他“放荡古怪而又彬彬有礼，有着娱乐大众和令人震惊的天赋，是个聪明的人，而且只有非常聪明的人才能通过交谈认识到他的与众不同”。

凯恩斯的大部分年轻朋友都拒服兵役。随着战争的不断延续，他自己也越来越清醒地认识到战争所带来的可怕后果——对生命的无情剥夺以及对英国财政状况的不断侵蚀。1917 年，他在给母亲的信中写道：“久战不决可能意味着我们迄今所知的社会秩序的消失。但有些遗憾的是，我想我并不完全感到悲伤。富人遭到剥夺将更让人感到欣慰，在某种程度上他们是罪有应得。真正让我恐惧的其实是一个全民贫困的前景……统治者有多么疯狂、邪恶，就有多么无能，一个新的时代、新的文明将离我们不远了，我对此深感欣慰。”

第一次世界大战结束时，凯恩斯被委任为巴黎和会上财政部的主要代表。尽管他的官方身份包括最高经济委员会中财政部长的代理人、停战谈判中协约国财政代表主席和大英帝国在财政委员会中的代表，但他很快就发现自己已被完全排除在赔款问题——这一巴黎和会最重要的经济谈判之外。他被迫以局外人的身份眼睁睁地看着和会的噩梦在一步步成真。正如他在之后所写的：“在这样一个浮躁的场合下，大祸将至的预感挥之不去。”当 1919 年 5 月中旬和约条款被最终宣布时，他感到疲惫、厌恶，觉得别无选择，于是只好辞职。他在给李顿·斯特雷奇的信中写道：“我们输了，就让这对绝配（萨姆纳和坎利夫）独自为欧洲的毁灭心满意足吧。”

作为一本奇书，《和平的经济后果》是如此畅销，其中 2/3 的篇幅都是对赔款条约的分析和批驳。在当时甚至之后，在关于赔款问题的整场辩论中，人们被与之相关的庞大数据搞得头昏脑涨。在那个很少有人知晓德国或英国的 GDP，甚至不知道 GDP 意味着什么的时代，这些数据太过庞大和抽象，大部分人包括政治家和很多银行家都无法理解。而凯恩斯却能够透过迷雾，将涉及上百亿美元调来拨去的问题转化得切实具体，甚至能够让普通人理解。

原本，一本充斥着有关法国和比利时的住宅价值、1914 年德国的进出口构成、预测德国铁路运输量之类的数据和图表的书，看起来是不可能成为畅销书的。但凯恩斯却做到了，他彻底分析了每一个细枝末节，并像泼冷水一样告诉人们在所有这些抽象的数据背后，隐藏的是一番关于维持生活不可或缺的具体事物的论述。

> 这本书成功的部分原因在于，凯恩斯巧妙地勾勒了巴黎和会上三大巨头的讽刺性形象。克列孟梭的“空虚绝望、老迈疲惫”；威尔逊的“想法和性情在本质上是神学的，而不是理性的，他头脑迟钝，不善变通”；劳合·乔治“有着平常人没有的第六感或第七感，判断着他人的性格、动机和下意识的冲动，觉察到每个人在想什么，甚至能猜到每个人下一步要说什么”。有好几个人，包括他的母亲，都劝凯恩斯删去书中一些精彩但带有煽动性的描述——特别是对劳合·乔治的勾勒：“他空虚而无内涵，毫无立场可言……一旦接近他，就能感觉到他本质上的漫无目的、内在上的不负责任、超脱于我们撒克逊人的好恶，还混合着他的狡猾、冷酷和对于权力的热衷。”

让大众浮想联翩的似乎是凯恩斯所勾勒的世界经济轮廓。他用果断的笔触描绘了战前爱德华七世时世界的运转，它的基础脆弱，并且战争破坏了其财政金融结构。维系旧的经济秩序的力量开始瓦解，他给出了关于未来的预想图景。这本书谈到“受威胁之下的文明”，谈到“人们被饥饿驱使，神经不安以至于陷入歇斯底里和疯狂的绝望状态”，这些有时听起来像是《旧约》里的悲惨故事。有关末日迫近的论调也许早就让人们的耳朵起了老茧，但是对于刚刚才从最可怕且明显无意义的大灾难中缓过来的一代人来说，它听起来却非常真切。

在全世界范围内，《和平的经济后果》对人们关于赔款的想法产生了巨大的影响，其中最大的转变发生在英国。甚至在巴黎和会于 1919 年 6 月休会之前，劳合·乔治就已经开始重新考虑和约了。在最后时刻，他甚至试图说服其他两位领袖，建议或许应该让条款柔和一些，但是被威尔逊强硬地拒绝了，他说“首相在一开始就应该理性，这样到最后就不需要畏缩”。绝不仅仅是劳合·乔治良心上的负疚引导英国转变心意。英国可以称得上是店主之国，店主们渴望重振商业，重新发现德国作为经济中心的意义。作为外相，柯曾勋爵（Lord Curzon）曾向内阁宣称说：“对我们来说，德国是欧洲最重要的国家。”法国对于宿敌德国的敌意坚定不移、无法缓和，随着美国置身于欧洲蓝图之外以及英国逐渐开始同情德国，法国发现自己变得越发孤立了。

在巴黎和会之后的 4 年里，从 1919 年初到 1922 年底，欧洲走马灯式地在赔款问题上召开会议。法国和德国的政府都不断倒台——在那 4 年里法国经历了 5 届政府，德国则是 6 届，唯一参加全部会议的人便是英国首相劳合·乔治。好像是为了弥补自己在巴黎的失败，他积极投身于这一事务。据估计，那些年里他总共参加了 33 场不同的国际会议。大部分会议都是在欧洲的赌场和温泉圣地举办的——1920 年 4 月在圣雷莫，6 月在布洛涅，1921 年 10 月在威斯巴登，1922 年 1 月在戛纳，1922 年 4 月的最后一场“马戏”在热那亚，所以法国首相雷蒙德·庞加莱将这些会议斥为“来自赌场的政治”。

尽管开会场所极尽华丽奢侈之能，但会议议题却是棘手的，这在很大程度上源于法国人脑子里根本不清楚自己想要什么。就像庞加莱在 1922 年 6 月所说：“就我而言，德国赔款反倒让我痛苦，那样的话我们将不得不撤出莱茵河。你认为哪一个更好，得到金钱还是得到新的领土？和战争赔款得到的金钱相比，我更喜欢占有和征服（土地）。”或者像劳合·乔治更有力地指出的那样：“法国不能决定到底是留着德国这头奶牛继续挤奶，还是将其做成牛排。”

英法之间渊源极深的仇恨，在共同对抗德国的 10 年中被隐藏了起来，如今却浮出了水面。上一代英国人所形成的对法国人的旧有形象，“爱慕虚荣、争吵不休、过度敏感”，如今又回来了。外相柯曾还抱怨法国倾向于“满足一己私利，为了追求金钱、肮脏的利益和野心，常常无视正直诚信的交易准则，甚至冒犯、有悖于英国人的正常本能”。在 1922 年的一个场合，他在和法国首相庞加莱打交道的过程中变得如此失落，以至于竟潸然泪下，叫喊道：“我受不了他了。”

和德国打交道也并不会比和法国容易。第一次世界大战前，一个美国记者评论道：“感觉德国人空虚、心神不宁，这让全世界的外交官在与其交往时都感到绝望。”对于《凡尔赛条约》，德国人的情绪已经由起初的愤怒发展到现今化不开的挫折感、苦涩和怨恨，这使得这个战败国更难应对。从 1919 年 5 月的早些时候开始，当德国外交部长乌尔里希·冯·勃洛克道夫·伦佐伯爵（Count Ulrich Graf von Brockdorff-Rantzau）为了羞辱协约国的政治家而不站着向他们发言时，德国就已经因其傲慢的作风而树敌了。

德国也绝不仅仅是没有礼貌这么简单，他们非常精明地意识到，通过讨价还价将赔款时间拖得越久，最终支付也将越少。因此，他们所有的战略就是应付着、拖着谈判。在签订完和约的头两年，德国砸锅卖铁，偿还了 50 亿美元过渡性应付赔款中的 20 亿美元。

与此同时，设在巴黎的赔款委员会最终在 1920 年年中将 330 亿美元的数额摆上了台面，作为他们所评估的德国应该赔偿的金额。德国人的应对之策是将他们已经支付的金额考虑进来，对 330 亿这一数字进行一系列的修正——如此明显的作伪，甚至都让他们自己驻巴黎的代表们感到尴尬。他们最终得出结论，他们现在只欠协约国 75 亿美元。这激怒了劳合·乔治，他说如果再这样讨论下去，德国很快就可以反过来向协约国索要赔款了。

1921 年 5 月，英国财政部的官员提出了一个方案，他们相信这一方案是通情达理的，德国人也将很难拒绝。赔款总额相当于 125 亿美元，近乎和德国第一次世界大战前的 GDP 持平。为了偿还这笔新债务每年的利息和本金，德国将被要求每年支付 6 亿～ 8 亿美元，占其每年 GDP 的 5% 之多。

1921 年 5 月，在伦敦的一次会议上英国的提议被接受了。从表面看来，协议像是最终达成了。德国代表团，以外交部长沃尔特·拉特瑙为首，在政策上也有了新的让步。自此以后，德国人将放弃他们对和约条款的抵制，转而实行“履行责任”的政策。

问题在于，即便是这样的责任，德国人也从来没有真正相信自己将能够履行。现在，尽管新的赔款额更接近像凯恩斯这样的自由主义评论者最初所提出的总额，但德国官员坚持己见，认为即使是 125 亿美元的赔款最终也会给德国带来无法承受的负担。因此，他们并没有做出真正的努力，来履行伦敦会议所达成的条款。事实上，他们只按时偿还过一次。距伦敦解决方案的签订还不到半年，他们就开始拖欠还款，并再次回到赔款委员会申请延期偿付。赔款进度表上的数据显示，在前 18 个月里，德国对所欠的 12 亿美元偿还了不到一半。

当德国竭尽所能地通过谈判来减轻赔款负担时，其国内的经济每况愈下——尽管在战争期间就已经很糟糕了。国家动荡不息，总是处于革命边缘，一直由一系列软弱的联合政府维持着运转，财政完全无法得到控制。除了因战争遗留问题所造成的庞大支出——为退伍军人和遗孀提供养老金，向那些因《凡尔赛条约》割地而失去私人财产的人们支付补偿，政府还承担了很多新的社会责任：工人 8 小时工作制，失业保险，病人、穷人的健康和福利开支。德国的财政问题主要还是由内而生的。此外，战争赔款让原本就困难重重的财政状况雪上加霜、难以为继。为了筹资弥补缺口，德国的历届政府都指望着由德意志银行印制钞票。

1914 年，马克的币值为 4.2 马克兑换一美元，即一马克的价值略少于 24 美分。到了 1920 年初，整个经济体系都受到了具有通货膨胀倾向的战争财政的影响，马克的币值一路狂跌到 65 马克兑换一美元——一马克只值 1.5 美分，物价水平为 1914 年的 9 倍。在接下来的 18 个月里，尽管预算赤字巨大，流通中的货币总量也增长了 50%，但通货膨胀的速度却慢了下来，马克的币值甚至趋于稳定。因此，外国的私人投机者们赌定马克已经过度贬值，他们在这个国家身上大约投入了 20 亿美元。毕竟这是德国，它在第一次世界大战前曾被人们当之无愧地视为纪律、秩序和组织的标杆。近乎令人难以想象，它竟会使自己沦落于货币贬值的放纵中，且放弃恢复秩序。

> “在投机的历史上，这是前所未闻的，”梅纳德·凯恩斯写道，“银行家和女仆一样都被卷入其中。欧洲和美国的人们都有买马克的票据。兜售马克债券的人们遍布各个首都的大街小巷，甚至在西班牙或南美的偏远村镇里，债券都可以由理发师的助手代为兑付。”

但是，1921 年年中发生的一系列事件——法国在赔款问题上的毫不让步，以及右翼杀手组织发动的政治谋杀，打破了公众对于德国能够解决问题的信心。人们纷纷抛售马克，前两年买了德国马克的外国投机者也斩仓出局，他们损失了所投入的 20 亿美元中的大部分。到了 20 世纪 20 年代晚期，人们如果到密尔沃基或芝加哥的游戏厅娱乐，就会发现墙上糊满了早已一文不值的德国货币或债券。

随着马克币值的一路跳水，德国陷入了向下的漩涡里，并且越陷越深。倡导履行义务的外交部长沃尔特·拉特瑙是德国最具魅力的政治人物之一，他富有、有教养，是个伟大的工业家族的世家子弟。1922 年 6 月 24 日，他在自己的车里被一群疯狂的反对分子枪杀。至此，恐慌弥漫，人人自危。1922 年，德国物价上涨了 40 倍，马克也相应地从 190 马克兑换一美元跌至 7 600 马克兑换一美元。

1923 年初，由于德国没有及时满足当年的一项赔偿要求——他们没能将 10 万个电话杆运往法国，4 万人的法国和比利时军队突然入侵德国，占领了它的工业心脏地带鲁尔区。首相威赫穆·库诺（Wilhelm Cuno）很无能，进行了消极抵抗。德国的预算赤字翻了一番，大约为 15 亿美元。为了筹措资金弥补不足，德国印刷了更多更不值钱的马克。1922 年，德国发行了 1 万亿马克。1923 年的前 6 个月，德国发行了 17 万亿马克。

> 一位评论家曾写道："在整个历史进程中，没有任何一只狗能够赶得上德意志银行（发钞票）的速度。德国人对自己货币的不信任感增长得比流通中的货币量还要快。货币贬值的结果比滥发货币的程度还要大，尾巴比狗跑得还快。"

对于德意志银行来说，向德国供应充分的纸币成了它一项主要的后勤业务，该业务涉及"有着 1 783 台印刷机的 133 家印刷厂以及 30 多家纸厂"。到了 1923 年，通货膨胀有了它自身的惯性，对纸币的胃口也越来越大，以至于德意志银行甚至征用了私人印刷机，但依然无法满足需求。在这个纸币为患的国家，城镇和私人公司甚至也开始印刷自己的纸币。

在接下来的几个月里，德国经历了人类历史上最惨烈的货币价值毁灭。到了 1923 年 8 月，1 美元兑换 62 万马克。到了 1923 年 11 月初，居然达到 1 美元兑换 6 300 亿马克。

当时，基本生活必需品均以 10 亿为单位定价。一公斤黄油价值 2 500 亿马克，买上 1 公斤熏肉要花掉 1 800 亿马克。在柏林简简单单地坐一趟街道汽车，第一次世界大战前只需 1 马克，现在竟需要 150 亿马克。尽管出现了面值为 1 000 亿马克以上的纸币，但不管买什么东西仍需花掉一大捆钱。整个国家纸币为患，人们用袋子和洗衣篮来装、用独轮车推，甚至用婴儿车运送。

除了涨幅巨大，物价上涨的速度也让人应接不暇。在 10 月的最后三周里，物价上涨了一万倍，每过几天就翻一番。甚至可能就是在柏林咖啡馆喝上一杯咖啡的工夫，物价就已经涨了一倍。一周之初拿到的钱，到了周末就丧失了 9/10 的购买力。

谈论任何东西的价格都变得没有意义，因为价格变化得太快。经济生活竟变成了一场赛跑。之前工人们是一周发一次工资，现在改为每天发，他们拿到大堆的纸币。每天早晨，载着盛满了纸币的洗衣篮的大卡车从德意志银行的印刷厂开出，由一家工厂开到另一家工厂。在那里将有人爬上卡车，将大捆的纸币扔给成一群愠怒的工人。工人们将有半个小时的时间跑出去，在钱变得分文不值之前买一些东西。人们在商店里几乎见什么就抓什么，然后到跳蚤市场上去交换生活必需品。在城市周围，跳蚤市场如雨后春笋般发展起来。

当商家被迫以十亿、万亿作为计价单位，并且频繁地计算价格时，几乎任何商业都不可能理性。德国医生甚至诊断出一种席卷全德国的奇怪疾病，他们称之为“密码中风症”。患者在所有方面都很正常，只是除了一点，据《纽约时报》报道：“他们会忍不住写下很多行密码，然后开始计算，且比解决最复杂的对数问题更加投入。”即使非常理智的人也有可能会说，他们有 100 多亿岁或者有 40 万亿个孩子。显然，出纳员、簿记员和银行家特别容易患上这种怪病。大部分人只好转为进行物物交换，或者干脆使用外币。每个中产阶级的妇女，都知道最新一个小时马克对美元的汇率。在每个街道的拐角、商店和烟草店，甚至在公寓楼里，纷纷出现了小型的兑换室，门外挂着黑板，上面列示着最新的汇率。

马克的贬值速度远比德国国内物价的上涨速度快，因此，对于那些在德国生活的外国人而言，他们的日子竟好过到让人觉得荒诞。第一次世界大战前柏林价值一万美元的公寓，现在仅需 500 美元就能买到。

> 马尔科姆·考利（Malcolm Cowley）是一个当时住在巴黎的文学评论家，在去柏林看望他的记者朋友马修·约瑟夫森（Matthew Josephson）后写道："每月100美元工资的约瑟夫森住在双层公寓里，拥有两个女仆，妻子在学习骑术，吃饭时只进出最贵的餐厅，给管弦乐队小费，收集画作，施舍挣扎中的德国作家——外国人在柏林过着不可思议的生活，那里的所有人都无法高兴起来。"100美元能让一个得克萨斯人雇用柏林交响乐团演奏一个晚上。

外国人穷奢极欲，其中大部分都是法国人和英国人，当然也有波兰人、捷克人和瑞士人。德国普通民众则每日挣扎在温饱线上，巨大的反差只会让他们愈发憎恨《凡尔赛条约》。

通货膨胀对德国阶级结构的改变程度较任何革命都大。富有的实业家的日子好过极了，他们持有的大量真实资产，包括工厂、土地以及库存的货物都大幅升值，同时通货膨胀还抹去了他们的负债。工人们，特别是建立工会的工人，居然过得也不错，直到1922年，他们的工资依然和通货膨胀同步上涨，工作岗位也很多。直到通胀的最后阶段，从1922年末到1923年，信心崩溃才最终导致货币体系失灵，经济回归到物物交换，人们纷纷失业。

公务员、医生、教师和教授——德国的这些中坚力量所遭受的打击最大。他们一辈子凭借谨慎自律积攒下来、投在政府债券上的钱和银行存款突然间变得分文不值；此外，他们被迫依靠的养老金和工资也被通货膨胀抹杀掉了。因此，他们不得不放弃最后的一点儿自尊，皇家官员当上了银行办事员，中产阶级家庭靠接待寄宿者赚取生活费，教授沿街乞讨，出身于名门望族的年轻小姐则沦落为妓女。

在这一过程中，真正迅速获利的就是投机者。他们从急需现金的中产阶级家庭手中以跳楼价购买房子、珠宝、画作、家具等资产，通过在物资紧缺的市场囤积居奇、在进口商品中获取暴利，并且赌定货币将会进一步崩溃，他们获得了让人想都不敢想的财富。

随着德国社会的颠覆，使其成为一个保守有序的共同体的传统价值观也被抛弃了。

作家斯蒂芬·茨威格（Stefan Zweig）试图在自传里传神地记录下当时的社会情绪：“那些年是多么的疯狂，无法无天，恍若虚幻。随着货币的贬值，奥地利和德国的其他价值观也沦丧了。那是一个异常迷幻、诡计多端的新时代，一个结合了动荡和狂热的奇怪混合体。每一个放荡不羁的想法都可能大获其利。”

最应为不计后果的通胀政策负责的官员不是别人，正是鲁道夫·冯·哈芬施泰因。作为德意志银行的行长，他冷静专注，曾非常悲观地预期了德国第一次世界大战时的财政状况。在战争惨败时，哈芬施泰因也已经预料到自己将失去职位。作为一个拥护皇帝统治的普鲁士官员，他毫不同情社会民主党领导的新政府，这一点他从不隐藏。然而，在1918年的革命中，他一改老面孔，与革命军合作，甚至还同意在德意志银行内成立一个新的工人和士兵委员会。在那些充满暴力和骚乱的日子里，他还派了一个班的革命海军来守卫德意志银行的金库，借此传达是“人民”在控制着国家财富的信息。据传闻，他还秘密地在保险箱里安置了毒气，以戒备那些忠诚减退的海员们。

尽管通过成功运作保住了自己的职位，但哈芬施泰因发现自己也陷入了一个守本分的公务员所面临的典型困境。他现在为一个自己毫不喜欢的政府工作，这个政府所追求的社会议程是他根本不信仰的，他认为德国经受不起这样的折腾。最糟糕的是，这个政府决心尽己所能地赔偿协约国——所谓的履行责任政策。但是，尽管存在这些根本性的分歧，哈芬施泰因还是同意了政府的要求，答应德意志银行将通过印钞票为预算缺口融资。

为什么哈芬施泰因没有做任何明显的反抗，就顺从地大印钞票呢？关于他的动机，存在着两种非常矛盾的解释：一种说法是他故意设计了整个货币体系的崩溃，来摧毁德国的金融结构，通过集体自杀式的方法向协约国证明赔款的不可能性；另一种截然相反的说法则是，他的行为除了证明他对经济的全然无知，再也说明不了什么。他从一名律师做起，学到的都是金本位时代的银行业务。那时，德意志银行的货币政策所要遵循的要求，就是保持马克与黄金以固定比率自由兑换。而在一个与黄金脱钩的时代，他便完全不知所措。

真相似乎比任何一种说法都来得复杂，哈芬施泰因所面临的是一个真正的困境。如果他拒绝以印钞票的方式满足赤字融资之需，政府就会试图从各个渠道拼命借钱，经济将面临利率陡升的风险，大规模的失业必然会紧随其后。他相信，这将导致国内的经济和政治危机，在国家如此脆弱的状态下，危机很可能会演变为一场真正的政治动乱。正像德意志银行的董事、杰出的汉堡银行家马克斯·沃伯格所说，让人进退两难的是，“或者冒着引发革命的风险终止通胀，或者继续印钞票”。作为国家的忠实官员，哈芬施泰因不想毁掉旧秩序留下的最后遗迹。

不这样做的话，如果他的立场是坚决反对，政府就将被迫提高税负或削减国内支出。这样一来，他将会被谴责为吸血的协约国的工具，特别是被他的那些右翼民族主义朋友们谴责。因为协约国一直坚持认为，只要德国削减国内支出和增税就能够支付赔款。那样，哈芬施泰因就将被置于为协约国干脏活的位置上，而他恰恰不能允许自己沦为为敌国服务的托收代理人。

形势逼人，要考虑的东西多到让脑子乱成一团糨糊。最终，哈芬施泰因决定，政府需要多少钱就提供多少钱，以借此争取时间。和主流说法相反的是，对于通过印钞票来为赤字融资将导致通货膨胀，他再清楚不过了。但是，他希望通胀能比较适度，同时幻想一些因素将迫使协约国减少赔款数额或者至少同意延期实际赔偿，从而为德国争取一些喘息的时间。

但事实证明，这完全是一个误判。哈芬施泰因万万没有想到，用货币做实验就像在刀刃上行走一样，适度的通货膨胀不会在长时间里都保持那样的温和程度。在某一时刻，大众会丧失对政府保持币值稳定能力的信心，并在恐慌中抛弃货币。在 1921 年年中，德国就经历了这样的触发点。

哈芬施泰因有着顽固的普鲁士人的责任感，他不但拒绝承认自己犯下了大错，还固执己见，拒绝改变任何政策，继续满足政府“需要”的钞票数量。最初，通胀对私人商业是有益处的，因为它有抹去负债的作用。但是到了1923年，危机进入了新的阶段，通胀的作用失灵，商业也变得不可能了。1923年秋天，失业率从3%激增到了20%。为了维持有偿付能力的幻觉，哈芬施泰因直接将德意志银行的钱注入私人商业。他为了逃避责任，声称没有赔款就没有德国的恶性通胀，把通胀的责任都推到了外国人的贪婪要求上。他还辩解说通胀和自己无关，在整个过程中自己只不过是一个消极的旁观者而已，身上的任务也只不过是发行足够的钞票，来为商业的巨轮添加润滑油。如果商业还需要10万亿马克，那么他的本分就是保证这些马克印刷出来，并被有效地分配到了德国各地。

1923年8月17日，他向国会提交了经济状况年度报告：

> 德意志银行现在每天发行20万亿马克新钞票，其中有5万亿是大面额的。到下周，将增至每天发行46万亿马克，其中18万亿是大面额。截至目前，发行总金额为63万亿马克。因此过几天，我们一天内所发行的钞票量将是目前流通量的2/3。

这就是德意志银行的行长，他的主要职责本应是保证币值稳定，而如今他却骄傲地向一群议员宣布说自己有能力在一天中将货币供应量提高60%，让国家充溢着更多的纸币。对很多人来说，这不过是德国财政进入爱丽丝漫游仙境般的魔幻局面的又一个标志。

英国大使迪·阿伯伦勋爵（Lord d'Abernon）写道："没有人料到，无知和错误的理论能够使局面发展到如此荒诞的地步……德意志银行自身走火入魔的状态让稳定变得毫无可能。"他是研究国家破产问题的专家，见识过埃及总督府和奥斯曼土耳其帝国等国家财政最糟糕、最无度的状态，并认为只有瑞士可以勉强和1923年的德国相媲美。"在这种事情都能发生的地方，指望国家复苏看来是不可能了。希望也将徒劳无用，除非完全剥夺现在掌权的疯子的权力。"

在战争结束时，亚尔马·沙赫特也只不过是一个小有成就的银行家，既不是非常有名也不是非常富有。正是通货膨胀的天赐良机让他变得既有权又有钱。他当然没有通过投机来赚钱——他出身贫苦，非常保守，也很少拿自己的储蓄冒险。然而，他非常幸运。

1918 年，他把 36 岁的股票经纪人雅各布·戈尔德施密特招进了国民银行。戈尔德施密特才华横溢、彬彬有礼、魅力非凡。和柏林传统的保守银行家大相径庭，他成功创立了一家股票交易公司，白手起家成为百万富翁。一到国民银行，戈尔德施密特就开始用大量的银行资本来操纵市场，并通过一系列精心设计的并购将这家银行（现在名为达纳特银行）变成了德国第三大银行联合体。到了 1923 年，沙赫特一跃进入了德国银行业的上流圈子。

1923 年夏季的一天，他站在办公室窗前凝视着楼下的景色。德国的绝大部分大银行都坐落在贝伦街，这些建筑以昏暗的灰白色为主色调，有着壮观的粗面石墙、巨大的柱子和半露柱。达纳特银行则选择了施普雷河边的一处迷人的红色砂岩建筑，俯瞰着一个宁静的广场。沙赫特的办公室有着欣赏下面广场的完美视角。广场中心竖立着建筑师卡尔·弗里德里克·辛克尔（Karl Friedrich Schinkel）的一座小铜像，正是他设计了柏林的大部分建筑。当看到这样一幅宁静的画面时，沙赫特不免会感到有些奇怪，因为它似乎远离了控制城市其他部分的那份狂热。

德国发生的事情不断地向东越过运河被传开：柏林皇宫大概从 5 个世纪以来都是霍亨索伦王朝（Hohenzollern）国王的家。这座巨大的皇家宫殿拥有 1 200 多个房间，宏伟的圆顶在方圆几里内吸引了所有人的注意力，如今却是人去楼空；藏品被掠夺、洗劫，美丽的阳台破碎不堪，巴洛克式墙面曾在 1918 年的革命中被炮弹击中过，布满了巨大的灰白碎片，斑斑驳驳。

对于新的共和政体德国，沙赫特的态度变得越来越矛盾。怀旧是毫无必要的，他对于有着“普鲁士军国主义旧风气”、试图强行建立永久社会秩序的帝国的消亡并不感到遗憾。但是，由于有着民族自豪感和国家主义，他也确实追忆过第一次世界大战前的时光，那时的德国是一个有秩序、守纪律的国家，是欧洲经济的引擎和发电站。如今在他眼中，这个国家却正在毫无意义地毁灭着自己。共和国背叛了职业中产阶级，他们曾经让德国如此强大。现在德国已变成了一个“地狱的牢笼”。

尽管沙赫特现在得到了长期以来孜孜以求的金钱和地位，但是他觉得很失落。在达纳特银行，更成功的戈尔德施密特让他退居二线。通过在《柏林市民日报》和《福斯日报》(*Vossische Zeitung*)上撰写文章，他确立了自己赔款问题专家的地位。他辩论说，德国能够也应该每年支付不到两亿美元，这相当于赔款总额为40亿美元，占1921年在伦敦所确定的赔款金额的1/3。当时，对于法国来说，这一数额是完全不可接受的。对此，他提议应该通过两方面加以应对：首先敦促德国在能够支付的赔款水平上保持强硬立场的同时，政府应更加注重实效，和法国展开谈判，并放弃在鲁尔区消极抵抗的失败政策；然后停止钞票的印制。

但其实，如果不是自欺欺人的话，他会承认自己很幸运没有被卷到赔款问题中去。在过去的三年里，随着国家陷入经济上的混乱，对于任何政治家和官员来说，战争赔款都是个取胜无望的问题。

第8章

贪婪的夏洛克大叔

战争债务

不要向别人借钱，也不要借钱给别人。因为一旦借钱出去，常常会赔了夫人又折兵，姑且不说收不回钱，还将失去朋友。

——威廉·莎士比亚，《哈姆雷特》

英法等国拖欠美国战争债务，使其索要德国赔款的问题变得更加复杂，乱成一团。第一次世界大战前，作为“世界银行”，英国控制着200亿美元以上的国外投资。没有哪个金融中心——既不是柏林也不是巴黎，当然更不是纽约，能够比肩伦敦作为国际金融中心的地位。当时全球2/3的贸易信贷是通过伦敦进行的，这为货物在全球范围内的自由流动提供了便利。全球一半的长期投资也是通过伦敦进行的，每年的投资金额都在5亿美元以上。另外，尽管法国从来都不是一支占优势的金融力量，但却有着90亿美元的海外投资组合，令人吃惊的是，其中居然有50亿美元都投在了俄国。

为了给刚刚过去的、漫长的、毁灭性的4年埋单，欧洲各国都试图从能够借到钱的地方尽可能多地借钱，这也造成了全球资本流动的巨大变化。英国和法国都被迫卖掉所持有海外资产的巨大份额，以借此支付进口必备原材料所需的款项。此外，两国最终都求助于美国，借取巨款。到战争结束时，欧洲的协约国一方总计16个国家，对美国的欠款总额约为120亿美元，其中英国将近50亿，法国40亿。英国自己也还为17个国家提供了总额110亿美元的借款，其中有30亿借给了法国，25 亿借给了俄国。

在巴黎和会早期，英国和法国都尝试将赔款问题与战争债务挂钩，并暗示美国如果能够部分减免其所欠债务，它们就可能降低赔款要求。美国对此则反应强烈，坚持认为这是两码事。美国代表团中的大部分人都是律师，其中包括国务卿罗伯特·兰辛（Robert Lansing）等，他们从道德和法律上对两者做了明确区分，认为战争赔款类似罚款，本意是带有惩罚性的；而战争负债是欧洲协约国以自由意志签订的债务契约。相比美国人，欧洲人则不太拘泥于法律思考模式，他们看不出自己对美国的债务与德国拖欠自己的债务之间有什么道德上或实际上的区别。欧洲人认为，两者都是千斤重担，都需要几代人在物质上做出牺牲。

随着几经波折的和会即将闭幕，梅纳德·凯恩斯对于会谈的进展情况越发感到苦恼，他决定主动提出一项关于欧洲金融重建的综合计划。他认为，赔款总额应该固定在 50 亿美元，以德国向协约国发行长期债券的形式支付，协约国则随即将所得款项用来偿还美国政府的战争债务，其他所有债务应该被豁免。这是一个很精巧的安排。美国政府实际上是借钱给德国，让德国首先偿还对协约国的赔款；随即，协约国则用所得款项支付自己的欠款。资金的流出源于黄金富足的美国，整整转了一圈之后又回到了那里。

凯恩斯将计划递交给了财政大臣奥斯丁·张伯伦。随即，张伯伦就将该计划推荐给了劳合·乔治。在收到凯恩斯的计划时，首相开始意识到自己已在赔款问题上犯了重大的战术性错误，因此他将计划提交给了威尔逊总统。不料，计划竟被美国代表团不假思索地拒绝了。他们继续坚持战争债务绝不能和赔款挂钩，前者也绝不可以被如此大幅度地豁免。于是，赔款和战争债务问题成了欧洲经济残躯上的脓疮，就这样一直溃烂下去。

在 1918 年 11 月 11 日停战后的第 10 天，本杰明·斯特朗在给蒙塔古·诺曼的信中写道，“我们现在面临的主要危险不是社会和政治的动荡”，而是即将到来的和谈将“为经济冲突埋下引子”，有可能导致国家进入“经济上的野蛮洪荒时代，从而威胁到我们的繁荣”。“毫无疑问，”

他继续写道，“未来世界的大部分福祉都将寄希望于贵国（英国）与我国（美国）正在确立的关系上。”

在下一个十年里，大不列颠王国和美国，或者说英格兰银行和美联储之间的契约，都将建立在诺曼和斯特朗的友谊之上，成为世界金融大厦的支点之一。

两个人虽然达成了广泛共识，但其实是出于截然不同的动机。对诺曼来说，理由很简单，这是必要的。战争破坏了英国的经济，他相信只有和美国人联合行动，才有希望重新获取原有的金融影响力。斯特朗则会考虑得更复杂一些。作为一个出自摩根财团的银行家，他是一位天然的国际主义者。同时，第一次世界大战也让美国金融家们形成了一种新的共识，那就是，美国的命运早已和欧洲的命运不可分割地联系在一起了。现在，随着和平的到来，他相信动用自身丰富资源的一部分来帮助重建废墟中的欧洲，是符合美国自身利益的。

斯特朗的国际主义还存在一些道德上的考虑。他属于那样一代美国人，在西奥多·罗斯福总统执政时期开始职业生涯，在伍德罗·威尔逊总统执政时期事业有成。他们认为，如今自己和国家都既有钱又有思想，是地位超然、有资格扭转国际事务格局的唯一力量。当然，他也还没有天真到认识不到很多欧洲人还在对美国的参战动机愤世嫉俗，比如指责美国故意等到欧洲接近破产时才参战。但是，他和很多人一样，相信战争既然已经结束，自己的民族就将有一个独一无二的良机来展示自己，用他自己的话说，美利坚民族确确实实是一个异乎寻常的“无私、慷慨的民族”。

关于美国的世界使命，他立意高远，并且特别受到了一个年轻人团体的影响，这个团体有个神秘的名字——“家庭”。“家庭”立足于华盛顿，是个排外的私人俱乐部，斯特朗在第一次世界大战前就被邀请加入其中了。“家庭”没有正式名称，实际上也根本算不上是一家俱乐部——没有工作人员，没有章程，没有正式接纳会员的程序。

“家庭”成立于1902年。当时，有三个30岁出头的年轻军官，陆军上尉弗兰克·麦科伊（Frank McCoy）、舍伍德·切尼（Sherwood

Cheney）和詹姆斯·洛根（James Logan），他们被西奥多·罗斯福的“召唤年轻人”的口号吸引到华盛顿，并决定在 1718 H 大街合租一间房子。很快，那里就成了野心勃勃的年轻外交家和官员们的聚集场所。罗斯福提出，美国应采取强势的外交政策，他们都受到了这一远见的启发。后来，大家将这个团体称为“1718 俱乐部”或“家庭”。

随着会员资格的日益放宽，它也吸纳了一些观点更为折中的成员，其中包括像畅销月刊《世界的工作》（*The World's Work*）的编辑亚瑟·佩奇（Arthur Page）之类的新闻记者，以及像之后成为波士顿市长的国会议员安德鲁·皮特斯（Andrew Peters）之类的政治家，还有像斯特朗这样的银行家。尽管如此，“家庭”自成立以来始终都是一个很紧密的团体，成员之间关系密切，特别是在第一次世界大战期间。随着战争的最终结束，很多成员都开始投身于和平谈判中。

没有人比威拉德·斯特雷特（Willard Straight）更能成为“家庭”特质的象征。他是一位迷人的魔术师，生平经历看上去活像是男孩子们着迷的探险小说的节选。他很早就成了孤儿，从康奈尔大学毕业后便前往中国，在那里学习了中文。1904 年日俄战争时期，他当上了战地记者，随后成为美国驻朝鲜公使的秘书，还被任命为驻满洲总领事，并且加入了一家摩根财团领导下的位于中国的银行，所有这些事情都发生在他 30 岁之前。在此之后，他娶了一位女继承人多萝西·惠特尼（Dorothy Whitney），并协助创建《新共和》（*New Republic*）杂志，随后又到法国当军事观察员。第一次世界大战结束后，他又加入了一个驻巴黎的先遣小组，为即将到来的巴黎和会做准备。但很不幸的是，他在 1918 年肆虐全球的大流感中染病，于同年 12 月突然去世，享年 38 岁。

另一名成员约瑟夫·格鲁（Joseph Grew），在第一次世界大战的前几年曾是美国驻德国使馆的第二号人物，继而成为美国国务院的德国事务代表，现今正领导着驻巴黎的先遣小组。此外，还有威廉·菲利普斯（William Phillips），他出身于富裕家庭，放弃了平淡无味的商业工作成了一名驻外官员，并在被派往北京后成了远东问题专家，随后被派驻伦敦，再后来则成了助理国务卿。还有一个擅长外国事务的好手巴兹尔·迈尔斯（Basil Miles），他是斯特朗特别亲密的朋友，在牛津大学获得学位，于 1914 年被派驻彼得格勒，为政府在俄国事务上的一流专家。

詹姆斯·洛根是这一注重相互奉献和兄弟情谊的社团的创建者之一。他一直都在军中，官至陆军中校，并于1914年被派往巴黎担任美国军事观察团的主官。他是一个体重超标的美食家，是巴黎社交圈的常客。第一次世界大战期间，美国刚一参战，他就在美国远征军中被授以要职，随后在救济管理局为后来的总统赫伯特·胡佛效命。

第一次世界大战刚刚结束，就有这么多“家庭”的兄弟成员聚集在巴黎，于是，斯特朗决定自己也应该去亲眼看看，看看需要在欧洲做点儿什么。但是正如接下来的几年经常发生的情况那样，他的身体状况使他有心无力。战时的诸多融资要求把他累垮了，他还遭受着肺结核复发的困扰，因此被迫在1919年的头几个月再次离职休养。

到了夏天时，他的病情有所好转，他便动身前往欧洲。恰逢和会刚刚闭幕，在他离开美国时，这个国家还完全沉浸于和平协议签署的欢庆和乐观氛围中。斯特朗搭乘皇家邮轮波罗的海号于1919年7月21日到达英国，正赶上英国的官方和平庆典即将告一段落。

> 从最小的村庄到最大的城市，整个国家到处都是游行和典礼。在伦敦，100万人涌上街头观看一场盛大的阅兵仪式，绰号为“黑杰克”的约翰·约瑟夫·潘兴（John Joseph Pershing）和斐迪南·福煦（Ferdinand Foch）元帅率领的美法两国方阵，以分列式从国王、女王和政府官员面前走过。当斯特朗所乘坐的列车驶入伦敦时，这个首都还在被数不清的旗帜装饰着，参加阅兵的人们还在公园里扎营。

虽然巴黎的政治家们对于重建欧洲并没有表现出很大的积极性，但斯特朗还是满怀期待地来到了这里，他依然确信尽管和约有很多失败之处，但美国最终将采取“建设性的政策，以重建欧洲”，并通过推迟战争债务的支付为其重建提供直接帮助。

斯特朗发现，尽管到处载歌载舞，但这座城市的情绪很快就转向了负面。和美国相反，英国对于和平适应得较慢。烟草禁令于1919年1月份被解除，大部分食品的配给制于同年 5 月份被取消，但是面包和糖依然只有凭定量分配的食品券才能买到。战争刚结束时，最初的乐观情绪在英国人和所有欧洲胜利者中蔓延开来。现如今，随着英国所面临的潜在的严峻现实越来越明显，乐观情绪逐渐消退了。战争破坏了世界财力的平衡，斯特朗要持续面对的则是欧洲人对美国不断加深的怨恨，特别是在战争债务问题上。

那时候，几乎没有人会在英国和美国之间的“特殊关系”范畴内考虑问题——事实上，“特殊关系”这个惯用说法直到 1945 年才由温斯顿·丘吉尔提出。战前，英国的银行家们对美国同行的看法是，他们是暴发户，钱居然多到了对自己都没有好处的地步。在美国，某些银行家圈子里的人（摩根财团、布朗兄弟的合伙人）是天然的亲英派。除了他们，其他人对于英国则普遍持有怀疑和冷嘲热讽的态度。但是到了第一次世界大战争间和战后，英国人的傲慢已经逐渐转为了怨恨。伦敦的银行家们担心，美国将凭借其新获得的金融实力把其他国家挤掉，独自扮演世界银行家的角色。在 1916 年 3 月到伦敦访问期间，斯特朗听取了兼任伦敦市长和米特兰银行（Midland Bank）主席的爱德华·霍尔登爵士（Sir Edward Holden）的一场演讲，他写道：“爱德华在演讲中认为，美国银行家们的努力是为了破坏朗伯德街至高无上的地位，还说他们一想到英国这个老人摔倒、哭泣，就得意忘形。”

此时的斯特朗才发现，英国银行家和政治家们狂热地信奉着一种理念，即“协约国在战争中做出了巨大的、至关重要的牺牲”，而“美国却牺牲很少，获利巨大，这笔庞大的债务就像挂在他们（英国人）头顶上的达摩克利斯之剑”。对于美国长时间置身战争之外的姿态，英国人强烈不满。斯特朗的很多英国熟人也都相信，美国是故意等到欧洲筋疲力尽之时才插手收拾残局的。还是这一批人现在争辩道，豁免欧洲协约国的部分战争债务是美国政府道义上的责任。对于英国特别应该如此，因为虽说英国从美国借入了约 50 亿美元，但美国对法国、俄国和其他国家所提供的借款总额就高达 110 亿美元——实际上不过是在为贷款提供通道。尽管他的朋友诺曼劝告他说，人们的“情感战胜了理智”，并设法让他打消顾虑，告诉他英国的信用还很可靠，偿还债务依然没有问题，但毋庸置疑，斯特朗还是受到了笼罩着伦敦的悲观主义情绪的打击。

事实上，英国不仅世界地位发生了变化，其国内社会也因战争发生了改变。20世纪统治英国的贵族阶层遭受了严重的打击——就像当时一个作家所写的，也许有些夸张，“索姆河战役守卫部队的官兵们被无谓的屠杀，在赫奇森林（Hooge Wood）的来复枪旅也是如此，一些显赫家族的成员、大量不动产和财富的继承人都这样无声无息地死去了”。除了战争中的巨大损失——初级指挥官大部分都是贵族出身，他们的伤亡率要比征募的士兵高三倍，之前的精英阶层还在战时的通货膨胀中遭受损失，在战后混乱的经济中大批破产。他们的土地价格大幅跳水，很多大型房地产被交付拍卖。一个全新的阶级替代了自信的旧阶级的统治，开始执掌权力。正如一位著名的政治家在描述他在国会下院的那些新同事们时所说的：“他们冷酷无情，从战争中走出来，看上去过得很不错。”

7月底，斯特朗前往巴黎，将旺多姆广场上的丽兹酒店作为欧洲旅行期间的一个基地。他访问了刚刚在几个月前才被解放的布鲁塞尔以及安特卫普和阿姆斯特丹，并和欧洲中央银行的首脑们建立关系，同时驾车穿越西线战场上的巨大墓地瞻仰牺牲的战士们。这是一次让人忧郁的旅行。

在巴黎观察到的景象较伦敦更具不祥之兆。由于发电用煤不足，这个城市到了晚上10点就漆黑一片。巴黎和会还在进行着正式的会谈，协约国在和一些较小的同盟国及其继承者——奥地利、匈牙利、保加利亚和土耳其艰难地进行着最后的谈判。但是大的代表团都提前离开了，在他们的返程列车上载满了数以万计的各色人士，包括顾问、妻子、情妇、厨师、司机、信使、秘书、记者等。旅馆恢复正常营业——7月末，英国代表团会谈期间的总部所在地马捷斯特饭店、美国代表团总部克里雍饭店都重新开张进行商业运营。激进的记者林肯·斯蒂芬斯（Lincoln Steffens）曾随美国代表团一同来到巴黎，并在和会后继续留在那里，他很好地捕捉到了这座城市几个月以来幻灭的苦涩情绪：“和平的后果在巴黎显而易见，那里到处都是战争、革命和穷困。”

夏天以来，欧洲的政治威胁实际上已经开始减退。根据斯特朗的观点，现在的主要危险在经济上。两个最大的国家法国和德国都迫切需要获得国外的食品，欧洲大陆重建的资金异常短缺。最令人不安的是，他发现，欧洲现今完全“缺乏领导力，当权者也已经精疲力竭”。

当斯特朗还在巴黎时，局势就开始变得明朗，美国开始撤出对欧洲事务的干预。和平协议在参议院遇到了麻烦，似乎即将遭到否决。尽管威尔逊总统宣布他将直接听命于人民的意愿，但国家的情绪已经很明显地转向了孤立主义。

对于这一背叛，斯特朗无法掩饰他的厌恶。8 月末，他警告即将成为摩根合伙人的财政部副部长拉塞尔·莱芬韦尔，“如果美国放弃欧洲，让那些新政府自生自灭”，只会导致“混乱和苦难的延长，这将是为我们所不齿的懦夫行为”。他在 9 月的晚些时候回到了美国。就在几天前的 9 月 25 日，总统在前往美国西部宣传和约、争取支持的行程中突遇中风，身体也因此垮了下来，在接下来的几年里，他都躺在白宫里无法继续工作。11 月 19 日，参议院以 55 票对 39 票否决了和约。

从欧洲归来后，斯特朗的肺结核又一次复发，这好像已经成为经常发生的事情了。医生再次坚持他必须从工作岗位上离开一段时间，纽约联邦储备银行的董事们给他放了一年的长假。起初，他来到了亚利桑那州，因为那里的高地和干燥气候有益于他的身体。他在那里一直待到了第二年的春天，似乎恢复得还不错。到了 1920 年 3 月份，他骑马穿越亚利桑那州的沙漠，有一队不同寻常的同伴相伴左右：一个骡夫兼厨师；一个来自印第安比马部落的向导兼牧马人，他的名字好像叫弗兰克、弗朗西斯科、潘丘或者胡安，没有人确切知道究竟是哪一个；一只叫作彼得的俄国猎狼犬，以及斯特朗来自“家庭”的老朋友巴兹尔·迈尔斯。在他们的陪伴下，斯特朗艰难跋涉、横穿荒原，呼吸着“最好的空气”，欣赏着“最壮观的日落”，在星光下宿营。此时，欧洲重建问题以及眼下的混乱局势似乎是那么遥远。

亚利桑那州之行以后，斯特朗决定充分利用他休假的这一年周游世界。在长子本杰明和朋友迈尔斯的陪伴下，他在 1920 年 4 月初离开旧金山前往日本，紧接着到了中国、菲律宾、爪哇、苏门答腊岛、锡兰、印度，并最终于同年冬天到达马赛。在那里，斯特朗收到了一直等着自己的蒙塔古·诺曼的一封信：“无论何时，只要您到了伦敦，请允许我提醒您，您的旅馆订在索普洛奇的坎普登希尔西8号。门房告诉我，只要提前一小时通知，他们即可把您的房间准备好；或者如果您的行程很仓促的话，可以待您到达后再整理房间。”在斯特朗旅行期间，诺曼荣升为英格兰银行行长，这将是一段真正合作的开始。

如果说赔款问题使欧洲国家之间的关系大大受损，那么战争债务问题对美国和之前的盟友英国、法国之间关系的影响则与之相同。不管美国人再怎么努力地将战争债务问题和赔款分开，在大部分欧洲人心中，这两者依然是密不可分地联系在一起的。甚至在1922年年中，在后来成为代理外交部长的亚瑟·巴尔弗（Arthur Balfour）所起草的照会中，英国政府表示，自己从欧洲盟国收回的贷款加之对德国所要求的赔款总额将不会超过美国向英国收取的战争债务，由此英国明确清晰地将赔款问题和战争债务之间的关系放到了台面上。

巴尔弗的照会在美国的影响可谓是一石激起千层浪。

巴尔弗出身贵族，同时也是一位小有名气的哲学家。他曾在第一次世界大战前担任首相，并在劳合·乔治手下当过外交部长，是英国政界的元老。1895年，他发表了一部名为《信任的基础》（*The Foundation of Belief*）的著作，其中所蕴含的意义非常之微妙。很多人都痴迷于他那亲切高尚、彬彬有礼的风度和超然物外的神态——在巴黎和会上，一位英国外交官评论说，他的光彩让“整个巴黎显得粗俗”。但在美国，他却被视为“戴着高帽、穿着双排扣长礼服的英国颓废形象的化身”。

他在照会中所采用的道德优越感十足、非要人领情不可的腔调激怒了美国人。一个美国人写道：“巴尔弗勋爵似乎认为，他能够用如此优雅的语言将我们唤作偷羊贼，以至于我们听不懂。”根据《费城询问者报》（*Philadelphia Inquirer*）的报道：“在巴尔弗的照会中，英国人被描绘成慷慨、宽宏大量、有同情心的债权人，他们的心在为债务人的苦难流血，他们愿意并期望免除他们所认为的超出了债务人承受能力的负担。而美国人则被丑化为残忍无情、硬心肠的夏洛克，顽固地坚持着他们的债权，使英国人无法按照自己无私、慈善的本能行事。”

雪上加霜的是，美国国会决定插手此事。1922年3月，国会成立了由5个人组成的世界大战外国债务委员会，由财政部长安德鲁·梅隆出任主席，还包括国务卿查尔斯·埃文斯·休斯、时任商业部长的赫伯特·胡佛、犹他州参议员里德·斯穆特（Reed Smoot）以及俄亥俄州的代表西奥多·伯顿（Theodore Burton）。委员会的使命便是商定美国贷款的偿还期限。国会因为担心这一部门可能会对债务人过于宽大，因此在解决债务问题的任何方案上都设了上限——委员会将不被允许接受将债务缩减到90%以下。

美国国会在战争债务上施加约束，现在也该轮到欧洲人对此表示出愤怒了。一个法国参议员抱怨道："我们昨天还在为美国的慷慨和理想主义喝彩，难道现在他们就已经沦落成夏洛克了吗？"全欧洲的报纸都开始公开将山姆大叔比做"夏洛克大叔"。甚至绝不属于民粹主义的《经济学人》也刊登了一封署名为"波希亚"的信，这封信指责美国试图"要求那些将堪萨斯州和肯塔基州从德国的威胁下拯救出来的人向其进贡"。

1922年10月，劳合·乔治的内阁突然倒台，安德鲁·博纳·劳（Andrew Bonar Law）领导的新的保守派政府开始在英国掌权。新内阁的财政部长斯坦利·鲍德温是个经验丰富、有判断力的商人，他坚信一定要了结债务。他是如此坚持这一原则，以至于在1919年曾匿名向政府捐献了70万英镑。这个数额达到了他个人净资产的1/5，为第一次世界大战后英国偿还债务做出了自己的贡献。

随着大西洋两岸关于这一问题的奇谈怪论变得甚嚣尘上，鲍德温决定和美国人展开解决问题的谈判，他对美国人说希望"以一个生意人的身份进行谈判，寻找一个商业解决方案，因为这根本上就是个商业问题"。

英国代表团由鲍德温亲自带领，英格兰银行行长蒙塔古·诺曼作为主要顾问，他们于1922年12月30日登船前往美国。诺曼坚信，如果英国想重建信用，使伦敦重树世界第一金融中心的地位，那么解决所欠美国债务的问题就是不可避免的。诺曼曾在1921年8月和1922年5月两次访问美国，和斯特朗一起巡回拜访了华盛顿的高级行政官员，其中包括和总统沃伦·哈定的秘密会晤，以让他相信美国应该继续参与欧洲财政事务。由于之前打下了这样的基础，因此在英国的所有财政官员中，在关于美国政治和华盛顿的局势上，诺曼有着最好的第一手资料。

穿越大西洋的旅途暴风骤雨不断，由于风大浪急、迷雾重重，这次旅行花了超出正常时间两倍多的时间。在旅途中，鲍德温和诺曼成了忠实的朋友。诺曼通常会对政治家心存怀疑，他多少有些不够坦诚地说自己毫无政治观点，还夸口说自己从未参与过投票。鲍德温不易激动，没有超凡魅力，不是个真真正正的政客。他们后来成了终生好友，因为他们都喜欢那份宁静的快乐，也都热衷于在乡下散步和弦乐四重奏。财政部的高官珀西·格里格（Percy Grigg）爵士对他们两个都很了解，他表述说“他们似乎非常理解彼此，哪怕只交换几个单音节字符就可以沟通了”。

美国代表团由安德鲁·梅隆部长率领。梅隆当时已经快70岁了，他出生于匹兹堡的一个富裕家庭，40岁时就独立积聚了约5亿美元，成为继约翰·洛克菲勒和亨利·福特之后美国第三富有的人。他沉默寡言，性情冷漠，遁世隐居——他的儿子保罗将他比做是约翰·高尔斯华绥（John Galsworthy）[①]的经典著作《福尔赛世家》（*Forsyte Saga*）中贪得无厌、占有欲惊人的索米斯·福尔赛（Soames Forsyte）。然而梅隆的财富却没能给他带来任何幸福。他在40岁时娶了一个年仅19岁的轻佻英国少女，没过几年，这个女孩就为了一个一心追求社会地位的骗子离开了他。离婚的过程闹得沸沸扬扬，他花了好久才从离婚的打击中走出来。他现在住在1785马萨诸塞州大街一所有6间卧室的公寓里，里面应有尽有，东边隔一个街区就是著名的杜邦广场。那里的女主人就是他的女儿艾尔萨，一个苍白的、以自我为中心、易受各种精神疾病困扰的少女。

会谈在高度机密下进行，一些会议甚至是在梅隆那挂满了早期绘画大师作品的公寓里展开的。他们在那里共进午餐，这样的场合也肯定少不了邀请副总统凯

① 约翰·高尔斯华绥（1867—1933），英国著名小说家、剧作家，20世纪英国现实主义小说三杰之一，1932年因小说《福尔赛世家》而获得诺贝尔文学奖。——译者注

文·柯立芝参加。他的绰号叫作“沉默的凯文”，因为在宴会的整个过程中他都不会和坐在旁边的人讲上一句话。关于战争借款问题，他说了一很有名的话：“是他们借用了我们的钱，难道不是吗？”这句话很有力地驳回了关于应该减免战争借款的讨论。尽管当地存在禁酒令，但让英国代表团成员感到惊讶的是，在私人家庭里酒水应有尽有。

在英国代表们离开伦敦前，美国驻英大使让他们相信可以把债务偿还比例调整为 60%，因此内阁也就没有授权他们能够接受更高的偿还比例。到了华盛顿，英国代表们发现尽管美国行政部门渴望解决债务问题，但他们却被国会所能接受的范围限制着。经过两周的商谈，美国代表团所能提出的最低债务偿还比例为 80%。

尽管鲍德温因为美国的不够慷慨而感觉受挫，但诺曼向他施压，让他同意这些条款。按照诺曼的观点，美国债务委员会愿意突破国会的限制反映了“美国一方愿意重返欧洲事务的意愿，这是一个新的发现”，并且即使没有减免，只要能够解决债务问题，这也不过是让美国重返欧洲事务所付出的很小的代价。

在回国的路上，英国代表团途经纽约。斯特朗和摩根的合伙人向英国代表们建议，再等下去也不会得到更好的结果，劝他们尽快签字以解决这一问题。鲍德温于 1923 年 1 月 27 日到达南安普顿，但他犯了一个愚蠢的错误，在上报给内阁之前，他就把相关条款透露给了媒体。他以为自己的话不会被记录，于是宣称自己同意接受条款。他甚至还对聚集在身边的记者们说，任何条款都应该会让议会感到满意，因为很多议会代表都来自英国西部，在那里他们“不过是卖小麦或其他产品，对于国际债务和国家贸易并没有进一步的兴趣”。此番言论使鲍德温在错误的泥潭里陷得更深了。第二天的报纸头条宣称，英国财政部长将普通参议员视为“老土的乡巴佬”。

英国首相大为震怒。博纳·劳在战争中失去了两个儿子，一直以来，美国仅仅把战争债务视作是一桩商业交易的看法深深冒犯了他。他对鲍德温说：“如果我接受这些条款，就将成为英国当权过的最受诅咒的首相。”1 月 30 日，鲍德温强烈呼吁政府接受这一方案。他承认美国人应该更加大方，毕竟他们在战争中获利良多，但这将是英国所能得到的最好的解决方案。

博纳·劳拒绝美国的提议。在此之前，他有向梅纳德·凯恩斯咨询过。凯恩斯建议他应该先等一等，拒绝美国的提议“为的就是留给美国一些时间，让其最终发现，正如我们指望法国，法国指望德国一样，他们也要完全靠着我们。债务人在这些问题上有着最终的话语权”。

但是博纳·劳被逼到了绝路，否定在公众面前表示赞同协议的财政部长将会给政府造成危机。然而，内阁最终通过了协议，他只能接受失败，但他以传统的英国人的方式抓住机会发泄怒火——通过给《泰晤士报》的相关专栏写匿名信，他对政府同意美国协议的做法给予了猛烈抨击。

看到英国经过讨价还价为自己争来的权益还是这么少，法国便选择继续等下去，并于 1926 年解决了战争债务问题，最终偿还借款总额的 40%——尽管如此，这一方案直到 1929 年才被法国国民大会批准。意大利也是在 1926 年解决了债务问题，且只同意偿还 24%。就像通常一样，凯恩斯是对的，拖下去原本能让英国得到更好的解决方案。

在这个十年里，随着美国人坚持要求偿还债务，他们惊讶地发现自己在欧洲已经变得越来越不受欢迎了。记者发回国内的文章从不同角度拼起了美国在欧洲不受欢迎的图景，比如标题为“欧洲怒视富有的美国”或者“欧洲仇恨美国吗？为什么？”的文章，或者干脆标题就是“夏洛克大叔在欧洲”。一项非正式的民意调查显示，六成法国人将美国列为最不受欢迎的国家。据《纽约时报》驻巴黎的通信记者报道，“100 人中会有 90 人认为山姆大叔自私、无情、贪婪”。经验丰富的美国驻外记者弗兰克·西蒙兹（Frank Simonds）走遍英国后，发现“绝大部分英国人都已经有了根深蒂固的看法，那就是美国人的政策是自私、肮脏和卑鄙的”。

但是，战争债务问题真正有害的影响是，它迫使英国也许不是不可能，但很难放弃从法国和德国收回自己的债权；它迫使法国更加顽固地要求从德国获取赔款，从而导致欧洲陷入了一个索要债务和反诉的自我强化的恶性循环之中。

1922 年 12 月，在诺曼动身前往华盛顿时，伦敦《泰晤士报》这样描述他：“蒙塔古·诺曼先生，英格兰银行的行长，在这一代或者更长时间里出任这一职务的人中，他绝对是最有趣也是最有能力的人之一。”

“在相貌上，他让我们想起了维多利亚女王当政早期时的政治家们，”《泰晤士报》继续写道，“他有着贵族的风格和气质，在高大、静默、威严的躯体上方是一颗仿佛莎士比亚戏剧里的人物样式的头颅。他喜爱音乐、诗歌和书籍，还拥有一处汇集了罕见植物的美丽园林。和他接触的很多人都觉得他有一种不可捉摸的神秘感，他拥有智者独有的敏锐洞察力。”

1914 年 8 月以来，诺曼遭遇的转变是巨大且不同寻常的。那时的他还是个可悲的角色，对自己没有信心，对未来充满了怀疑，且因精神疾病的困扰，其平庸的职业生涯也被缩短了。现如今，他却被公认为也许不是全世界但却是全欧洲最卓越、最有权势的银行家。

从刚刚开始在英格兰银行任职，他就强调要打破常规。他的前任们都是由专车接送到工作地点，他们戴着华丽的大礼帽，穿着双排扣长礼服。而诺曼则是穿着西服，乘坐地铁上下班——从诺丁山出发的中央线，地铁票从帽子的缎带旁边伸出来。这时，他的整个角色似乎都转换了。几乎所有人都对诺曼的亲切、威严而有礼貌的老派作风给予好评。人们说得最多的，是他那迷人的风度和异乎寻常的天赋。就像和他共事的一个董事所说的：“他从不讲笑话或者调侃什么，但他本身就是有趣的，犹如一潭深水，泛着源源不断的智慧泡沫。”

在那 5 年里，他在公众的印象中产生了某种神秘感。在诺曼之前，英国中央银行行长一般都是一个相对低调的隐蔽人物，仅在小范围内被几个决策者所知。但是诺曼的个性似乎使他向媒体施加了强大的魔力，媒体纷纷赞美他是个具有无限创意的金融天才。

所有那些曾被认为是一个“怪老头”的无害的怪异特点——他华丽的穿衣风格、宽边软帽、艺术兴趣，以及他对东方哲学的了解，现在都为他大大加分，成了不同寻常的创造力的标志。他非传统的外貌、和蔼可亲而不苟言笑的风度，最重要的也许是他对金钱毫无兴趣——这是最能体现他神秘感的一点，所有这些共同铸就了他一丝不苟的操行、一半像贵族一半像僧侣的形象。

这种神秘感还被他避免在公共场合露面的原则所加强，人们很少在伦敦的社交场合看见他。据说，除了按照银行总裁的惯例在官邸发表年度祝酒词以外，他从不发表演讲，也从不接受报纸的采访。

正是在那几年里，诺曼养成了顶着假名旅行的习惯，这也成了有关他的神话和神秘性的重要一部分。在那个大西洋两岸交通主要靠货轮的时代，伦敦《泰晤士报》和《纽约时报》经常会发表特刊，罗列出每周远洋客轮上最尊贵的客人——社会版的增刊上经常会密密麻麻地印着大使、电影明星和欧洲贵族的名字。

英格兰银行行长前往美国的新闻不可避免地会引发谣言：比如战争债务问题马上就会解决，或者就在那一周英国可能会回归金本位制度。为了避免诸如此类捕风捉影的报道，诺曼的秘书爱德华·斯金纳（Edward Skinner ）开始用他自己的姓为诺曼订航线。

有时，在诺曼冒充为普通的老斯金纳先生穿越大西洋的航程中，他摇身一变，成了克拉伦斯·斯金纳（Clarence Skinner）教授。

一个关于诺曼的故事——很多故事之一，是这样描述的：在这样的一次旅行中，有位克拉伦斯·斯金纳教授恰巧也在同一艘客轮上，他在马萨诸塞州梅德福的塔夫茨学院（Tufts College）讲基督教应用，是位著名的普救论者，并且积极活动要求废除禁止亵渎的条例。记者们都在曼哈顿岛的西区码头等着他，希望在此对他做个访问。当他们看到诺曼很有学者派头时，就把他当成了真正的斯金纳教授。对于他们的误会，诺曼没有做任何解释。而真正的斯金纳教授似乎觉得这很有趣，也没有做额外的解释。整个事件如此符合诺曼的诡异作风，连他自己也感到啼笑皆非，以至于从此以后他一直都是顶着斯金纳教授的假名旅行。随着时间的推移，他的化名被媒体揭穿，但是此后诺曼还是这样做。斯金纳教授和他的旅行早已成了新闻行家圈内人才能明白的笑话。

诺曼不喜欢任何形式的媒体报道，于是他努力向记者隐瞒行踪，但这只会增强记者们的好奇心。就连他日常生活的普通行动都会被记者们夸大，以讹传讹，为市场投机提供依据。事情的结果往往很滑稽，有时竟会达到近乎荒谬的地步。

拿 1923 年很典型的一件事来说，在法国占领鲁尔区的短短几天后，诺曼前往法国南部进行历时一个月的年度休假。在那里，他或者在耶尔附近的科斯特贝尔（Costabelle）和叔叔待在一起，或者待在尼斯的荷米特奇旅馆。借此机会，他决定中途到巴黎停留几天，去会晤法兰西银行的那些同行们。他并没有打算对行程保密，因此下榻到协和广场上著名的克里雍饭店。但是，由于克里雍饭店错误地将其名字登记为诺曼·蒙塔古，报纸便声称他试图化名访问巴黎。他的贴身男仆被人看到从宾馆以外的渠道购买火车票，且有谣言说无意中听到了诺曼的男仆有向门房询问前往柏林的列车情况，于是就有人向报社发电报，推测他正准备前往德国，更有甚者说他试图与德国单方面协商解决赔款问题。谣言煞有介事地登载在伦敦的报纸上，接着又被很多美国报纸报道，包括《纽约时报》《华盛顿邮报》《芝加哥论坛报》等。实际上，诺曼在巴黎待了几天后，就像平常一样前往尼斯了。

对于诺曼的爱好，温斯顿·丘吉尔在接下来的几年里非常了解，随后在《星期日画报》（*Sunday Pictorial*）上描述他道：“诺曼不喜欢以任何形式公开行踪，这为他披上了一层神秘的面纱，进而导致其日常生活中普通、不经意的事情经常会被世界货币市场细查和夸大……他越追求私密，他的行为就变得越重要、越有意义。顶着假名旅行的他会很快被认出来，待在乡村家里与世隔绝的他也会遭到人们对美国的搜寻以确认他确实不在那里。确实，更使他感到厌恶的是，自我谦虚反被证明为最精巧、最有效的广告方式……也许一点儿更平常的讲话……会比这么多沉默和防范更能实现他的真正目的。”

但并不是所有人都会被他的魅力和个性所征服。诺曼讨厌争论或面对面的冲突，喜欢通过绕开对手来达到自己的目的，因此获得了善于托词的名声。一些人对诺曼持怀疑态度，认为他试图把自己掩盖在神秘之下，实际上不过是更狡猾、更世故的自我演出方式而已。作为两次世界大战期间英国外交部门领导的范西塔特勋爵（Lond Vansitartt）将他斥为"装腔作势的人"。

尽管诺曼的公众形象发生了戏剧性的转变，但他仍然保留着第一次世界大战前困扰他的很多缺点。他是个天生的悲观主义者，容易遭受绝望的轮回。对于一个肩负着使伤残的经济回归健康的使命的中央银行家来说，这是个很不幸的特点。在担任行长第一年的严酷日子里，诺曼在和疲软的英镑以及衰退的经济斗争着，他在信中写道："这种感觉就像是被扔到了海上，而自己几乎不会游泳。"

当时，左翼的《每日先驱报》（*Daily Herald*）的经济新闻编辑弗朗西斯·威廉斯（Francis Williams）认为，尽管诺曼能够向伦敦施加奇怪的影响力，但他始终"是个偷偷摸摸、自高自大、智力令人怀疑、几乎不能建立正常人际关系的人"。坎利夫的话可能对当时的诺曼描述得最为恰当，他认为诺曼"富有才气的神经质人格一定会给他带来麻烦"，并补充道："他的人格不正常，需要权力也只是为了让自己运转下去，并且除非事情已经变得无法挽回，否则他绝不会放弃权力。"

在20世纪20年代初期，诺曼经常提到要建立一个中央银行家联盟，使其肩负起稳定欧洲金融、促进经济复苏的职责。似乎没有哪一个政府能够做到这一点，他的想法有些宏大，他认为自己领导的同业协会将在某种程度上填补政治家留下的真空。他喜欢把自己和有些兄弟之情的小圈子的其他成员视作精英和民众领袖，并将其凌驾在政治冲突、民族仇恨和业余的解决方案之上。尽管诺曼"乐意以非传统的面目出现"，但他关于社会的很多观点都是"拾老伊顿公学人的牙慧"。他坚信贵族政体，简直就是还活在爱德华七世[①]当政的年代。

1922年3月，他在写给斯特朗的信中，以绕圈子的风格表达了自己的观点：

① 爱德华七世（1841—1910），维多利亚女王的长子，英国国王，于第一次世界大战爆发前4年驾崩，其在位期间大体延续了维多利亚时期英国君主立宪政体的辉煌。——译者注

“直到最近，世界各国才从战后开始步入正轨，两年的时间都在建造空中楼阁并摧毁它们的过程中被浪费了，这似乎就是民主政治的方式。但各国‘为数不多的贵族’从一开始就意识到，如此草率地为严重病症开药方将不可避免地产生这样的后果。”他显而易见地认为，这批“为数不多的贵族”就是像他自己这样的银行家们。

然而，在这一时期，他恰恰是建造空中楼阁的人。他认为，全球的银行家们不会屈从于政治家们国家主义的压力，这一想法简直天真到让人感到奇怪。他那建立世界金融大亨同盟的幻想在很大程度上就是个白日梦，他甚至都得不到斯特朗的完全支持。在 1922 年的热那亚经济会议之后，他草率地提出了举行中央银行家秘密峰会的想法，但遭到了斯特朗的反对。斯特朗担心，作为世界主要债权人的美国会被他的这群欧洲债务人搞突然袭击，自家的欧洲同行们会众口一词，强烈要求美国动用庞大的黄金储备来接济他们。他在给诺曼的信中写道：“任何本质上属于联盟和同盟的东西，在当前的世界条件下都不可避免地充满了危险。”他担心，这就像是“为世界上一些穷困潦倒的国家或它们的发钞银行提供空白支票，特别是给那些财政已经完全陷入混乱，完全无法控制的国家”。

到了 1923 年时，诺曼的俱乐部基本上就是由他自己和斯特朗组成，他们为彼此的健康问题和似乎已经包围了他们的经济上的无政府状态相互慰藉，他们的友谊也在这段时间大大加深。

在诺曼 1921 年和 1922 年对美国的三次访问之后，他们大概有 18 个月没有见到对方。斯特朗再次病倒，他在 1923 年的大部分时间里都在请病假。在此之后，两人达成一致——每年至少见两次面，一般是夏天时在欧洲，冬天时在纽约，这样交替拜访对方。他们每过不了几周就会给彼此写信，信的内容大多结合了有关财政金融的闲谈和对经济政策的看法。尽管两人的关系很亲密，但在给彼此的信中依然以优雅的正式文体落款，如“亲爱的斯特朗”和“亲爱的诺曼”，当然他们也会时不时不拘礼节地加上“亲爱的强人”“亲爱的老家伙”“亲爱的老财迷”之类的词汇。他们向彼此提供建议，经常会披露一些同僚们都不知道的机密细节。偶尔他们也会斥责对方，当诺曼一意孤行，没有和董事们商量的时候，斯特朗就会劝告他说：“你是个可爱的、性情古怪的老家伙，我的职责之一似乎就是时不时地教训你。”

信件内容也不都是关于工作的，他们也经常会亲切地开彼此的玩笑。有一次，诺曼刚刚从纽约拜访斯特朗归来，发现自己竟误把斯特朗的一件夹克装进了自己的包里。他就在信中写道：

亲爱的本：

我正在汽船上给你写信，因为我发现了自己的又一桩罪行。在到家的第二个晚上，我像平常一样换了衣服。但在下楼的时候，我发现自己已经被伪装成了一个绅士，而不是一个花花公子！这要归功于一件式样美观的天鹅绒夹克，它既合身又完美。换句话说，本，只有在你的行头的帮助下，我才会看上去值得尊敬！

时不时地，他们就像一对无害的老单身汉，从戏弄彼此中得到巨大的快乐——无论是诺曼在《城镇和乡村》（*Town and Country*）的页面里无意看到的斯特朗的油画肖像，还是在居住地索普洛奇维修时诺曼的过敏以及他对斯宾诺莎（Spinoza）哲学的痴迷。

诺曼在天性上更情绪化，会过分热情和感伤，也会经常对朋友的健康大惊小怪。“让我请求你，比现在更好地照顾自己。就像属于自己一样，你也属于其他人。”他在 1921 年访问纽约后写道。他教训斯特朗抽了太多骆驼牌香烟，还坚持了解斯特朗的脉搏、睡眠和呼吸的细节，或是吐槽“4 周以来都没有听你说过一个字了”。斯特朗则会更冷淡一些，由于有个很大的“家庭”，他倾诉的需要便会少一些。但他们依然是彼此最亲密的朋友。1927 年，斯特朗染上了肺炎，诺曼前往探望，斯特朗在之后的信中写道：“能够和一个富有同情心的人谈论问题，无论如何都是很有帮助的；而当他是你最好的朋友时，所带来的就不仅仅是帮助了。”

到了 1923 年，他们真的对未来感到了担心。对他们两个来说，和平时期的最初几年本是充满希望的开始，而现在却变成了一个充满挫折和失望的年代。美国从欧洲事务中金盆洗手，回归孤立主义；欧洲的货币则依然不够稳定；法国和德国的经济都因战争赔款问题而面临瘫痪。而对于经济政策的失败，他们两个都深感无力：除非关于赔款的问题可以进一步达成更公平的方案，否则德国拒绝做稳定经济的任何事；而法国则坚持在与美国和英国就债务问题达成解决方案之前，绝不在赔款问题上做出让步。

诺曼发现“欧洲文明”岌岌可危，但他所能做的不过是以局外人的视角看着事态继续恶化。他日益变得亲德而仇法，而法国人在赔款问题争论上的固执只会不断加深他个人对法国的偏见。特别是法国的政治阶层，在他眼中都清一色是鬼鬼祟祟、名誉扫地的贪官污吏。“欧洲和世界的黑斑还在莱茵河畔，”在法国占领鲁尔区后他在给斯特朗的信中写道，“那里有爆发战争的一切条件，只是其中的一方还没有武装起来，但德国究竟能忍多久呢？”

对于斯特朗来说，更主要的则是在个人问题上的受挫。尽管在财政上较为宽裕，但这些年来他不得不彻底地改变自己的生活方式。他相对低调的生活方式和那些在私营企业工作的老同事相比，差距再明显不过了。他丧妻和离婚后，先后在几个公寓中居住。1922 年年中，他开始在曼哈顿市中心一所有着两间卧室的小公寓里居住。而他的老朋友亨利·戴维森在 1922 年突然死于脑瘤之前，拥有派克大道的一座官邸、长岛北部海滨的一处 60 英亩的不动产以及佐治亚州的一座种植园。托马斯·拉蒙特也走上了和斯特朗完全不同的道路，他住在坐落于第 70 大道和派克大道的大房子里，春天时继续使用他在恩格尔伍德的房产，到夏天时则会前往缅因州北部港口的别墅避暑。

斯特朗却继续被病痛折磨着。1923 年 2 月，肺结核扩散到了他的喉部，迫使他再一次延长了在科罗拉多州的病假——这已经是他 7 年中的第 4 次了，他在 10 月份回到岗位上，但并不能进行全职工作。自 1916 年首次被确诊患上肺结核以来，他已经有近一半的时间都远离办公桌了。甚至是在名义上主持工作期间，他也因受到用来控制可怕疼痛的大量吗啡的影响而常常无法胜任工作。一下子老了很多的他还被迫放弃了网球等高强度的锻炼。此后，他的体重上升，并开始掉头发，看上去面容憔悴、过度操劳的他，和 10 年前那个高高瘦瘦、自信英俊的年轻人相比简直是判若两人。

在那些日子里，即使是在首任妻子去世后，他都始终非常喜欢交际。而现在的他晚上很少外出，在电影院和歌剧院里也再见不到他的身影了。工作成了他的镇痛剂，晚上的时间则被安排为与其他银行家和官员们在安静的场合下共进工作餐。

1924 年早些时候，斯特朗的两个儿子都谈到了让他结婚，他在给诺曼的信中写道："诱惑始终在我面前，我大可以结束手里的工作，递交辞职，之后游玩一番，写一点儿作品，不紧不慢地生活。"那时，他们都还没有预料到，经过 4 年的挫败，他们已经站在了达成目标的边缘。

第9章 重返黄金时代

金本位

时光倒流，重返黄金时代。

——约翰·弥尔顿，《基督诞生的早晨》

第一次世界大战以后，银行家们普遍认为世界应该重返金本位，且越快越好。在他们的思想中，黄金是货币基础的观念可谓犹如神学信仰般根深蒂固。因此，在很大程度上，他们早已将黄金视为重塑世界的精神装备，而对构建国际货币秩序的其他方法视而不见。蒙塔古·诺曼和本杰明·斯特朗便是其中的代表人物。

重返金本位的最大障碍是各国中央银行在第一次世界大战中发行的堆积如山的纸币。以英国为例，1913 年，其流通于国内的货币总量，包括金币、银币、英格兰银行和大型商业银行发行的票据，以及占据最大份额的银行存款，大约相当于 50 亿美元。这些不同形式的货币供给均以英国拥有的 8 亿美元黄金作为支撑，然而令人惊讶的是，其中只有总值 1.5 亿美元的黄金被储藏在英格兰银行的金库里，其余部分要么化作流通中的金币，要么则以巴克莱银行和米特兰银行等商业银行持有金块的形式存在。战时的英格兰银行大量放贷给政府，截至 1920 年，其国内货币供给总量飙升至 120 亿美元，并反过来推动黄金价格上涨了 2.5 倍之多。而在同一时间，英国的黄金储备却基本上维持原有水平不变。如此造成的结果便是在 1913 年每一美元的货币所对应的黄金是 15 美分，而到了 1920 年，一美元货币所对应的黄金只有不到 7 美分。在这种情况下，英格兰银行想尽办法节约黄金，比如以纸币取代金币，还将原本由商业银行持有的金块集中起来变成自己的储备。尽管如此，到战争结束时，英国的黄金储备量仍不能为其按照 1914 年的汇率平价重返金本位提供足够的货币支持。

卷入战争的每个国家，甚至包括美国在内，都面临着同样的两难困境。所有这些国家都曾不同程度地诉诸通货膨胀以缓解财政压力。**从本质上来说，只有两种方法可以用来恢复黄金储备和货币供给量之间的价值平衡：第一种方法是通过收缩流通中的货币供给量来压缩货币泡沫，从而在整体上逆转通货膨胀的趋势。**这是一种救赎的途径，但却过于痛苦，因为它将不可避免地引发一轮严重的信贷紧缩和高利率周期，从而注定会带来衰退和失业，至少直到价格被迫下降为止。

第二种方法则是接受过去的错误，承认错误不可逆转，进而大笔一挥，通过减少本币的黄金价值重建货币平衡。换言之，这意味着正式的货币贬值。这种方法或许听起来没有那么痛苦，但对于那些早已习惯并信赖黄金标准的投资者和债权人而言，贬值无疑是一种变相的财产征收。在某种程度上，这将是对储蓄真实价值的一种欺骗和侵蚀。更为重要的是，贬值也并非毫无成本。中央银行借贬值来理清货币混乱的行为无异于“酗酒者幻想改过自新”，不仅无助于恢复央行维护金融秩序的信誉，而且到最后往往不得不通过举借新的债务清偿旧的借款。

在紧缩和贬值这两种选择的关系上，有一个简单的类比：一个体重增加的人，正惆怅于无法穿进之前的衣服。他或者选择减肥——紧缩；或者承认自己变大的腰围已难以改变而修改衣服——贬值。究竟是紧缩还是贬值，这是战后各国最为关键的经济决策。紧缩的压力将落在工人、商人及借贷者肩上，而贬值的压力则落在储蓄者肩上。由此，战后 20 年世界经济的命运就取决于各国在两条道路上的抉择。美国和英国采取了紧缩路线，而德国和法国则选择了贬值路线（如图 9-1 所示）。

在所有的交战国中，美国参战较晚，因而在主要涉战大国中花费最少，也保持了最好的财政状况。尽管如此，美国战时的货币供给仍然扩张了 250%，物价也随之上涨了一倍。然而，它的黄金储备增长却不止一倍。战争期间，由于欧洲大规模购买物资，以及欧洲资本急于寻求安全之地，有高达 20 亿美元的黄金跨越大西洋被运往美国。截至 1920 年，美国已积累了接近 40 亿美元的黄金。因此，即使考虑到战时的通货膨胀，美国也依然拥有充足的黄金储备来支持其扩张了的货币，且几乎是在战争状态结束时就有能力回归金本位。

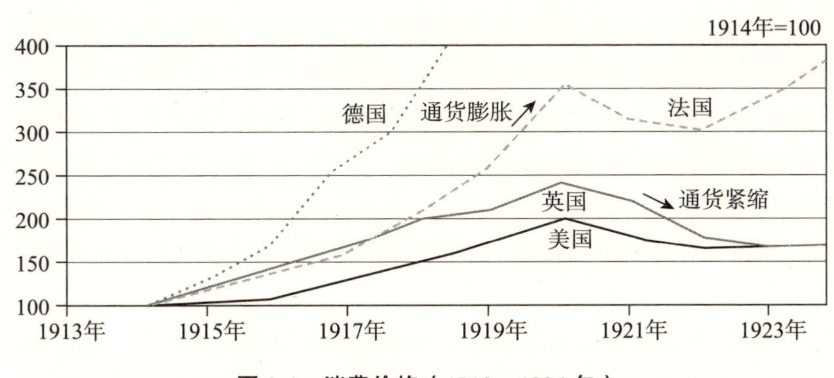

图 9-1　消费价格（1913—1924 年）

第一次世界大战后，德国和法国选择了通货膨胀和货币贬值路线，而美国和英国则选择了通货紧缩路线。然而，即使是在美国，重返金本位和稳定货币也并非毫无阵痛。伴随着威胁多年的严酷战争的结束，到了 1919 年至 1920 年，消费者的购买热情被极大地释放出来。在一个极短的时间内，通货膨胀开始加速，大有失控之势。对此，美联储做出强有力的回应，率先实施紧缩的信贷政策，并戏剧性地将利率提高到了 7%。在维持了一年之久以后，其他储备银行也陆续跟进。与此同时，为了平衡财政预算，美国联邦政府也采取了类似的行动。结果，美国经济陷入衰退，有超过 250 万的工人失业，破产者剧增。但是到了 1921 年底，随着物价下跌了近 1/3，美国经济再次开始复苏。在随后的 7 年里，在汽车和通信等新技术的推动下，美国经济经历了前所未有的高增长、低通胀态势。

与美国截然相反，德国在战争期间选择了阻力最小的道路，将其货币供给扩张了 400%。截至 1920 年底，德国的物价已经 10 倍于 1913 年的水平。过于大规模的货币发行使它无力逆转窘境，因此在战争结束时，德国自然而然地就走向了大幅度货币贬值的境地。从事后看来，这也几乎成了一件幸事。但是德国政府非但没有重建财政，反而采取了系统性的通胀政策，虽然有出于对筹措战争赔款的部分考虑，但却将自己置于了近乎奇幻的旅程上，进入了前所未知、诡谲莫测的货币范畴。

英国和法国则采取了某种介于两者之间的中间路线。战争期间，法国的货币扩张了350%，物价也随之等量上涨。战后，法兰西银行停止货币增发，从而避免了德国式的恶性通货膨胀和货币崩溃。然而，法国所面临的高达5亿美元的预算赤字仍使其站在悬崖的边缘，也是民众的极度节俭再一次将国家从困境中拯救出来。虽然法兰西银行里仍有一部人幻想，法国将有能力扭转三倍多的物价上涨，并以第一次世界大战前的平价重返金本位，但大部分理性的观察家认为，若想回归金本位，就必须大幅度降低汇率，即使是这样似乎也要很多年才能实现。

因此，英国是唯一一个真正面临贬值与紧缩抉择的大国。从一个具有现代视野的观察家的视角来看，英国大可不必过于拘泥于货币汇率神圣不可侵犯的原则，是可以考虑采取一些货币贬值措施的。毕竟，第一次世界大战后的英国在世界经济舞台上的竞争力已大不如前，它变卖了其所拥有的大量海外资产，只能依赖已大幅减少的国外收入来缓解冲击。因此，英镑应该贬值，从而使英国的商品在世界市场上更加便宜，以提高竞争力。

然而，诺曼那一代人活在一个存在差异的精神世界里，他们对货币贬值持有一些不同的看法。他们并不把贬值视为一种对新的现实状况的适应和调整，而是当作一种金融秩序混乱的征兆，并认为贬值会导致人们对所有货币丧失信心。当人们谈及伦敦金融城是世界的金融中心时，绝不仅仅只是简单地一说。事实上，伦敦金融城就像一个巨型银行，从全世界范围内的一些国家和地区吸收存款，然后贷给其他国家和地区。黄金是最卓越的国际货币，英镑则被视为最接近黄金的替代品。世界上最主要的国家，如美国、俄罗斯、日本、印度、阿根廷等，都会将它们的部分英镑存款准备金放在伦敦。因此，英镑在当时的国际金本位集团中具有十分特殊的地位，它的贬值也将给国际金融市场带来强震。

在战争的最后几个月里，英国政府成立了一个委员会。委员会由无处不在、哪里都要横插一杠子的沃尔特·坎利夫领导——他是直到最近才离开英格兰银行的，其他委员还包括英国财政部的约翰·布拉德伯里爵士（Sir John Bradbury）、剑桥大学的政治经济学教授 A. C. 庇古（A. C. Pigou），以及伦敦金融界的十大银行家等。在他们的共同主持下，该委员会负责制订第一次世界大战后的货币安排方案。这些委员们声明，他们都毫无异议地支持以战前平价恢复金本位。在他们看来，英国要想在国际金融体系中重获枢纽地位，恢复传统的金本位平价至关重要。

在他们每个人脑海深处都有一个典型的成功范例，那就是英国在一个世纪以前拿破仑战争后的一段经历，它深深地铭刻在英格兰银行家的集体记忆之中。

> 1797 年，也就是法国大革命战争的第 4 年，法国军队着陆威尔士的流言引发了民众对英格兰银行的挤兑。战争伊始，英格兰银行拥有 900 万英镑的黄金储备，然而在 1797 年缩减至 100 万英镑，正如 1914 年所发生的故事一样，英国被迫放弃金本位。在战争融资的压力下，作为英国纸币基础的英格兰银行票据在其后的 15 年里由 1 000 万英镑增加到 2 200 万英镑，物价随之上涨两倍。
>
> 1810 年，英国国会专门成立了一个调查委员会——即所谓的“金块委员会”，负责调查整个事件。委员会成员包括亨利·桑顿（Henry Thornton）——他既是一名银行家，也是一名国会议员，其哥哥是英格兰银行董事，同时他还是 19 世纪最具创造力的货币经济学家之一，但不幸的是，他的真知灼见都被后来继任的银行主管们遗忘了。委员会建议英格兰银行应该尽快恢复黄金支付体系，并且为了实现这一目标，应该着手缩减对银行和商家的信贷规模，并通过收缩流通中的票据来减少纸币供给。英格兰银行明智地等到了 1815 年，直到拿破仑战败并被流放到圣赫勒拿岛才接受这一建议。在随后的 6 年里，英格兰银行几乎将本国的纸币供给量减少了一半，物价水平也随之拉低了 50%。虽然在 1815 年到 1821 年的 6 年时间里，英国一直骚乱不断，而且还面临着严重的农业不景气，但到了 1821 年英国终于成功地回归金本位。在随后的半个世纪里，英国脱胎换骨，成了世界上最为强大的经济体。许多人

> 认为，1821 年对黄金支付的恢复是英国金融史上最为重要的决定。英国自愿承受物价下跌 50% 的痛苦，并以此恢复英镑的黄金价值，这使得英镑远远超越了欧洲其他国家的货币，成为世界主宰性的价值贮藏货币。

受此启发，1920 年英格兰银行选择了通货缩缩，并将利率与美联储同步上调到 7%，这与欧洲其他国家的决策形成了鲜明的对比。尽管预算得到了平衡，但英国经济却陷入了严重的衰退，有 200 多万人面临失业。但是，到了 1922 年，英格兰银行成功地将物价降低了 50%。此外，由于外汇市场之前担心英国会选择贬值，已经跌至 3.2 美元的汇率水平也开始进入上升趋势，并回归到第一次世界大战前以 4.86 美元为中心的 10% 的波动水平。

然而，反观美国经济，由于具有更大的活力，也不存在国内巨额债务的约束，因此开始从衰退中迅速反弹。相反，英国经济则持续停滞不前，在随后的 20 多年里，失业人数都在 100 万以上。人们很快发现，英国在战争中遭受了严重的创伤，英国经济大国的地位开始受到威胁。英国曾经遥遥领先的传统工业，如棉纱业、煤炭业及造船业等，由于未能实现现代化，也开始将优势让位于竞争对手。此外，工会与资方谈判，强烈要求缩短工作时间，英国的劳动力成本也开始上升。

诺曼开始对他所面临的前景感到不安，他意识到遵循前辈遗迹的唯一方法——他的祖父曾在恢复金本位的那年加入了英格兰银行，就是保持高失业率。然而，在战争之前，为了保持货币稳定而故意制造失业或许在政治上是可以被接受的，但战后的氛围已经改变——劳合·乔治曾在全民选举中向国民承诺，英国将会是“一片适合英雄生存的土地”，诺曼则总是让自己处于另觅新途的压力之下。

恢复金本位的难度不断增大，且绝不仅仅是为主要货币选择一个新的汇率平价的问题。战争使黄金储备在各国的分布发生了显著的变化，并且这种变化也日益威胁着以黄金为基础的国际货币体系的稳定。

第一次世界大战前，4 个最大的经济体——美国、英国、德国和法国通过总值约 50 亿美元的黄金储备来维持着它们的货币系统。由于战争期间的黄金开采量很小，到 1923 年货币功用的黄金总量仅增长了 60 亿美元。同时，虽然英美两国的物价水平都在战后有了一定程度的收缩，但依然比战前高出 50%，这意味着黄金储备的实际购买力已经收缩了近 25%。

1922 年，诺曼与英国财政部的其他官员制订了一份计划，旨在让一些欧洲国家的中央银行能像大英帝国下属的很多国家一样，持有英镑而非黄金作为它们的储备资产，就像今天的大多数中央银行都会持有美元作为储备一样。诺曼指出，以英镑替代黄金可以节约稀缺的金块，从而缓解世界范围内的黄金短缺问题。人人都看得出，英国的这项计划旨在通过制造各国对英镑的强制性需求来增加英镑在货币体系中的特权，从而便于英镑对黄金平价的回归。事实上，除了少数几个中欧小国，该计划从未得到过实质性的执行。

战后，银行家们最大的担心并不是世界性的黄金短缺，而是更多地关注于黄金过度集中在美国的事实。第一次世界大战前，世界各主要经济体银行体系中的黄金数量都与其经济规模之间存在着一定的平衡。例如，美国的 GDP 为 400 亿美元，约占四大经济体产出水平的 1/2，持有的黄金数量为 20 亿美元，稍低于四大经济体黄金总量的 1/2。虽然这种平衡相对粗糙、有些牵强——法国占比稍高，英国占比稍低，但这个系统运行得十分顺畅。

到了 1923 年，美国已经积累了总额近 45 亿美元的黄金储备，占四大经济体总共 60 亿美元黄金储备的绝大部分，同时也远远超出了支撑美国经济的需要（如图 9-2 所示）。其中约 4 亿美元是以金币的形式流通，其余则是金块——一夸脱牛奶大小的金条，每条重约 25 磅，储藏于美联储和美国财政部的金库里。最大的窖藏之处在曼哈顿地下，约有 15 亿美元，分别在位于百老汇大街和华尔街传奇交叉路口的财政部金库和美联储金库里，其余则零散分布在美国的其他 11 个联邦储备银行中。据估计，美国的超额黄金储备达到其持有额的 1/3，大约为 15 亿美元左右。

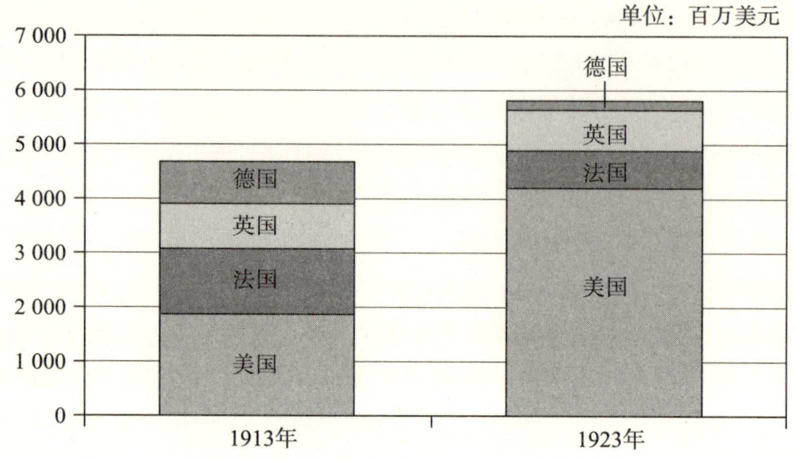

图 9-2　各国黄金储备（1913—1923 年）

战后，美国积累了世界的绝大部分黄金储备。相比于美国货币体系下规模巨大的黄金储备盈余，欧洲，特别是英国和德国，却长期面临着严重的黄金短缺。欧洲最大的三个经济体在第一次世界大战前曾以 30 亿美元的黄金储备作为货币基础，而到了战后还不足之前的一半。面对持续的黄金对外支付需求，欧洲的中央银行采取了一系列措施，其中最重要的一项就是回笼流通中的金币。世纪之初，金币曾被作为中产阶级繁荣的最为可靠的法宝，现今却不断地从欧洲人口袋里流出，继而被纸币所取代。到了 20 世纪 20 年代中期，美国是唯一一个还有金币继续流通的大国。

世界的主要贵金属越来越多地集中到了美国，使其他国家的黄金储备不足以满足国际贸易的支付。国际黄金本位越发成为一种“扑克游戏”：其中的一个玩家积累了所有的筹码，导致游戏根本无法玩下去。

其中一个可以轻而易举地从金本位的束缚中自我解脱的人就是约翰·梅纳德·凯恩斯。巴黎和会之后，他重返剑桥大学教书，但随着《和平的经济后果》一书的巨大成功，他不断减少大学事务，并日益融入世界事务的宏大舞台中。他加入了一家保险公司的董事会，还担任了英国周刊杂志《民族》（*Nation*）的主编，定期为其撰写稿件；同时，他还是《曼彻斯特卫报》（*Manchester Guardian*）

的专栏作家，其文章同时发表在世界各地，包括美国杂志《新共和国周刊》（*New Republic*）等。此外，他还开始货币投机，并因此积累了财富。

在 1919 年，货币投机还是一种全新的赚钱方法。在 1914 年以前，货币之间的汇率都是固定的，从汇率波动中寻找盈余机会也几乎是不可能的。第一次世界大战后，随着主要货币的汇率节节上升或下降，通过对货币波动方向下注，就有可能赚取很高的回报；当然，同样也有可能会面临损失。在 1919 年下半年，由于确信战争导致的通胀将削弱主要交战国的货币价值，凯恩斯做空了法国法郎、德国马克、意大利里拉，同时购买了那些未参战国家的货币，其中包括挪威和丹麦的克朗、美元，有趣的是，还包括印度卢比。在刚开始的几个月里，他赚了 3 万美元。到了 1920 年初，他与他的兄弟，还有一些布卢姆茨伯里派（Bloomsbury）的圈内人士，以及来自伦敦金融城的一个金融家朋友一起成立了一个财团。截至 1920 年 4 月底，他们又赚了 8 万美元。但不料就在 4 周的时间内，人们突然对德国产生了一阵乐观情绪，很快欧洲货币的价值止跌回升，这几乎侵蚀了他们的所有资产。凯恩斯发现自己已濒临破产，于是不得不接受宽容的父亲的支援。然而，由于得到了家人的谅解和获得了冷静敏锐的金融家欧内斯特·卡斯尔爵士（Sir Ernest Cassel）的一笔贷款，他继续坚持自己的判断——德国和中欧货币必将走向灾难。到 1922 年底，他积累了近 12 万美元。

但在那个时候，他生命中最重要的事情就是坠入爱河了。这次是爱上了一个女人——莉迪娅·洛普科娃（Lydia Lopokova），一个离过婚的白俄罗斯芭蕾舞演员。其父亲是俄国人，一位亚历山大帝国剧场的引座员，母亲是苏格兰和德国混血儿。洛普科娃来自一个舞蹈家庭，她的两个弟弟和一个妹妹也都去了位于圣彼得堡的皇家芭蕾舞学校。当凯恩斯在 1918 年遇见她时，她正随着佳吉列夫芭蕾舞团（Diaghilev Ballet）旅游。作为歌舞艺术家、模特和杂技演员，她曾在美国工作了 7 年，并嫁给了这家公司的业务经理。婚姻破裂后，她去了俄国，之后在内战期间与一位神秘的白俄罗斯将军在一起。但是到了 1921 年底，她又出现在了凯恩斯的生活中。

虽然直到 1925 年她的离婚手续办完以后，他们才正式结婚，但自

1923年起他们就生活在一起了。他们算不上相配，凯恩斯聪明智慧又有强辩的天赋，洛普科娃则是一个有着不雅过去、神秘莫测的艺术家，轻浮活泼的话匣子经常让她犯些难忘而可笑的用词错误。她曾经抱怨说，她“不喜欢8月份待在乡下，因为我的腿会被‘大律师’咬得非常厉害”。有一次，在参观了一个鸟类饲养场之后，她竟对女主人的“卵巢”发表评论。尽管布卢姆茨伯里派的其他人都看不起她，但凯恩斯却在整个余生中都对她充满了迷恋。

1923年12月，凯恩斯发表了一本不太厚的专著《货币改革论》(*A Tract on Monetary Reform*)，其中的大部分内容都曾在1922年和1923年早期以系列文章的形式登载于《曼彻斯特卫报》上。这是他就困扰第一次世界大战后的经济问题，对世界货币不稳定的来源及其后果的第一次系统性探讨。类似于他早期的著作，《货币改革论》是一个奇怪的混合体，一半是理论化的文章——关于“购买力平价”和“期货交易市场”，一半是为门外汉写的小册子。但是，它的语调完全有别于《和平的经济后果》。那本著作由于写在论战最激烈的时候，因此通篇都充满了愤怒和激情；而这本书的语气则较为平缓，用了一种“尝试性的、几乎有些不自信的语调”，仿佛作者自己也在寻找追求货币稳定的答案。

第一次世界大战前，无论他多么喜欢挑战传统的道德、行为以及社会的理论权威，但在经济学方面，凯恩斯已经完全接受了自由主义正统观念。在职业生涯初期，这些观念在他的头脑中处于统治地位，他相信自由贸易、不受限制的资本流动和金本位制度的诸多优点。

有些时候，他会像许多其他的经济学家一样，可能会去思索黄金是不是货币的合适定价基础。但是，在很大程度上这些也只是理论思索，最终经过尝试和考验，似乎也没有什么其他可行的货币基础可以被用来组织全球的货币。当英国财政大臣要求他站在以1914年的金融危机为背景的高度上，说明英镑是否应继续和黄金挂钩时，他非常坚决地赞同英镑应该保持和黄金的联系：“伦敦作为世界货币中心的地位直接取决于其是否对坚持金本位有坚定的信心”，并履行相关义务，如果“一旦出现紧急状态的迹象”而不履行承诺，伦敦的地位必将受到严重损害。

即使是在第一次世界大战结束后的头几年，他仍然主张恢复金本位。但随着世界经济格局的变化，他的怀疑与日俱增。他还认为，中央银行政策制定的主要目标应该是保持价格的大致稳定。但在第一次世界大战前时他曾认为，实现这一目标的最好方式就是确保货币，比如英镑，可以以固定的价值自由兑换黄金；现在的他则开始相信，将货币供应量、信贷与黄金挂钩必然导致价格稳定的论断是没有理论依据的。

> 金本位制度曾在 19 世纪末期发挥过作用，因为新的金矿开发刚好与经济增长齐步前进，但没有人能够保证这种历史的偶然会继续下去。此外，虽然有最初时关于金本位的基本原理（纸币可以转化为切实的有形金属的承诺）在历史的某一时刻可能对灌输信心是有必要的，但是现在已经大不一样了。人们对纸币的态度已经有所变化，在复杂的现代经济中，没有必要让珍贵金属的供应来调节信贷创造。中央银行负责人完全有能力理性、负责地管理自己国家的货币事务，他认为，人们没有将自己束缚于黄金这种“野蛮的遗迹”的任何必要。

凯恩斯身上还留有剑桥大学本科生的影子。虽然该书是技术专著，但他还是忍不住要用些嬉笑、嘲讽的语调来加以点缀，这种语调也曾使《和平的经济后果》大获成功。他轻率地将这本书“在未经同意的情况下，就谦恭地献给了英格兰银行的行长和董事们”，虽然他也清楚地知道，这一令人敬畏的组织的上层成员可能不会同意他书中的任何一个观点。他嘲笑那些“保守的银行家们”自以为是，这些银行家们认为“他们通过在穿衣上保持步调一致，并尽量减少思考，就能够将关于金融话题的公共讨论从逻辑层面转到所谓的道德层面。这意味着在思想领域，既得利益无须辩论即可凌驾在公共利益之上”。他像给食品加胡椒面一样，在书中写满了警句，其中最著名的一句是“从长远来看，我们都会死去”，这也使他成了一位光芒四射的健谈者。

但更重要的是，凯恩斯能够透过货币的表面现象揭示出更深层次的现实以及与社会的联系，这也使该书成了一部不朽的经典之作。例如，通过跟踪价格上涨对不同阶层民众的影响，并以程式化的方法来描述经济问题，也就是今天经济学家们所谓的模型。他指出，**通货膨胀并不只是简单的价格上涨，更是社会群体之**

间财富转移的一个微妙机制，从储蓄者、债权人和拿工资的人手中转移到政府、债务人和商人手中。因此，他强调的是，德国、法国等国在第一次世界大战后的通货膨胀绝不仅仅是错误的货币政策所导致的结果。相反，它只是破坏了欧洲社会的一个根本性分歧的表象，这一分歧就是第一次世界大战后将如何分担由于可怕的战争冲突而累积的财政负担。

与《和平的经济后果》相反的是，这本新书几乎没有产生什么实际影响。在欧洲货币完全崩溃、法郎接近危险境地之时，很少有人能被说服把国家货币和币值的管理委托给财政部官僚、政治家或中央银行家。对此有太多的反例（德国、奥地利、匈牙利等，诚然，其中有些例子有些过于极端）说明了在金本位被废除的情况下可能会发生什么。但是，用凯恩斯的一个传记作家的话来说，接下来十年的事实为该书赢得了“拯救半个世界”的荣誉。

诺曼对这本书的反应是在意料之中的，他将其斥为一个聪明的业余爱好者所制造的垃圾。在写给斯特朗的信中，他说：“这一次，凯恩斯先生似乎有点儿不知道自己姓什么了，他试图将本国、他国的金融专家与较高层次的投机者们相提并论。”

诺曼与凯恩斯在经济学方面的分歧反倒较少，更多的则是涉及哲学和世界观。在诺曼看来，金本位不过是一个便利的货币供应调控机制而已，其效率是一个经验问题。他更多地将其定位在经验主义的范畴，认为它是自由社会的一个支柱，正如财产权或人身保护一样，它已在西方的自由世界里得到了发展，被用来限制政府的权力——在这里指货币贬值的权力。倘若没有这样的保护机制，中央银行将不可避免地被长期施压，以与第一次世界大战时大致相同的方式资助它们的政府；然而事实证明，战时的通胀后果到现在依然很明显。**与黄金建立联系是抵抗货币价值螺旋式下跌的唯一防御机制。**

其实，诺曼对这本书的激烈反应也与他和凯恩斯的个人关系有关。战争结束后，诺曼赞同凯恩斯关于赔偿的大多数观点，并曾就如何防止出现德国那样的恶性通货膨胀之类的重大问题咨询过凯恩斯。但凯恩斯公开反对对美国的战争债务进行清偿，而这正是由诺曼负责设计的，因此两人产生了不和。诺曼对于公众的批评非常敏感，曾在很长一段时间内怀有怨恨。据他的一位亲密朋友透露：“他是我所知道的报复心最强的人。”此后，虽然他们的社交圈子有所重叠，虽然有些年轻气盛、反对传统的凯恩斯已被公认为那一代最杰出的货币经济学家，但诺曼在圈内还是故意忽略他，从来也没有请他为英格兰银行提过建议。

斯特朗对这本书的反应在表面上类似于诺曼。虽说没有见过凯恩斯，但鉴于自己的清教徒背景，他强烈反对布卢姆茨伯里派对权威的不敬和讽刺。在《和平的经济后果》出版以后，关于凯恩斯他曾评价道：“他是个才华横溢但我觉得有些古怪的家伙，他有很好的能力行善，但不幸的是，也有做坏事的能力。”事实上在斯特朗的圈子里，许多人早已被凯恩斯在巴黎和会上对伍德罗·威尔逊总统的无情讽刺所触怒。斯特朗对此书的反应再次印证了这一点。“凯恩斯的小书安全抵达，我现在就在读它，”1924 年 1 月 4 日，斯特朗在亚利桑那州的沙漠中写信给诺曼，“我非常欣赏他的能力以及新鲜、丰富的思想，但我更害怕他的一些古怪的想法。在我看来，它们更像是没有经过任何实践、非常生动的想象力的产物。”

暗含讽刺意味的是，凯恩斯的每一个主要建议，如认为金币平衡与信贷创造之间的联系应当被切断、将金本位的自动机制改为有管理的货币体系、信贷政策应面向国内价格稳定等，恰恰与斯特朗在美国所采取的政策高度一致。

在第一次世界大战期间，大量黄金流入美国，使价格上涨了 60%。战争结束后，欧洲的危机仍在继续，黄金继续流入美国。斯特朗认为，放弃金本位这一传统规则的时候到了，以借此将美国经济从金块泛滥中隔离出来。这一系统充溢着超额的黄金，按照金本位的传统教条，它将会带来国内信贷的大规模扩张，进而将不可避免地导致非常高的通胀率。据斯特朗推算，这将导致价格翻一番。对他来说，仅仅因为“旧世界”陷入了政治财政危机，而让美国采取和欧洲一样的通货膨胀政策、动摇自身的货币体系，这简直就是无稽之谈。因此，美联储开始通过收缩提供给银行的信贷量来断开超额黄金与货币供给之间的联系，从而抵消黄金流入所带来的流动性。

由于放弃了将信贷创造只与黄金储备挂钩的简单操作程序，斯特朗开始临时制定另一套新的原则来指导货币政策。他认为，**美联储的主要目标应该是努力保持国内价格稳定**。但他认为，**美联储还应该对经济波动做出反应**，换句话说，美联储应该尝试着根据经济环境进行货币政策的微调，在商业环境疲软时打开信贷的水龙头，在经济形势转好后关闭它。

这套新原则的制定有些仓促，甚至有点儿胡乱拼凑在一起的感觉，但整个过程进行得很安静。虽说是名不见经传，但仔细推敲，它也算得上是一场货币政策革命了。在此之前，中央银行一直将其首要责任定位在货币保护上，并将自己的任务明确为确保金本位不受任何约束，只在危机或恐慌的时候介入；每个工业国家的信贷政策也都是由黄金储备的单一因素驱动。然而，现今的美国却凭借着充裕的黄金确保其货币的坚挺。在斯特朗的领导下，美联储已经承担起一项全新的责任——促进内部经济稳定。

正是斯特朗，而不是其他任何人，创造了现代中央银行家的概念。当我们在电视上观看本·伯南克，或者他之前的阿伦·格林斯潘、让·克劳德·特里谢（Jean-Claude Trichet）或默文·金（Mervyn King），形容他们是如何在价格稳定和经济增长之间取得适度平衡时，就有本杰明·斯特朗的魂灵在其上方徘徊。这一切在今天听起来非常浅显，但在1922年则是一个违背了中央银行200年历史传统的大胆创举。

斯特朗所采取的抵消黄金流入对国内信贷影响的政策，意味着在黄金进入美国后实际上就已经退出了流通领域，这就好像将所有这些经过千辛万苦才从地下深处开采出来的财富重新埋藏起来。

在斯特朗的政策中存在着一个基本的矛盾。一方面，他主张在世界范围内回归金本位；另一方面，他所做的事情不仅破坏了他所声称的最信仰的教条，而且由于对黄金回流到欧洲的阻止，他也使欧洲在与美国一同回归金本位上变得更为困难。这将是一个他一生都无法完成的难题。

欧洲的银行家们认为，自己国家和美国之间的大规模的黄金逆差是一个世界性的根本问题，他们迫切要求建立一种机制用来回收部分黄金。诺曼在1924年1

月给斯特朗的信中写道："我等不到一个季度以后，恨不得现在就面对面地问你，看在上帝的份儿上，美联储和美国财政部究竟将如何使用手里的黄金储备？"

> 凯恩斯则首先承认和阐明："虽然在公开场合有很多关于恢复金本位的花言巧语，但新的制度安排其实已经明显区别于神圣且具有自动调节功能的战前机制。"他在《货币改革论》一书中指出："美元的标准建立于雄厚的物质基础之上。在过去的两年里，美国一直假装维持金本位制度，事实上，它早已建立了一个美元标准。"

实际上，这意味着美联储的黄金是如此充裕，以至于它已不再仅仅是美国的中央银行，而成了整个工业世界的中央银行。凯恩斯关注的主要问题是，英国和其他主要欧洲国家将发现自己在受美联储的支配，而美联储则主要针对本国经济的需要，因而黄金匮乏的欧洲将受制于美国的信贷政策。斯特朗则正致力于建设一个一条腿的金本位制度，在这个机制中，欧洲被牢牢地绑在传统规则之上，而美国则会由美联储根据自身的目标和约束来运行。

凯恩斯如果更进一步探讨美联储如何运作及其掌舵者的性格，恐怕会更受惊吓。1913 年的《联邦储备法》是政治妥协的产物。有关信贷条件和利率水平的决定权被赋予了 12 个由银行家掌控的区域储备银行。该体系由 8 名成员组成的联邦储备委员会监督，其总部设在华盛顿，且全部成员都由总统任命。笼统地来讲，只有储备银行可以制定政策，但这些政策都必须由该委员会批准。

体系内存在一定程度的争权夺利是毫不奇怪的。到底由谁说了算也并不十分清晰，太多的权贵云集——12 个储备银行的行长、6 个政治任命的联邦储备委员会委员、财政部长和货币监理署署长，他们凭借自己的职务自动成为委员会的成员，都在争夺权力。

从一开始，该委员会就是设在华盛顿的一个没有明确目的和任务的组织。在它 1913 年创建时，威尔逊原本想把它作为一个地区性储备银行的监督机构。因此，他认为该机构应该由银行业以外的人组成，但他并不愿意赋予它太多的权力。当委员会的第一位董事向总统抱怨说，国务院的协议专家已经决定将委员会作为最近成立的政府机构，但其地位要低于其他部门时，威尔逊回答说，据他所知，“它可能正好排在消防部门之后”。

该委员会甚至没有自己的办公楼，而被安排在财政部大楼顶层的一个阴暗、不太透气的套房内办公，从其狭长的办公室刚好可以俯视到肮脏的天井。委员会成员的薪金属于典型的公务员标准，远低于私营部门的工资，甚至远远低于地区联邦储备银行行长的工资，这也难怪委员会难以吸收优秀人才。有一次，在某个人被诱导接受职务之前，曾有 6 名不同的候选人拒绝过该职位。

因此，用经济学家 J. K. 加尔布雷思（J. K. Galbraith）的话说，联邦储备委员会是“一个无能到让人吃惊的机构”。1923 年，该委员会的主席是丹尼尔·克里斯辛格（Daniel Crissinger）。他出生在美国俄亥俄州马里恩的一个小木屋里，在当地也算得上是知名人士。作为一个律师兼银行家，他还担任了马里恩蒸汽铲公司的法律顾问；此外，尽管没有成功，但他却曾经两次竞选国会议员。他还有幸成了沃伦·哈定的童年密友之一，虽然据说是“完全缺乏全球视野以及经济学和银行业知识”，但 1922 年在他的老朋友成为总统后，他被任命为货币监理署署长，一年后，总统提拔他为委员会的主席。

除了主席和两名根据行政职务自然入选的成员，联邦储备委员会还包括其他 5 名董事，重要的并不是他们的专业知识技能，而是要确保他们能够代表国家的不同地区。

> 乔治·鲁萨·詹姆斯（George Roosa James）来自田纳西州的孟菲斯，是个精力旺盛的干货商人，就像一颗未加工的钻石。然而，他的经济思想偏于古怪，牢牢根植于过去。他认为，经济的根本在于马、骡子、干草，因而伴随着汽车时代的来临，国家的衰败也已经开始。
>
> 来自艾奥瓦州的爱德华·坎宁安（Edward Cunningham）出身于自耕农，后来成了艾奥瓦州立法机关议长；埃德蒙·普拉特（Edmund Platt）来自纽约的波基普西，他是当地的报纸出版商，并以小镇水事务委员会委员的身份进入政治领域，担任了为期三年的共和党众议员。波

士顿推选的乔治·哈姆林（George Hamlin）是任期最长的州长，并于1914 年被伍德罗·威尔逊委任为委员会主席。作为一名专业律师的他，在 1902 年和 1910 年并没有管理好马萨诸塞州，他不是一个称职的州长——虽说这算是一次失败的政治经历，但似乎并没有对他构成障碍，事实上这近乎为他成为委员会成员提供了资格。

其中具有相关专业知识的一位成员便是阿道夫·米勒博士（Dr. Adolph Miller）。他曾在哈佛大学学习经济学，随后在加州大学伯克利分校任教 25 年。他是个很缺乏安全感的人，曾对自己的任职资格没能得到同事的充分认可而愤愤不平；相反，他的同事则倾向于认为他是个缺少实际经验的象牙塔理论家。他喜欢争论，当同事们厌倦了无休止的争论后，他便开始与自己争论。就这样，他常常感到困惑并瞻前顾后，且在许多议题上都倾向于站在非常教条但又矛盾的立场上。他还对斯特朗产生了敌意，对这位年轻人的影响力和权威性感到怨恨。

但这些并没有改变一个现实，那就是米勒曾在货币经济学这一学科还处于发展初期时就学习了相关知识，这也导致他在关于货币政策的作用方式上会信奉一系列的陈旧理论。这些理论就包括死教条——**真实票据理论，即只要美联储和商业银行限制自己只提供短期信贷来为库存融资，就没有什么出差错的可能。**

正是因为有这样的监督者们，斯特朗能够平步青云并领导该机构就不足为怪了。不像他的这些名义上的上司们，他始终致力于对中央银行学的学习——特别是在许多去欧洲旅行的过程中。例如，正是他促成了美联储在操作方式上的最大创新，即所谓的公开市场操作。在美联储被构想之初，它曾被假定将主要通过贴现率，即对其成员银行收取的贷款利率的变化来影响信贷条件。但到了 20 世纪 20 年代初，这一技术被证明过于被动，它的影响力取决于到底有多少银行家愿意在贴现窗口借款。斯特朗认识到，通过购买或出售投资组合中的政府证券，美联储可以直接且立即改变流经银行系统的货币量。

对公开市场操作的控制权，不可避免地成了各种势力激烈斗争的对象。购买和出售投资组合中证券的权力已经在开始时就留给了储备银行，但在 1923 年，在认识到新工具的效力后，联邦储备委员会成员要求负责做出买卖决定的公开市场委员会由他们领导。当时的斯特朗已因结核病的发作远离工作岗位，正在科罗拉多州休养。在听到这个消息后，他大为恼火。他在写给同事的信中说道："在我被这群怯懦之徒解职以前，我要看看他们究竟是怎么死的！"但最终他还是默许由联邦储备委员会监督公开市场操作。但是，在新的公开市场委员会中，作为最有见识的官员，他几乎可以很轻松地左右所有的决定。

在这个过程中，他多次打擦边球，毫不隐瞒对联邦储备委员会成员的不耐烦。一些人抱怨说，他对自己的能力过分自信，太具对抗性，缺乏判断，尤其是对人的判断。但是，作为美联储有着智者风范的领导人，他在组织内拥有大批的追随者，还被年轻人崇拜。

如果说在制定货币政策的过程中存在问题的话，那就是这一切过于依赖斯特朗——完全取决于他的眼光、判断和技能。他过于独断专行，并没有在整个系统取得一致意见上花费时间。因此，他所做的许多决定背后的原理都被曲解，他的动机也不断遭到质疑。他没有将政策和政策背后的思想制度化，这也就意味着，一旦他离开，美联储将由于内部冲突而陷入瘫痪。

凯恩斯曾将第一次世界大战前的英国银行体系的作用比做是"乐团指挥"。虽然当时的银行由老朽和世袭的贵族所组成的俱乐部管理，但当时的金本位制度却运行良好。其中的部分原因在于环境有利，另一部分原因则是，该银行的董事虽说古板且缺乏想象力，但却非常可靠。战争结束后，世界正努力摆脱经济紊乱，货币体系混乱，美国以外的其他国家也都面临着货币供应的短缺；同时，坏消息是美联储成了新的"乐团指挥"，但它仍是个极为松散的组织，也还没有充分认识到自己被历史所赋予的地位。而对于斯特朗来说，他所受到的制约则来自那些缺乏金融和中央银行业务知识的小城镇商贩以及二流的雇佣政治家们。

Lords of Finance

第三部分

他们救赎了黄金，毁灭了世界

斯特朗一直希望一旦欧洲主要国家都能回归金本位制，目前这种全球黄金流向美国的不均衡状况就能够自动纠正。但这从来都没有发生过。帮助欧洲摆脱噩梦的方法只有一个，那就是进一步降低美联储的利率。而当斯特朗通过降息让股市喝上一小杯威士忌时，他怎么也不会想到喝醉了的股市是如此疯狂。

Lords of Finance

第10章 他是拯救德国的英雄

德国，1923年

让我来发行和控制一国的货币，我可不在乎究竟是谁制定的法律。

——梅耶·罗斯柴尔德（1744—1812年），罗斯柴尔德家族创始人

1923年11月8日晚上10点，两个人抵达了柏林的大陆酒店，在餐厅的一个包间里亲密地共进晚餐。如出一辙的是，这两个人都具有典型的德国漫画式风格。其中一个高高瘦瘦，留着修剪整齐的军人式胡须、一丝不苟的短发中分发型。他叫亚尔马·沙赫特，是柏林最著名的银行家之一，在当时担任德国第三大银行——达纳特银行的董事。

另外一个身材矮胖，脑袋硕大无比，面容臃肿，脸色苍白，显然是缺乏锻炼。他从容地微笑着，善于交际的他总是一副典型的下等阶层柏林人的腔调，既粗鲁又傲慢，但心地善良。他叫古斯塔夫·施特雷泽曼，是三个月前刚刚上任的德国总理。事实上，他确实和外表看起来的一样：他是来自于中产阶级下层的柏林人，父母是旅店老板和啤酒经销商，虽然他获得了柏林大学的经济学博士学位，但从22岁起就已经成为一名专业的政客和企业说客。

第二天，也就是11月9日，是德皇退位出逃的五周年纪念日。就在前一晚，在苏联大使馆里举办了一场盛大的晚会，以此来庆祝苏联革命和德国革命的联合

纪念日，然而施特雷泽曼却以处理国事为由并未出席。最近两天，他正忙于和内阁成员开会，因为国家已濒临绝境，他们正千方百计地寻找对策。

11月5日，两千克面包的价格从200亿马克暴涨至1 400亿马克，引发了德国全国性的暴乱。在柏林，数千名男男女女上街示威游行，高呼："面包，工作！"1 000多家商店遭到了抢劫，包括面包店、肉店甚至服装店。即便是在柏林市别致的西部地区，也有暴徒们拦下汽车，洗劫车主。在从犹太人密集区到亚历山大广场附近的东部地区，年轻的暴徒们成群结伙地攻击着每一个犹太人，或者是"看起来像犹太人的人"。加利西亚犹太人遭到了最为残酷的暴力对待，暴徒们剪掉了许多加利西亚犹太人带有标志性的胡须，或者强行脱掉他们的衣服。这些暴徒还把证券交易所团团围住，高呼"杀死交易所的犹太人"。

然而，到了11月8日晚上，街道最终还是恢复了平静，军警们用刺刀驱散了暴动的人群。全副武装的普鲁士州警察身着绿色制服在城市里四处巡逻。在经历了一个异常炎热的小阳春之后，天气开始变得非常寒冷。那天晚上就开始下雨，这使得无数柏林人的生活更加艰难，他们不得不在市政府的厨房外和遍布全城的公众食物供给站外排起长队。

大陆酒店坐落于柏林市中心，毗邻林荫大道菩提树下大街。虽说算不上是最著名的酒店之一，但好就好在这里靠近德国国会大厦，较为便利，而且十分隐蔽，沙赫特和施特雷泽曼在这里聚会不会引起人们过多的注意。两个人都不希望被人发现他们出现在一些有钱人经常光顾的聚会场所，比如巴黎广场上的阿德隆酒店或者是菩提树下大街上的布里斯托尔酒店，与那些所谓的"暴发户"和"投机商"之类的新贵们为伍。那些暴发户们肥胖、粗鲁，他们在最近几年的狂热时间里大赚了一笔，总是出入一些豪华酒店，喝着香槟，狼吞虎咽地吃着牡蛎和鱼子酱。

虽说爆发了动乱，天公又并不作美，但有着新"巴比伦世界"之称的柏林仍然延续着奢侈糜烂、俗气浮华的夜生活。在弗里德里希大街和库尔菲尔斯腾大街上，酒吧和舞厅一如既往地生意火爆。每天晚上都有大群的男妓和妓女身着奇装异服在街上游荡，据说仅仅在柏林这样的卖淫者就数以万计。城市"几近疯狂"，整个社会开始陷入一种癫狂的状态。有人一夜暴富，然后很快又一无所有。有钱人挥金如土，想趁着货币还不至于一文不值时赶紧消费掉；而穷人们则为了维持生计不得不卖掉自己仅存的一些东西，甚至包括自己的身体。城市里有 1/4 的学龄儿童营养不良。

柏林从来就不是个优雅的城市。第一次世界大战前，人们认为这座城市像极了德皇的个性——傲慢、妄自尊大、举止粗鲁，马克·吐温曾将其称为“德国的芝加哥”。但是，柏林一直都很自豪地以欧洲最干净、最现代化的大都市自居，这一点也的确有道理。然而，如今这座城市已变得破旧不堪，开始一步步衰退，像“石灰色的尸体”一样在走下坡路。城市里充斥着“乞丐、娼妓、残疾人和肥头大耳的投机商”，街道里遍布着“无腿的、撑着木板在人行道上前进的退役军人”、娼妓和因为软骨病而佝偻的瘸腿孩子。

同年 8 月，施特雷泽曼被要求组成新一届政府，当时上一届联合政府刚刚垮台，成了 5 年内倒闭的第 6 届政府。人们认为，从政治角度而言，施特雷泽曼具备足够的能力将所有的民主党派（包括社会民主党、基督教民主党和中间党派中的自由主义者）联合起来组成“大联盟”，以拯救濒临解散的德国。

施特雷泽曼扮演着双重政治角色。他出身于中产阶级下层，正因为如此，德皇曾两次公开冷落他，拒绝和他握手。然而，他在战争爆发之前却是一位热情的君主制主义者和狂热的军国主义者。同时，作为德国国会大厦里国民自由党的领导人，他在战争期间也是一位盲目的军事支持者。由于忠于帝国的最高统帅，他以“鲁登道夫的年轻人”而著称，并倡导通过吞并、扩张和让美国人大为恼火的无休止的潜艇战争来逐步实现全民族主义。和许多皇家时代的其他政客一样，当战争结束、军队溃败时，施特雷泽曼感到羞辱，声名扫地。尽管年仅 40 岁，但他的政治生涯似乎已经终结。但是，就在革命之后的 5 年时间里，他逐步重塑了自己的政治形象，将自己从一名奉行侵略主义的战争贩子转变成新民主主义的坚强支柱，尽管很多人觉得这种转变不过是一种假象。

施特雷泽曼接管了一个深陷危机泥潭的国家。1923 年，德国经历了一个异常闷热的夏天，全国性的暴乱和罢工不断，国家几乎分崩离析。在萨克森，共产主义者们威胁着要独立出去；而在南部，巴伐利亚政府正受到右翼分子的攻击。

尽管施特雷泽曼外表看似亲切和多愁善感，但实际上他是个现实主义者，并在最终拥有了结束噩梦的权力。就在上任的几周时间里，他安排国会批准了一项法案，允许自己依法执政，并取消了鲁尔的消极抵抗运动，这项运动每天要耗费政府 1 000 万美元。他还宣布国家进入紧急状态，授予军队打击分裂国家行动的必要权力。

施特雷泽曼意识到，政治问题的根源在于恣意蔓延的恶性通货膨胀所引发的混乱局面，因此他开始将注意力转向货币问题。当时，税收收入在政府支出中的占比不到 10%，缺口部分则由发行货币填补。

那天晚上，施特雷泽曼邀请沙赫特共进晚餐，试图说服沙赫特担任货币委员一职，这一新设职位的职责是改革整个德国的货币体系。这将使沙赫特独揽德国的财政大权，他手中掌握的权力甚至将超越财政部长。

施特雷泽曼和沙赫特已经认识 20 多年了。他们有着共同的人际交往圈子，同时也都是柏林星期三协会的成员。该协会是一个供有钱人交流的俱乐部，成立于 1915 年，会员控制在 85 人以内。施特雷泽曼非常器重沙赫特，在自己刚刚上任的前几周里就想方设法地为沙赫特安排一个职位。上个月，在第一次重组内阁期间，他试图任命沙赫特为财政部长。但是，就在准备将财政部长候选人名单提交给总统弗里德里克·埃伯特（Friedrich Ebert）的前一天晚上，他收到了一位财政部高级官员的来信。信中表达了对沙赫特任职能力的深度怀疑，还翻出了沙赫特在战争期间表现的旧账，以此来暗示沙赫特的道德败坏和腐败。最终，施特雷泽曼不得不将沙赫特的名字从内阁候选名单中划去了。

对沙赫特而言，这次可真是天赐良机。如今的他已经很富有，并热衷于参与公共活动。尽管他的财富在很大程度上得益于雅各布·戈尔德施密特，但他认为这位年轻的同事在商业决策上充满了风险。随着自己在达纳特银行的日益边缘化，沙赫特开始寻求新的挑战。

后来，他将那个夏天的生活描述为如同“生活在火山边缘”。在他看来，最危险的是布尔什维克革命。但是，随着政治危机愈演愈烈，他仍然坚信，某种重要的机遇即将降临。

在夏天结束的时候，沙赫特将妻子路易丝、20 岁的女儿英奇和 13 岁的儿子詹斯送到了瑞士的安全地带。他希望新政府可以给他安排一官半职，让他有权决策，正如他所言，不用“再担心自己会被牵涉其中而难以决策”。他知道路易丝是一位狂热的民族主义者和具备“典型普鲁士人外形”的右翼激进分子，不可能受到左翼分子和民主人士的特别欢迎，而这些人正是他必须联合的。

晚上 11:30，两个人用完晚餐，老烟枪沙赫特点起一支烟。就在这时，施特雷泽曼的一个助手突然闯了进来。几个星期以来一直有传闻，巴伐利亚的右翼组织企图夺取政权，一部分由地方军队和警察指挥官领导，另一部分则由 34 岁的前下士阿道夫 · 希特勒指挥。现如今，他们发动了政变。很明显，希特勒是与失势将军埃里希 · 鲁登道夫（Erich Ludendorff）共同策划了这场政变。他占领了一家慕尼黑啤酒馆，说服当地的政治领袖予以支持，并且宣布废黜柏林政府，准备向“那个罪恶的巢穴”发起攻击。有新闻报道走漏了消息，说慕尼黑的一些军队转投叛变者。施特雷泽曼匆匆结束了晚餐，赶回去参加在领事馆召开的内阁紧急会议。

接下来的星期一，即 11 月 12 日，沙赫特在申克尔广场的办公室里接到了财政部长汉斯 · 路德打来的电话，邀请他到财政部工作，办公地点位于威廉大街的一幢阴冷的办公大厦里。希特勒发动了所谓的“啤酒馆政变”，妄图夺取政权，却在行动开始后不到 24 小时就失败了，施特雷泽曼政府重新执掌了政权。

路德矮矮胖胖，头顶全秃。在担任鲁尔河谷埃森市市长期间，他曾公然拒绝接管当地的法国和比利时军队，因此成了全民英雄。尽管作为一位勇猛、矮小的市长路德做出了许多壮举，但他却是个冷酷、呆板和缺乏趣味的人。他对沙赫特的名望持怀疑态度，认为沙赫特过于擅长见风使舵。最初，路德反对提名沙赫特。但是，在接触了另外两位银行家，并知晓他们并不赞成自己的意见之后，路德感到自己已经别无选择。

那天早晨，路德正式邀请沙赫特担任货币委员一职。尽管沙赫特假装自己需要时间认真考虑这一任命，但是当路德要求他立即答复时，他便欣然接受了。正如一位史学家所描述的："那种热情恰恰暴露了他的野心。"

沙赫特正式上任，他具备了一系列的任职资格。在国外银行界，他的知名度很高且深受敬佩。在德国就赔偿问题进行下一轮讨价还价时，这一点就显得非常重要。中间党派和左翼人士都给予他支持。另有传闻称，在民主党派非常有影响力、曾急于将沙赫特赶出达纳特银行的雅各布·戈尔德施密特正积极游说各方，试图让沙赫特明升暗降。

沙赫特所担任的职务享有史无前例的权力。他成了内阁成员，并受邀参加所有的内阁会议；最重要的是，对于与货币相关的任何举措，他都享有否决权，而以往只有经过大多数内阁成员同意后方可行使这种权力。

还有一些事情就没有那么风光了。沙赫特的办公室在财政部后面的一小块儿地方，之前是间杂物室。屋子黑暗、空间狭小，除了一张写字台和一部电话以外别无他物。沙赫特同意不拿任何薪水，并且坚持从自己每个月 100 美元的薪水中拿出 50 美元来补贴秘书弗劳琳·施特费克（Fräulein Steffeck）的微薄薪资。施特费克是沙赫特从达纳特银行带来的，现在是他唯一的直属雇员。

政府计划发行一种全新的货币，即地产抵押马克，这种货币不是以黄金而是以土地作为基础资产。政府授权发行这种新型货币的银行可以"抵押"所有的农业和工业财产，还可以对这些财产每年征收 5% 的税，实际上，征税对象是商业不动产。

尽管沙赫特担任着新的职务，但是和其他大多数德国人一样，他对新计划的成功概率深表怀疑。最初，他对于以土地为基础发行货币的想法嗤之以鼻，认为那玩的不过是信心把戏，货币必须以高流动性、易于运输和国际上认可的资产作为支撑，例如黄金。以新货币作为支付手段，从理论上讲这些纸币最终可以被转变成禁入的图林根州的某块森林或巴伐利亚牧场，或者可能是一家信奉共产主义的萨尔工厂。但是，沙赫特发现，收到这种新货币的人很难从这种理论的许诺中获得任何慰藉。

在对形形色色的货币改革计划展开辩论期间，沙赫特曾明确表示支持以黄金作为新货币发行的基础资产。任何人都没有理由反对其逻辑的理论基础，但最大的障碍在于，德国已经没有足够的黄金储备可以作为新货币的发行基础。

> 在第一次世界大战爆发之前，德国的流动货币量达到了15亿美元，而作为基础资产的黄金仅有10亿美元。在经历了5年的战争赔款和货币崩溃之后，德国剩余的黄金储备不足1.5亿美元。不仅如此，德国这些少量的黄金储备掌握在德意志银行手中，而该行行长鲁道夫·冯·哈芬施泰因坚持认为，他不会用哪怕一盎司黄金来支持在他可控范围之外的事情。沙赫特通常是个现实主义者，他建议德国可以尝试通过海外借款来增加其黄金储备。但是，德国刚刚在去年的战争赔款中违约，并且现在部分领土已被外国军队占领，人们认为这样的国家甚至都不可能在国际银行家那里获得申诉的机会。

最重要的是，新货币的特征（或者说是内涵）并不在于其理论上要以土地作为支撑，而是其发行数量需严格控制在24亿地产抵押马克以内，大约相当于6亿美元。沙赫特清楚地知道，维持新货币可信性的关键在于保持其足够的稀缺性，因此他决意在任何情况下都要将流通中的新货币数量严格控制在法定上限以内。沙赫特也因此遭受了相当大的政治压力，他被要求在这一问题上采取温和态度，这种压力甚至来自他的内阁同事们。尽管如此，沙赫特仍然坚持己见。他固执地甚至是无情地拒绝了所有人的贷款申请，包括政府代表处、自治市、银行或大实业家等。

施特费克生动地描绘了沙赫特在最初几天里的情形：

> 在财政部的小黑屋里，他坐在椅子上，抽着烟，现在仿佛还能闻到陈旧的地板抹布的气味。他在读信吗？不，他没有在读信。他在写信吗？不，他没有在写信。但是，他打了许多电话——他打电话到每个地方，打电话给任何与货币或外汇有关联的德国机构和国际机构。那段时间，我们吃得不多。我们通常很晚回家，经常是乘末班城郊火车回去，坐的是三等车位。除此以外，他什么也没有做。

沙赫特对于这种描述感到非常自豪，他总是不厌其烦地一遍又一遍重复着。他回味着这种描述中所塑造的形象：一位标新立异的金融天才娴熟地独行其道，而许多著名的银行家尚且无法如此。

对于哈芬施泰因而言，任命沙赫特的消息让他最终蒙羞。尽管他眼巴巴地看着货币量在最近5年里出现了史上最大幅度的下降，但他仍然拒绝为这种混乱局面埋单。他坚持认为，这并不是他的失误，而是政府管理不当和协约国狮子大开口的结果。

1923年8月，施特雷泽曼重新执掌政权，他设法说服哈芬施泰因心甘情愿地离开。施特雷泽曼指出，公众已经丧失了对货币的全部信心，为了让人们重拾信心，仅仅采用新的交换媒介已经不足以解决问题，还必须为德意志银行任命一位新的行长。该提议被哈芬施泰因一口回绝。而到了11月，整个政界要求哈芬施泰因辞职的呼声越来越高，除了极右的民族主义者以外，几乎人人如此。就在几天前，一些最主要的实业家称他为“通货膨胀之父”。但是，1922年7月颁布的《德意志银行自治法》（*Reichsbank Autonomy Law*）赋予了通货膨胀的主要缔造者终身任职的权利。该法案是在英国人的坚持下得以严格实施的，英国人希望通过将德意志银行独立于政府之外来遏制通货膨胀。

没有人能够理解一向以自己的服务意识为豪的哈芬施泰因为什么此次会如此拼命地坚持己见，面对人们的责难也如此不顾颜面地不肯辞职。但是，哈芬施泰因不断地重申着，如果自己离开，情况只会更加恶化——但是，很少有人可以看到这一点。从许多角度来看，正是作为公务员所具有的自豪感使得他不愿辞职，并进一步使得他不愿意为马克的贬值承担责任，由此导致了如此多信奉天主的德国人要面临储蓄存款大幅缩水的后果。哈芬施泰因为了“保持尊严”，只愿意承认几个月之后他可能会辞职。

面对着哈芬施泰因带来的压力，施特雷泽曼在德意志银行之外又设立了一个货币委员的职位，以此来避开他。因此，当新的货币于 1923 年 11 月 15 日开始发行时，德国随即陷入了一种奇妙的境地，旧的德国马克和新的地产抵押马克这两种由两家平行的中央银行各自独立发行的货币同时在市场上流通。在城市的一端是沙赫特，他在改造过的杂物室里发号施令；另一端则是哈芬施泰因，他躲藏了起来，与位于耶格大街上引人注目的、由红砂岩建成的德意志银行大厦渐行渐远。尽管德意志银行现在已经不再为政府供应货币，但它仍然为私人企业发行数以万亿的德国马克。

无论是沙赫特还是哈芬施泰因，谁都没有打算与对方进行任何沟通。两个人实在是有着天壤之别——哈芬施泰因是一位真正的守旧派绅士，他温和、彬彬有礼，但现在的一切都已经彻底超出了他的能力范围；而沙赫特则是傲慢的暴发户，充分准备好了应对反对改革的保守金融当权派，他可不在乎踩了谁的脚。

发行新货币的唯一理由是为已经崩溃的德国马克提供一种稳定的替代品。问题随之而来：人们应当以什么样的比率将德国马克兑换成地产抵押马克呢？

> 11 月 12 日，6 300 亿德国马克兑换一美元。有些人认为，应当将兑换比率维持在这一水平，但沙赫特决定再等等。黑市价格仍然在下跌，他希望等到没有人再抛售德国马克时再决定兑换比率。每天德国马克都在不断贬值，每天沙赫特都坚持继续观望。11 月 14 日，德国马克已经贬值到 1.3 万亿才能兑换一美元，他继续无动于衷。一天之后，2.5 万亿德国马克兑换一美元，他仍然按兵不动。11 月 20 日，德国马克终于稳定了下来（如果可以这么说的话），4.2 万亿德国马克兑换一美元，此时沙赫特决定将兑换比率确定为每一万亿德国马克兑换一个地产抵押马克。

在沙赫特决定继续等待的那几天里，旧货币贬值了 80%，这可真是一项精彩的战术举措。德国马克变得如此一文不值，以至于政府现在终于能够偿还数以万亿的债务。在政府最初借债时，这些债务总值为 300 亿美元，现在仅仅价值 1.9 万亿地产抵押马克，约相当于 4 500 万美元。

在接下来的几天里，无论是旧马克还是新马克，其黑市价格都在继续下降。11 月 26 日，在科隆市，每 11 万亿德国马克兑换一美元。随后，最奇怪的事情发生了，汇率走势开始反转。截至 12 月 10 日，汇率重新恢复到了每 4.2 万亿德国马克兑换一美元的水平。几天之后，货币价格重新稳定了下来。

当价格出现如此疯狂的上涨时，每个德国人都竭尽所能地尽快抛出自己收到的任何现金。现在，货币价格不断上涨的局面已经反转。随着价格的稳定及其随后的下降，持有现金变得有利可图。农民们重新恢复了对货币的信心，开始在市场上销售农产品，食物再次出现在商店里，人们不再没完没了地排队。

> 英国大使迪·阿伯伦勋爵写道："稍稍一挥动'货币稳定性'这支不可思议的指挥棒，就带来了令人诧异的满足和安心情绪……经济宽松带来了政治局面的缓和——人们不再讨论独裁专政和暴动等问题，甚至极端党派也暂时停止找麻烦。"

上述这一切并非全部都是沙赫特的杰作。施特雷泽曼和他的内阁同事们也采取了一系列的预算政策来支持地产抵押马克：他们暂时停止对鲁尔的工人发放所有的补贴款项，削减了 1/4 的政府工作人员，还根据通货膨胀率调整所有的税收水平，从而打消了纳税人递延纳税的念头。截至 1924 年 1 月，财政预算实现了平衡。但是，人们将主要的贡献都归功于沙赫特，新闻报道以"天才"或"奇迹般的人物"等称谓向沙赫特致敬。

马克斯·沃伯格曾经表示支持沙赫特，因为"他总是有好运气"。如今，这种好运再一次降临。11 月上旬，为了避免沙赫特上任所带来的羞辱，哈芬施泰因请了几天假，离开了柏林；也有一种说法，说他是得了重病。11 月中旬，他回到了自己在德意志银行顶楼的公务员公寓。11 月 20 日，也就是在沙赫特确定新货币兑换比率的当天，哈芬施泰因在结束了与银行董事会的深夜会议之后突然倒下，并于凌晨 3:30 分因心脏病猝发逝世，享年 66 岁。

> 在哈芬施泰因这个非常善良的人身上，有着某种异常的悲剧色彩。他不只是一位尽忠职守的官僚主义者，众所周知他还具备非常美好的人格，正如马克斯·沃伯格所言，他“非常具有同情心，具备坚定的责任意识和高尚的品格”。他广受尊敬：态度友好，原则性强，做事考虑周到，总是在同阶层中保持着最高的美德。在战争期间，大多数家庭都通过私下购买一些物品来增加政府给予他们的定量配给，但哈芬施泰因不仅拒绝黑市交易，甚至还将自己配额内的一些碎面包和肉类食物捐赠给穷人。然而，在最后的一年里，他似乎已经失去了对现实的掌控力——有些人认为他所承受的压力导致他过早地衰老，因此很少有人哀悼他的逝去。

尽管沙赫特继承了哈芬施泰因的理论逻辑，但其容易树敌的个性使他继续受到困扰。最强烈的反对势力来自德意志银行的董事会内部，他们认为沙赫特是个没有道德的不速之客。比利时事件完完全全地重现了。然而，沙赫特唯一的竞争对手就是第一次世界大战期间的财政部长卡尔·赫弗里希，他在战争期间采用的一系列灾难性政策曾使德国深陷债务负担。赫弗里希的政治观点和爱好辩论的个性，使得他成为右翼民族主义者的先锋。由于他对人不对事地恶意攻击民主政客，而且引发了暗杀风潮，因此最终遭到了准军事化治安团体的抨击。无论政府的中坚力量——中间党派和左翼人士对沙赫特持有什么样的保留意见，他总归要比赫弗里希好很多。1923 年 12 月 20 日，沙赫特受命担任德意志银行行长一职。

尽管货币改革在初期取得了成功，但沙赫特清楚地知道，德国的问题倘若仅仅依靠本国的努力是无法得到解决的。**只有当德国可以暂缓支付战争赔款时，货币稳定性方可持续**。最终，它必须与协约国达成协议，重新开始支付部分赔款；届时，马克将再次开始暴跌。

另外，沙赫特认为，**建立在虚拟的土地安全性基础上的地产抵押马克只能是一项治标不治本的举措**，他称之为“由混乱过渡到希望的桥梁”。最终，**任何稳定的德国货币都必须以黄金作为基础资产**。德意志银行持有的黄金储备量还不到一亿美元，对于如此规模的德国经济体而言，这样的储备量完全不足以作为货币发行的基础。因此，沙赫特必须从海外融入资金，以保证黄金储备量恢复到充足的水平。

显然，美国是个最适合借款的地方——第一次世界大战后，在所有的强国中，只有美国仍然有充裕的资本。但是，在过去的三年里，美国已经从欧洲事务中撤离了出去，尽管有迹象显示它打算重新介入其中。在沙赫特上任的最初几天里，他从许多中间人［例如荷兰银行行长杰勒德·卫斯林（Gerard Vissering）］那里获得了一些令人鼓舞的消息，即英格兰银行的蒙塔古·诺曼热衷于将德国重新纳入世界经济体系之中。诺曼是重建德国海外信用的关键人物之一，没有他的允许，不管是伦敦还是纽约的任何大型银行，都不会考虑为德国提供融资。在接管德意志银行之后，沙赫特做的第一件事情是将家人从瑞士接回德国，而第二件事情就是安排与诺曼在伦敦举行会晤。

第11章 道威斯计划的开端

德国，1924年

微乎微乎，至于无形；神乎神乎，至于无声。故能为敌之司命。

——孙武，《孙子兵法》

在1923年新年前夕的晚上10点钟，沙赫特从柏林搭乘登船专列抵达伦敦的利物浦街火车站。第一次世界大战之后的伦敦又恢复了往日鼎盛的咖啡社交文化，街上到处都是狂欢者。沙赫特准备在德国大使馆与经济顾问阿尔伯特·杜佛·佛罗伦斯（Albert Dufour-Feronce）进行会晤。一下火车，他就发现“一位蓄着灰色山羊胡、目光敏锐的高个子男子”正在等候着他。让沙赫特惊讶的是，那个人自我介绍是蒙塔古·诺曼。诺曼一边将沙赫特带上出租车，一边用信任的语气轻声说道：“我真诚地希望我们可以成为朋友。”在告别之前，诺曼坚持第二天早上在针线街与沙赫特继续会面，尽管第二天就是全市的公共假日。

诺曼如此热情的欢迎让沙赫特大吃一惊。更让他疑惑不解的是，杜佛·佛罗伦斯告诉他，作为英格兰银行行长的诺曼是多么热忱地希望与他这位德意志银行行长建立私人交情，并且反复强调“我希望和他友好相处”。

在12月份这样一个寒冷、雾气蒙蒙的晚上，当大多数人都在庆祝节日时，诺曼却亲自来迎接沙赫特，这让沙赫特受宠若惊。毕竟，他是来恳求诺曼能够对德国的经济危机施以援手的。不仅如此，诺曼友好相待的态度也让沙赫特深受感动。第一次世界大战后，整个欧洲对德国的一切都深恶痛绝，当沙赫特出国访问时，协约国官员的轻视怠慢和冷嘲热讽已经令他习以为常了。

第二天，诺曼到位于梅菲尔的卡尔顿酒店接沙赫特，随后两人一同前往英格兰银行，一路上的街道都是冷冷清清的。

> 整幢银行大楼坐落在市中心针线街和公主街的街角上，四周环绕着40英尺高的无窗高墙，墙的顶端布满了栅栏，看起来像是一座中世纪的城堡。穿过两扇古铜色的大门进入城堡，映入眼帘的是由带柱廊的庭院组成的迷宫和半圆形的银行大厅。在入口附近，矗立着一座根据古罗马万神殿仿制而成的巨型圆形建筑，建筑的旁边是一座美丽的私人花园，里面有喷泉和菩提树，喷泉池里装饰着数以百计的花茎。作为中央银行的总部之一，这样的环境显得非常与众不同，与沙赫特目前所经营银行的那种刻板和正统的外观大相径庭。

经历了战争期间银行业务的大规模扩张，银行大厅和庭院里总是像集市一样熙熙攘攘、人流如潮，到处都是那些来自贴现公司的年轻员工、证券经纪人和戴着大礼帽的银行家们，他们急匆匆地在银行与附近街道上的投资公司之间来回穿梭。但是，当天的银行里却悄无声息、冷冷清清，看起来像是一个废弃了的大型舞台。行长的办公室在底层，俯瞰着一座私人庭院。和其他的银行家不同，诺曼喜欢独处，而且也没有家庭的牵绊，因此在周末和节假日时，他经常会出现在这个私人庭院里。他的办公室是新古典主义的装修风格，装饰着镶板的墙面和一个巨大的壁炉。房间中央是一张大大的正方形红木桌子，行长正是在这张桌上办公的，而不是用书桌。桌子上干干净净——没有纸张，只有两部电话。

整个早上，他们大部分时间都在讨论德国的境况，沙赫特也终于有机会表达他来伦敦的主要目的了。尽管地产抵押马克暂时保持了稳定，但外国人尚不能接受这种新货币，因此它无法作为外国进口货物的贷款币种。然而，真正的经济复苏依赖于国际贸易的重新兴起。于是，沙赫特提议英格兰银行为德意志银行旗下新设立的一家分行提供一定数量的资本金贷款，帮助其建立英国货币准备金和营运资金。他一开始提出的贷款金额仅仅是 2 500 万美元，直到后来才又提出再贷款 2 500 万美元，目的是增加德国的银行所持有的海外资本金数量。这样的贷款规模足以使德意志银行的新分行可以在伦敦市场开展业务，并向本部提供多达两亿美元的贷款。

沙赫特的提议非常大胆——考虑到当时的情况，甚至可以说是厚颜无耻。德国实质上已经破产了，它毁掉了自己的货币，欠了协约国 120 亿美元战争赔款（并且未能按照约定偿还这些欠款）；德国的部分领土也已经被法国和比利时军队占领了，目前处于瓦解的边缘。沙赫特本人几乎已有两个星期没有到办公室上班了，其任命遭到了有关方面的强烈反对，甚至包括他自己所在的机构，然而他还是上任了。在目前的情况下，英格兰银行若把钱借给德国人，或者说已经四分五裂的德意志银行，几乎可以说是愚蠢至极。这位新朋友的大胆不禁给诺曼留下了深刻的印象。

两个人都明白，在这个时候，如果像英格兰银行这样有权威、声名卓著的银行为德意志银行提供贷款的话，就代表了其对德国和沙赫特本人积极支持的态度。在银行业内，没有什么方式可以比这个更好地表示出对帮助德国的认可了，或许他们采取这种方式本身就已经预计到，贷款发放的资金将会重新回流到英国。

近年来，诺曼一直在努力寻求帮助德国的途径，德国货币的大幅贬值令他非常惊讶。1922 年，哈芬施泰因曾专程来拜访过诺曼，以寻求帮助。虽然诺曼发现这位访客“安静、谦虚，具有说服力，并且是一位非常富有魅力的人，但是他很悲伤……几乎是不抱任何希望”，因而拒绝施以援手，他认为德意志银行的这位前任行长并不称职。

而在沙赫特的计划中，有一点是专门为吸引诺曼而设计的：他建议新的分行以英镑作为基础货币。不仅该行的资本金是以英镑计价，其发放的贷款也是以英镑计价的，它甚至可能在德国市场发行面值为英镑的银行票据。诺曼还试图说服欧洲的一些其他中央银行以英镑取代黄金作为部分货币储备，以此来使英镑升值。到目前为止，诺曼的努力已经取得了一些成效。和德国一样，奥地利和匈牙利也都在第一次世界大战后遭受了通货膨胀的影响，这两个国家均实行了盯住英镑的汇率制度。但是，这两个经济体规模都很小，对全球经济产生不了多少影响。尽管德国已经危机四伏，但它仍然是欧洲最大的经济体，如果德国也采取盯住英镑的汇率制度，就可以极大地巩固英镑现今已大不如前的地位。

沙赫特对目前的处境了如指掌，他在金融方面极富天赋，同时又有着坚定的决心。显然，这些都给诺曼留下了深刻的影响。因此，仅仅经过了一个晚上的思考，诺曼就同意了沙赫特的计划。在接下来的几天时间里，诺曼带着沙赫特在伦敦市里四处应酬，介绍他认识英格兰银行的董事们。很少有人对沙赫特有好感，他们认为他是个自以为是的吹牛大王。德国暴发户沙赫特与英国的诺曼有着截然相反的性格——前者个性率直，喜欢争强好胜；而后者则行事古板，其思考逻辑和说话方式都让人摸不着头脑。但是，对于这两个人而言，一段真挚而长久的友谊才刚刚开始。

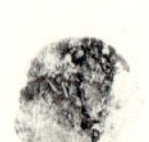

最近4年来，诺曼一直置身事外，眼睁睁地看着德国的局势日益恶化。然而，沙赫特的亲自到访让他看到了希望。1924年1月7日，就在沙赫特离开伦敦之后的第三天，诺曼写信给斯特朗："当然，您也知道，现在的德国有多么的风雨飘摇……无论如何，我们有理由相信现在还有可能阻止德国陷入彻底的绝境，当然这也可能是最后的一线希望了。德意志银行的新行长前几天来过伦敦，他看起来对所有的一切都了如指掌，从目前来看，他对局势的掌控程度超出了我的想象：他行事要比前任行长哈芬施泰因果断得多。"

当沙赫特和诺曼正在炮制他们的计划时，一群美国"专家"正从美国东海岸地区乘船前往欧洲，他们怀着更加坚定的决心前来解决德国的金融问题。多年来，一直有许多外国"专家"在指导着德国该如何稳定货币。英国大使迪·阿伯伦本身就是一位货币专家，他一抵达柏林就评论道，这些顾问获邀参加"晚宴之后的娱乐活动——就像是劣迹斑斑的女演员"，尔后往往"结局惨淡。在有生之年，他们腾空了自己曾在其中侃侃而谈的每一个房间，最终却都死在了精神病院里"。货币专家们统统都失败了，因为德国需要的不是智力援助，而是财政支持。但是这一次，"专家"来自美国，他们带着美国政府的祝福和许诺，因而每个人都希望他们同样带来了美国的资金。

美国在欧洲市场遭遇了挫折，欧洲的争吵让美国懊恼不已，因此美国已经不再像以往那样积极干涉全球事务。尽管如此，在美国政府内部，以商务部长赫伯特·胡佛和国务卿查尔斯·埃文斯·休斯为首的一部分人仍然在某种程度上倡导着干预政策，他们相信欧洲经济的复苏对于美国经济的繁荣至关重要。1923 年 10 月，休斯利用在战争赔款问题上的泛欧模式耗尽主义提议组建一个新的专家委员会，新委员会的部分成员是美国的知名人士。当然，根据美国的孤立主义者思想意识，这些人并不代表任何官方意见，而是以独立公民的立场行事。

即便是法国首相雷蒙德·庞加莱也意识到，法国占领鲁尔这一点是做得过分了些，在欧洲，现今的法国也已经是风光不再了。只有满足以下前提，他才可能同意休斯的提议：即无论在任何情况下，委员会都不得重新考虑赔偿总金额，这一金额已经得到了所有党派的一致同意，甚至连“赔偿”一词都不能出现在委员会的职权范围内。委员会唯一需要考虑的就是“平衡预算的手段和稳定货币的措施”。尽管没有人能够想象得出，如果不考虑“赔偿”这一不能被提及的问题，委员会将如何完成上述职责。

1923 年 11 月 30 日，赔款委员会宣布成立两个国际专家委员会——其中一个将考虑该如何实现德国预算平衡，如何稳定德国货币；另一个则负责调查有多少资本金流出德国国内。前一个（同时也是最重要的一个）委员会由 10 人组成，美国、英国、法国、比利时和意大利各派两人参加。现在，全欧洲都在等候着美国人的到来。

担任第一个委员会主席的是芝加哥银行家查尔斯·盖茨·道威斯。在道威斯到法国为美国远征军服役期间，他被授予了准将军衔；后来，在哈定内阁执政期间，道威斯开始担任预算局局长。他来自美国中西部，说话直接，长脸，看起来像巴塞特猎犬，叼着个夏洛克·福尔摩斯式的烟斗，说话的时候时不时蹦出一些谩骂之词。在道威斯准备登船前往法国时，记者们问他对于德国支付战争赔款是否有信心。他回答道：“关你什么事！船还没开，你们这帮家伙绞尽脑汁地想这种问题来刁难我，没用！因为我根本没打算回答。我告诉你们，去法国的船票是我自己掏钱买的，没有拿委员会的一分一毫。”记者们不依不饶，他咆哮道：

“魔鬼和天使都给我滚开，我要发脾气了！”

与道威斯一起前往法国的还有专家欧文·杨格，一位来自纽约北部的农家子弟。杨格在40岁的时候开始担任美国第十大公司通用电气公司的总裁和董事长，现在是华尔街宠儿美国无线电公司的总裁。他个子高高，身材过分消瘦，黑发日渐稀疏，“苦行僧般的眼神淡漠而坚毅”。道威斯喜欢说话，而杨格正好相反，话不多，但是字字珠玑。他们两个人都很富有，同样都是担任委员会的专家，他们不仅分文不收，而且还坚持要自行承担费用。

虽然欧洲对美国团队的到来早已翘首以盼，但很少有人真正看好这两位委员能有多大的成功概率。德国人和法国人之间的矛盾看起来已经是无法调和的了。德国人认为，马克的急剧贬值足以证明德国经济已经陷入了崩溃的境地，德国人已经无力再支付战争赔款。不同的是，法国人则认为马克的急剧贬值证明了资金在从德国流出，看起来有那么多有钱的德国人在欧洲兜来转去，德国怎么可能就声称破产了呢？每份报纸都在报道，德国的新贵们在外国酒吧里炫耀着最近获得的财富，他们行为不端、挥霍无度，希望以此引起人们的注意。英国人左右为难。自从鲁尔被占领之后，舆论坚定地转向支持德国，公众认为法国人在故意搞分裂活动，战争赔款问题只不过是一个借口而已。英国政府提出，赔款金额必须相应地缩减。

尽管委员会的委员中有一些是美国的知名人士，但很难想象这样一个技术专家委员会如何才能让方方面面达成一致意见。毕竟，德国、法国、英国、比利时和意大利的总理和首相们至少已经举行了十几次会晤，在斯帕、圣雷莫、戛纳，还有好几次是在巴黎和伦敦，但一直都未能达成一致的立场，最终留下的只有一系列失败的谈判、被撕毁的协议和互相的反感。

不仅如此，随着时间的流逝，问题变得愈加错综复杂、无法解决。自1919年成立以来，委员会已经举办了大约400场研讨会。道威斯和杨格这两位美国人都是非专业人士，他们对于技术细节知之甚少，但两人都代表了一种新型的、特色鲜明的美国人群：杨格原来是商人，后来和道威斯一样变成了一位政治纷争调解人员；道威斯则是从华尔街律师摇身一变成为外交官。他们是注重实际的人，虽然对于手头的问题了解得可能不多，但都具备解开迷局的能力，可以用简单、传统的美国常识找到解决问题的对策，这一点让他们感到很自豪。

在横渡大西洋的航程中，美国团队讨论了其战略问题，成员包括：道威斯、道威斯的兄弟——后来成为委员会办公室主任的鲁弗斯（Rufus）、欧文·杨格，以及从华盛顿政府部门临时调派过来的许多助手。一些成员认为，委员会应当打破迷局，直奔问题的核心——既然已经清楚地认识到德国根本不可能支付现在所要求的赔款金额，那就应该估算一下它能够赔偿多少，然后建议以这个金额作为其赔偿额。

杨格认为，这种简单、直接的方法不会发挥作用。125 亿美元的赔款总额具有非常重要的政治意义，对于法国人而言更是如此，擅自改动这一数字将不可避免地引起冲突。在谈判阶段，挑衅法国人只会让问题停滞不前，继续纠结在最近三年来一直没有得出任何结论的问题上。相反，杨格提议，委员会应该将德国在不远的将来必须支付的赔款金额降低到该国更有可能承受的范围之内。尽管该目标较具局限性，但是较易实现。

杨格认为，委员会应当彻底摒弃“支付能力”这一概念。人们不可能测算出确切的数字，因为测算过程会涉及太多无法估量的因素，比如：在不会引发大规模抗议的前提下，可以征收多少税收？在不会造成生产崩溃的情况下，可以将进口抑制到什么样的程度？在不会引发工人罢工的前提下，工资可以降低到什么样的水平？对于如此宏观的问题，没有人能给出一致的答案。人们需要的是一种全新的解决方案。

杨格建议用另一种标准来代替“支付能力”的概念：德国公众应承担起和英国人、法国人一样的纳税义务。英国和法国都不得不用其税收收入来支付自身的债务利息，德国却借助通货膨胀减轻了自身的债务负担，因此德国享有自然盈余，它可以利用这些盈余偿付战争赔款。这种标准容易量化，从世界舆论的角度来看也是公平的，并且德国也再没有理由讨价还价了。这样，关于赔款标准的讨论就具备了“新颖性和可辩护的道德标准双重元素”。

1924年1月7日，美国团队在勒阿弗尔登岸，然后乘火车前往巴黎，到达后入住丽兹酒店。1月14日，十人专家委员会在赔款委员会的办公室里召开了第一次会议，会议地点被安排在阿斯托利亚酒店，那是位于香榭丽舍大街最北端、靠近凯旋门的一家豪华酒店。

第一次世界大战前，阿斯托利亚酒店非常有名气，因为那里入住了很多有钱的购物游客。但是，由于该酒店坐落于市中心，交通便利，而且又能观赏到凯旋门的美景，因此在接下来的30年里，无论是哪一届政府执政，它都注定成为政府征用的对象。1914年，在德国实施侵略计划的过程中，阿斯托利亚酒店成了德皇设在巴黎的总部。1914年8月，法国政府怀疑酒店所有者是德国间谍，因此关闭了这家酒店。1919年，该酒店成为参加巴黎和会的英国200强代表团的驻扎地之一。1921年，由于法郎贬值，大量游客涌入了法国，其他酒店都因此而获益，但阿斯托利亚酒店却被赔款委员会接管了。

虽然欧洲人在赔款的技术细节方面最为精通，然而却是美国人在掌控着整个局势。道威斯并不具备可以打破索赔与反索赔困境的金融专业能力，当然，他也没有故作如此。他是委员会的“拉拉队长”和形象代表。在第一次世界大战期间，道威斯积累了广泛的人脉关系，现在他运用这些关系网来缓和与难搞的法国人之间的关系。媒体很喜欢他。他叼着奇特的烟斗，言语生动——他称德国的民族主义者是“那些肮脏的、喜欢动物腐尸的秃鹫”，嘲笑那些经济专家的观点是“难以捉摸的、巨大的雾阵”——极具新闻性。

杨格则是这次行动的灵魂人物。除了他和道威斯以外，后来又有第三个美国人——詹姆斯·洛根加入了委员会，他是斯特朗的大学联谊会校友。1914年，洛根第一次来到巴黎，在第一次世界大战后继续留了下来，现今担任美国派遣至赔款委员会的观察员。由于其魅力和人格力量，洛根在巴黎的社交圈子和外交官界里都小有名气。他经常在位于圣奥诺雷街的邻居餐厅宴请宾客，被宴请的外交官们亲切地称这家餐厅为“劳吉斯”。虽然洛根仅仅是一名观察员，不代表任何官方立场，但是在推动美国参与欧洲大陆事务方面，他比其他任何人所做的工作都要多，人们视他为美国派驻欧洲的非官方大使。

赔款委员会成员们开始进行商议，他们发现自己承担着双重使命。首先，**他们必须说服法国人同意降低德国的赔款金额，至少是临时性地降低**。只有当德国的金融体系运行接受外国的严格控制时，法国才有可能考虑降低德国的赔款规模。法国人认为，德国的恶性通货膨胀是其政府官员蓄意制造的，目的是破坏经济，由此逃避支付战争赔款，必须采取某种机制来防止德国继续蓄意破坏本国的金融体系。因此，赔款委员会的第二个职责是**说服德国接受这样的强制性安排**。

美国代表团抵达巴黎之后的一周时间里，法国也开始陷入金融危机的泥潭，赔款委员会的第一个职责就变得容易多了。法国的金融体系是德国和英国金融体系的混合体。战争使法国损失惨重——不仅是血的代价，还有财力上的巨大消耗。战争带来的直接创伤是法国迫不得已支付了 40 亿美元以重建解放区。法国政府并不甘心做出如此巨大的牺牲，它拒绝通过增加赋税的方式来支付这笔费用，而固执地幻想着德国最终会承担这笔支出。“德国会支付”“德国佬会付钱”——法国人反反复复地强调着。因此，和德国一样，法国并不急于将财政赤字控制在可以接受的范围内，战争结束 5 年之后，法国政府每年仍然要借款 10 亿美元。

法国极为落后的公众账户体系使其金融局势进一步恶化。虽然法国人常常吹嘘其财政监察员队伍，但法国的账簿存在着巨大的漏洞，看起来没有人能够准确地知道它在战争期间究竟耗费了多少资金、支出在哪里、谁花了这些钱。法国借款的总规模也难以计算——在 1922 年的审计过程中，人们发现法国的国防债券的发行总规模被高估了 5 亿美元。由于对进出国库资金的管控非常宽松，法国在随后的金融危机期间陷入了一场始终也没有得到解决的诈骗之中：法国发行了 1.5 亿美元的国防债券，这些债券神秘地从国库消失了，由于是凭票即付，因此难以追踪这些债券的下落——以现在的标准来换算，这是一场规模高达 300 亿美元的欺诈。

但是，和德意志银行不同，法兰西银行在第一次世界大战后重新主张独立，拒绝再依赖于政府。由于民众的储蓄率居高不下，因此法国政府有能力从公开市场上融入资金，但是大部分债务都是短期债务，必须不断续借。政府被迫处于一种无隔宿之粮的生存状态，它总是担心债权人某一天会突然失去耐心，拒绝再提供融资。

> 在战争之前，法郎对美元的汇率仅仅是 5∶1。战争期间，法国的物价水平上涨了两倍，到了 20 世纪 20 年代初，法郎稳定在第一次世界大战前 1/3 左右的水平上，差不多 15 法郎兑换一美元。1923 年下半年，法国入侵鲁尔已被证明是个明显错误的决策，通过德国的战争赔款来弥补法国财政赤字的希望也变得更加遥不可及。到了 1924 年初，汇率已经下降到 20 法郎兑换一美元。

1 月 14 日，即道威斯委员会（现在人们对赔款委员会的称呼）开始讨论的当天，法郎仅仅在一天之内就贬值了约 10%。虽然在接下来的几周时间里法郎似乎稳定了下来，但是在 2 月中旬之后，法郎又开始贬值。在 3 月 6 日和 3 月 7 日两天时间里，法郎进一步贬值了 10%。3 月 8 日，法郎对美元汇率达到了 27∶1。在证券交易所，银行家们的交易室里场面混乱，货币经纪人和银行家的代理商们胡乱地比着手势，他们疯狂地想要抛出手中持有的法郎。

在德国政府的精心策划下，外国投机商被卷入了一场盛大的阴谋中。法国政府当局坚持认为，这些投机商应当对法郎的贬值负责。政府官员以军事做比喻，他们确信金融市场已经通过其他方式硝烟四起。法国总理雷蒙德·庞加莱在国民大会上宣布，他手中掌握有一份机密文件，里面概述了一项“进攻法郎的计划”。在阿德隆酒店召开的一次秘密会议上，估计施特雷泽曼已经把这份文件给德国的银行家们传阅了。“进攻”将先从阿姆斯特丹“开始”，据说在那里德国的商用房已经积累了 130 亿法郎的准备金。根据美国报纸报道，美国路德教会的牧师们收到了一封信，敦促他们集体抛出法郎，以此来“协助德国让法国屈服”。此后，法国人深受外国投机商阴影的困扰，并在以后的数十年间一直如此。

> 在为《货币改革论》法国译本写的序言中，凯恩斯如此描述法国人的态度：“每一次法郎贬值，财政部长都确信，起因可能是任何因素，但唯独不可能是经济因素。他认为法郎之所以贬值，是因为在证券交易

所附近出现了外国人，或者是因为投机造成了神秘、恶劣的影响。这种想法无异于非洲巫医将牛病归咎于旁观者‘恶毒的眼光’，或者是认为恶劣天气的出现是由于神灵没有得到满意的供奉。”

3 月 13 日，法国政府宣布，它以黄金储备作为抵押向 J. P. 摩根借入了一亿美元。借款的附加条件被公之于众，其中包括要求法国政府采取措施平衡财政、降低支出水平、不再进行新的融资等常见性条款。但是，还有一种传言，尽管人们通常认为 J. P. 摩根是美国所有投资公司中最为支持法国的，但是就连 J. P. 摩根也在私下里坚决要求法国政府必须接受道威斯委员会可能提出的任何计划。仅仅是借款消息的公布就足以扭转乾坤，法郎对美元汇率从 29：1 反弹至 18：1，两周时间里的升值幅度超过了 60%。

对于德国，道威斯委员会很快便认识到，从委员会开始接受任命的一个月里，情况已经发生了很大的变化。经济形势已经发生了转变：货币稳定了下来，财政重新恢复了平衡。与此同时，所有人都盛赞沙赫特为“奇迹的创造者”。

1924 年 1 月中旬，已经返回柏林的沙赫特收到了一封邀请信——用他的话来说是“传唤”，请他去巴黎参加委员会会议。1 月 19 日星期六，他抵达巴黎，当天下午即在阿斯托利亚酒店为专家们做了他众多次演讲中的首场报告。他坐在房间中央的“悔罪席”上，专家们像惯于判处绞刑的法官一样在他前面一字排开，这使他看起来就像是被告席上的囚犯。这令沙赫特很难掩饰自己的愤懑情绪：自己国家的命运竟然就这样在巴黎一间由酒店餐厅改造的会议室里任人摆布。

1 月 21 日，星期一，沙赫特再次出席会议达三个小时，第二天又再次“出庭作证”。虽然他抱怨种种报告使他没有时间去做重要的事情，即重建德国的货币体系，但是显然他很享受这种聚光灯下的感觉。他脱稿演讲，描述了 1919 年德国的境况，“战争耗尽了一切”：战争赔款和通货膨胀造成的冲击、货币改革、新的地产抵押马克开始流通，此外他还汇总介绍了种种关于新设黄金贴现银行的计划。沙赫特用流利的法语或英语回答委员们的提问，他发现自己在回答中很难不带有自得的语气。当天晚上道威斯在日记中写道：“只有他的能力和控制欲能够与他的自豪感相提并论。”然而，沙赫特的全局在胸给委员们留下了非常深刻的印象。

从一开始，道威斯对沙赫特的自负就保持着警醒——当沙赫特坦率地告诉委员会“只要他是（德意志银行）行长，他就代表银行”时，道威斯觉得他的自负个性得到了最为“淋漓尽致的展示”，委员会不厌其烦地邀请他出席每个阶段的研讨会议。

委员会决定，有必要让沙赫特参与外国对德国的货币政策实施监督的所有计划。沙赫特为稳定德国货币采取了一些非常成功的举措，委员们不敢冒险地与他进行正面冲突，破坏或背离这些努力，否则便会引发资本外逃，这只会让形势更加复杂化。但是他们也担心，如果允许沙赫特完全按照自己的计划行事而远远超越委员会，那么以后就很难再约束他了。

仅仅时隔两个月，沙赫特就从一位相对默默无闻的银行家变成了德国官员中解决问题的关键性人物和深孚众望的人物。法国共和国总统亚历山大·米勒兰（Alexandre Millerand）邀请他到爱丽舍宫；就连非常憎恶德国的庞加莱也非常希望沙赫特能够前来拜访，要知道庞加莱可是入侵鲁尔的教唆者。当沙赫特宣称他非常乐于接受这样的邀请时，他被告知，在礼节上应该是他采取主动姿态，请求庞加莱予以接见。他恰当地接受了建议，在某天晚上 5 点钟准时出现在庞加莱位于凯道赛的办公室里。但是，当总理让他等了 30 分钟之后，沙赫特照样大发脾气，他怒气冲冲地冲出了办公室，一帮惊慌失措的官员只得连哄带骗地把他劝了回来。

1 月 31 日，专家委员会乘专车抵达柏林，这是第一次世界大战后从巴黎到柏林的首班直达列车。委员会希望亲自去考察一下战争赔款给德国造成了怎样的困境。德国的政府官员们急于想让来访者们非常充分地了解到德国民众物资匮乏的程度，因此在委员们下榻的酒店，他们安排工作人员故意早早地关闭了电源。

与委员会打交道，沙赫特面临的是一种真正的两难困境。**一方面，他是个十**

足的现实主义者，他意识到，当委员会需要他时，就不可能疏远他。但仅仅依靠自己的力量，他也只能做到这样而已。只有这帮外国专家们有能力为德国争取降低赔款金额，或者动员外国为德国提供贷款。然而，一般而言，沙赫特最为关心的一件事情似乎是这些外国人是否试图对他的成就给予好评。

另一方面，他依然确信，德国无力支付伦敦预定计划中设定的赔款金额。他认为，道威斯所倡导的不改变赔款总金额的方法根本就是错误的。然而，目前他保持沉默。在接下来的几周时间里，当委员们到德国调查金融改革和德意志银行的情况时，沙赫特成为他们最为关键性的谈话对象。尽管共同的利益让双方小心翼翼地以礼相待，但是你来我往的过程中仍然暗藏着紧张的氛围。

4 月 9 日，委员会发布了它的计划。由于杨格的坚持，委员会故意既不提德国人应当承担的赔款总金额，也不提德国人应当在多长期限内支付战争赔款，而只是明确在接下来的数年里德国应该赔偿多少。根据委员会的建议，德国人在第一年先赔偿 2.5 亿美元，之后逐年增加，到第 10 年的时候支付 6 亿美元。按照一种计算方法对德国承担赔款义务的期限进行合理的假定，道威斯计划的实质性影响是将德国的债务从 125 亿美元减少到了大约 80 亿～ 100 亿美元。

但是，**道威斯计划最新颖的特点在于，它设计了一个巧妙的机制，可以确保不会再出现 1922—1923 年期间马克贬值的情形。**德国政府最初将以马克支付战争赔款，将款项存至开立在德意志银行的一个由第三方托管的专门账户。一位总代理将负责管理账户中的赔款，他将决定着这些资金能否在不引发马克贬值的前提下被安全地转移出德国。这一新设的职位有权决定如何使用赔款资金——是对外支付，还是购买德国商品，甚至是为德国国内企业提供贷款。总代理享有非常大的权限，在某种意义上讲是资深经济执行官或者是经济总督。为了确保这一职位的公正性和完全透明化，委员会建议由美国人来任职。

道威斯计划的第二个，实质上也是其最核心的特点在于，从海外筹集两亿美元贷款以帮助德国支付首年的战争赔款，调整德意志银行的资本结构，帮助德国建立足够的黄金储备以刺激国内经济的复苏。

法国人施加压力，要求德意志银行彻底撤出德国，可能是搬到阿姆斯特丹，但委员会的其他委员认为这是对德国最大的羞辱，是将德国放在了和埃及、土耳其等贫困国家相同的起点上——用一位委员的话来说，这种做法将使德国经济“土耳其化”。相反，委员会设法说服各方（甚至包括法国人和德国人）接受，应该将德意志银行继续留在柏林，但是由一个 14 人委员会负责管理。14 人委员会由 7 个外国人和 7 个德国人组成，当然沙赫特肯定是成员之一。

1924 年 7 月，协约国在伦敦召开会议，商议如何实施道威斯计划，这是自 1919 年巴黎和会以来政治家们最大规模的一次集会。英国首位社会主义工党首相、兼任外交部长的拉姆齐·麦克唐纳主持会议。会议来宾包括法国新上任的激进党总理爱德华·赫里欧、比利时总理、意大利总理以及日本大使等。美国最初打算不出席会议，因为它担心自己会被卷入战争赔款这摊浑水里，这在当时可是一个可怕的欧洲问题。然而，当英国政府向美国发出正式邀请时，柯立芝政府决定参会，公开支持道威斯计划，因为柯立芝政府在启动道威斯计划上发挥了重要作用。柯立芝认为，即便拒绝参加会议，也无法磨灭美国在其中曾做出的努力。美国驻英国大使、大红人弗兰克·凯洛格（Frank Kellogg）受命率领美国代表团参会。

美国政府对于道威斯计划的结果非常关注，几个内阁成员千方百计地寻找借口去伦敦。国务卿查尔斯·埃文斯·休斯名义上是到伦敦参加美国律师协会的年会，而财政部长安德鲁·梅隆认为现在正是时候路过伦敦去狩猎松鸡，或是去看望萨维尔街的裁缝。

尽管有这么多杰出的政治人物出席会议，但在谈判中发挥核心作用的是两位银行家：蒙塔古·诺曼和 J. P. 摩根的托马斯·拉蒙特。诺曼起初对道威斯委员会持怀疑态度，当英国首相邀请诺曼担任英国代表之一时，他以银行事务过于繁忙为借口委婉地拒绝了。如果过去的经验靠得住的话，赔款委员会任命的任何委员会都必然会陷入政治纷争的泥潭里，最终以僵局收场。正如诺曼在给斯特朗的信中写道：“在我看来，这个委员会将会发现自己陷入困境……很明显，有多少位委员，就有多少种意见。”

但是，在 2 月和 3 月期间，道威斯委员会不再仅仅是提供建议的机构了，于是诺曼开始改变主意。道威斯计划的核心在于提供国际贷款，这也是该计划设想的解决战争赔款问题的方式。在分析了贷款条款后，诺曼意识到，他将处于非常具有主导权的地位。

历史上，向外国政府提供贷款是富有吸引力的银行业务中的一项。在第一次世界大战前，贷款一直以来都被牢牢地掌握在两家历史悠久、声名卓著的英国银行手中——巴林兄弟银行和罗斯柴尔德银行。

巴林兄弟银行是伦敦历史最为悠久的商业银行——该行创始人托马斯·巴林（Thoams Baring）的 5 个儿子的子孙现在都是上议院的议员。1802 年，它资助美国政府从拿破仑手中购买路易斯安那州的土地，解决了拿破仑的燃眉之急。巴林兄弟银行在当时名噪一时，1817 年黎塞留公爵（Duc de Richelieu）曾提到“欧洲六强：英国、法国、奥匈帝国、俄国、普鲁士和巴林兄弟银行”。

罗斯柴尔德银行的历史更加传奇。在拿破仑战争期间，罗斯柴尔德家族大赚了一笔。该家族的 5 个分支遍布欧洲——伦敦、巴黎、法兰克福、维也纳和那不勒斯，它们与所有银行之间的联络网最为广泛，其信息来源富有传奇色彩。有这样一个故事，罗斯柴尔德家族利用信鸽比伦敦其他人提前一天就获悉了拿破仑在滑铁卢战败的消息，甚至比政府还要早，因此它购买政府债券，结果赚得盆满钵满。实际上，这个故事严重失实——虽然罗斯柴尔德家族的确是在伦敦其他所有人之前得知了英国战胜的消息，但它实际上是亏钱的，因为它打赌战争会持续一段时间，因此库存了大量黄金。但是，人们还是继续传颂着这个神话。罗斯柴尔德家族如此神秘，以至于经济学家 J. A. 霍布森（J. A. Hobson）也人云亦云。他在 1902 年写道，没有一场伟大的战争“可以由欧洲的任何一个国家负担得起……如果罗斯柴尔德财团及其关系网坚决反对的话”。

但是在第一次世界大战后，伦敦本身也资金不足，英格兰银行不得已实施了非官方的禁令，严禁英国的银行向外国提供贷款，巴林兄弟银行和罗斯柴尔德银行风光不再。“世界的银行”头衔从英国转移到了美国，尽管美国的资金并未用于稀奇古怪的政治用途，而是不时地流动。三家美国公司开始主导自由的贷款市场：国民城市银行、库恩雷波公司和 J. P. 摩根。其中，J. P. 摩根虽然规模不是最大，但是名声最响。

J. P. 摩根在第一次世界大战之前的实力一直非常雄厚，它为钢铁业、铁路以及运输行业提供资金支持，并帮助其重组；它还曾在 1895 年帮助美国政府摆脱困境，在 1907 年挽救了银行体系。但是，它的业务大部分是在国内开展的。皮尔庞特·摩根本人在欧洲的确是知名人士，他的父亲朱尼厄斯·摩根曾在 1870 年普法战争之后为法国政府筹集资金以支付战争赔款，但是从国际排名来看，J. P. 摩根是属于第二梯队的财团。

然而，战争改变了 J. P. 摩根的地位。1914 年，该公司成为英国政府和法国政府唯一的采购代理人，自身实力大大增强。该公司的 14 个合伙人坐在一间大大的、阴暗的公用办公室里，可以听到彼此的谈话内容，现在估计他们平均每年可以赚到 200 万美元了。第一次世界大战结束之后，J. P. 摩根成为美国向欧洲输出货币的天然管道。1920 年 7 月，J. P. 摩根的强权地位得到了进一步的证实，当时一帮无政府主义者在华尔街 23 号 J. P. 摩根的办公室门口放置了一颗炸弹，而在战前，他们会以国家元首或政府首脑为袭击的对象。公司合伙人平安无恙，但是 38 个旁观者死亡，另外还有 400 人受伤。

没人能够比托马斯·拉蒙特将银行家－政客这一新的角色诠释得更好了，到了 1924 年，他是继杰克·摩根之后 J. P. 摩根最为资深的合伙人。拉蒙特温文尔雅、魅力迷人，似乎生来就是吉星高照。他的父亲是一位严肃的卫理公会牧师。年轻的拉蒙特青年时期的大部分时间是在新英格兰的村庄牧师公馆里度过的。他从小就相信，跳舞、打牌甚至在星期天悠闲地散步等都是有罪的。他曾在菲利普埃克塞特中学和哈佛大学就读，并获奖学金；后来在《纽约论坛报》担任财经记者，但是他发现依靠记者的薪酬很难养家糊口，因此开始从事食品物流业。和新泽西州恩格尔伍德的本杰明·斯特朗一样，拉蒙特也得到了亨利·戴维森的提携。一天晚上，拉蒙特在一辆从纽约发车的市郊火车上遇到了戴维森，戴维森当场聘请他担任信孚银行财务秘书。

1911 年，继戴维森之后，拉蒙特受到了皮尔庞特·摩根的邀请担任 J. P. 摩根的合伙人——这在当时是华尔街最有名望、最赚钱的工作。拉蒙特开始时拒绝了，他说他希望一年中可以自由地旅行三个月。但是，摩根先生坚持了下来。最终，不出人们所料，拉蒙特让步了。

作为 J. P. 摩根的合伙人，拉蒙特在第一次世界大战期间为英国和法国提供了资金援助，这使他成为巴黎和会上美国战争赔款小组的成员之一。战后，尽管拉蒙特是共和党人，但是他与党内那些孤立主义者分道扬镳，转变为一名坚定的国际主义者。在战争结束之后的最初几年里，他是最优秀的财政使者：1920 年，他在中国和日本；1921 年，他在墨西哥担任墨西哥银行家国际委员会主席；1923 年初，他在欧洲计划为奥地利政府提供贷款，为意大利政府提供建议。每到一处，他都受到当地国家元首的热情欢迎和尊重。1922 年 5 月，戴维森突然因癌症去世，拉蒙特接替了他的位置。

拉蒙特的外事活动不仅增强了人们对这位新杰出人物的印象，同时也使其轻松自如的气质更加出众。他收购了亚历山大·汉密尔顿的老报纸《纽约晚间邮报》（*New York Evening Post*），资助《星期六文学评论》（*Saturday Review of Literature*）创刊。他的朋友中有一些是作家——在他的餐桌旁，人们可以看到 H. G. 威尔斯、安德烈·莫洛亚（André Maurois）或约翰·梅斯菲尔德（John Masefield）。

在会议召开前夕，拉蒙特被派遣到伦敦，在谈判期间代表 J. P. 摩根关注会议的进展情况。他很快就被诺曼的魅力所吸引。诺曼似乎有一种超乎寻常的能力，可以庇护那些来访的美国银行家们，使他们为己所用。虽然在会议即将开始之际诺曼因为“神经衰弱”突然病倒了，卧床了一个礼拜，但是到了 7 月 15 日，在最为关键的时刻，他又回来了。

应麦克唐纳首相的邀请，两位银行家提出了在道威斯计划下投资者在提供贷款资金以前可能会要求的主要条件。诺曼意识到，提供资金的人非常有优势，因此他坚持“必须直到法国完全撤出了鲁尔”，英国和美国的银行家们才可以提供贷款；而且，为了避免法国将来再次先发制人，采取单边军事行动，应该授权某个机构宣布德国无法偿还赔款。行使这一权力的不应该是赔款委员会，因为赔款委员会是由法国人支配的，而应该由中立的美国人所管理的一家独立机构行使该权利。

在接下来的4周时间里，谈判主要围绕着两个问题展开。每次当这些政治家们眼看着就要求同存异、达成一致时，两位银行家——诺曼发挥主导作用，而拉蒙特担任发言人，又坚决要求回到核心建议上。他们反复重申，这些建议并不是由某些隐藏的货币强国提出的政治命令，而仅仅是所有投资者为了确保资金安全，在把资金投入德国以前都会提出的最基本的前提条件。

麦克唐纳首相是一位社会主义工党人士，以前是反战主义者。他对银行家们和他们的动机怀有偏见，于是威胁诺曼和拉蒙特，声称要公开谴责这两位银行家干预政治。欧文·杨格千方百计地恫吓诺曼和拉蒙特，要求他们放宽条件，威胁说要在J. P. 摩根四处走动。在这种情况下，即便是迪伦里德公司（Dillon Read）也会为其安排贷款的。所有的努力最终都徒劳无功。

法国代表团的领导人爱德华·赫里欧总理是历史学家出身，他宁可参加巴黎左岸文艺沙龙，也不愿意在会议室里为了细枝末节的金融问题费心劳神。他丝毫没有做准备就来参加谈判了，每一轮谈下来他都发现自己被他人以智取胜了。作为一位热情、敏感的知识分子，他不止一次因为沮丧而在公开场合突然号啕大哭，这给谈判过程注入了戏剧化色彩。他总是在和自己的40人团队争吵，这个团队由各路人马组成，包括内阁同事、社会主义工党代表、省级激进党委员会的主席们和一伙“拥挤着、比画着、吵吵嚷嚷的”非专业外交官们。他们把法国驻伦敦的大使馆大厅变成了“一个没有主席仲裁纠纷、没有警察维持秩序的公共会议大厅”。有一天，在唐宁街10号召开的一次晚间会议上，赫里欧和法国战争部长查尔斯·诺列特（Charles Nollet）将军长时间地争吵起来，最终麦克唐纳宣布休会，散场休息。即便如此，两个法国人在离开大厦的时候还在继续相互指责。他们站在唐宁街的中央，尖叫着互相侮辱对方。

在位于奥德利广场的住所里，赫里欧会见了拉蒙特，并希望他顾及法国和 J.P. 摩根往年的旧交情，但拉蒙特还是拒绝做出任何让步。相反，在随后的几周时间里，拉蒙特态度更加坚决，他明确表示，除非法国人顺从一些，否则对于年初发放给法国的贷款，J. P. 摩根将很难再进行展期。

盎格鲁－撒克逊的银行家们对法国的政治家发号施令，如此令人羞辱的场景激起了法国民众的公愤。巴黎的《小蓝报》（*Le Petit Bleu*）宣称："欧洲不应该成为任人剥削之地，那里唯一的政府是由浩浩荡荡的一帮银行家组成的。"根据《纽约时报》埃德温·詹姆斯（Edwin James）的报道，许多法国人确信"美国人的唯一目的是利用欧洲的不幸赚更多的钱，他们可没打算帮助法国获得战争赔款，而是像高利贷商人夏洛克一样发放最初的贷款"。在美国，像斯普林菲尔德（Springfield）的《共和党人》（*Republican*）这样广受尊重的报纸评论道："在经历了一场耗尽资源的战争之后，金融家的地位超过了将军……没有贷款，就没有道威斯计划。没有道威斯计划，问题就得不到解决。问题得不到解决，欧洲就永无和平之日……"

8 月初，银行家们取得了胜利。法国人争取到的唯一让步是可以推迟一年从鲁尔撤退。德国获邀派遣代表团落实相关安排。8 月 3 日，由马克思（Marx）总理率领的德国代表团抵达伦敦丽兹酒店，代表团成员包括现任外交部长古斯塔夫·施特雷泽曼、财政部长汉斯·路德、国务卿舒伯特（Schubert）以及沙赫特。8 月 5 日，委员会召开了第一次全体大会——这是自 1870 年普法战争以来，德国和法国政府领导人之间举行的首次正式会晤。在接下来的 10 天时间里，无休止的争吵拉开了帷幕，会议掀起了一场又一场的波折，会议进程随时有可能停滞不前。

宣布德国违约的程序明确规定，只有当德国"公然"不履行赔款义务时，方可对其实施制裁行动。德国人要求对“公然”一词进行定义，争吵整整持续了一天。法国人同意一年之后从鲁尔撤兵，德国人想知道这一年从什么时候开始，并要求法国在一年之内撤离。

终于，在8月14日，德国代表团拿到了最终的条款，他们必须在当晚决定是接受还是拒绝这些条款。德国人聚集在丽兹酒店的一间屋子里通宵开会，每个人都说出了自己的想法。天渐渐亮了，总理在屋子里四处走动，进行最后一轮投票。除了沙赫特以外，其他人都投了赞成票。沙赫特操着刺耳的弗里斯兰口音说道：“我们不能接受这些条款——我们永远也不可能履行。”他坚称，道威斯计划最致命的缺陷就在于它未能降低德国的赔款总额。但是最后，施特雷泽曼一锤定音：“我们必须让法国人撤出鲁尔！我们必须解放莱茵河流域！我们必须接受！”

从表面看来，道威斯计划似乎是欧洲的转折点。赔款问题的争议困扰了政府官员们5年的时间，现在看起来是画上了句号。9月份，作为道威斯计划基础的贷款在纽约和伦敦得以成功发放。德国向美国的借款开始兴盛起来，在未来的数年里，这将刺激德国经济复苏，同时稳定新货币。

道威斯计划真正的缔造者欧文·杨格相信，在1924年盛行的愤懑、相互指责的风气里，只有避免了正面冲突，欧洲才有可能扫清障碍，并最终解决问题。因此，道威斯计划将很多问题掩盖了起来，赔款的总金额还是未能明确，结果，德国的愤恨情绪实际上愈演愈烈。不仅如此，德国的新繁荣取决于凯恩斯所宣称的横跨大西洋的“大规模纸币流动”：“美国借钱给德国，德国将等值的钱给协约国，然后协约国再把这些钱支付给美国政府。实际上什么也没有发生——没有任何人遭受损失。雕工的模具和职员的打印机更加繁忙了。但是，没人吃得比以前少，也没人比以前工作得多。”一旦曲终人散，没人愿意预言会发生什么事情。

然而，最初对道威斯计划的溢美之词的确让原本默默无闻的金融家查尔斯·道威斯名利双收。1924年夏天，柯立芝选择他作为竞选伙伴；同年秋天，道威斯当选美国副总统。由于道威斯为欧洲争取到了时间，并且至少在表面上结束了欧洲大陆的货币战争，因此在1925年，他被授予了诺贝尔和平奖。

Lords of Finance

第12章 这是最伟大的成就还是最愚蠢的错误

英国，1925年

我从来就不知道还有这样的人，有很好的动机，却惹出了那么多的麻烦。

——格雷厄姆·格林，《沉静的美国人》

到了1924年，伦敦已经摆脱了战争的阴霾，多年来一直处于幸福、繁荣的发展中，正如罗伯特·格雷夫斯（Robert Graves）所言："沐浴在和平的阳光之下。"商店里人头攒动，剧院和戏院里座无虚席，街道上熙熙攘攘。摄政街面貌一新，变成了一条宽敞的大道，街上一座座经过重新整修的建筑熠熠生辉。

然而，在德国，复员的陆军军官们可能会心甘情愿地为右翼敢死部队效命，而英国的复员军官们却已经转战商海——据说，伦敦街上川流不息的公交车队大多数都是由退伍的陆军军官共同所有、联合运营的。空气中弥漫着自由的气息。晚上，在西区，那些引领着伦敦社会发展、风华正茂的年轻人们迷上了跳舞：慢步舞、吸血鬼舞、骆驼步、西迷舞以及最臭名昭著的查尔斯顿舞。第一次世界大战时的酒类许可证管理在当时已经有所放松了，这导致夜总会的数量急剧增加。在邦德街上，使馆俱乐部成为威尔士亲王和时尚人士们经常光顾的场所。在秣市广场（Haymarket）上，时髦的Kit-Kat俱乐部自诩舞池内可以容纳400人，埃德温娜（Edwina）和迪基·蒙巴顿（Dickie Mountbatten）晚上的大部分时间都泡在那里。“43”俱乐部位于爵士街43号，那里更加声名狼藉、放荡不羁，瑞典王储、罗马尼亚的尼古拉斯亲王、塔卢拉赫·班克海德（Tallulah Bankhead）、奥古斯都·约翰（Augustus John）和约瑟夫·康拉德（Joseph Conrad）都是那里的常客。1924年4月，一桩丑闻震惊了整个伦敦，当时警察突击检查了“43”俱乐部，俱乐部的成员之一、伦敦著名的餐馆老板张“辉煌”（“Brilliant” Chang）因为经营毒品而被捕。

虽然伦敦和英国东南部地区已经在庆祝和平与繁荣的回归，但是就在离英国首都北部不到100英里的地方，却完全是另外一番景象。当伦敦充斥着奢靡享乐时，英国的工业中心——中部和北部地区却在艰难度日。伟大的传统工业——兰开夏郡的棉布制造厂、诺丁汉郡和南威尔士的煤矿、泰恩河沿岸的造船厂曾经开创了维多利亚女王时代的经济繁荣局面，但现在却因为漫天要价而在国际市场上乏人问津，陷入了严重的衰退之中：纺织品和煤炭的出口量比1913年降低了一半。125万人失业，另外有100万人在兼职工作。在一些地方，如约克郡死气沉沉的煤矿区或是造船业凋敝的贾罗镇（Jarrow），每两个人中就有一个靠领取失业救济金过活。

具有讽刺意味的是，英国之所以会陷入经济困境，并不是因为其官员不称职，也不是金融过错的报应，而是因为它对金融的高度虔诚和循规蹈矩。1920—1921年间，英国决定实行经济紧缩政策，以此来扭转战争期间的通货膨胀局面。这一政策取得了部分成功，物价较战争期间的最高水平下降了50%，并且货币的颓势得以反转——英镑一度触及3.2美元低位，然后断断续续、不定期地反弹至4.3美元。但是，传统金融体系下的物价水平仍然保持坚挺。虽然英国已经从1921年的经济萧条中复苏，但反弹的力度却在逐渐减弱。伦敦发现自己在资金方面难以和纽约竞争，因此它不得不采取高利率政策，与此同时，失业率仍然维持在10%的水平居高不下。

英国和法国之间存在着天壤之别。英国是坚定的保守派，在欧洲的所有强国中，它所采取的财政政策最为传统和谨慎，即拒绝通过通货膨胀的方式减轻债务压力，也不允许货币急剧贬值，因此英国的失业率在欧洲位居首位，其经济发展艰难而缓慢。相反，法国在战争期间遭到了侵略。除了塞尔维亚以外，法国的伤亡率超过了其他任何国家，大片大片多产的土地被夷为平地，遭到毁坏。第一次世界大战后，法国人借助通货膨胀来减轻债务负担，利用法郎贬值先发制人，抢在英国人前面降低了商品价格。自战争结束以来，虽然法国政府不断处于破产边缘，但整体经济运行良好，出口贸易迅速增长。与英国相比，法国的失业人口要少得多。根据当时一位新闻记者的总结："英国财政稳健，但经济运行却千疮百孔；而法国则是经济平稳发展，但财政运行不健全。"

如果英国能够实现其战后的首要经济目标：即重建英镑在战前的主导地位，那么上述种种由其自身造成的痛苦也许是值得的。但是结果证明，英国连这一目标也未能如愿地达成。

到了 1924 年秋天，英镑开始停滞不前。两年来，英镑汇率一直保持在 4.35 美元左右，看起来不会再进一步升值。尽管英国已经面临着高失业率和高利率，但英国的商品价格仍然高于美国。根据测算，英国物价水平仅仅超过美国 10%，但这 10% 的差距也是最难以缩小的部分（如图 12-1 所示）。

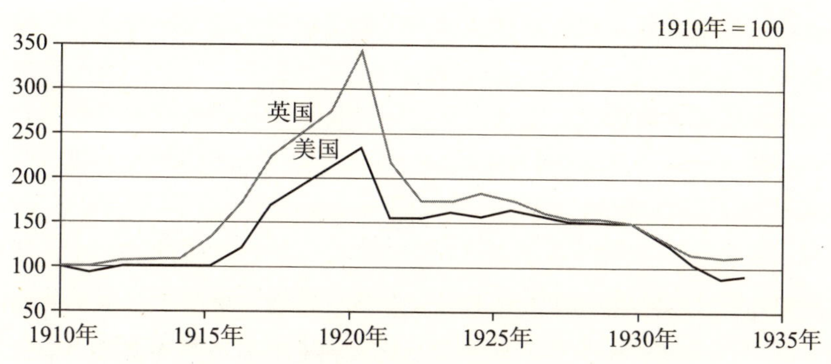

图 12-1　美国和英国的物价水平（1910—1933 年）

1925 年，英国物价水平仅仅超过美国 10%。面对着恶化的经济环境、居高不下的物价水平以及明显比战前贬值 15% 的货币，一群经济学家建议，政府当局应该摒弃进一步降低物价水平的想法，不再尝试将汇率恢复到第一次世界大战之前的水平。在当前的环境下，任何试图恢复战前金本位制度下汇率平价的努力都会进一步导致数以十万计的人员失业。这些经济学家们提出，应该为英镑制定一个新的汇率水平，以使其真实地反映战后英国的境况：国际环境发生了变化，新的竞争被引入，英国的成本上升；另外由于战争的原因，英国的国际资产负债表发生了改变。

对于诺曼和英格兰银行里的纯粹主义者们而言，经济学家们的上述观点令人无法接受。他们仍然认为有必要恢复到金本位制度下 1 英镑兑换 4.86 美元的汇率水平，因为这是英国对那些将资产、信心以及信任交付给英国和英镑的人所做出的道德承诺。

即便是其中最传统的人（比如诺曼，在 1918 年战争刚刚结束之际，他就提出恢复金本位制度）也承认，现在不是恢复金本位制度的好时机。1918 年的坎利夫委员会最初估计，英国或许需要花上长达10年的时间来恢复金本位制度。1924年，由奥斯丁・张伯伦担任主席的另一个委员会也同样提出，这需要耗费几年的时间。英国的经济仍然不够健全，无法承受货币升值所造成的巨大冲击和由金本位制度引发的责难。

道威斯计划的成功被视为是重建欧洲大陆金融秩序的又一大进步。现在，英国和英镑成了公众关注的焦点。随着德国马克趋于稳定、重新与黄金挂钩，人们普遍关心的问题是：英镑何时会步其后尘？这种处境让诺曼觉得非常不舒服，他不喜欢在公众的关注之下不得已而采取行动。正如他对斯特朗抱怨说："您知道，这是一个多么有争议的问题——人人都和这件事情有关。"

他的确担心英国会落后于其他国家。德国、瑞典、波兰、奥地利和匈牙利已经恢复了金本位制度，而荷兰、加拿大、澳大利亚、新西兰和南非也都已经制订了计划，在不久的将来也将如此。一旦所有这些国家的货币都稳定了下来，就很难再保持英镑在金融和贸易领域的优势地位。很快，那些商人和投资者就会开始寻找一种替代货币。诺曼担心，刚刚稳定的德国马克可能成为欧洲大陆最强的币种而取代英镑的地位。这种担忧得到了伦敦其他人的赞同，他们警告说，如果英国再不恢复金本位的话，"就会将欧洲的财政领导权拱手让给德国"。甚至连斯特朗都开始嘲笑，英镑"在（恢复金本位制度）这一过程中远远落后了"。

1924年11月，政治局势风云突变。自战争结束以来，英国出现了一系列脆弱的联合政府和少数党政府。战争一结束，保守党和劳合·乔治领导的自由党立刻形成了联合政府，随后便是1922年的保守党政府。最初，该保守党政府由博纳·劳领导（后由于健康问题卸任，不久后离世）；6个月后，由斯坦利·鲍德温掌权。1924年1月，由拉姆齐·麦克唐纳领导的少数党——工党政府开始执掌政权。但是，同年11月，由于一封将工党和苏联联系在一起的伪造信件被公开发表，英国掀起了一股反共产主义浪潮，导致保守党以压倒性的优势在竞选中获胜。诺曼的密友斯坦利·鲍德温重新执政。

出乎所有人的意料，温斯顿·丘吉尔被任命为财政大臣，担任英国政府中拥有第二大权势的职位。

对于这一任命，没有人比丘吉尔本人更感到意外。那时，他还差几天才满50岁。他的职业生涯开始得非常早——35岁担任内政大臣，1911年成为英国海军大臣。然而，在困难时期，丘吉尔开始走下坡路，1915年加里波利战役的溃败是一个转折点。经历了政治上的挫折，他动身前往西线作战，继续发表精彩的演说，并成为劳合·乔治的追随者。1922年，"威尔士奇才"（Welsh Wizard）[①]遭到驱逐，丘吉尔在议会中失去了议席，他在接下来的两年里努力重整旗鼓。

> 这是一项棘手的任务。在政治界，他几乎得不到任何人的信任，因为他不仅曾经转投其他党派，而且是两次如此：1903年，保守党成员分裂了自由贸易，保守党的政治前景一片黯淡，随后丘吉尔转变立场，加入了自由党，仅仅花了两年时间就开始担任副部长职位；1924年，自由党在政治上失利，丘吉尔故伎重施，又弃自由党而去——尽管出于形象考虑，在接下来的数年里，他并没有正式加入保守党。许多人认为，志向游移不定、判断力低下是丘吉尔天生的特征，据格拉德斯顿（Gladstone）描述："约翰·丘吉尔（John Chwchill）[②]兼具道德品质和原则性，在他之后，再也没有真正的丘吉尔家族的人。"

① 英国首相劳合·乔治的别名。——译者注

② 约翰·丘吉尔（1650—1722），第一代马尔博罗公爵（1st Duke of Marlborough），英国军事家、政治家。——译者注

当鲍德温任命他担任财政大臣一职时，丘吉尔自己大吃了一惊，因为当时他认为自己会被委任为兰开斯特公爵郡大臣——这一职位在当时是（目前仍然是）由副部长担任的挂名闲职，不具体掌管某一方面的事务。丘吉尔非常迫切地希望能够重掌大权，他甚至没有认真考虑就接受了这个职位。早在10年前，在经历了加里波利战役溃败之后，他就曾担任这一职位，后来在绝望中辞职了。最终，政府宣布任命丘吉尔担任财政大臣。这在保守党内部掀起了轩然大波，一位部长抱怨着，他无法理解“大家竟然能够信任这样一个仅仅出于自身利益考虑就转变阵营的人”，他悲叹道，“这个喜欢兴风作浪、唯恐天下不乱的家伙会导致政党四分五裂”。但是，鲍德温宁可承受如此多顽固分子的反对。据说，这是因为他希望将丘吉尔留在政府内部，这样一来就可以随时监督丘吉尔的一举一动，而不是任由丘吉尔在政府外部造成灾难。

虽然所有人都承认丘吉尔的才能——他具备令人惊叹的能量、充沛的精力和永不枯竭的想象力，但许多人认为丘吉尔是一位恣意孤行、自我标榜、雄心勃勃的政治冒险家，特别是那些反对派的保守党成员更是如此认为。这些年来他结交的那一帮狐朋狗友更是加深了人们的这种怀疑。他有三个挚交好友：麦克斯·艾特肯（Max Aitken），比弗布鲁克勋爵（Lord Beaverbrook），迷人的报业大亨和政治阴谋家；F. E. 史密斯（F. E. Smith），伯肯赫德勋爵（Lord Birkenhead），一位极奇聪明的律师，头脑机智、善于言辞，要不是他嗜酒如命，又喜欢勾引年轻女孩，说不定他已经是保守党的领导人了；布伦丹·布拉肯（Brendan Bracken），国会议员，澳大利亚－爱尔兰混血流氓，据传他是丘吉尔的私生子。

尽管诺曼是天生的保守主义者，又和鲍德温有着良好的友谊，但他并没有特别欢迎新的保守党政府，他担心新政府将允许其经济政策受控于“贸易商和制造商，尽管这些人公开宣称在一定程度上赞成实行金本位制度，且最关心的是实现经济稳定，但他们始终需要的是一剂猛药（以通货膨胀的形式）”。很自然地，他不信任像丘吉尔这样爱炫耀的人。少数党工党政府的前任财政大臣是菲利普·斯诺登，他是一位严格的禁酒主义倡导者。由于患上了脊椎结核病，他身体残疾，只能拄着双拐走路。他嘴唇薄薄、目光冷峻，枯瘦如柴的脸庞毫无血色，身着黑衣，叼着黑色的土耳其卷烟，看起来就像是恐怖片里的殡仪员。虽然斯诺登坚信资本主义必将走向灭亡，对于银行家们他持着怀疑的态度，但凭借着传统的纯粹主义激进派的一腔热忱，他支持正统金融和金本位制度的复兴运动，并在这一运动中迅速成长起来，和诺曼建立了尤为深厚的友谊。

> 丘吉尔和诺曼可以说是截然不同。丘吉尔一心想出风头，落下了哗众取宠的坏名声；而诺曼宁可保持神秘，不愿意抛头露面。丘吉尔喜欢拉拢那些新闻界的巨头们；而诺曼则认为他们是新的粗暴主义的先锋队之一，煽动着广大选民的情绪。丘吉尔天生爱好交际，喜欢热闹，讨厌独处；而诺曼则很少参加社交活动，专心致力于工作，他声称英格兰银行是他"唯一的情人"。丘吉尔喜欢争论和辩论；而诺曼则是不苟言笑、沉默寡言，在公众场合令人费解地不善辞令，一旦有人反对他的意见，他会不做争辩而独自闷闷不乐。
>
> 他们的个人习惯也是大相径庭。丘吉尔沉迷于奢华生活：他有一辆劳斯莱斯和一位私人司机，他承认自己从没有乘坐过一次公共汽车或地铁；他拥有由 24 位仆人组成的庞大随从阵容，沉溺于生活中种种精美的奢侈品——丝质内衣、名贵香槟、哈瓦那雪茄、一匹匹的马球马；他在蒙特卡罗和比亚里茨的赌桌上一次次挥金如土，可以想象，他永远是债台高筑。而诺曼虽然继承了大笔财富，在荷兰公园拥有豪宅，但他却过着近乎苦行僧般简朴的生活；他就睡在一张简单的铁床上，房间里空空荡荡，墙上挂着一些画；他每天乘地铁上班，地铁票从他帽边的缎带上跃然突显出来。

两个人之间唯一的共同点是他们都对狭隘的"小英格兰主义者"嗤之以鼻。这些"小英格兰主义者"目睹着英国从世界舞台上失去主导地位，他们尤为同情美国。这是英国上层阶级的一个鲜明特征，这些人是在爱德华时代的英国全盛时期发展成熟起来的。

在 1924 年的最后几个月时间里，英镑开始升值，这是因为投机商们打赌新的保守党政府将恢复金本位制度。但是，英国物价和美国物价之间的巨大差距依然存在，诺曼仍然不确定是否应该敦促政府及早恢复金本位制度。英国的金融地位发生了变化，最明显的表现在于诺曼甚至还没有考虑到要这么做，他就必须先去纽约与斯特朗协商。

12月28日，诺曼搭乘卡塔尼亚号邮轮抵达纽约，正如一本杂志描述的那样，他“就像是深夜中的阴影般未被察觉地”悄悄离开了英国。但是，很快记者们就发现了他，于是这自然引发了人们的猜测。一种说法是他到纽约重新协商战争债务问题；还有一种猜测暗示他是在为英国政府执行一项机密任务，具体什么任务并没有明确；甚至还有一种传闻，他此行的目的是让美国的银行家们为英镑即将重新与黄金挂钩做好准备。在新闻媒体的施压之下，银行的官方发言人不得已发表声明，表示对行长的纽约之行感到非常意外。但由于按惯例诺曼在每年的这个时候都会去度假，因此发言人以此为借口，宣称对诺曼的离开“不予置评”。

华盛顿大使馆更具创造性。两个月之前，纽约联邦储备银行搬入了位于自由大街的新总部。他们自夸道，它有一个巨大的金库，储藏了非常可观的黄金储备。金库是在曼哈顿坚实的基石基础上建造而成的，其大门厚度达10英尺，每扇门重达230吨。不仅如此，它还拥有全新的机械化硬币处理设备，每天可以分门别类地处理20吨叮当作响的5分镍币、10分硬币、25分硬币和半元银币。由于英格兰银行计划开始一项建筑工程，即扩建其已经不堪重负的伦敦总部，因此诺曼此次美国之行的目的很明显是吸取经验。

诺曼已经有两年没有到过美国了。在新兴产业的带动下，如汽车、收音机、家用电器、电力机械和塑料等，美国刚刚进入20世纪20年代的经济繁荣时期。整个城市的实质转变非常惊人。最显著的变化在于，与诺曼最后一次留在美国时相比，公路上的汽车数量已经翻了一番——现在，仅仅纽约街头的汽车数量就已经相当于整个德意志共和国的总和。尽管曼哈顿在年初的时候开始使用交通信号，但交通堵塞仍然持续不断，人人都在抱怨交通拥挤。不仅汽车行业发生了翻天覆地的变化，可供应商品的种类也出现了令人眼花缭乱的变化，洗衣机和真空吸尘器等家用电器、人造丝和玻璃纸等新型材料、收音机以及有声电影，这些彻底改变了人们的生活。在美国，普通工人一天的工资接近6美元；而在欧洲，工人一天的收入还不到两美元，美国的经济繁荣与欧洲的经济衰退形成了鲜明的对比，这再一次提醒人们，战争造成了可怕的影响。

斯特朗热情地在码头等候诺曼。在美国的政府官员中，他对国际金融问题了解得最为透彻，在欧洲银行界拥有最为广泛的人际关系网络，也最积极地致力于欧洲重建。然而，由于健康状况欠佳，再加上政府对于欧洲金融事务实行官方干预，斯特朗逐渐被边缘化。1922 年，他曾试图为德国的恶性通货膨胀寻找对策，却遭到了国务卿的明确警告。1923 年，他大部分时间都身体抱恙。接下来，在 1924 年初，政府官员们再一次将他排除在道威斯计划谈判之外，只有在对伦敦和巴黎进行短暂的春季访问期间，他才可以参与一些非正式的讨论工作。在回来的路上，他又一次病倒了，因此在秋天的一部分时间里，他不得不在科罗拉多州休养。

但是他依然确信，**鉴于英镑在国际贸易中发挥着举足轻重的作用，只有当英国率先恢复金本位制度之后，全球才可能回归金本位**。他不断地告诉自己的同事："最大的问题在于英镑，如果英镑的问题解决了，其他国家就会很容易跟风。"

斯特朗刚刚搬入麦格瑞酒店一间更为宽敞的房间里，那是位于派克大道 48 号的一家优雅的公寓式酒店。他坚持让诺曼和自己住在一起。在接下来的两个星期里，无论是白天还是晚上，以斯特朗和 J. P. 摩根的银行家们为代表的美国人对诺曼开展了密集的说服行动，他们要求英国尽快将英镑重新与黄金挂钩。

斯特朗没有必要向诺曼说明如果英国不恢复金本位制度将会产生怎样的后果。他们一致认为，这只会导致"长时间不堪设想的混乱局面。这将意味着汇率会急剧波动，很可能会引发外币相对于美元的进一步贬值。事实将证明，如果英国不恢复金本位制度，一些人就会提出除了恢复金本位制度以外的各种新设想来作为权宜之计，并趁机宣扬他们的想法；事实还将证明，如果金本位制度得不到恢复，各国政府将会不时地采取各种各样的纸币政策和通货膨胀。的确，这很可能会最终导致美国耗尽世界各国的黄金"。他们相信，这只会引发"一段可怕时期的'困难的、令人痛苦的……社会和政治动荡'，最终累积而形成某种'货币危机'"。

斯特朗强调，英国只有几个星期的时间可以采取行动，最多也只有几个月，英国国内政治形势的稳定只能暂时对英镑形成支撑。目前，美国的资本非常看好刚刚开始实行道威斯计划的欧洲，1924 年年中，美联储通过放松美国银根帮助英国走出困境。斯特朗警告，这扇狭窄的援助之窗很快就会关闭，因为英国开始偿还战争债务，这种资本的流出必然会造成英镑贬值。1924 年期间，美联储放松银根满足了美国自身的国内需求——美国经济在夏天遭遇了一场温和而短暂的衰退。但是，时间匆匆而过，出于国内因素的考虑，很快美联储就收紧了银根，英国也因此更难吸引资本来支持本国货币，付出的代价也更高。美联储内部已经有人在私底下抱怨，斯特朗受其伦敦朋友的影响实在太大了。

诺曼敏锐地意识到，英国的物价水平仍然高出 10%，如果通过进一步实行通货紧缩来降低物价水平，那么英国经济会陷入更深的困境之中。但是他越来越相信，有必要敦促英国做出抉择——他称之为“不可抗力”。迫使英国参与国际市场竞争，这种休克治疗尽管痛苦，却可以引发物价水平的必要调整，这比旷日持久的银根紧缩政策要有效得多。

美国人意识到，**如果英国不恢复金本位制度，那么一旦开始出现危机的迹象，链条必须保持不断裂，否则整个系统的可信度可能会遭到质疑，世界各国的货币也会由此陷入动荡**。美国政府根本没有可能再借钱给任何国家——在战争期间，它发放了足够多的政府间贷款，现在为了协商这些贷款条款，美国已经不堪重负了。为了确保英国有足够可以运作的储备，斯特朗答应从纽约联邦储备银行为英国提供两亿美元，J. P. 摩根的合伙人也暂时承诺提供 3 亿美元。

斯特朗并没有施加一个重要条件：英格兰银行不能像人们可能推测的那样对经济政策加以限制——它可以提供多少贷款，或者它可以实行什么样的利率水平。唯一的条件是，只要诺曼仍然担任行长一职，贷款承诺就继续有效。

在诺曼启程归国途中，他处于一种格外多愁善感的情绪中，这或许是因为他口袋里揣着 5 亿美元的贷款承诺，也可能是因为美国人对他本人投以了很高的信任票。在登上了法国的汽轮之后，他就匆匆地给斯特朗写了一封短信：

亲爱的本：

你不会料到我会写信给你。真糟糕，船颠簸得很厉害，我很难坐在椅子上——更别提在桌上写字了。但是，无论今年我们会遭遇怎样的境况，我很高兴能够开始与你共同面对：不可否认，我们不经常见面……如果我们打算共同度过这一整年的话，我们的确应该每季度碰一次面。很多事情我们很难掌控，我想 6 个月见一次面可能更现实一些。至少，我们已经为 1925 年开了个好头……而且你知道，本，我很感谢你所有的欢迎和款待：感谢你为我所做的一切，感谢你对我的重要意义！上帝保佑你！

一月中旬，诺曼回到了伦敦，结果发现人们反对任何尽快恢复金本位制度的行动。就连他在英格兰银行的一些最亲密的支持者也开始对美国的压力战术感到不满，他们担心英国可能会为了一个不确定的回报而借过多的钱。

对恢复金本位制度最清晰有力的反对仍然来自梅纳德·凯恩斯，他严厉地斥责那些在针线街掌控大局的人行事就像“货币革命时期的路易十六”，“在用战争之前的老眼光和老思想解决战后的问题”。在《货币改革论》一书中，凯恩斯概括地介绍了管理通货制，但是即便是他自己所倡导的，这一制度也在很大程度上遭到了忽视或贬低。凯恩斯意识到，没人拿他倡导的管理通货制当回事儿，因此他改变了战术，转而提出至少要等到英国和美国之间的成本差异得到缩减之后，方可恢复金本位制度。

凯恩斯的主要观点在于，**在目前的政策安排下，考虑到美国在黄金储备上具有主导性优势，英镑与黄金挂钩实际上就意味着英镑与美元挂钩、英国经济与美国经济挂钩**——言外之意即是与华尔街挂钩。如同所有和他一起的布卢姆茨伯里派分子一样，凯恩斯厌恶美国粗俗的物质主义，也不希望英国的经济未来受制于美国的需求而失去自身的独立性。他并未试图隐瞒这种厌恶的情绪。

“我们有可能要冒着风险，不得不削减……国内的工业信贷，”他在一篇文章中写道，“仅仅是因为华尔街的投资已经过热，或者是因为美国人对于外国债券的偏好突然发生了转变，或者是因为美国中西部地区的银行在忙于为它们的农户提供服务，再或者是因为一个可怕的事实，即在每个家庭里的每个房间，每位美国人已经拥有了10辆汽车和一部收音机，而这一点已经被这些商品的生产商们获悉了。”

在一篇篇的文章里，凯恩斯反复重申着同样一个主题——由于经济增长缓慢、金融体系已不堪重负以及“经济结构存在缺陷”等因素，英国根本就没有能力与美国这样一个看起来“处于大规模、持续的经济增长”的国家挂钩。美国全力以赴地推动经济增长，它将“在未来遭遇工业和金融风暴，这对美国人而言可能不会有多大的影响。但是，如果英国经济与美国挂钩的话，英国可能会因此一蹶不振”。然而，对于凯恩斯这些悲观的预言，很少有人予以重视。

与凯恩斯的论战相比，比弗布鲁克勋爵发起的反对运动要重要得多。这个带有英雄主义色彩的顽皮男人在当时是英国最有权威、最为成功的报社老板。

他出生于加拿大，是一位苏格兰牧师的儿子。人们可能没有想到的是，31岁的比弗布鲁克于1910年搬到了英国，那时白手起家的他已经赚取了数倍于百万富翁的财富。真正令其在新闻界的权威登峰造极的原因在于他收购了《每日快报》(*Daily Express*)，一份发行量约为20万的亏损小报。通过满足大众的需求——一份内容大胆、通俗易懂的报纸，充满着八卦新闻、体育报道、女人特写以及一篇篇关于唯心论和其他社会发展趋势的文章，他拥有了近150万的读者，创下了英国最大的报纸发行量纪录。

和他的报纸一样，比弗布鲁克对于英国而言是局外人，他的报纸受到了英国各阶层的欢迎，而他则超越了英国的阶级制度。但是，作为一位加拿大人，他对美国仍然是心存疑虑，他认为如果英国恢复了金本位制度，就意味着英国人对美国人俯首称臣。在他看来，那些美国人在“施加压力要求恢复金本位制度，以此来调动美国大批毫无用处的黄金储备”。他对于金本位制度的理解简单而精辟：“国际信贷规模必须受制于从地底下挖出来的黄金数量，这是一个多么荒谬和愚蠢的概念。任何一个明智、理性的人，怎么可能有这种荒诞的想法？”

比弗布鲁克和丘吉尔两个人都是冒险家，他们虽然是挚交好友，却很少意见一致。1925 年 1 月 28 日，比弗布鲁克登门拜访丘吉尔及其顾问，结果这些财政部的官员们对他的观点根本不屑一顾。第二天，他在《每日快报》头版上发起了一场反对金本位制度的运动。

某天晚上，丘吉尔决定撰写一篇题为“恢复金本位制度”的报告来反击比弗布鲁克。他发现，对某种观点表示强烈反对的最好方式之一是以他自己的方式进行辩论。这位财政大臣喜忧参半。丘吉尔自己承认，他对金融或经济问题向来没有多少兴趣，对这些方面知之甚少。丘吉尔兴致勃勃地谈论到，他的父亲伦道夫·丘吉尔勋爵（Lord Randolph Churchill）曾在 1886 年期间担任过 6 个月的财政大臣，当年父亲在看到一篇报告中密密麻麻地布满了很多小数点时，就宣称自己“永远搞不明白那些该死的小数点代表什么意思”。当丘吉尔自己开始担任财政大臣时，他曾抱怨财政部的那些高级官员们：“如果他们是士兵或将军，我明白他们在谈论什么，那是因为他们全都在讲波斯语。”

他的报告被谦称为“丘吉尔先生的财政部操练”，它强有力地证明了丘吉尔的自学能力。当人们指责他对金融问题无能为力时，他应该运用能力来加以反驳。这份报告在财政部的高级官员和诺曼之间传阅，其中指出以黄金作为主要储备是“金融和信贷演进过程中一个基本的过渡阶段的延续”。尽管美国似乎“异常热情地帮助”英国恢复金本位制度，但是“当我们考虑到美国自身的立场时，这种慷慨可能就不那么异乎寻常了。为了努力帮助其盟军走出困境，美国已经积累了……可能将近全球 3/4 的黄金储备。现在美国已经受累于黄金过剩”，很大一部分黄金“闲置在美国的金库里，没有对美国的经济增长起到任何作用”。黄金给美国造成了如此巨大的负担，那么很自然地，美国人有动力确保黄金在全球金融体系内继续发挥“尽可能强大和主导性的作用”。然而，丘吉尔怀疑这是否对英国也同样有利，他担心虽然回归金本位制度符合那些伦敦金融家的利益，但它可能并不符合英国其他阶层的利益——“商人、制造商、工人和消费者”。事实上，这份报告很可能出自梅纳德·凯恩斯的手笔。

诺曼倾向于将丘吉尔视作聪明但天生反复无常的人之一，必须小心应付。J. P. 摩根派驻伦敦的摩根建富公司（Morgan Grenfell）总裁泰迪·格伦费尔（Teddy Grenfell）总结得非常好："我们（尤其是诺曼）认为，这位新任财政大臣的睿智，他那近乎不可思议的才华是一种危险。目前他是甘当学生，但是一旦他认为自己可以独当一面，相信自己有能力理解经济问题时，我们可以大胆地设想，他就会来给我们惹麻烦了。"

诺曼对于丘吉尔报告的反应非常独特——逐条地分析政策的利与弊可不是他一贯的风格。相反，他写信给丘吉尔："对于一个并非如神般完美，而是具有人性弱点的世界，金本位制度是可以想象到的最好的'统领'。"他警告说，如果财政大臣丘吉尔选择重新恢复金本位制度，那么他可能"遭到那些无知之徒、赌鬼和老工业家们的谩骂"，但是如果他选择反对金本位制度，他则"会遭到知识分子和后代子孙的唾弃"。

但是，丘吉尔在政治生涯里可谓是身经百战，他不会轻易地被这些说辞吓倒。在接下来的几天时间里，他将注意力放在了一些关键性的社会和政治问题上：由于定价过高，英国的一些工人失业了，恢复金本位制度所带来的全部好处在于，它不会再给那些失业者施加沉重的负担。丘吉尔对他的顾问们咆哮道："英格兰银行行长还高兴得起来，英国虽然是全世界信贷控制得最好的国家，却同时有 125 万的劳动者在失业。"

诺曼向来都不太相信经济政策的优势分析——众所周知的是，他后来有一次斥责英格兰银行的首席经济学家，"你不是在这里告诉我们该怎么做，而是向我们解释为什么我们这么做了"。现在，他开始发现这种冗长的辩论非常令人不愉快。诺曼感到"很疲劳、筋疲力尽"，以至于他"不得不去睡个 8 天"，他选择在这个关键的时刻到法国南部去度两个礼拜的假。有时，他的行为甚至会让他最亲密的朋友也觉得懊恼。正如泰迪·格伦费尔所写："诺曼精心地给自己制订了计划，没有考虑到任何人，除非他需要打击对手而不得不考虑……蒙蒂（Monty）特立独行，他善于掌控局势，非常神秘。"

与此同时，通常给人感觉行事过于草率的丘吉尔这一次却一反常态地难以做出决定。辩论双方都列举了一大堆令人眼花缭乱的数据和论据。丘吉尔的主要顾问奥托·尼迈耶（Otto Niemeyer）写道："任何巫医都不可能意见一致，温斯顿无法一下子就下定决心。"财政部和英格兰银行给出的意见是各执一词。丘吉尔一定已经了解，反对恢复金本位制度就意味着和诺曼唱对台戏，而那时诺曼与斯坦利·鲍德温之间的友情早已不是什么秘密——诺曼经常在一天结束的时候逗留在唐宁街10号，和鲍德温安静地聊聊天，而且他经常在周末的时候拜访首相在乡下的新官邸"乡间别墅"。就目前而言，鲍德温还没有参与到关于金本位制度的辩论中来，但丘吉尔担心诺曼可能会绕过他，直接去找首相，丘吉尔既不希望也没有能力去和首相针锋相对。尽管如此，比弗布鲁克和凯恩斯提出的批评已经引发了某种令人不安的共鸣。

最终，3月17日，丘吉尔决定召集一帮智囊团共同商议。他之前已经靠着波尔图葡萄酒、白兰地和雪茄在深夜里苦思冥想，但还是一无所获。他的妻子克莱门蒂娜（Clementine）去法国南部了，因此他决定在自己位于唐宁街11号的官邸里举办亲密晚宴，刚刚从里维埃拉返回的诺曼并不在邀请之列。众所周知，他不喜欢参加这种辩论活动，只会坐在那里一言不发，神情冷峻。丘吉尔邀请了财政部的两位主要顾问奥托·尼迈耶和约翰·布拉德伯里（John Bradbury）作为传统派的代表，这两人在诺曼阵营里非常有影响力；而反对恢复金本位制度的代表是雷金纳德·麦克纳（Reginald McKenna）和梅纳德·凯恩斯。麦克纳曾经担任自由党的财政大臣，现任米特兰银行主席。

晚上8:30，宴会开始。在唐宁街11号一楼的餐厅里，一小帮人亲密地围坐在橡木餐桌前。他们都是老熟人了，彼此之间都有着长期的交往。

凯恩斯曾在第一次世界大战期间担任财政部官员，当时的麦克纳是第一届联合政府的财政大臣，而布拉德伯里则担任麦克纳的常务次官。尼迈耶在42岁时担任的是财政部第二大权威的职位——财政部副部长一职，同时他也是财政大臣在国内和国际金融事务上的首席顾问。他外表不修边幅，却有着令人惊叹的聪明才智，在贝利奥尔学院（Balliol College）和牛津大学均独占鳌头。1906年，他参加了公务员联考，同年梅纳德·凯恩斯也报名参加了考试，结果尼迈耶拔得了头筹，凯恩斯只能屈居其后。因此，尼迈耶进入了财政部工作，而凯恩斯不得不就职于印度办事处。

时间在一点点流逝，酒精在发挥着作用——丘吉尔即便喝大量的酒也能够保持头脑清醒，这一点众所周知。争论在不断地兜着圈子，同样一个老话题在房间里一遍又一遍地重复着。凯恩斯并不在自己的最佳状态上，说出来的话也不是最有说服力的。他和麦克纳在不断地重申着，英国的物价水平仍然高出10%，恢复金本位制度将不可避免地造成大量痛楚、失业和工业动乱。布拉德伯里在不停地阐述着同样一个观点，即金本位制度的优点在于，它不会"被奸黠之徒曲解利用，它不会受制于政治因素"，回归金本位制度将能够防止"英国生活在傻瓜天堂里而呈现出虚假的繁荣"。

那天晚上，没有人转变立场。与会者对很多现实情况的认识是一致的：所有人都赞成，英国的物价水平过高，降低价格水平必将给英国造成一定的痛楚，当然对于痛楚的程度，大家意见不一；所有人都承认，恢复英国的金本位制度意味着将英国经济与美国挂钩，所有的风险将相伴而来。虽然"金本位制度的支持者们"认为，为了重建金本位制度下的自动机制，付出这样的代价是值得的，但凯恩斯和麦克纳却不以为然。有太多无法预知的事情，任何人也无法给出确定的答案，辩论双方都是在为未经证实的事情做争论。从这个意义上来说，那天晚上这些专家们之间的针锋相对表面上看起来是一场技术辩论，实际上反映的是两派之间的哲学差异：**一方相信各国政府应当在管理经济方面行使自主权利；而另一方则坚持认为政府容易犯错，因此必须以严格的规则加以管制。**

最后，由于晚宴已经持续到了第二天凌晨，丘吉尔转向麦克纳说："你是一个政治家，鉴于目前的形势，你会做出什么决定？"

麦克纳回答道："没有办法回避，您将不得不恢复金本位制度，但那将是地狱。"这一回答令凯恩斯非常不愉快。

金本位制度的支持者们取得了胜利。

经过几天时间的痛定思痛，丘吉尔决定恢复金本位制度。传统的经济观点和银行业里反对变革的保守派取得了绝对的优势，这在丘吉尔的一生里是绝无仅有的一次。他对于自己的判断缺乏必要的自信，不敢冒险尝试另一种政策。在周末去首相的乡间别墅途中，诺曼拜访了丘吉尔位于肯特郡的乡间别墅查特韦尔庄园，并试图向他保证，“我将让您成为黄金财长”。

财政预算案发表日直到最近仍然是英国议会日程中的一个重要环节。从传统而言，这一过程形成了自身惯有的仪式——对于预算内容的猜测、媒体的种种推测、财政大臣当天在唐宁街 11 号出现的场面、异常醒目的破旧红色公文箱以及在议会上关于税收和消费细节的盛大、冗长发言。简而言之，对于丘吉尔而言，这是一个施展才华、哗众取宠的绝佳时机。

4 月 28 日下午 4 点，丘吉尔出现在下议院，现场掌声雷动。每个人都知道他要演讲的内容，尽管如此，在演讲开始数分钟之后，他宣布恢复金本位制度，现场仍然是欢呼声四起。在两个小时的演讲过程中，丘吉尔停顿了一下，宣布：“我应该增加财政收入，这是我必须做的，我现在就应该这么做，如果下议院允许的话，我还将继续做下去。”接着，他给自己倒了一杯“琥珀色的液体”，从新闻记者席看来，那要比白开水烈一些。

对于自己在决定恢复金本位制度问题上种种举棋不定的心理，丘吉尔展现得淋漓尽致。他之所以最终痛下决心，看起来最主要是因为他担心，如果现在不回归金本位就等于公开承认英国在国际事务中的地位已经一落千丈了。几乎其他所有国家要么是已经恢复了金本位制度——美国、德国、瑞典、加拿大、奥地利和匈牙利，要么就是即将采取行动——荷兰、澳大利亚和南非，“就像是港口上那些舷梯连接在一起的船只，随着潮汐共同起起落落”，这些国家都以相同的价值标准联系在了一起。

> 正如丘吉尔几天后在委员会里阐述的那样：“如果英镑不能成为所有人了解并信任的价值标准，那么不仅仅是大英帝国的商业，甚至是整个欧洲的商业都将以美元进行交易，而不是英镑，我认为这将是一个极大的不幸。”

当丘吉尔在发表演说的时候，诺曼就坐在下议院的贵宾席上。整个伦敦都认为这是诺曼个人取得的巨大胜利，他在尽情享受着胜利的滋味。正如丘吉尔后来自己所说的那样，这是诺曼“最伟大的成就……如果最终走不到这一步，那么（自1920年开始的）所有努力和痛苦就都白费了”。

恢复金本位制度的决定在伦敦和新闻界都受到了热烈的欢迎。根据《泰晤士报》的评论，这是“那些为我们管理和制定货币政策的人，特别是英格兰银行行长，所取得的重大胜利”；《经济学人》描述道，这是“蒙塔古·诺曼先生的最高成就”。只有比弗布鲁克发表了一系列文章表示异议。

经过数月的时间，麦克纳不祥的预言经证明是错误的，这一举措最初带来的影响相对温和。在实行高利率政策后，英国吸引了足够多的资金，最终并未向美联储和J. P. 摩根申请贷款。实际上，1925年英国的黄金储备有所增加。

对于凯恩斯而言，从外国人那里借入热钱只不过是为英国争取时间。凯恩斯撰写的《丘吉尔先生的经济后果》（*The Economic Consequences of Mr. Churchill*）系列的三篇文章，最初于7月底刊载在比弗布鲁克的《旗帜晚报》（*Evening Standard*）上，后来印刷成册。在这一系列文章里，凯恩斯提醒读者们，英国将不得不“利用喘息之机来实现被人们委婉地称为英国经济生活中的‘根本性调整’”。在新的汇率水平上，英镑被高估了超过10%。为了弥补货币高估所造成的影响，英国必须降低整个经济中的工资水平和物价水平，只有通过实行紧缩信贷政策和高利率政策“人为地增加失业”才可能实现这一目标。在失业人口仍然高达100万时实行信贷控制政策，这么做对凯恩斯而言似乎是不合常理的。“实行高利率政策的适当目标是抑制初期的经济繁荣。可悲的是，那些人竟然因此运用这一政策来加剧经济萧条！”

虽然凯恩斯忍不住要故意嘲讽一下丘吉尔，“因为他缺乏本能的判断来帮助自己免于犯错……（并且）由于缺乏这种本能的判断，他已经被传统金融领域里嘈杂的声音弄得失去了方向”，但这本小册子更主要抨击的是英格兰银行和财政部。

当然，丘吉尔似乎已经意识到了这一点。1927 年，他邀请凯恩斯加入“其他俱乐部”，该俱乐部是由他和伯肯赫德于 1911 年发起设立的私人高级餐饮社交团体。其成员限定在不超过 50 人，且必须同时具备“声望和趣味性”，由丘吉尔和伯肯赫德决定邀请谁加入俱乐部。在议会召开期间，俱乐部每隔一周的周四都会组织一次活动。俱乐部制定了 12 条规则，每次会议开始时，这些规则都要被大声朗读出来，第 12 条规则规定：“俱乐部内部的任何规则和人际交往均不得粗暴干涉党派政治。”俱乐部的成员名单读起来就像是英国历史上两次战争期间的名人录，包括丘吉尔的好友——伯肯赫德、比弗布鲁克和布拉肯，但也包括其他形形色色的人物，如杰利科勋爵（Lord Jellicoe）、H. G. 威尔斯、阿诺德·贝内特（Arnold Bennett）、P. G. 沃德豪斯（P. G.Wode-house）和埃德温·勒琴斯（Edwin Lutyens）等。

到了夏末，汇率的上升已经开始对煤炭、钢铁以及造船等大宗出口行业产生负面影响，其中遭受打击最为严重的是脆弱的煤炭行业。鲁尔恢复了生产，同时汇率的上升挤压了煤炭的价格空间，煤炭行业的许多企业都濒于破产边缘。煤矿老板要求降低矿工的薪水，同时增加他们的劳动时间。在《丘吉尔先生的经济后果》一文中，凯恩斯抨击经济政策在社会上引起了不公，矿工无奈地成为“经济骇变的受害者”。他们代表着“根本性调整中的血肉之躯，而这场调整是由财政部和英格兰银行发起的，目的是填补 4.40 美元和 4.86 美元之间的温和差距，以此来满足伦敦那些缺乏耐心的缔造者们”。

就在罢工一触即发之际，政府终于同意为煤炭行业发放超过一亿美元的大规模补贴，这才避免了一场英国全国性的罢工运动。但是，这只是权宜之计。到了 1926 年，试图削减成本的努力引发了煤炭行业一场长期而严酷的罢工运动。1926 年 5 月，英国在全国范围内爆发了一场为期 10 天的大罢工运动。这次大罢工并没有导致英国资本外逃，也并未引发外汇市场危机。之所以如此，只是因为持续有资金流入英国以获取伦敦的高利息收入，同时规避法国不断升级的危机影响，而这正好掩盖了英国国际地位的不堪一击。

回归金本位经证明是一个代价高昂的错误。那些由高利率吸引而来的资金是投机性的——“热钱”，而不是一种永久性投资的来源，它会一直对货币构成威

胁。为了防止这些“热钱”再次回流，维持10年来的平衡状态，必须将利率保持在显著高于其他国家的水平上。随着物价水平每年下降大约5%，这些利息对借款人造成了沉重的负担。与此同时，由于定价过高，英国的制造业在国际市场上举步维艰。在接下来的数年间，当世界上其他国家的工业兴旺发展时，英国的制造业却在苦苦挣扎。

丘吉尔在1929年之前一直担任财政大臣，到了1927年时，他开始意识到，在第一次世界大战前旧的汇率水平下恢复金本位制度是一个错误的判断。但是，当时除了可以在私底下痛斥金本位制度的恶果以外，他也无能为力了。在以后的岁月中，他声称这是“他一生中最严重的失误”，他将此归罪于别人给他的错误建议。在他未公开发表的回忆录草稿里，他写道：“受到了英格兰银行（和）财政部专家们的误导……我对货币问题并没有特别的理解，因此任由这些专家们摆布，后来在军事事务上我从未如此过。”他最怨恨的是诺曼。当他以轻蔑的口吻提到这位行长时，他激动地开口称呼诺曼是“那个骗子”，这是他表达愤懑情绪的最为轻微的一种方式。他的一位同事记得，在1928年6月召开的一次内阁会议上，他“因为蒙塔古·诺曼和通货紧缩问题而大发雷霆，吓了大家一跳”。

丘吉尔在议会召开之前发表了一场演讲，论及金本位制度法案问题，他声称此举会“将英国束缚在现实之中”。最终证明，束缚的确存在，但与其说是受到现实的羁绊，还不如说将英国束缚在陈旧的思维方式和令人绝望的过时机制里，这种机制控制着英国的国际金融事务。正如凯恩斯于1925年5月写道：

> 金本位制度一派的背后不仅有许多有名望的人，而且还有很多值得尊重的人。他们的思维喜欢执着于传统的直线模式，而不顾及快乐或痛苦……这种思维状态不容轻视……和其他传统派一样，金本位制一派所代表的是因循守旧和智力不健全，由于它偏袒自己这一方，因此它可以运用哗众取宠的伎俩而不用受到任何惩罚。

最具破坏性的后果是，英国试图保持英格兰银行和伦敦的主导地位，却徒劳无获，结果就是英国已经将自己和美国不可避免地联系在了一起。在1925年1月诺曼访问纽约期间，斯特朗曾警告过他：“在一个像我们国家这样拥有热情的、充满活力的和乐观的人口的新兴国家里，企业不时地呈现出快速增长，资本回报率远远高于其他国家，终有一天美联储有必要提高贴现率，或者很可能是实行高货币市场利率，以此来抑制投机活动。一旦这一天到来，国内因素很可能会比对外国的同情更为重要。”诺曼不会意识到这些话多么有先见之明，但某一天这些话将会残酷地困扰着他。

第13章

没有硝烟的法郎会战

法国，1926年

只有危机才能让法国人团结起来，除此之外，任何人都不可能突然把这个利益关系复杂的国家团结起来。

——夏尔·戴高乐

1925年4月对于诺曼行长和英格兰银行来说日子比较好过，但与此同时，巴黎的乔治斯·罗比诺（Georges Robineau）行长和法兰西银行却在遭受着媒体的辱骂和嘲笑。在同月的早些时候，法国公众已经得知，在过去的一年里，这家法国中央银行的高级官员们和法国财政部的一些高级官员共同密谋伪造了法兰西银行的财务报表。

骗局可以追溯到1924年3月。当时，由于法国政府发现难以为其短期国债找到新的买家，因此它不得不要求法兰西银行提前赎回其尚未到期的债券。但是，根据法律规定，法兰西银行的货币发行量受到限制，在当时草木皆兵的情况之下，法国政府并不希望面对要求国会提高法兰西银行货币发行上限可能带来的政治尴尬。法兰西银行那些恳切的官员们发现了一种方式，既可以额外发行货币，又可以通过混淆会计报表来掩藏真相。起初，这只是一种技术调整，几乎可以被忽略不计，毫无疑问，那些运用这种方式的人会认为这种调整是权宜之计，有正当的理由。但是，此类操作迅速发展，到了1925年4月，“虚假平衡”——即虚假节余涉及的金额已经高达近20亿法郎，相当于流通中货币数量的5%。

1924 年 10 月，法兰西银行的副行长最早发现了那些经过粉饰的账户，并迅速报告给行长罗比诺、财政大臣艾丁安·克莱门泰尔（Étienne Clémentel）和首相爱德华·赫里欧。尽管罗比诺行长一直在敦促政府归还其在法兰西银行的欠款，从而扭转局势，但政府官员们犹豫不决，在 6 个月时间里毫无作为，他们仍不断寄希望于公共财政能够有所好转。当财务报表造假的消息最终被泄露之后，政府不得不向国会申请提高法兰西银行的法定货币发行上限。尽管当时激进的媒体认为应该起诉罗比诺，但由于他至少后来一直在催促政府偿还欠款，因此最终还是保住了行长之职。但是，在经历了一场以法国严苛的标准来看都异常激烈的国会辩论之后，羞辱的法国政府以获得不信任票收场。

在格外敏感的时期，这一戏剧性事件登上了报纸的头版头条，法国最终开始重整其金融秩序。法国为在战争中受到重创的东北部地区的重建工作耗费了 40 亿美元，但现在大部分重建工作已经结束，而法国政府的预算赤字从 1923 年超过 GDP 10% 的 10 亿美元下降到了不足 5 000 万美元，占 GDP 的比重不到 0.5%。道威斯计划以后，法国政府也在真正能收回多少战争赔款这一问题上变得更加现实。自从战争以来，法兰西银行一直坚决地限制政府向其借款的规模。1920 年，法兰西银行设定了 410 亿法郎的政府最高货币融资限额，这一限额被严格执行了整整 4 年的时间，这是法兰西银行独立性的有力证明。

但是，法国的金融平衡仍然岌岌可危。大部分的公共债务本身是短期债务，而短期债务的信用级别需要储户每年对政府的主权信用进行评估后再确定。事实上，在所有的机构中，法兰西银行现在也因卷入这场肮脏的丑闻之中而坠入歧途，尽管其中任何一个人似乎都未从中牟取利益，但这一事实在法国的投资者中引发了一场小幅的信任危机。

在 19 世纪的许多年间，法兰西银行一直是欧洲最保守的金融机构，比如，它远远要比其同行英格兰银行保守得多。和英国的中央银行不同，法国的法律并未规定其中央银行必须持有最低规模的黄金储备，尽管如此，法兰西银行仍然持有非常大规模的黄金储备，以此作为货币发行的支持——1914 年，法兰西银行的黄金储备量超过 10 亿美元，在欧洲的黄金储备量中位居首位。有时候，法兰西银行甚至被要求救助英格兰银行——比如在 1825 年和 1837 年的经济危机期间；又如在1890年，巴林银行因南美洲的问题贷款而面临破产期间，以及在1907年的经济恐慌时期。事实上，**法兰西银行扮演着英格兰银行后盾的角色。**

> 尽管英格兰银行是一家地地道道的资产阶级机构，追求平等主义和一视同仁，但法兰西银行从诞生之日起就是一个贵族机构，即便这种贵族主义只有短短几年的时间。法兰西银行的前任行长包括：贾伯特伯爵、戈丹伯爵、加埃特公爵、爱普雷尼亚·阿高特伯爵和达维利亚男爵。1825年，法国的共和制第三次也是最后一次被引入公共生活，贵族制度退出了政坛，即便是在此之后，法兰西银行也仍然是一个贵族的天堂。

法兰西银行本身仍然由私人股东持有。尽管其正、副行长的职责到现在应该是为社会大众服务，但其最终却要向由12位股东组成的理事会负责。不仅如此，法兰西银行的行长虽然由政府指派，但他也必须持有100股的股权，这在20世纪20年代约相当于10万美元。即便是职位很高的政府官员，也很少有人能拿得出这笔钱，因此股权认购所需的资金是官员向董事们借来的，这就导致了行长往往代表的是理事会的利益。

1811年，法兰西银行迁到了卢浮宫北面皇宫附近宏伟的弗里利埃酒店，这里曾经是路易十四和曼特农夫人的私生子图卢兹伯爵的寓所。每年1月最后一个星期四的中午12:30，法国的精英们都将齐聚在这里参加法兰西银行一年一度的股东大会。尽管法兰西银行有超过4万名股东，但每年有资格出席股东大会且有权选举理事的只有前200名股东。秘密会议通常在多里画廊召开，这是一个沿着酒店中心建造的洛可可式会堂。会堂的拱状天花板下有辉煌的壁画、镀金的木刻和豪华的墙镜。而会场中坐在最前排的往往是法国贵族中一些最古老、最具贵族气派的家族：托克维尔、罗斯柴尔德、诺阿耶、佩里戈尔等。

被邀请参会的往往是在法国拥有很高社会地位的名流人士。这些人也许对银行业并不关心，但他们往往将数十万的法郎存放在法兰西银行，这在当时相当于大约10万美元，并且这些财富将世代传承。

参会代表来自法国200个最富有、最有名望的家族，那么理事会的委员职位几乎都是世袭而来就不足为奇了。理事会12个席位中的5个是由法兰西银行的创始人世袭的，其中相当一部分人是具有瑞士血统的新教徒。

> 1926年，理事会的12个人中包括欧内斯特·马利特男爵、爱德华·罗斯柴尔德男爵、简·奈尔弗雷泽男爵、莫里斯·达维利亚男爵、佛雷克斯·凡尔纳和弗朗西斯·温德尔等。马利特家族是来自日内瓦的新教徒银行家，他们在理事会中的席位从1800年开始已经传承了4代。理事会中唯一的犹太人家族罗斯柴尔德家族是从1855年开始进入理事会的，当时阿方斯·罗斯柴尔德男爵接管了罗斯柴尔德金融帝国在法国的业务后进入理事会。1905年他去世后，他的儿子爱德华·罗斯柴尔德男爵继位。

> 和许多家族一样，达维利亚家族被拿破仑加封为男爵，这个家族主要从事基础工业，尽管它同时也经营私营银行。莫里斯·达维利亚男爵已经是该家族中进入理事会的第4个人了。尽管简·奈尔弗雷泽男爵是其家族进入理事会的第一人，但他拥有不止一家银行，并被路易十五嘉奖过。奈尔弗雷泽男爵还曾作为一名骑手代表法国参加了1900年的奥林匹克运动会，他是越野障碍赛马协会和更为高级的法国钓鱼娱乐部的主席。他的女儿嫁给了英国著名的维尔·布拉巴宗·庞森比大公，即第九代贝斯巴勒伯爵。

在法兰西银行创建后的120多年间，法国经历了至少三次革命，其政治体制经历了5次变革。期间，法国共产生了17位政府首脑，包括一位皇帝、三位国王、12位总统和一位把自己变成皇帝的总统，而政府更是平均至少每年就换届一次。与此同时，法兰西银行始终由不变的少数几个家族在理事会中掌权。该机构的权威如此之大，以至于即便是在巴黎公社时期，它也仍在发挥职能，同时满足两方——凡尔赛政府和巴黎公社的货币需求。“最令人难以理解的是，”弗里德里希·恩格斯写道，“法兰西银行几乎总能游离于法国的政治体制之外。”这个神奇之处与法兰西银行的前200位股东有关，在20世纪30年代，这200人组成的寡头实际上控制了法国的金融。

当战争于1914年爆发之后，法国的存亡受到威胁。和欧洲其他所有的中央银行一样，法兰西银行自愿听命于政府，为政府发行其所需的钞票。但是，和德意志银行不同，在战后数月，法兰西银行就重申了其独立性，拒绝为政府继续填补支出与税收收入之间的缺口。1919年4月，法国国会为法国的借款规模设立了上限；1920年9月，国会规定法兰西银行的货币发行规模上限为410亿法郎。直到1925年危机爆发之前，这些限额一直都有效。

1925年，埃米尔·莫罗已经57岁了，这是他在阿尔及利亚银行的第20个年头，也是他担任该行总干事的第14个年头。此前他成绩辉煌：曾为摩洛哥的经济提供信贷支持，为阿尔及利亚的战后重建提供援助，推动反对在突尼斯发放高利贷的运动。在他任职期间，他个人也获得了一系列荣誉，包括俄罗斯帝国时期的圣安妮奖、西班牙天主教的伊莎贝拉奖、比利时的利奥波德二世奖和法国的荣誉指挥官称号，但所有这些荣誉都没有动摇过他的想法——这些任命好像只是职业上的流放。

这些年来，他一直很希望某一天能够回国服务于国内人民，比如回到财政督察员的位置上。但是许多年过去了，他一直没能迎来新的任命。1922年，尽管保留了在阿尔及利亚银行总干事的位置，但实际上莫罗已经辞去了自己的职务。

他和他的妻子没有子嗣，他也到了可以寻找其他乐趣的年龄：收集昂贵的伊斯兰货币、参加动物保护组织、参加旅游俱乐部、定期驾车自助旅游等。尽管22年过去了，他仍然乐意为家乡小镇圣莱马的公社服务，这里距离巴黎只有200多英里，因此他也可以尽可能多地回家乡看看。

然而，1925年4月，爱德华·赫里欧政府因为丑闻突然倒台，这似乎预示着埃米尔·莫罗的时代即将来临。在赫里欧政府因为丑闻倒台后，新上任的保罗·潘勒维（Paul Painlevé）左翼政府任命了新的财政大臣——莫罗的导师约瑟夫·卡约，他此前曾四度进出政府并拥有传奇经历。

> 很少有人能够拥有卡约这样的传奇经历。1920年，他曾因破坏国家公共安全罪获刑三年，但此前他已经用了两年时间在拉桑德监狱里等

候宣判，最后卡约得以减刑。根据法律规定，约瑟夫·卡约被驱逐出了巴黎，此后他和妻子克拉勒蒂闲居在卢瓦尔河谷的小镇马梅尔，并度过了 4 年的平静生活。尽管卡约在狱中的自传成了畅销书，但他们仍然不能摆脱她的谋杀罪和他的叛国罪所带来的阴影，他们发现自己不仅被驱逐出了社会，还遭到那些文明人的驱赶——他们被人赶出酒店，被餐馆的人赶出餐厅，被大街上咖啡厅的人侮辱，卡约甚至被人用木棍和砖块袭击。

但是，随着法国濒临破产，越来越多的人不由自主地想起了卡约在战争期间关于战胜国和战败国都将被摧毁的警告，并把卡约视作战争的受害者，这也使得他之前被人所不齿的观点开始被视为先知。1924 年 12 月，卡约在国会的支持者宣布废除对他的判决。在得到平反后，卡约在议员们“财富魔术师，能够把枯叶变成钞票”的美誉声中重新担任了财政部长一职。

然而，并不是每个人都懂得忘记和原谅。1925 年 4 月 21 日，卡约在众议院宣誓就职时，一枚眼镜镜片击中了他的右眼，场下还不断发出“骗子”和“逃兵”的嘘声，甚至有民族主义者站起来大喊：“如果我们在破产和卡约之间只能选择一个，我们宁愿选择破产。”据一位美国新闻杂志记者报道，这一情况相当于本尼狄克·阿诺德（Benedict Arnold）没有被处决，而是被驱逐出菲律宾，最后又被原谅并且还被任命了职位。

许多年来，即便是在卡约政治上不得志时，莫罗也一直维持着与这个毁誉参半的政治家的友谊。莫罗能够忘记卡约的狂妄言论、错误判断、狐朋狗友和滥用权力，但不会忘记卡约是法国当前最好的金融专家，并且在战争时期担任过法国的财政部长，而如果没有卡约的努力，法国现在的金融状况也许会糟糕得多。

摆在新财政大臣面前的道路并不平坦。法郎是当时仅存的实行与黄金脱钩的浮动汇率的主要货币，法郎汇率的上下波动成了衡量大众对法国金融管控能力信心的标尺。1924 年春，在道威斯谈判期间，法郎对美元的汇率曾跌至 25 : 1。此后法郎回升了一些，并在接下来的一年时间里维持在 18：1 至 19：1 的区间里，这大概是第一次世界大战之前水平的 25%。但是，虚假会计丑闻显然破坏了这种平衡，到 1925 年 6 月底，法郎对美元的汇率已经下降到 22：1。

卡约积极投身到挽救法国于破产的任务中。他立刻从政府人事开始行动，计划让自己的老朋友埃米尔·莫罗接替罗比诺成为法兰西银行的行长，他相信人事清理有助于恢复法国在海外的信用。但由于总统担心人事变动会毁坏法兰西银行的名声，所以否决了卡约的提案，埃米尔·莫罗的希望只能再次落空。

但卡约在其他一些方面取得了进展。他成功地利用了一个从 1913 年开始的贷款计划，平衡了政府目前的财政。同时，他又冒着资本外逃的风险，利用了一种社会主义者非常迷恋的对财富征税的计划（补充政府财政）。1925 年 6 月，卡约抵达伦敦与温斯顿·丘吉尔达成了一项重构战争贷款的计划，把法国需要支付的债务变成了此前的 40%，也就是从 30 亿美元削减到 12 亿美元。

但是，法国的政治和金融问题如此严重，以至于像卡约这样的政治家和金融家也无可奈何。卡约去往华盛顿，计划与美国就 40 亿美元欠款达成类似于与英国的协议，但他最后只能空手而归。除此之外，尽管卡约的任命提振了政界对法国金融当局的信心，但却无法稳定法国短期债券投资者的信心。他卷入了与法兰西银行理事们的斗争中，这些理事们发现政府不能偿付短期债务，他们希望卡约能够宣布债务延期——实际上这等于承认政府破产。卡约为法兰西银行的态度而感到挫败，以至于他有一次发火说："对于没能在上任时把法兰西银行的管理者从窗户里扔出去感到非常遗憾。"

11 月，卡约被推翻了，他成为仇恨和阴谋弥漫的法国政坛的又一个牺牲者。当卡约离开时，法郎对美元的汇率已经跌至 25：1。在他 7 个月的任期里，法国的生活成本上升了 10%。在接下来的 8 个月中，法国经历了 5 位不同财政大臣的掌权，每一位都出台了一系列征税、缩减开支和税务重构的计划，但每一位又都倒在了信用危机之下。法国的投资者们持续将自己的财产转出这个国家。

1926 年 4 月，法国和美国终于达成协议，商定战争债务只归还 40%，这使得法国的财政得以平衡。但法郎对美元的汇率仍在下跌，到了 1926 年 5 月，法郎对美元的汇率已经跌至超过 30∶1。

在法郎下跌的过程中，法国的通货膨胀率则以月 2%、年 25% 的速度快速上升，政府显然无能为力，每个人都拿现在的法国和 4 年前的德国进行比较。但事实上，法国和德国并不相同。德国在 1922 年已经完全失去了对赤字的控制，而且每年印刷大量的钞票；而法国则相反，它一直致力于把问题控制在财政范围内，并保持着货币供应的稳定。

市场对法国最大的担心是左派和右派互相斗争可能导致的无政府状态。关于殖民政策的争吵以及政府和财政大臣的频繁更替加剧了市场对法国政府偿债能力的担心，使得法国近 100 亿美元的短期债务处于悬空境地。

正是这种心理上的担忧——普遍存在的对损失的担忧侵蚀着法国投资者的信心，并导致法郎继续下跌。风险还来自国际投机者，他们希望先卖空法郎，以后再从低位买回法郎获利，所以他们会尽可能打压法郎，以利用法国目前的窘境来获取利润。这就好比泡沫是因为过度乐观而引起了过多购买，并导致价格的上涨。现在是过度悲观引起了过多的卖出，并导致价格的下跌。

面对着到处弥漫的悲观氛围，不论是法国的政治家们还是金融家们都显得无所适从。1926 年上半年，预算大臣乔治斯・博内（Georges Bonnet）邀请法兰西银行的理事们去他的办公室提供建议。他们的苍老状态令其感到惊讶，其中一个走路需要依靠两条拐棍，另一个连坐在椅子上都要靠胳膊支撑。在圆桌会议中，这些代表法国智慧的精英们看上去只会一个接一个地说法国需要重塑市场对法国的信心。当谈到该如何实现这个目标时，他们把军事术语和法国的金融危机联系在了一起，有个理事宣称："我们都是为法郎而战的士兵，一旦法郎这个战壕失陷，我们都将阵亡。"自此之后的冬天和春天里，"法郎之战""货币的泥灰岩"和"货币的凡尔登之战"等说法开始频频见诸报端。

那时，法国政府已决定不能仅仅依靠军事口号。政府邀请了已经退休的"马恩河英雄”约瑟夫·若弗尔元帅（Marshal Joseph Joffre）重新出山，并赋予他“拯救法郎”的重任去募集资金。他成功募集到1 900万法郎，折合不到100万美元，包括从军火商巴兹尔·扎哈罗夫（Basil Zaharoff）手中募集到的100万法郎，以及从《纽约先驱报》（*New York Herald*）募集到的10万法郎。

法国政府还有一项能够挽救法郎于危局的强大武器，那就是法兰西银行持有的价值超过10亿美元的黄金储备，其中有7亿存放于弗里利埃路法兰西银行总部的拱顶中，3亿存放于海外的英格兰银行。

> 在现代历史中，即使是在20世纪后半叶，黄金在法国一直扮演着神圣的角色。因此，即使是在金融动荡之中，法兰西银行的理事们也从未缩减过其黄金储备。在战争时期，英国人曾企图说服法兰西银行利用一些黄金储备来支持战争，他们问道：“如此的危机都不动用储备，那要等到什么时候用？”但法兰西银行却坚决认为黄金是法郎稳定的基础，只有在局面真正无法控制之际才能使用。法兰西银行的黄金就好像藏在家中的珠宝和首饰，“从来不可能被拿出来或被碰到，它们只会闲置在玻璃盒中”。

1926年早些时候，法国政府的融资能力得以恢复，但法郎却仍在持续下跌，此时政府也企图说服法兰西银行是时候拿出黄金来拯救法郎了，但法兰西银行仍然予以拒绝。也许正是因为法兰西银行不愿意提供帮助，并且与政府之间缺乏合作，才把法国从危机开始时的小病拖成了目前病入膏肓的状态。这个由法兰西银行200个理事组成的“金钱之墙”阻挠了银行与政府之间的合作。

1926年5月，被自己的中央银行抛弃的法国政府开始疯狂地从海外寻找贷款。但是，虚假会计丑闻所引起的对法国政府的偏见已经从英格兰蔓延到了美利坚，美国人认为法国的政府、政治家、媒体、中央银行都是颓废、腐败和不正常的。法国代表最后只能去伦敦乞求本杰明·斯特朗，希望能从纽约获得一亿美元的援助。但美联储坚决拒绝了法国政府的请求，美国认为，只有法国政府、反对派、法兰西银行自己以及法国大多数银行家各方能够共同合作，美联储才会同意与法国合作。在5月份巴黎举行的会议中，法国政府再次向美国申请贷款。斯特朗声称当法兰西银行能够提供黄金质押时，美国会希望帮助法国，这样美国就可以把“黄金从法国的一边搬到另一边”。在被美联储拒绝以后，法国政府又拜会了每一个可能的投资者——J. P. 摩根、库恩雷波和迪伦里德，但每个投资者都提出了异议。

1926 年 6 月 15 日，“财政大臣的芭蕾”在跳了一圈后又轮到约瑟夫·卡约了，这也成了他的第五度出山。这一次他终于成功炒掉了罗比诺，并邀请埃米尔·莫罗担任罗比诺的接替者。事实上，约瑟夫·卡约几乎把法兰西银行的高层清除得一干二净，他换上了那些更具实用主义精神，并在思想上与政府步调一致的官员。法兰西银行的副行长欧内斯特·皮卡德（Ernest Picard）被扔到了阿尔及利亚银行，那是一个被证明无法服务国内市场的地方，取而代之的是索邦的著名货币经济学家查尔斯·瑞斯特（Charles Rist），会计丑闻的始作俑者艾伯特·奥佩蒂（Albert Aupetit）也被弃用。而当法兰西银行的理事们因为人事问题提出集体辞职的时候，约瑟夫·卡约和埃米尔·莫罗认为他们只是在虚张声势，最后这些人确实都乖乖地留了下来。

1926 年 6 月 24 日，58 岁的莫罗终于成了法兰西银行的行长。这一天法郎对美元的汇率是 35：1，比此前的最低点 37：1 略微有所反弹。一个非常亲近莫罗的人对他的新职位表示担心，而莫罗也在当天晚上的日记中写道：“我会成为国家破产的清盘者吗？究竟应该害怕还是期待……我的妻子非常不开心。”

巧合的是，在法国金融危机的风口浪尖，诺曼和斯特朗正在法国的里维埃拉一起享受安逸的假期。他们一直坚持着每年两次的会面，既是工作也是娱乐——冬天在纽约，夏天在欧洲。

在前一个夏天里，斯特朗在欧洲待了整整三个月。从伦敦离开以后，斯特朗在其长女凯瑟琳的陪同下与诺曼在柏林会见了沙赫特，然后去了巴黎，又在比亚里茨的皇宫酒店待了一个月。

到了 1926 年，诺曼建议去法国南部度假。那里的度假胜地蓝色海岸是斯特朗最喜欢的地方之一，他从 1902 年起就经常来这里，布尔战争后，他曾在耶尔修养了几个月。和许多英国人一样，诺曼比较喜欢在冬季或早春来到这里，“我唯一担心的就是太热，我喜欢温暖但不喜欢烈日”，在斯特朗第一次提出这样的观点后，诺曼便附和道。但为了能和自己的朋友好好坐在一起“清理打闹中所有问题的淤泥”，诺曼还是来了。

> 他们选择待在杜蓬伊甸园酒店（Hôtel du Cap Eden-Roc）。在第一次世界大战前，杜蓬伊甸园酒店坐落在安提布山峰的最顶端，隐藏在25个精心装饰的花园中。和里维埃拉地区的许多酒店一样，在战争期间，它也在5月和9月停止了生意。然而在1923年，一对年轻的美国夫妇墨菲夫妇说服酒店所有者在夏天开放，并接管了杜蓬伊甸园酒店在夏天的生意，这也使得法国南部的夏季旅游季得以诞生。在墨菲夫妇提出建议的第三年，杜蓬伊甸园酒店已经成为蓝色海岸地区最为时尚和舒适的宾馆。

在6月的最后一个星期，斯特朗和诺曼以及其他一些客人们发现他们又一次被记者包围了。舆论认为，在法国的这样一个特殊时期，如此重量级的两位银行家在法国的会面并不是巧合，而是为了即将在安提布举行一次重要会议。还有传言说，会议已向世界上顶级的金融家发出了邀请，沙赫特正在赶来途中，美国财政部长安德鲁·梅隆不久也将抵达，而莫罗已经与两位行长展开了日常会晤。

当晚，两位银行家成功地逃离了媒体的包围，但不久又被发现在距离酒店20英里以外圣保罗德旺斯的克伦贝欧尔餐厅用餐。一位勇猛的记者成功地潜伏进酒店的地下室，并报道了巧遇诺曼在一艘小游艇拉着的冲浪板上休息的故事。这使得酒店的管理层被媒体给客人带来的不便所激怒，他们要求酒店的服务人员不得在未经允许的情况下以任何方式向外传递两位银行家的消息。事实上，诺曼和斯特朗在接下来去巴黎的旅途中都尽量避免和法国当局接触，因为他们都知道在现在这样一个时期，应该避免与法国政府发生任何讨论。

7月底，诺曼回到了英国，斯特朗则去了巴黎。7月20日，当斯特朗到达巴黎的时候，法国最新一届持续了4周的政府已经倒台了三天，而新成立的左翼联合政府仅仅存在了72个小时。传说法国正在酝酿着新的革命，国会外面的大街上每天都挤满了示威的人群。斯特朗也发现他的法国银行家朋友们正在把家人转移到更加安全的省份，而美国当局则在针对反美暴力活动进行演习。

自从与法国建立外交关系以来，美国人一直喜欢法国，尤其是喜欢巴黎。在 20 世纪前期，当法郎对美元的汇率降至第一次世界大战前的 1/4 以后，美国的夫妻们仅仅花费 100 美元就能来巴黎享受浪漫之旅，一次横渡大西洋的航行一般需要花费至少 80 美元，但法国的生活成本对于持有美元的游客来说却异常便宜。到了 1926 年，已经有逾 4.5 万名美国人生活在巴黎，而每年夏天又会另有超过 20 万美国游客来到巴黎，享受这里文化的融合、精致的生活和多彩的夜生活。

但不幸的是，美国人对法国的偏爱正在逐渐引起法国人的愤怒。法国媒体不停地报道美国利用法郎汇率下降侵占法国蓝色海岸、巴斯克海岸、卢瓦尔河谷沿线和巴黎香榭丽舍大街等地房产的新闻，《南报》（*Le Midi*）的记者把美国人比做“毁灭性的蝗虫”。

尤其是一个偶然事件，点燃了法国人这种被抢劫的感觉。

> 1924 年 3 月，在法国货币危机的风口浪尖，美国大使迈伦·赫里克（Myron Herrick）自掏腰包买下了位于耶拿大街的两处房产。这两处房产在 19 世纪末价值 500 万法郎，约 100 万美元；而现在价值 540 万法郎，仅仅约 20 万美元。赫里克果断地选择在 1924 年 11 月将自己的美元换成了法郎，那时法郎对美元的汇率在恐慌中已经跌至 27 : 1，这使得赫里克仅花费了 20 万美元就得到了这两处房产。其实早在 1912 年至 1914 年，赫里克在德国担任大使时就已经对法国情有独钟，所以后来在 1921 年他又请求重返法国。但当媒体发现美国大使竟然利用法郎危机牟利时，法国人出离愤怒了。

美国政府，尤其是国会，在法国对战争贷款的偿还问题上一直表现苛刻，这同样激起了法国的不满。法国在战争中的牺牲人数是美国的 20 倍。柯立芝曾有过一个著名的评价——“他们是被花钱雇来的，难道不是吗？”这种对法国和英国等欧洲国家人员牺牲的看法，让整个欧洲都感到心寒。即使是在 1926 年 4 月，维克托·亨利·贝伦杰（Victor Henri Berenger）和安德鲁·梅隆达成协议之后，法美两国之间在战争还款方面的隔阂也没有完全消除。美国人认为自己已经慷慨地减少了 60% 的借款，而法国人则认为美国人对法国持续 62 年的还款要求仍显贪婪。

7 月 11 日，约两万名战争受害者在美国位于耶拿皇宫的大使馆前举行了抗议示威活动，他们有的失去双腿坐在轮椅上，有的双目失明。在抗议活动中，示威者甚至推倒了乔治·华盛顿的塑像。

7 月 19 日，在斯特朗到达巴黎的前夜，一辆载有美国游客的大巴在蒙马特遭到了一群民众的袭击。两天以后，约 100 名示威者包围了一辆在巴黎歌剧院附近观光的巴士，企图阻止美国游客继续在法国观光。法国数以千计的地方都聚集起了对美国充满愤怒的人群。此后的几天里，一些其他地方的美国游客用印着 50 法郎和 100 法郎字样的钱币来点雪茄，以此显示他们对法郎的蔑视。

美国游客和法国东道主的关系在持续恶化，以至于《纽约世界》（*New York World*）不得不向有意愿前往巴黎观光的民众告诫以下事项：

> 不要在咖啡馆谈论世界上只有美元是对上帝忠诚的货币，事实并非如此。除此之外，不要抱有金融爱国主义去惹恼那些忙于打仗，而在 1914 年到 1916 年仅凭信用购买美国军需、棉花和小麦的人们。
>
> 不要在火车上和你的朋友谈论美国是世界上最慷慨的债权人，因为不会有人记得美国已经取消了它的大部分债权。多谈论一些我们在网球、高尔夫项目上的无能，这会让我们在巴黎过得好一点。

正是在这样的背景下，莫罗前去凡尔赛的酒店拜会斯特朗。他们在接下来的几天里连续几次会晤——都是在斯特朗下榻的酒店里，因为他们都不希望在法兰西银行会面，甚至要求对这次会面保密。斯特朗面临着来自政治上的对美联储牵扯法国危机的激烈反对，他解释道，“巴黎展现出的对美国人的恐惧和憎恨”，给美国公众“留下了非常不好的印象”。

两人相处得不错，莫罗认为斯特朗是个“友好和保守”的人，然而斯特朗对贷款问题却不予表态。一方面，法国政府需要象征性地尊重法兰西银行的独立性；另一方面，国会又要认可 4 月与美国达成的关于战争欠款的协议。

7 月 29 日早晨，轮到诺曼与法兰西银行的新领导班子会面了，莫罗邀请诺曼来到他位于图卢兹酒店一楼的办公室。法兰西银行的行长办公室与诺曼在针线街的办公室截然不同。这个房间曾经是兰巴拉公主（Princess de Lamballe）的私人公寓，她是图卢兹伯爵的外孙女，也是法国绝代艳后玛丽·安托瓦内特（Marie Antoinette）的知己女友。办公室的地板被绣着鲜花的地毯所覆盖，行长办公桌正对着弗朗索瓦·布歇（Francois Boucher）的油画，落地窗外是弗拉戈纳尔公园优美的景色。

两位截然不同的行长之间的会谈很快便走错了方向。诺曼是个高大、高贵和知识渊博的人，他留着精致的胡子，身着干净的衬衫；而莫罗是个矮小、不拘小节、秃顶、看上去甚至有点像福楼拜的人。诺曼出众的魅力看上去对莫罗并不起作用。诺曼能够讲一口流利的法语，但他坚持在他们的第一次会面中用英语和不懂外语的莫罗交谈。

> 莫罗在日记中写道：“诺曼先生是在 11 点钟到来的，他第一眼看上去还不错。他在凡·高的油画前停留了一下。他面庞清晰，蓄着标志性的胡子，戴着一顶大大的帽子，身着不错的衣服，让人感觉到伊丽莎白的血液似乎在他的血管里流淌。但我并不在意这些，诺曼总是用轻蔑的口气描述犹太人，而且他不喜欢法国。他清楚地告诉我：‘我愿意帮助法兰西银行，但我怀疑你们的政府和财政部，对他们，我不会做任何事情。’另一方面，他似乎非常同情德国。他和沙赫特博士非常亲密，他们看上去似乎在酝酿什么新的计划……毋庸置疑，诺曼为自己的国家感到骄傲并由此充满自信，他是个帝国主义者，期盼他的国家能够统治世界……他崇拜英格兰银行。他告诉我：‘英格兰银行是我唯一的情妇，我只想着它并且愿意为它付出自己的全部。’他不是我们法国的朋友。他心底的想法非常复杂，没有人知道他到底在想什么。即使是这样，在需要的时候他也会伪装得非常和蔼……诺曼并不会为法国去说服斯特朗

或施加自己的影响。他愿意在安提布逗留几天，完全是因为斯特朗在这里。”

英格兰银行的一位随行官员在会见了莫罗之后，也描述了莫罗给英格兰人留下的印象：“愚蠢、顽固、缺乏想象力和理解力，为一些狭隘和贪婪的目的而争论。”

诺曼反复重申着斯特朗为援助计划定下的条件：改变法律让法兰西银行为政府提供担保；履行法国与英美两国就战争还款问题达成的协议。莫罗试图让他们了解法国在这两件事情上所面临的政治困难，尤其是在目前法国政治动荡时期改变法兰西银行地位的困难。法国的许多政治家都在严厉批评法兰西银行在法郎下跌时守着黄金储备却见死不救。

莫罗很快便从这次会面中学到了一课，那就是国际金融援助原来只是商品，他的外国同行们“仅仅准备把这个商品卖个好价钱”。他不会忘记阴险的诺曼和他对法国目前困境的幸灾乐祸。

7月21日，雷蒙德·庞加莱组成政府的新一届内阁。他是法国最杰出和最有经验的政治家，此前他已经从政40多年，并在1912年到1913年、1922年到1924年期间两次担任法国总理，在1913年到1920年第一次世界大战期间担任法国总统。他不属于任何一个党派，这使他能够站在党派斗争之上思考法国的命运。他是个处理危机的天才，并曾做出在1923年占领鲁尔的重大决定，这一决定使法国变得孤立和虚弱；他还推动了道威斯计划的制订和实施。如今，他反对德国的姿态也比三年前更加强硬。在接下来的两天里，庞加莱宣布了新一届联合政府的成员名单。新的名单充分显示了他在政治上的各种考虑，除了包括共产主义人士外，还包括了6位前总理。

接下来的几天中发生的事情表明，庞加莱担任总理为外汇市场带来了巨大的心理影响。在他被宣布担任总理的当天，法郎对美元的汇率已经触及50：1。在后来的两天里，还不等他宣布金融改革和税收计划，他就任总理这件事情本身就已经缓解了投资者的情绪。在这两天里，法郎对美元的汇率快速反弹至43：1。

接下来的一周，法郎对美元的汇率达到了 35：1，累计涨幅超过 40%。法郎令人惊奇的反弹证实了一个论断——**汇率不是由经济基本面决定的，而是由投机者决定的。**

法郎走势好转还与庞加莱的人格魅力有关。庞加莱是一位拥有超凡能力的法国政治家——冷静、内向和反社会主义，他对工作抱有巨大兴趣，具有过目不忘的能力且注重细节。在那个时代，法国的许多政治家对公共责任和个人利益之间界限的理解都非常模糊，但庞加莱却非常诚实。他在巴黎各阶层眼中都有着良好的公共形象，尤其是在银行家眼中。几乎每个投资者——皮卡迪的小商贩、奥弗涅的农民、诺曼底的乡村医生、庞加莱老家洛林的眼镜制造商，都相信庞加莱能够通过渐进式的金融改革使法国经济变好。

随着法郎汇率的迅速上升，进口商品的价格和物价指数开始下降。当年夏天，巴黎的报纸上充斥着美国金融家们来来往往的消息。7 月 24 日，美国财政部长安德鲁·梅隆抵达巴黎。8 月的第一个星期，斯特朗被发现在海牙与沙赫特会面。8 月 20 日，斯特朗和梅隆在依云与负责德国赔款事务的帕克·吉尔伯特（Parker Gilbert）会面。如果不是关于法郎反弹的问题，这些杰出的美国银行家们又在谈论些什么呢？事实证明，这些人在欧洲的神秘游历在很大程度上只不过是插曲罢了。梅隆在欧洲出现主要是为了看望他在罗马生病的女儿，并把她接到依云观海。

法郎汇率的回升也促使过去两年里流出法国的资本不可逆转地回流法国，这使得法国在很大程度上不再需要英国和美国的援助。庞加莱面对国会对战争贷款协议的抵制推迟了履行还款协议的时间，没有这些协议，法国也无法从海外获得贷款。

莫罗一开始并不知道如何应对法郎的反弹，他最初的策略是不干涉法郎。莫罗所受的是旧式的关于社会服务的教育，在具备了丰富的银行业从业经历之后，他对资金和市场的认识有所发展，但面对这样的情况时却仍显得手足无措。事实上，当时很少有银行家能够准确地理解法国在 1926 年的情况，尤其是对现金流入与汇率、价格之间的动态关系及其对经济的影响。幸运的是，莫罗有两个非常能干的下属，查尔斯·瑞斯特和皮埃尔·魁奈（Pierre Quesnay），他们是当时少数几个能够搞清上述问题的人。

> 瑞斯特时年52岁，一直在学院中从事研究，并和他的叔叔查尔斯·纪德（Charles Gide）教授合著了著名的《以当代经济思想看历史重农主义》（*History of Economic Doctrines from the Physiocrats to the Present Age*）一书。在莫罗看来，瑞斯特有点儿像是"自己写过的书和教授过的课程的奴隶"。1924年，他因为一篇短小却影响深远的文章《现实中的通货紧缩》（*Deflation in Practice*）引起了金融当局的注意。与凯恩斯的《货币改革论》一样，他也认为人为压低价格会带来不必要的社会损失。他一开始受到邀请时并不愿意放弃舒适的学院生活而加入法兰西银行，但当他与卡约初次见面后便被说服了——卡约对他说："你在剩下的生命中将不再只是个教师。"

> 皮埃尔·魁奈年仅31岁，他是瑞斯特从前的学生，在1919年退伍后加入了国际联盟（League of Nations）的金融部门。莫罗让他做自己的首席顾问，并任命他为法兰西银行经济研究部门的主管。

在整个秋天里，资金如洪水一般涌入法国，并将法郎对美元的汇率推高到30∶1。瑞斯特和魁奈开始担忧法国可能会重复英国的错误：汇率过高，以致出口商品的定价过高而失去竞争力。当12月中旬法郎对美元的汇率达到25∶1时，瑞斯特和魁奈决定阻止法国经济滑向英国式的滞胀。他们建议法兰西银行应该开始干预法郎汇率，为汇率设顶，他们甚至以辞职相威胁——除非莫罗说服总理接受他们的建议。

在瑞斯特和魁奈向法兰西银行施加智力影响的同时，莫罗也体现出了其在政治上的策略性，他开始认识到汇率水平将决定战争期间的债务分担。这是梅纳德·凯恩斯最早在1923年《货币改革论》一书中提出的观点："法郎汇率将得以确定，但不是由投机和贸易决定的，也不是进攻鲁尔行动的结果，而是由法国纳税人和食利者之间的收入分配比例决定的。"**法郎的汇率越高，政府的债务就越多，对法国的食利者就越为有利，而对纳税人则越加不利。**因此，莫罗决定将汇率固定在某个特定的水平——“这样的牺牲是为了满足社会各阶层的需要”。

事实上，每个经历过战争的欧洲国家都面临着同样的问题。英国曾选择了一个极端：让纳税人承担几乎全部负担，并保护其储户；德国则选择了另外一个极端：通过有计划的通胀减少债务的实际价值，这几乎洗劫了德国国内的中产阶级。莫罗显然希望做出一个适中的选择。

对于庞加莱来说，他本能的意愿是采取加强流通的政策，并让法郎继续升值。对于一个见证了自己国家的货币下跌了近 80% 的人来说，庞加莱对法郎升值有着令人能够理解的强烈愿望。但他同时也认识到，如果法郎升值过快，他将承担把国家推向衰退的风险。因此，和许多关注细节的天才一样，庞加莱在汇率政策方面显得摇摆不定，他可能今天还同意为法郎的汇率设定上限，明天就又会反对这项政策。

反对为法郎汇率设定上限的建议其实并非是由总理提出的，而是来自莫罗自己的机构。法兰西银行持有这种观点的派别由两个很有影响力的理事领导：爱德华·罗斯柴尔德男爵和弗朗西斯·温德尔，他们认为法郎的贬值就是法国的衰落。这些顽固分子们认为，法国应该坚决捍卫在战争期间投资法国的债权人的利益。

> 没有人比这两个人更能代表法兰西银行股东们的力量了。罗斯柴尔德是法国正统的贵族，他又瘦又高，总是穿着老式的、只有银行家才穿的那种配有高帽的正装。他从 37 岁时起就开始担任罗斯柴尔德家族法国分支机构的高级理事。他虽然表面傲慢，但其实非常害羞，甚至有些孤僻。他也非常谨慎和传统，属于真正的保守型个性。他的性格与罗斯柴尔德家族旗下的银行非常相符，他的儿子盖伊·罗斯柴尔德曾说过，“过去存在于所有事情和所有人中”，他们的主要目标就好像是要“慢慢延长 19 世纪”。
>
> 在巴黎一个著名的俱乐部中，罗斯柴尔德结交了一位亲密的朋友爱德华七世。罗斯柴尔德也是个著名的慈善家，尤其热衷于犹太人的慈善

活动。在公众面前，他以参加赛马比赛而出名——在整个赛季里他一直都是冠军，这也是他另外一项天赋，他是个非常优秀的骑手，还曾代表法国参加了1900年奥林匹克运动会的马球项目。

在银行界，罗斯柴尔德的名字及其家族的巨大财富既会引起人们的敬畏，也会引起人们的怨恨。在1920—1940年期间，“内阁的组建必须征求罗斯柴尔德的意见”，因此出现了许多反对犹太人向政界施加影响的运动。1894年德雷夫斯事件爆发时，罗斯柴尔德年仅25岁。德雷夫斯事件严重破坏了罗斯柴尔德家族的名声，甚至有愤怒的暴民喊道：“犹太人去死吧！”这件事情使罗斯柴尔德意识到，自己的家族必须保持低调的姿态，远离媒体，捍卫他们的隐私——虽然他刚刚被一个反犹太人的事件激怒，但他立刻就以要求决斗的方式做出了回应。

如果说在公众面前罗斯柴尔德是一面华丽的金钱之墙的话，那么弗朗西斯·温德尔在公众眼里则显得有些阴险。温德尔家族是欧洲著名的军火制造商，在洛林地区从事军火制造已经有超过250年的历史了，他们也曾给拿破仑·波拿巴提供过军火。在第二帝国时期，温德尔家族开始多元化经营，到了1914年，该家族已成为欧洲最大的钢铁制造帝国。温德尔在法国已经成了钢铁的代名词，就好像卡内基在美国那样。

弗朗西斯·温德尔曾在法国版的《名人录》中把自己的职业简单地写成“钢铁厂厂长”。他那向后收缩的下巴使他看上去像一只高高的、友好的鸭子。他住在位于巴黎克利希广场街10号的一幢并不奢华的公寓里，并喜欢花上一整个周末在巴黎郊外参加自己的个人游戏——那里的人都说他对射击充满热情，但却并不擅长。

与法兰西银行的许多理事们不同，弗朗西斯·温德尔在把钢铁帝国交给自己的两个兄弟打理之后成了国会的当选议员。1918年，他成了钢铁协会的会长，该协会是一个在钢铁和军火制造方面拥有很大权威的组织。

莫罗要想实现自己的目标，显然需要击败那些最有权势的理事们。作为一个拥有 30 年以上政府工作经验的银行家，他具备了操作“政府机器”的必要能力。显然，他所依靠的不是外交手段和个人魅力——他也不具备这些特征。事实上，由于多年被派在外和拒绝参加巴黎的各种沙龙，他在巴黎缺少政治上的盟友。他有个伟大的导师卡约，本来也许能够帮助他摆平法国政府内部的利益关系，但在他被任命几周以后，卡约因为不愿意帮助政敌庞加莱而开始对莫罗有了敌意。

但事实证明，莫罗非常适应政府的内部斗争。在日记里，他展示了自己在政治上极具天赋的一面，他深谙取舍之道，明白什么时候该后退、什么时候该前进、什么时候该赞美、什么时候该威胁、什么时候该施展、什么时候该反对。

12 月 21 日，法兰西银行开始购买自己的货币然后卖出，以保证法郎对美元的汇率不突破 25 ∶ 1 的水平。在接下来的两年里，在庞加莱的支持下，莫罗一直采取汇率干预政策，将法郎的汇率固定在这一水平。

与此同时，罗斯柴尔德和温德尔在法兰西银行内部和法国财政部发起了反对莫罗的运动。没有任何一个机构的斗争像法兰西银行这样激烈——1926 年 8 月，莫罗惊奇地发现，自己的每一笔收入和电话记录，甚至是从政府部门打来的电话都遭到了监控和窃听，他只得将电话全部拆除。

因为无法在理事会中成为多数派，罗斯柴尔德和温德尔只得利用每一次机会来诋毁莫罗的名声。他们不停地游说总理；他们违反法兰西银行理事不对外解释货币政策的悠久传统，企图吸引资金流入法国以迫使莫罗改变法郎的汇率水平。罗斯柴尔德甚至冒着从事外汇内幕交易的风险，命令自己手下的铁路公司不停地购买法郎以推高汇率。

到了 1927 年年中时，莫罗显然赢得了斗争。流向法国的资金开始回流伦敦和纽约。法国在汇率战争中获得了价值近 5 亿美元的外汇储备，其中多数是英镑。尽管遭到了来自理事会顽固派的压力，但庞加莱也赢了。莫罗开始劝说庞加莱不能只盯着过去，还要展望未来。在法郎对美元 25 ∶ 1 的汇率水平下，法国商品在世界上的竞争力最强，出口迅速增加，而价格也更加稳定。看上去多亏了莫罗，法国才避免了德国式的通货膨胀和英国式的通货紧缩，成为欧洲国家中唯一一个在金融战争中取胜的国家。

莫罗的错误是，忽略了当时世界第四大经济体的汇率政策将会对其他国家产生影响。汇率不仅仅牵扯到一个国家，它会对由相关国家组成的多边体系产生影响。尽管在1926年的情况下很难看清法郎汇率对周边国家的影响，但莫罗似乎是故意闭上眼睛去忽略这个问题。也许是他对英美在法国危机时不提供支持感到不满，也许是他想改变国际金融体系由诺曼之流支配的现状，不管是什么原因，莫罗将法郎汇率固定在一个低估的水平，终将伤害全球汇率的稳定性。

第 14 章 繁荣的代价

1926—1927 年

环境决定人，人不能决定环境。

——希罗多德，历史学家

除了美国股市外，没有任何一件事情可以在美联储引起如此多的争论、不和、仇恨和困惑。华尔街的繁荣也是美国精神的繁荣。查尔斯·狄更斯在 1842 年游历美国之后，就注意到了美国人渴望投机和不劳而获的现象。在 1884 年纽约股市陷入恐慌之后，伦敦《旁观者》（*The Spectator*）杂志评论道："英国人虽然也投机，但更怕贫穷；法国人宁愿枪毙自己也不愿意投机；美国则是 100 万个人都去投机，最后只有 10 个获胜，而且输的人也能够泰然处之。这种投资自由是值得称赞的，但这也使美国成为世界上最危险的怪兽。"

令人奇怪的是，虽然国家鼓励在股市上赌博，但美国市场从来没有异常膨胀过。1913 年，美国股市与英国股市规模相当，总市值大约在 150 亿美元，相当于美国经济总量的 1/3。从 20 世纪开始到战争爆发期间，股票市场的表现并不抢眼。1900—1902 年由兼并导致的牛市在 1903 年被"富人的恐慌"所打断，1903 年以后市场迎来"罗斯福牛市"，然后经历"1907 年的恐慌"，最后迎来"复苏牛市"。波动的结果是道琼斯工业平均指数在波动了 10 年之后，从 50 点一路上扬到了 100 点。

战争爆发之后，美国经济在此后几年经历了高速增长，美国人开始成为协约国的武器供应商和贷款人。但很少有投资者会认为发生在欧洲的大战会对股市形成利好，所以尽管美国企业的盈利在持续增加，但股票价格依然维持在一个区间里波动。美国加入大战后，劳动力短缺开始显现，战争引起的消费极大地刺激了美国的生产和收益。1920 年底，道琼斯工业平均指数站上了 72 点，这几乎是美国股市近 20 年波动的中间点——在扣除战争导致的通货膨胀因素之后，此时的点位仅相当于 1913 年股市真实点位的一半。

但是，当 1922 年第一次世界大战后最初的阵痛过去之后，本杰明・斯特朗领导下的美联储所从事的最重要的工作几乎就是稳定股票市场的价格。此后，随着通货膨胀接近于零，美联储的基准利率也被降得很低，这使得经济能够随着汽车和无线电等新兴行业的兴起而快速增长。当整个经济异常迅速地增长之后，更为乐观的预期也随之产生。随着组织化大生产的出现和工人工资的提高，许多企业在 1925 年的盈利大约超过 1913 年时的一倍。道琼斯工业平均指数则从 1921 年的 67 点迅速上升到 1925 年的 150 点（如图 14—1 所示）。1925 年凯文・柯立芝再次当选美国总统之后，美国股市这些年的上涨被冠上了独有的名字："柯立芝牛市"。

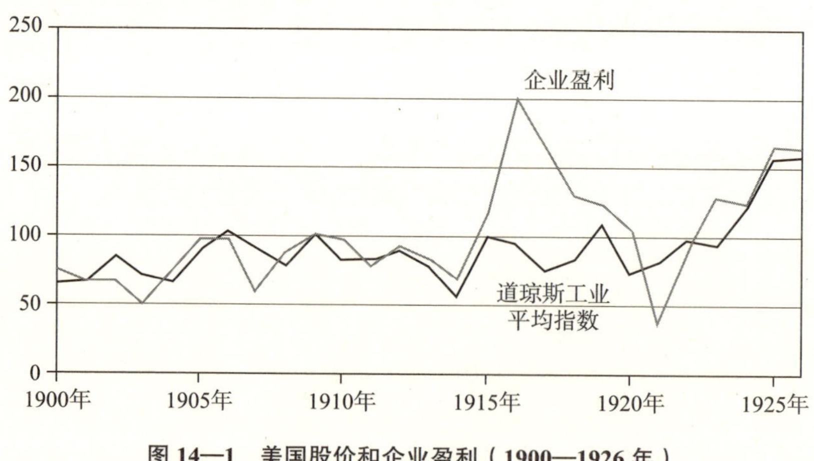

图 14—1　美国股价和企业盈利（1900—1926 年）

1900—1926 年，虽然处于战争时期，但股市仍迅速上涨。没有任何一家公司能比通用汽车公司更能说明美国经济的快速增长了。通用汽车公司由威廉·克拉波·杜兰特（William Crapo Durant）于 1908 年创立，他是美国独立战争期间密歇根州州长 H. H. 克拉波（H. H. Crapo）的孙子。年轻的杜兰特在密歇根州长大，高中辍学后便离开学校从事过各种类型的工作，包括杂货店送货员、药店职员、医药商人、保险推销员和烟草店经理等。杜兰特几乎是个天生的销售员：有吸引力，婉转却坚定，带着胜利者的微笑、无与伦比的乐观以及说服他人的天赋。在建立了美国最大的童车生意之后，他在 1903 年兼并了别克汽车公司。此后的 8 年时间里，他又相继兼并了一系列规模不大的汽车公司——包括奥兹莫比尔、凯迪拉克、庞帝克，现在它们的名字已经是家喻户晓。

1910 年，由于过度扩张，通用汽车陷入了沉重的债务危机，杜兰特也因此将通用汽车的实际控制权交给了银行。但他没有放弃，勤奋的他和一个赛车手路易斯·雪佛兰（Louis Chevrolet）在 1915 年又成功组建了一家新的汽车公司，并重新兼并了自己的老公司通用汽车，此时的通用汽车已经在纽约证券交易所上市。但是在 1920 年，战后衰退让杜兰特再次失去了他对通用汽车的控制权，这次，控制权转移到了杜邦家族手中。

杜邦家族收购通用汽车其实是冒有风险的，此时公司的汽车产量为每年 25 万辆，盈利仅为 3 000 万美元，公司价值大约 2 亿美元左右。在公司新管理层的带领下，通用汽车成为纽约证券交易所最成功的企业之一。1925 年，公司的汽车年产量已经达到 80 万辆，大约有 25% 在美国国内销售，公司的年利润达到了 1.1 亿美元。其股价则在 5 年间翻了 4 倍，从每股 25 美元变成了每股 100 美元。

在类似通用汽车的一批优秀公司的支撑下，纽约股市在“柯立芝牛市”期间像金融巨兽般快速上涨。到了 19 世纪 20 年代中期，美国股市每年从投资者手中募集的资金超过 10 亿美元，上市公司的数量翻了 5 倍，而美国股市的总市值也从 1913 年的 150 亿美元跃升至 1925 年的 300 亿美元。

华尔街并不是唯一受益于经济增长的地方。股市的上涨也带动了佛罗里达州房地产市场的繁荣。

在战争期间，佛罗里达的气候吸引了大量移民的到来——5 年间迈阿密的人口翻了一番还多。大量资金的涌入将佛罗里达的房价推为天价。蛊惑人心的小册子上宣传这里的绿树成荫、金色海岸、迷人沙滩和阵阵微风，却闭口不提这里的飓风和红树潮，人们开始疯狂买地。科勒尔盖布尔斯（Coral Gables）和好莱坞等一些地方几乎在一夜之间就发展了起来。从棕榈滩到迈阿密，墨西哥湾沿线城市的房地产价格被炒到了天上。棕榈滩的一块地在上涨前大约值 25 万美元，但到了 1925 年早些时候已经涨到了接近 500 万美元；曾经只值几百美元的空置土地，现在要卖 5 万美元。

看着他人变得有钱并不是件让人开心的事情，尤其是他们好像在一夜之间不费吹灰之力就变得有钱。因此，这些狂热的行为——股市的上涨、新的热点、对新时代的大肆宣传和佛罗里达房地产的买卖，不可避免地引起关于美联储是否需要做点儿什么来制止“投机者的狂欢”的争吵，“投机者的狂欢”这个词语在未来几年里失去了它本来的意思，但却变得非常流行。

领导这场争论的是阿道夫·米勒。与他的一些言论一样，他对股市上涨的敌意是基于一些错误的概念的。一个错误的概念就是上涨的股市吸收了经济中其他地方的资金，这是个无稽之谈，因为每个股票买家都对应有股票卖家，所以资金流入市场的同时又会立刻有资金流出市场。

1925 年秋天，米勒开始密切关注所谓经纪商的贷款数据。银行为股票经纪商提供贷款，经纪商则用这些钱来囤积股票或借给客户以保证金的方式来购买股票。在一般的保证金交易中，投资者付出的本金一般只有投资总额的 20%—25%，剩下的都是借来的。在最近 10 年里，这笔贷款的总额大约只有年均 10 亿美元左右，但到了 1924 年底则突然达到了年均 22 亿美元左右，而且看上去到 1925 年底这一数字有望达到 35 亿美元。米勒将这笔贷款看作是投机的标志，并坚定地认为银行的此类贷款会比其他贷款更容易引起通货膨胀。现在，我们知道这是荒唐的——**通货膨胀的结果是由信贷总量决定的**，而不是由这笔贷款决定的。

米勒的运动在 1925 年 11 月的一个星期日得到了响应，这一天米勒正在自己位于华盛顿 S 大街的住宅里浏览一些他带回来的文件，这时他家的门铃突然响了。男管家还没来得及反应，他的邻居已经自顾自地推开了两扇大门，并走上楼梯冲米勒喊道：“你和我一样担忧现在的股市吗？”

米勒这个精力异常充沛的邻居不是别人，正是时任商务部长的赫伯特·胡佛。

> 胡佛来自艾奥瓦州的一家教会孤儿院，从斯坦福大学以优异的成绩毕业以后，他成了一名专业工程师。在 20 世纪的头十年里，他幸运地成了一位采矿事业的推动者，并且几乎走遍了全球的每个角落——从中国到德兰士瓦（Transvaal），从西伯利亚到育空（Yukon），从马来半岛到火地岛。一个偶然的机会使他开始为国家工作，这就是在 1914 年负责疏散在欧洲的美国人，此后他在威尔逊政府时期相继担任战争食品委员会主席和比利时援助署主席等职务。

梅纳德·凯恩斯称其为“唯一一个从巴黎回来还能让名声变好的人”。在被哈定任命为内阁大臣后，胡佛很快便依靠出色的组织能力从他那些无所作为的同事中脱颖而出。他具有很强的信念，似乎总有一股用不完的热情。

1925 年秋天，胡佛开始公开干涉他的内阁同事们的差事，帕克·吉尔伯特曾开玩笑说“他是商务部长和其他所有部门的潜在部长”。他决定发起一场针对股市和房地产市场过度投机的运动。

对于米勒和胡佛来说，投机狂热的罪魁祸首就是本杰明·斯特朗。他们坚信，斯特朗压低利率用以帮助欧洲国家维持币值稳定的做法是造成美国资产泡沫的主要原因。胡佛曾是支持美国援助欧洲战后重建的重要人物，他当时视斯特朗为自己的好友，但现在他坚定地认为通过人为压低利率帮助欧洲的做法是错误的。用他的话来说，斯特朗已经在精神上变成了欧洲的附庸。

和当时的许多金融官员一样，斯特朗也非常担心股市过快上涨可能带来的潜在风险，在他给诺曼的信中充斥着对华尔街股价疯长的担忧。尽管他对股市的现状有些担忧，但他更关心身处华尔街底层的金融从业人员可能会因为美联储对市场的干预而遇到麻烦。在美联储成立以前，股票下挫和银行危机经常在华尔街出现：比如 1837 年、1857 年、1896 年和 1907 年。在斯特朗早年作为股票经纪商期间，他本人既是 1896 年金融危机的受害者，又参与了 1907 年金融危机过后金融秩序的重塑。

作为一个华尔街老兵，斯特朗非常清楚判断市场是否存在泡沫是件非常困难的事情——**判断股价上涨是由企业盈利驱动还是纯粹受心理作用驱动是非常困难的**。就整个市场而言，仍然存在着买卖双方的力量——股市需要观点的差异，在 1925 年许多人都梦想着一夜暴富的时候，还必须有人认为现在价格已经很高了。斯特朗认识到他自己对股市的错误判断可能会导致国家的货币政策处于艰难之中，因此尽管他本人认为市场已经涨得很高了，但他还是不停地问自己："是否整个世界已经进入了一个快速增长时期，经济的复苏伴随着信心的恢复，这是战争带来的结果吗？没有人知道，我不敢预言。"在这么多的不确定性下，斯特朗最终还是说服美联储不要人为干涉股市的价格。

进一步来看，即使斯特朗确定股市存在泡沫，他也会注意到除了股价水平以外，美联储还需要关注许多其他目标。**他担心如果给美联储的货币政策再增加抑制股市泡沫这样的目标，会使美联储的目标体系承受过重的负担**。在谈到美联储诸多相似和冲突的经济目标时，斯特朗曾比喻道："难道我们一定要接受家长式的经济发展模式吗？这对于我们来说是困难的。我们或许有一群孩子，但一旦这群孩子中有一个犯了错，我们就不得不教育他们每一个人。"他希望美联储能够将注意力集中在整个经济的平衡上，而不是被身处曼哈顿的顶尖职业赌徒们所左右。

斯特朗认为，美国精神——健康、乐观和时尚引起了这个时代的过度投机。他在 1925 年年底给诺曼的信中写道："看上去目前的市场已经被一群狂欢的投机者操纵，但美国人民的脾气是即使面对投机，也不会去阻止投机。"

尽管 1925 年米勒和胡佛已经对股市和房地产市场义愤填膺，但斯特朗认为美国没有出现可能发生通货膨胀的信号。英镑刚刚重新与黄金挂钩，欧洲国家的情况也仍然脆弱，所以斯特朗认为在这个时候紧缩美国的信贷是不合时宜的。那时，他可能确实忽视了美国的股市。

米勒和胡佛根本没有阻止斯特朗的能力。胡佛是商务部长，无权干涉美联储的独立性，而米勒是委员会中的少数派。纵然米勒和胡佛多次努力企图去改变美国的货币政策，但他们显然没有赢得众议院和参议院的支持。

美国的法律也帮了斯特朗的忙，因为在美国只有美联储才能行使改变货币政策的权利。议会有权赞成或不赞成美联储的行动，但无权强制美联储执行。从平衡性的缺失角度来看，这种灾难只在两个部门里存在——军队和中央银行，这些地方需要人们快速做出决定。在 1925 年和 1926 年，米勒和胡佛拼命游说政府应该推行紧缩性货币政策，但斯特朗却能够借助法律躲在美联储身后什么都不用做。

1925 年，没有迹象表明现行的货币政策带来了灾难，反而一切都在证明是米勒和胡佛拉错了警报，市场根本就没有泡沫。1926 年春天，股市下跌了近 10%，然后又进入了一个缓慢、平稳的上升过程。1927 年年中，道指的点位为 168 点。与此同时，企业的利润稳步增长，市盈率稳定在 11 倍左右，这比通常认定的 20 倍预警线要低出很多。佛罗里达的房地产泡沫受飓风的影响而降温，尽管一些地方的房产项目中断，但对经济的影响却非常微小。美国的消费者物价指数也继续保持平稳。

> 回头来看，斯特朗抵制米勒和胡佛在 1925 年和 1926 年要求货币紧缩的行为是正确的。米勒和胡佛满怀着拯救国家于过度投机的热情，却掉进了金融官员最容易陷入的陷阱——对复杂市场的判断过度自信。米勒是个学院派经济学家，胡佛是个工程师，他们两人都忽视了市场运行的方式。他们企图去戳破一个本不存在的泡沫，这会以消灭经济潜在收益的方式来伤害经济。

当然没有比通用汽车更好的例子去理解美国这两年的市场。在 1925 年到 1927 年的两年里，通用汽车的利润增长了 250%，达到每年 2.5 亿美元的盈利水平，超过美国钢铁公司成为美国最赚钱的公司。而它的股价则上涨了近4倍，到1927年，公司的市值已经达到近200亿美元，市盈率却低于9倍，这仍然被认为是一个合理的价格。

> 而杜兰特呢？如果说通用汽车的发展是19世纪20年代传奇性的故事，那它的创始人就是那个狂热时代的标志。尽管是杜兰特开创了这个最成功的公司，但是在第二次失去公司的控制权以后，他拒绝再次回来。他持有的通用汽车的股票价值最高曾达到一亿美元，但后来他在还去个人贷款后大概只剩下4 000万美元。

> 此后，他便沉浸在股市中。他组建了一支由百万富翁组成的团队，很多人都是他在底特律从事汽车行业时的朋友，他们共同投资股市。在后来4年的时间里，他的运气非常好。到了1927年时，他组建了一只规模10亿美元的基金，并另外间接控制着20亿—30亿美元的资金。这就好像是比尔·盖茨在被迫离开微软之后，另外组建了一只华尔街规模最大的基金，并担任基金经理。

中央银行就像是希腊神话中的科林斯王西西弗斯（Sisyphus），他被众神诅咒把一块巨大的石头推上一座陡峭的山，然后再看着它滚下来，而且生生世世都做着同样的事情。中央银行的行长们似乎面对着同样的不幸，尽管不是生生世世，但他们也得眼睁睁地看着自己的成功被失败瓦解。中央银行行长们的目标是经济增长和物价稳定，然而过度乐观和投机肆虐下的经济环境终将导致经济的不稳定。20世纪20年代后半段，美国的不稳定力量主要来自股价的飞涨，而在德国则主要是国外借款。

从1927年开始，德国似乎从近些年来高速通货膨胀的噩梦中走了出来。沙赫特在德意志银行获得了牢不可破的地位和权力。道威斯计划以后，根据德国新的《银行法》，他获得了4年绝对安全的新任期和独立于政府之外的地位。在摆脱了哈芬施泰因时代的竞争对手之后，沙赫特在德意志银行的地位更加稳固，当时他的竞争对手们一直想在这个位子上任命他们自己的人。更重要的是，尽管常任理事会设有6个银行家和7个海外专家制约沙赫特，但能够到位的人员还不到

1/4，这让沙赫特可以毫无阻碍地做出自己的决定。一位德国政治家回忆说，沙赫特“策略性地咨询每一个人，然后凭借他自己的喜好做出决定”。

借助自己的地位和性格，沙赫特几乎统治了德国每一场关于经济的讨论。根据德国自由经济学家兼德意志银行顾问莫里茨·博恩（Moritz Bonn）的回忆，在那些年里“沙赫特把世界看作是自己独有的美餐，对公众的批评特别敏感。他把自己的强势和野心用在了德国银行和经济中，他还特别容易嫉恨那些有时与他意见不合的同事。一旦他到了德意志银行的总部，就好像自己是所有人的老板一样”。

而在公众看来，沙赫特一直是一个魔术师、一个拯救市场的英雄。1925 年 6 月，斯特朗和诺曼拜访了沙赫特，沙赫特也于当年秋天访问了美国，并接受了成为中央银行三巨头的邀请，这可以进一步加强他的权威。在与诺曼相识的三年里，沙赫特与诺曼发展了良好的个人关系——在 1924 年他们见了 5 次面，1925 年见了 3 次，1926 年是 4 次。诺曼承认与沙赫特一起工作是件困难的事情，因为他喜欢在公众面前显示自己并进行演讲，但是和他一起“讨论金融则是一种乐趣”。诺曼对沙赫特太过钦佩，以至于担任英国外交大臣的罗伯特·范西塔特（Robert Vansittart）抱怨他对“沙赫特博士太过痴迷”。

斯特朗对沙赫特的评价显然没有达到诺曼的高度，他认为“沙赫特无疑是个异常重要的人，他拥有一种近乎天真的自信，并用铁腕统治着德意志银行。他做事坦率、开放且充满信心，他看上去似乎一直得到德国政府的有力支持，这种支持在美国是不可能出现的。他不喜欢掩饰什么，看上去他就是在享受困难”。

> 权力似乎很适合沙赫特。他把家从策伦多夫的小村庄搬到了德意志银行在耶格大街总部大楼的顶层。他根本不用考虑花费——他的薪水相当于 5 万美元，另外他还从达纳特银行获取了 7.5 万美元的养老金。他还在距柏林南部 40 英里的地方买了一栋很大的乡村别墅，在那里可以打猎和组织聚会。
>
> 在他别墅所在的小镇上，沙赫特经常参加聚会。“为了掩饰丑陋的

脸，装作好奇和有吸引力”，沙赫特经常抽着雪茄，并在他威严的、总是警惕地看着他的妻子路易丝的陪伴下出席活动——据说他有一双迷离的眼睛，这已经成了社交圈的共识。他有个浮夸的习惯，就是穿着有显眼袖子的文化衫，很多人都会跟在后面嘲笑他的穿着——最常见的说法是，他的穿着像个野心勃勃的书记员。不用说，聚会时沙赫特是个受欢迎的客人，很多人都为他“尖锐的和具有破坏性的幽默”叫好。阿迦汗（Aga Khan）回忆道，沙赫特是晚宴上最有吸引力的客人，他的讲话能够“吸引餐桌上的所有人”。此外，沙赫特还会写诗，他可以随便来上几段用以娱乐参加聚会的人们。

在第一次世界大战前，柏林的社会生活是非常沉闷的。在容克贵族等级森严观念的压迫下，不同社会圈子之间的人们很少来往。然而，在普鲁士贵族被推翻和中产阶级被通胀摧毁之后，柏林已经变成了一个充满政治家和既得利益者、前贵族和外交官的无根的城市。这是个没有灵魂的城市，却成了艺术家的沃土。因为过去被彻底清除，整个城市有一种精神病似的疯狂的能量，从某种程度上来说，没有一个欧洲城市能和柏林相比，它吸引了欧洲最前卫的作家、画家、建筑家、音乐家和剧作家。一名叫作威廉·夏勒（William Shirer）的记者在第一次来到柏林时写道：“我从来没有见过一个城市如此的现代、自由和令人兴奋。”

但是在“珠宝般闪耀”的外表下，这个城市却正在被即将到来的噩运所包围。诺曼在 1926 年访问沙赫特时曾对此有所预感：“每当你觉得德国的政治和经济很好时，它就离悬崖不远了。”啤酒馆政变失败后，很多人都把希特勒当作是一个笑话。实际上，德国此时正是暗流涌动。1927 年 3 月 21 日，600 多名纳粹褐衫队员，也就是冲锋队员，在柏林东部殴打一群共产党人，并冲进城市中心游行，袭击选帝侯大街上每一个像犹太人的民众。当局的反应是一年之内禁止纳粹在柏林活动。

但德国的经济仍然发展很快。在市场稳定以后三年多的时间里，德国的产出增长了近 50%，出口提高了 75%。德国 GDP 超出第一次世界大战前水平近 20 个百分点，失业率只有接近 6% 的水平，而物价水平也非常稳定。德国经济的复苏也体现在股市上。在德国恶性通货膨胀期间，几乎没有人相信资本主义还能在德国生存，德国的资产变得像污泥一样便宜，在考虑通货膨胀因素的情况下，德国资产价格下跌到仅相当于 1913 年时 15% 的水平——以奔驰公司为例，当时仅花 227 美元就可以买到它的汽车。到了 1927 年，德国的股价已经比 1922 年最低点时上涨了 4 倍。

道威斯计划取得了异常的成功，事实上，它有点儿过度成功了。美国的银行家们相信，在道威斯计划的保证下，德国会尽快首先偿还对英法的战争赔款，因此他们纷纷热衷于把钱借给德国。在计划开始后不到两年的时间里，有大约 15 亿美元流入德国，这使德国在偿还了 5 亿美元战争赔款后仍然有巨额的外汇结余。这些结余中的一部分被用来重建工厂，但还有相当大的一部分经各州、市和直辖市政府授权后被用来建造游泳池、剧院、体育场甚至是歌剧院等。外国银行家借钱给德国的热情导致了很多草率的投资和浪费——德国巴伐利亚的一个小镇计划借款 12.5 万美元，却被借钱给它的投资银行说服，而最终借了 300 万美元。

随着外资的大量涌入，进口迅速膨胀，在 1924—1925 年时，政府放松财政已经不可避免。到了 1926 年时，德国政府重回赤字财政。但是，此时的财政赤字并不明显——只有两亿美元，约占德国 GDP 的 1.5%。比起超额通胀时期，现在的融资主要依靠国外的硬通货，这不会引起新的通货膨胀。

从任何一个指标来看，沙赫特作为德国当前经济局面的设计师之一本应非常高兴，但相反的是，他却一直受到战争赔款问题的困扰。即使是在道威斯计划期间，他也一直不确信德国是否能够，甚至是应该支付如此多的赔偿，他对计划支持的目的是为了获得国外贷款。他希望来自美国的贷款能够被用以支付战争赔偿，这样，美国银行家的利益将和德国趋于一致，这会促使他的外国朋友们降低对协约国的还款要求。

但德国现在却从国外借得太多了。沙赫特担心借款数额过大可能会导致德国在某天出现偿付困难，而偿付困难又可能导致债务危机和国家破产。他认为德国用借款来繁荣城市（比如建造歌剧院）的做法不可理喻，这根本就不能吸引用来支付赔款的外资。更可怕的是，德国可能会因为过多的贷款而出现过度繁荣，这会让德国根本无法负担战争赔款。这种人工增长会给国内外的每个人带来繁荣的假象，沙赫特称这种假象为“狂热”。

沙赫特的问题就在于他意识到了情况的危急，却几乎什么也做不了。如果他收紧银根戳破泡沫，就会鼓励人们出国寻找便宜的借款，这会增加本已过剩的国外贷款数额。

显然沙赫特不是个愿意在危机前等待的人。从许多方面来看，一些人以精于计划而出名，而他却是个冲动型的银行家。1927 年 3 月 12 日星期四，他开始行动了。德意志银行当天对德国所有银行发出指令，要求各银行对股票交易提供的贷款立刻减少 25%。第二天，德国股市应声而跌，当天下跌超过 10%——这一天被柏林媒体称为“黑色星期五”。在接下来的 6 个月里，德国股市又继续下跌了近 20%。

在赶走了股市投机者之后，沙赫特希望改变德国这种信心过度的环境，并制止过多的外资流入德国，日后证明这是个严重的错误。事实上，尽管股市在过去 5 年持续上涨，但这也只代表了经济从一场严重的危机中得以复苏。市场上并不存在真正意义上的高估——1927 年初，德国股市的总市值也不过 70 亿美元，不到 GDP 的 50%，仅仅是第一次世界大战前水平的 60%。更重要的是，德国政府对外借款与股市无关。沙赫特所有匆忙的操纵都被证实是对市场信心无谓的损害。

在因为担心外资流入而抑制股市的做法失败后，沙赫特开始在战争赔款方面做起了文章。

纽约联邦储备银行的官员皮埃尔·杰伊（Pierre Jay）在 1927 年 6 月途径柏林时，曾评价沙赫特“并不希望德国看上去太好了，因为他害怕这会促进道威斯计划的执行”，并预言他也许会继续故意采取一些行动来伤害德国脆弱的繁荣，以证明赔款负担对德国来说太重了。美国负责战争赔偿事务的官员帕克·吉尔伯特和沙赫特的关系比任何人都密切，他也发觉沙赫特“开始公开和积极地破坏道威斯计划”，并描述沙赫特在这段时期“善变和情绪化”。

没有人确切地知道沙赫特究竟在想什么，柏林也流传着谣言认为他正在故意制造一场新的危机。有历史学家描述沙赫特已经堕落到“不负责任和不可预测”的地步。他极端和古怪的行为倾向好像是为了故意让他的朋友和敌人们都捉摸不透，这当然会让他的伙伴诺曼和斯特朗感到紧张。他们害怕沙赫特犯下在赔款问题上不顾后果赌博的愚蠢错误，并最终伤害道威斯计划的执行，这不仅会使德国陷入混乱并更加脆弱，也会使这些年来他们付出巨大努力而构建的国际货币体系遭到损害。

他们还担心沙赫特的行为倾向会让他自己陷入显而易见的政治纷争，沙赫特从来就没有什么外交手段，他总是公开批评政府的财政政策，尤其是对州、市政府大举借债的批评。在 1925 年中央银行行长们访问柏林期间，斯特朗曾建议沙赫特“不要惹上政治麻烦对德意志银行的行长来说是有好处的”，诺曼也曾试图提醒他要更加谨慎一些，但沙赫特似乎有足够的直觉去避免政治之船的颠覆。然而现在，他变得越来越不谨慎并毫不顾忌自己的评论。

一个肥皂剧终于让他与政府的关系对立起来。在 6 月的内阁会议上，沙赫特以责骂的方式攻击了政府，这让内阁大臣们出离愤怒。沙赫特在侮辱了内阁之后还不愿意就此打住，他在那天晚上的私人宴会上还向客人们吹嘘他是如何奚落政治家的。他揭露了本是秘密的内阁争吵的细节，包括攻击个别部长们的言论、驳斥财政部长的评论以及要求财政部长提交辞呈等。就连一贯支持他的施特雷泽曼也觉得沙赫特的行为非常有问题，而且这种行为已经变得不可饶恕。这件事情虽小，但却成为即将到来的事件的先兆。

法郎神奇的复苏对法国似乎是件好事，但却加重了欧洲的负担。1927 年春天和夏天，资本继续回流庞加莱统治下的法国。法兰西银行为了阻止洪水般的资金推高法郎，从 5 月底开始持续购买外汇，并积累了价值 7 亿美元的外汇资产，其中有一半都是英镑。

法国金融的复苏大大出乎诺曼的预料。诺曼从来都没有掩饰过自己对法国和法国人一些做法的蔑视——不停地内部斗争、政府不稳定和地方权力过大。1924 年期间，尤其是 1925 年英国重回金本位以后，他开始对法国的金融劫难表现得幸灾乐祸。法郎暴跌时，他曾对斯特朗坦白道，法国目前的窘境是从战争时就开始的那种非正统的金融管理所导致的，这让他觉得非常“可笑”。

莫罗也是诺曼轻视的人物之一。莫罗刚刚上任不久，就被英国人所谓的没有英美帮助法国就无法稳定的说法所激怒。莫罗此后的许多决定都特别针对英格兰银行的诺曼，他还在欧洲范围内（除了德国）引起了广泛的共鸣。斯特朗在1926年时注意到了这些，他发现欧洲的金融当局“似乎都很害怕诺曼，并且不信任他”。

在法国积聚了硬通货并稳定了法郎之后，莫罗决定开始重塑法国在金融界的地位。他忘不了在战争以前，巴黎曾是世界第二大金融中心。

他重返国际舞台的第一个机会是波兰的贷款问题。波兰在第一次世界大战后获得了独立，在历史上，波兰一直是法国制衡德国的重要盟友。1926年底，美联储、英格兰银行、法兰西银行和德意志银行共同召开了一个商讨如何稳定波兰镍币的中央银行会议。当诺曼试图争夺主导权之际，法国强烈反对英国对其传统东欧盟友的干涉。在莫罗看来，这是诺曼“帝国主义梦想”的又一次重要表现。

1927年2月，法兰西银行也试图就1916年由法国黄金做担保的贷款中的一些条款与英格兰银行进行谈判。当诺曼抵达法国之后，他照例无助地遭遇到了重重阻碍。让诺曼感到非常沮丧的是，法兰西银行令人吃惊地宣布将会偿还9 000万美元贷款，并拿回在英国正被当作债券发行抵押的黄金。在接下来的一个月里，法兰西银行在没有对英国进行任何告知的情况下，把价值一亿美元的英镑转换成黄金，这使英格兰银行减少了价值近两亿美元的黄金储备。法兰西银行的这两个行动让诺曼感到非常震惊。他向斯特朗抱怨道，莫罗的决定“反复无常”，并且可能会“伤害金本位制度”。

诺曼和莫罗在1927年的头几个月里反复见了几面——2月在巴黎，3月在伦敦，4月在加来的总站酒店，试图解决英法之间的争端。尽管他们在公开场合从未表现出关系的紧张——他们小心地维持着一种冷冰冰的礼貌，但他们之间显然互不信任且互相讨厌。莫罗明显忘不了诺曼是如何对法国见死不救的，这与英国在 1924 年全力支持沙赫特和德国形成了强烈对比。

金本位实际上提供了一种传统且安全转移黄金储备的方式。一个失去黄金储备的国家会自动引发信贷的收缩和利率的提高，这会暂时收缩购买力并吸引外资流入。与此同时，外资流入会带来新的黄金储备，并引起信贷扩张和购买力恢复。这种凯恩斯口中的“游戏规则”可以自发地调节黄金在各国之间的流动。

但在 1927 年早期，英格兰银行和法兰西银行并没有就这些规则达成一致。1927 年 5 月 27 日，一场特殊的会议被安排在法国，诺曼对法兰西银行进行了回访。诺曼与莫罗的这次会面不同于一年前危机时的会面，现在是诺曼倒过来求莫罗帮忙。诺曼宣称他无法收紧英国的信贷，因为“除非挑起一场骚乱，否则他做不到收紧信贷”。他认为越来越多的资金流向法国都是在赌法郎升值，他要求莫罗降低法国的利率水平。

另一方面，莫罗认为法国已经经历了近 10 年的高速通胀，他不愿冒着重蹈覆辙的风险放松信贷。他坚持认为在金本位制度的规则下，法国有权将自己手中的英镑转换成黄金，英国的黄金储备减少后，英格兰银行应该加息。

虽然明显是法兰西银行的突然行动威胁了英国稳定英镑对黄金比价的能力，但莫罗试图告诉诺曼法国不是故意让金本位制度不稳定的，也不是有意损害英镑的稳定，他感情夸张地宣称：“我们并不想蹂躏英镑。”英法两国都声称自己遵守金本位下的规则，并且都指责对方破坏规则。

英国人也并不是完全处于防守的位置。他们指出法国当时还持有可以转换成黄金的价值 3.5 亿美元的英镑，英国政府持有法国价值 30 亿美元的战争贷款，英国在理论上有权要求法国立刻归还这笔欠款。会议最终以临时性休战的方式结束。在此后的几周里，双方都显示出了一定的退让。英格兰银行允许利率温和上升，而法国则下调了利率。总的来说，英法两国之间的直接金融冲突得到了避免。

第15章 为市场送上一小杯威士忌

1927—1928年

并不是每个错误都是愚蠢的。

——西塞罗，古罗马著名政治家

1926年末，全世界的中央银行家们已经开始担心三个问题——美国股市泡沫、德国过多的外债和金本位制度越来越多的功能失调，这些问题最终将导致全球经济在未来几年里出现过热的风险。然而，这些银行家都没有预料到即将到来的风暴如此之大。沙赫特一直难以从与德国政府的扯皮中抽出精力；诺曼和莫罗则忙于互相斗争；斯特朗则总是专注于与他自己的健康以及和美联储的同事“作战”。

1926年，在斯特朗从欧洲度假回来后，两年没有发作过的肺结核发展成了肺炎。当他因为新的疾病躺在病床上并濒临死亡时，他又一次遭遇了个人悲剧，这一次还隐约伴随着丑闻的性质。

1923年春天，斯特朗在科罗拉多州的克拉格莫尔疗养院和病友、来自田纳西州的22岁女演员多萝西·斯莫勒（Dorothy Smoller）建立了友谊。斯莫勒曾在安娜·巴甫洛娃（Anna Pavlova）的芭蕾舞剧团跳舞，并在百老汇的舞台上有过几次演出，甚至还在一部电影里扮演过角色。

> 在疗养期间，她的钱花光了，斯特朗等几个有钱的病友资助了她。1926 年 11 月，她又在纽约出现，接受斯特朗的私人医生詹姆斯·米勒（James Miller）的治疗——与其他肺结核病人一样，她也没能完全摆脱病魔的困扰。1926 年 12 月 9 日早晨，她刚刚结束在百老汇的演出，在接到一封神秘的令她万分哀伤的信件之后服用了一整瓶烈酒而自杀。
>
> 在她的床边放着三封信，其中一封是写给她加州长滩的妈妈的，一封是写给一个朋友的，还有一封是写给斯特朗的，她在遗嘱中写到希望把她所拥有的斯特朗的照片归还给他。没有人知道他们是否曾有过亲密的关系。也许她只是一个不开心的年轻妇女、一个梦断百老汇的牺牲品，而他也许只是一个曾经帮助过她的与众不同的好人。但无论如何，她的自杀深深地打击了斯特朗，并勾起了他对 20 年前逝去的妻子的思念。

1926 年 12 月，斯特朗再次离开纽约去进行康复治疗，他先去了科罗拉多州的布罗德莫酒店，然后又去了北卡罗来纳州。半年以后，1927 年 5 月，他重回工作岗位去寻找欧洲重建的关键点。莫罗和诺曼的争吵已经开始威胁到英镑的稳定，甚至有可能会在全球范围内威胁到金本位制度的基础。与此同时，沙赫特开始倡议国际上应该采取一些行动来控制外资流入德国，因为他担心德国会因此永远也无法还清它欠下的各种债务。

斯特朗一直希望如果主要国家都能够回归金本位，那么目前这种全球黄金流向美国的不均衡状况就能够通过金本位制度来自动纠正，但这种情况从来都没有发生过。英镑对黄金的比价高得脱离现实，这使得英国的商品异常昂贵并难以出口。对于法国来说，情况则恰恰相反。在法郎对美元的汇率固定在 25：1 后，法兰西银行使法国的商品变得异常便宜，法国也因此在欧洲贸易中比其他伙伴占据了更有利的位置，尤其是对于英国而言。随着英法之间价格差异的持续，局面只会变得越来越糟，货币自然地从价格被高估的英国流向价格被低估的法国。为了纠正这种局面，要么英国的价格下降——英国当局尝试着这么去做了，但没有成功；要么法国的价格升高——这是法兰西银行所不允许的。唯一能做的事情只有改变英镑对黄金的比价，但每个人都担心这么做会震动银行界，侵蚀人们对重建国际金融秩序的希望，甚至毁灭金本位制度。

德国人避免了英国的错误。沙赫特在 1923 年下半年把马克对美元的外汇汇率固定在 4.2：1，德国商品因此变得便宜。德国的困难只有一个。20 世纪 20 年代早期的噩梦掏空了德国的黄金，尽管有大量的外资流入德国，但德国重建和赔偿所需的大量花费使德国根本就不能重建自己新的储备。因此，在欧洲的所有国家中，只有法国能够吸引黄金流入，但这些黄金并非来自美国，而是来自英国。

美联储帮助欧洲摆脱噩梦或至少是争取时间的方法只有一个，那就是进一步降低其利率。除了要给英国留下生存空间，美国也有来自国内的理由去降低利率。世界各国的价格都在下降——虽不是急速的，却是渐进和稳步的。从 1925 年开始，美国物价整体下降了 10%，消费者物价指数下降了 2% 左右，美国经济也在 1926 年下半年进入了温和的衰退，部分原因是因为福特汽车公司从 T 型车转向了 A 型车的生产。斯特朗用来判断国内经济形势的两个主要指标——物价指数的趋势和商业活动水平都显示美联储应该放松信贷，但是当时 4% 的利率已经很低了。

从 20 世纪 20 年代早期斯特朗实行低利率政策帮助欧洲复兴以来，美联储内部就一直存在着斗争，米勒领导的反对派认为斯特朗在制定政策时过分考虑了国际因素，尤其是受到诺曼的影响。在 1925 年英国回归金本位期间，斯特朗曾因超越权限为英国提供信用额度而被美联储的部分委员控告。但在当时，美国金融界非常支持英国回归金本位，当英国不需要这些信用额度后，这些指控便自然消失了。1926 年当斯特朗在法国时，美联储委员们又批评他在行动时过分个人自由主义并加入了自己太多的感情。斯特朗回应道，除非指责他的人也愿意像他一样频繁地前往欧洲，像他一样熟悉欧洲的人民和国情，否则就应该乖乖地信任他。斯特朗从不避讳冲突；相反，他曾对一位同事说："在战争中获胜是一种彻彻底底的享受。"在讨论敏感的国际政策时，斯特朗甚至以辞职相威胁。

在欧洲，反对他的人也在给他施压，希望他在 1925—1926 年能够通过紧缩来降低资产价格。在股市持续上涨后，他们得到了股市存在泡沫的错误信号——道指已经在 170 点左右持续徘徊，斯特朗意识到宽松的货币政策可以拯救英镑，但他可能要冒美联储分裂的风险。

1927 年夏天，受病魔困扰身体依然虚弱的斯特朗决定改变前往欧洲的惯例，而邀请诺曼、沙赫特和莫罗一起来美国。在第一次世界大战前金本位制度可以自行奏效之时，系统的平衡只需中央银行各自独立运作并遵守游戏规则即可达到。除了偶尔碰面拆借黄金以外，国际之间根本不需要协调。

自战争以来，金本位制度在美联储依托美元扮演全球中央银行角色的背景下得以重建，斯特朗发现与欧洲同事之间的交流非常重要——他过去经常在夏天前往欧洲拜会自己在欧洲的每一个同行，这也使得他能够实现和诺曼每年至少一两次的正式会晤——两个在许多关键问题上有着共识的朋友间的见面。1924 年市场稳定以后，沙赫特加入了这个俱乐部，他们三个人在 1925 年和 1926 年分别在柏林和海牙举行了聚会。现在，斯特朗希望这个聚会能够将莫罗也纳入其中，囊括 4 个中央银行家。

莫罗不会讲英语，又害怕自己被排除在一些重要的讨论之外，因此他决定派他的副手查尔斯·瑞斯特前去赴会。诺曼和沙赫特一起搭乘毛里塔尼亚号邮轮横渡大西洋，并于 6 月 30 日抵达美国。他们都使用了常用的假名——他们的名字没有出现在游客名单中，甚至连行李都没有标记。但他们会面的消息还是提前泄露了出去，美国的记者们照例聚集在码头等候他们。诺曼对瑞斯特比自己早到两天感到非常不安，他担心瑞斯特会抢得先机，所以坚决要求下船后直接前往美联储总部的所在地。

许多年来，每个中央银行都有着自己独特的建筑风格，这仿佛是在彰显机构的个性。比如英格兰银行看上去像一座中世纪城堡，法兰西银行像一座艺术馆，而德意志银行则像一个政府部门。出于某些原因——或许是为了向最早的银行家们和文艺复兴时期意大利的商业巨子们致敬，美联储的总部选择了佛罗伦萨宫殿式造型。建筑的底层是宽敞的大厅，沉重的砂岩和石灰墙内镶嵌的是几排整齐的雕花玻璃，在总部第 12 层的阳台上，可以看到整个建筑的全景——宏大的、史诗般的文艺复兴时期佛罗伦萨建筑风格的宫殿。

在这座意大利宫殿的第12层，4位世界上最具影响力的银行家将举行他们的第一次共同会面。在这个周末，即使闭上眼睛不想看媒体的报道，他们4个人的会议也成了这个城市最让人称道的新闻。斯特朗选择在美国财政部下届部长的可能人选奥格登·米尔斯的家里举行他们的秘密会谈。美国第三富豪、财政部长安德鲁·梅隆一直坚持认为他的副手应该继承一位强盗男爵的财产，然而奥格登·米尔斯则是标准的第三代富豪，他毕业于哈佛大学的法律专业，并在纽约一家著名的律师事务所开始了自己的职业生涯。

> 但他也没有完全放弃自己的继承权。他在长岛北部的海岸拥有房产，以现在的眼光来看，这里已经被扩张的郊区所掩盖，并不像是银行家们举行秘密会谈的地方。但是在19世纪20年代，这里曾是"黄金海滩"，有着具有鎏金天花板、宽敞正式的花园和装点精致的大理石门廊的宏伟庄园，还有赛马的马场、打猎的围场和马球场地，甚至还有比那些苏格兰城堡还要巨大的古堡和比卢瓦尔河沿岸的酒馆还大的酒庄，聚集了皮尔庞特·摩根、奥托·赫尔曼·卡恩（Otto Hermann Kahn）和铜业大亨丹尼尔·古根海姆（Daniel Guggenheim）等人。

米尔斯的公寓位于纽约长岛的伍德伯里，这幢拥有20个房间的房子看上去低调而不失奢华——新乔治亚式的墙砖上环绕着绿藤。在距离米尔斯的寓所100码的地方，是一幢拥有32个房间的房子，它是安德鲁·梅隆送给自己女儿的结婚礼物。在距离这个房子半英里的地方，是一座拥有127个房间的豪华别墅，这是美国的第二大房产，所有者是卡恩。

4个人的会期是5天，且不做官方记录。尽管他们在一起就餐，但很少聚在一起，更多的交流方式是双边会议。斯特朗尤其喜欢和诺曼待在一起。整个会议几乎都在讨论增加欧洲的黄金储备和如何促使黄金从美国流向欧洲。

诺曼坐在会场中一个漂亮的椅子上主导着会议的进程，尽管天气很热，但诺曼仍坚持穿着他那身有着天鹅绒领口的礼服，这使他看上去更像是个画中的人物。他非常清楚英国的黄金储备已经少得可怜，情况的任何一点恶化都有可能迫使他提高英国的利率，英镑和黄金之间的联系已经处在危险的边缘。更重要的是，一方面，**诺曼认为国际范围内价格的持续下跌是全球回归金本位、各国囤积黄金重建储备的标志**，因此目前最迫切的事情是要求那些拥有大量黄金储备的国家降低利率，以使黄金得以流通。

另一方面，**瑞斯特认为目前欧洲黄金储备短缺的状况应该主要归咎于英国。**英国错误地将英镑对黄金的比价定得过高，英国除了继续实行通货紧缩的政策外没有其他的选择，虽然这可能会使经济产生一些阵痛。

事实证明，沙赫特更像是个观察员，而不是会议的重要参与者。他的主要目标是减少流入德国的“热钱”，这对于其他人来说并不是主要议题。他对一个重要而影响广泛的问题提出了警告——德国承担了过重的债务负担，并有可能因此而不能及时还款，这会对全世界造成极具伤害性的后果。尽管斯特朗和诺曼想要再次满足沙赫特就赔偿问题重新谈判的愿望，但他们也警告沙赫特应该保持耐心，因为在美国、法国和英国 1928 年大选之前，他什么也做不了。毋庸置疑，斯特朗在会议后非常关心沙赫特的预言，他命令负责战争赔款事务的帕克·吉尔伯特开始着手重新起草一份关于战争赔款的议案。

斯特朗也开始越来越照顾法国的要求，这让诺曼感到不适——在参加会议时诺曼不打算做出任何让步。短期内减小英镑抛压的唯一方法就是降低美国的利率。当然，美国的数据——物价指数和经济活动也支持降息。尽管斯特朗意识到这有可能会使股市变得疯狂，斯特朗曾对查尔斯·瑞斯特说，美国的降息会为股市送上“一小杯威士忌”，但他还是愿意冒这个险。

斯特朗在参会期间故意没有邀请美联储中米勒阵营的人。7 月 7 日，在会议结束后的第 4 天，斯特朗前往华盛顿，在威拉德酒店与美联储的委员们进行了一次“小型讨论”，并在酒店吃了一顿“社交”午餐。委员们对降息的事情并没有松口。在离开美国前，欧洲代表们曾在纽约举行了最后一次会谈，委员会主席丹尼尔·克里斯辛格被邀请参加了会议，而其他人则根本没有被告知。斯特朗对这些年来他遇到的蓄意阻挠怀恨在心，所以他坚定地把他们排除在外——这个无礼的决定除了激怒美联储中的反对派和树立更多的敌人外没有任何作用。

欧洲的中央银行家们离开美国后的几天，纽约联邦储备银行和其他几家联邦储备银行宣布降低利率0.5%—3.5%。这个决定分裂了美联储，4家联邦储备银行——芝加哥、旧金山、明尼苏达和费城坚持认为这样的降息只会带来股市的泡沫而拒绝执行。当时，联邦储备委员会可以决定是否支持各地联邦储备银行的决定，但不能强迫它们执行。由此而产生的争议快要把美联储一分为二了，美联储确实有权力迫使芝加哥等持有不同意见的联邦储备银行服从多数派的意见。在随之而来的批评声中，克里斯辛格宣布辞职。

美联储宣布降息后，两个强烈反对该项政策的人此时却都在忙于其他事务。米勒7月中旬离开美联储去加利福尼亚度假两个月，虽然此后他曾尽一切努力反对斯特朗的决定；胡佛则正好在南部对付密西西比的大洪水。8月，胡佛回来之后马上向美联储递交了一份议案，议案宣称“降息不是解决欧洲危机的答案”,“投机会给我们带来衰退”。胡佛同时向总统和梅隆部长提议干涉美联储的行为，但总统柯立芝更崇尚无为，他甚至被胡佛做分外事的行为给惹恼了。柯立芝曾说：“这个家伙不请自来地给我提了6年建议，这些建议全都非常糟糕。”最后，柯立芝还是以美联储具有独立性为由拒绝了胡佛的要求。

当斯特朗对瑞斯特说要给股市“喝一小杯威士忌”的时候，他怎么也不会想到“喝醉了”的股市是如此疯狂。1925年，斯特朗通过放松信贷既稳定了市场，又稳定了股市，那次他赌赢了，现在他又要再赌第二次，但这次他彻底赌输了。8月，美联储降息之后，股市立刻出现蹿升。到当年年底，道指上涨了近20%，并突破了200点大关。1928年1月，美联储发现经纪商提供的年均贷款规模从前一年的33亿美元跃升至44亿美元。

1928年初，要求美联储做些什么来制止市场疯涨的呼声开始高涨。同年，美国开始进入战后的第一次衰退，但黄金确实流向了欧洲，英镑的日子变得好过起来。1928年2月，斯特朗开始认识到自己犯了错误，并在压力下同意改变联储政策。在接下来的三个月里，美联储把利率从3.5%提高到5%。

1931年，阿道夫·米勒在国会作证时曾指出，1927年的决定是“美联储最鲁莽的行动，也是银行体系这些年来犯下的最严重错误”。一些历史学家附和胡佛和米勒的观点，他们认为**银行家们在长岛的私人聚会是一个重要的转折点，由此导致的接下来的一系列事件最终把世界引向了衰退。**他们认为正是美联储人为地压低利率支持英镑，才使得股市的泡沫被推高，并由此导致了两年后美国的衰退。

这种观点很有道理。尽管利率的变化很小——只下降了 0.5 个百分点，且存在时间只有短短的 6 个月，但市场的疯狂恰恰是从美联储 1927 年 8 月降息开始的，这两者之间的关系很难仅仅用巧合来形容。美联储的决定就像点燃森林的火柴。

诺曼回到英国之后，没有任何理由对长岛会议的结果感到不满，他得到了美联储降息的支持，实现了他的最主要目标。无疑，他也有不安，那就是斯特朗对法国的好感似乎越来越强。这种感觉就像是一个少妇在嫉妒一个年轻漂亮的女孩，诺曼对斯特朗“开始同情法国，并对查尔斯·瑞斯特抱有个人好感”的态度感到沮丧，他认为这会让自己处于“劣势”。但这并不代表法兰西银行取代了英格兰银行而更讨纽约的欢心，毕竟诺曼最关心的还是中央银行的成败以及应对价格下降和全球通货紧缩的成败。当然，为了持续让“黄金流出纽约”，欧洲人必须找到更长远、更有效的手段。

1927 年的夏天无疑应该给诺曼的影响力打高分。美联储微小的降息给英镑带来的只是暂时的喘息，黄金开始流向伦敦，但诺曼所面临的由法国造成的窘境仍未改变。1928 年 2 月，诺曼和莫罗再次发生了冲突。罗马尼亚是欧洲最后恢复经济秩序的几个国家之一，它希望从欧洲的中央银行俱乐部获得一笔贷款。诺曼认为英格兰银行完全可以负责这次操作，就像此前对奥地利和匈牙利的贷款那样。但法国现在变强大了，莫罗希望法国能够夺回自己在欧洲的地位，毕竟第一次世界大战前罗马尼亚一直是法国传统势力范围下的国家。1928 年 2 月 6 日，当英国和法国为欧洲货币政策领导权激战正酣之际，莫罗在他的日记中写道：

> 我和庞加莱就英格兰银行的帝国主义行为进行了一次重要谈话。
>
> 我对总理说，英国是战后欧洲恢复稳定的第一个国家，它利用自己的优势逐步建立了对欧洲的金融统治。

英国在奥地利、匈牙利、比利时、挪威和意大利都获得了成功，下一步就是希腊和葡萄牙。他们甚至还想把触角伸向南斯拉夫，现在是和我们在罗马尼亚进行拉锯战。

我们现在已经有足够的力量向英格兰银行施压。我真的很想非常严肃地和诺曼先生讨论一下，难道他真的愿意看到欧洲被分成两块分别由英国和法国施加金融影响的区域吗?

2月21日，莫罗被英国在罗马尼亚“密谋防止法国发挥主导作用”的行为所激怒。他立刻到达伦敦，并宣布要去“质询诺曼究竟是要和平还是战争”。诺曼讨厌公然对抗，假装在最后一分钟生病，恳求议会同意安排他的董事们去对付这个恼怒的法国人。

对于罗马尼亚来说，它必须小心翼翼地应付英法两边，告诫两个银行应该避免这个问题升级为两大银行之间的外交事件。斯特朗起初试图调解，但最后站在了法兰西银行这一边。斯特朗被他的朋友诺曼在欧洲银行界和政界发表的关于英国要“建立欧洲中央银行某种形式的专政”、斯特朗“将与他合作并支持他”的报告彻底激怒了。诺曼明显是在利用他们之间的友谊，给人们留下美联储已被他玩弄于股掌之间的印象。

斯特朗终于开始后悔支持中央银行以持有英镑代替持有黄金的政策，这一政策使英国能够利用英镑的关键货币地位来获得能够推迟做出某些艰难决策的时间，这种避免危机立刻到来的政策会给未来埋下发生更严重危机的伏笔。随着“热钱”不断流入法国，法兰西银行聚集了价值超过10亿美元的英镑，这使得法国对黄金的渴求更加迫切。斯特朗理解法国的左右为难。金本位制度也要求中央银行应保证任何人能够自由地将手中的通货兑换为金银。但是，除非英国的情况能够有所改善，否则自由兑换会使法国抽干英格兰银行的黄金储备，并威胁本就脆弱的金本位制度。

同时，斯特朗也意识到，美联储通过保持低利率刺激英镑的政策不能解决英国经济的根本问题——英国的根本问题在于物价过高和币值被严重高估。不仅如此，他还在无意中助长了华尔街的泡沫，这使他在国内持续遭到过度关注国际事务人士的批评。当年夏天，《芝加哥论坛报》公开指责他“让股市的投机活动像滚雪球似的越滚越大”，并要求他辞职。

> 此时，斯特朗已经筋疲力尽，也不再抱有幻想，尤其是对争吵不休的欧洲人。他的医生警告他，如果他想活命就必须停止工作。他的肺已经支持不住了，而且他的脸上出现了带状疱疹，一只眼睛暂时性失明，另一只眼睛也只剩下部分视力。一些病毒还导致斯特朗患上了严重的神经炎，为了缓解疼痛他服用了大剂量的吗啡，而这又严重伤害了他的消化系统。斯特朗的左肺也再次染上了结核，并发展成支气管炎。

1928 年 5 月，斯特朗远航去往欧洲，此时他已经决定辞职。具有讽刺意味的是，此时的他似乎将要获得个人的幸福。1926 年，他的前妻凯瑟琳写信给他表示悔过并要求和解，但他在回信中借病情之名拒绝了和解。1928 年，他开始和一名很年轻的歌剧女演员交往，并打算娶她为妻。

在 5 月的第三个星期，斯特朗刻意避开伦敦而直接抵达瑟堡。诺曼专程跑去探望了他，但斯特朗和诺曼的最后一次会面并不愉快。斯特朗大发脾气，并试图让诺曼明白他才是自己最大的敌人。他用“最犀利的语言”提醒他的朋友，莫罗囤积的英镑是英格兰银行头顶的“达摩克利斯之剑”，诺曼“愚蠢的让人不可理解”，竟然选择在“本该去向法国人示好”的时候去和法国人争吵。最后，他们很不愉快地结束了这次会面。尽管此后斯特朗写信给诺曼对此事的不良后果做了弥补，但他仍然对诺曼执着于英国在欧洲的霸权表示不满。

与斯特朗的争吵和与法国关系的紧张终于开始让诺曼紧张起来。随着压力的增大，诺曼越来越孤僻，甚至拒绝向同事展示他的自信。有一次，几个沮丧的银行高级董事发起了一场通过在每周政策例会上拒绝讲话来表达不满的运动。人们的评论显然加剧了诺曼情绪的波动，据一个同事回忆：“他刚刚还笑容满面，突然就没有任何理由地雷霆万钧。”诺曼甚至还向他的下属扔东西——他有一次因为发脾气将一瓶墨水投向审计员欧内斯特·哈维，他与“神经紧张”的较量变得愈加频繁。1928 年 2 月中旬，他的身体垮了下来并连续几天失眠。一个星期以后，他又再次开始失眠。3 月中旬，诺曼被迫去马德拉疗养了三个星期。在瑟堡那场噩梦般的会晤结束几个星期以后，他干脆去南非修养了三个月，直到 9 月初才回来工作。

斯特朗则在法国度过了一个忧伤的夏天。在巴黎短暂逗留了几个星期后，他去了法国南部的依云和格拉斯。7 月，他写信告知诺曼他将辞去纽约联邦储备银行行长的职位。诺曼在回信中写道：“生命是多么艰难和残酷啊，但这 10 年或 12 年来我们经历的是怎样一个时代，你先前梦想为世界定下目标，让这个世界不再被盲目和怀疑所扰乱，现在你的梦想成真了。”

斯特朗 10 月 15 日返回纽约后做了一个抑制肠出血的手术。第二天，他便因为严重的并发症死在了医院，享年只有 55 岁。

诺曼因此受到了沉重打击，他对一个朋友写道：“本的突然离去让我变得孤独。”尽管他们亲密合作的时间只有 7 年，但他们的友谊已经成为彼此生活的中心。诺曼不久后还将发现，斯特朗的去世不仅使他失去了最好的朋友，还让他失去了很多权力。

Lords of Finance

第四部分

史无前例的大萧条来了

自1929年以来，经济危机已经几乎遍及世界的每一个角落，金融机构纷纷破产，货币体系近乎崩溃，全球笼罩在现代历史最严重的一次经济灾难的阴影之中。在这个特殊的时期，无知的金钱充斥着各个角落，它缠住谁，谁就会成为投机分子；它要是不高兴了，人们就会感到恐惧。

Lords of Finance

第 16 章 火山上的舞蹈

1928—1929 年

在这个特殊的时期，很多无知的人拥有大量的金钱。这些人的金钱——我们称之为国家的盲目资本，是如此之多，以至于人们都因此而变得异常贪婪。它想方设法使人为之沉迷，由此社会便出现了“资本过剩”；它缠住谁，谁就会成为投机分子；它要是不高兴了，人们就会感到恐惧。

——沃尔特·白芝浩

华尔街的传奇大鳄杰西·利弗莫尔（Jesse Livermore）曾经说过：“股票是可以被打败的，但没有任何人能够打败股票市场。”对此他解释为，如果人们有可能预测到影响某只股票涨跌的因素，那么人们就会蜂拥而至、满怀信心，这会形成一种令人难以捉摸和难以掌握的力量，它影响着整个股市，此时大多数人很难对市场再做出正确的判断。20 世纪 20 年代后期的股市泡沫和随之而来的危机就是对此最好的说明。

这次泡沫的开始和其他泡沫如出一辙，一轮普通的牛市紧紧扎根于实体经济，并被利润增长支撑着。从 1922 年到 1927 年，公司平均利润增长了 75%，股市也随之大涨，但并不是每只股票都能在大盘走强的时候上涨。在 20 世纪 20 年代，股市好像被两股力量牵引着：一股是由纺织、煤炭、铁路这些传统行业组成的力量，它们正处于垂死挣扎期，煤炭已经逐渐被石油和电力替代了；另一股是以汽车、铁路为标志的新经济势力形成的力量，在这个新兴的市场中，汽车、无线电通信和家电消费成指数型增长。纽约证券交易所公布了近千家公司的市场表现，上涨和下跌的公司几乎各占一半。

1927 年长岛会议结束后，随着美联储宽松经济政策的相继出台，影响股市的更多的是心理因素。股价和收益率的动态关系不断变化。1927 年的后两个季度，尽管利润有所减少，但道琼斯指数从 150 点升至 200 点，上涨了 30% 左右。当时还不能断定是否存在泡沫，人们认为收益的减少可能是暂时的。以福特汽车公司为例，为了从 T 型车转到 A 型车的生产，福特汽车停产进行了设备更新，来年的收益能否回升还很难预测，这导致其股价走势不明朗。市场表现一切正常，虽然有几次回落，但仍稳步上升，且不存在任何异常的振荡和违规交易。

1928 年夏天，道琼斯指数接近 200 点，那时候市场看起来好像脱离了实体经济而独立发展，开始冲向不切实际的高点。在随后的 15 个月里，道琼斯指数从 200 点涨到 380 点，市值几乎翻番。

泡沫的存在已经是不争的事实，股价的上涨远远超出了公司盈利的增长（如图 16-1 所示）。当股价翻番时，利润的增长只保持了正常的 10%，这些只是泡沫存在的一部分表现。市场已经处于一种狂热阶段，真正上涨的股票越来越少，国民都被华尔街的举动所倾倒，大家都盼望着新时代的到来。所有常规的金融行为准则都不复存在，市场上聚集了一大群业余和教育程度低下的投机者，他们仅根据传闻和公布的信息来下赌注。

到了 1929 年，全美国有 200 万—300 万的家庭，即这个国家 1/10 的人口，把钱投入股市，乐此不疲。买卖股票已经成为美国人的一种共同爱好，整个国家都沉醉其中。杰西·利弗莫尔等专业人士把这些股民戏称为“小鱼”。泡沫继续膨胀着，那些对专业知识懂得最少的人往往赚得最多，正如《纽约时报》所描述的那样，那些平时用技术分析跟踪股市的人总是落后于市场，判断也是错误的，而涌现在市场上的那些仅仅用耳朵来判断的投机者却是正确的。

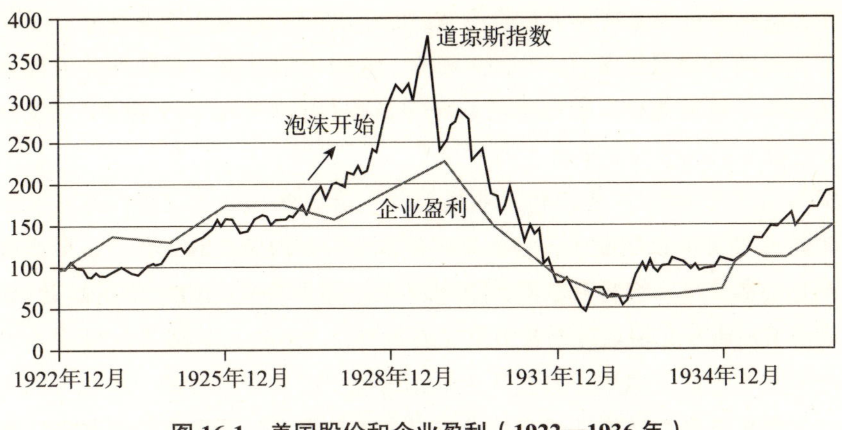

图 16-1　美国股价和企业盈利（1922—1936 年）

1927 年秋天泡沫开始。这时，最热衷于股市的城市非纽约莫属，连盛产暴发户的底特律也只能屈居第二，迈阿密和棕榈滩两个新兴的富裕城市紧随其后。股市的膨胀主导了纽约民众的生活，吞噬了所有的一切，正如刚到美国的英国记者克劳德·科伯恩（Claud Cockburn）所说：“你可以谈论禁律，或海明威，或空气质量乃至音乐、房子，但最终你还是要谈到股市，这样这场谈话才显得有意义。”任何一个人如果怀疑目前繁荣的真实性，就会受到攻击，好像他亵渎了宗教信仰或不热爱祖国似的。

人们把股价越推越高，股票经纪公司的数量是原来的两倍还多，从 1925 年的 700 家激增到 1929 年的 1 600 家，它们如雨后春笋般地出现在俄亥俄州的斯托本维尔、堪萨斯州的独立城、得克萨斯州的阿马里洛、北卡罗来纳州的加斯托尼亚、艾奥瓦州的施托姆莱克、俄克拉荷马州的奇克谢，以及伊利诺伊州的沙博纳等地。办公室开始替代因非法经营而被关闭的酒吧——同样的旋转门、昏暗的窗户、配有红木沙发的烟雾缭绕的房间，里面鱼龙混杂、人头攒动，大家都紧盯着办公室前面的大屏幕上不断闪烁着的行情。人们总是追寻着下一个通用汽车公司，它的价值在过去十年中增长了 20 倍；或下一个美国无线电公司，它增长了 70 倍。报纸上到处都刊登着投机者一夜暴富的文章。

华尔街的老手总结出一条规律，如果连擦皮鞋的人、家庭佣人和职员都蜂拥入市，那么股市就快涨到头了。股票经纪账户的开户者来自各行各业，1928年春天，据当时的一则报道统计："学校教师、裁缝、理发师、机械师、销售员、天然气装配工、电车司机、家庭厨师以及字典编撰者等都参与了进来。"投机家伯纳德·巴鲁克（Bernard Baruch）同时也是一名资深顾问，在社会上享有一定声誉，他回忆起当时的情景："连出租车司机都会告诉你该买什么股票，擦皮鞋的男孩在用擦鞋布和鞋油工作的时候，也会告诉你当天金融报道的头条，甚至连以前经常在我办公室门口晃悠的老乞丐也给我建议，我猜他可能把我和其他人给他的钱投进股市了，还有我的厨师也有一个股票账户。"

> 擦鞋男童们对股市的分析成为那个时期股市过度投机的一个典型特征。1927年7月，声名显赫的约瑟夫·肯尼迪（Joseph Kennedy）决定卖掉所有股票，离开市场。他处理了一个头寸庞大的投资组合。在赶往华尔街的路上，他遇到了一位十分热情的擦鞋男童，一直向他提供内幕消息，于是他做出了卖出股票的决定。肯尼迪总结说："当擦皮鞋的男孩知道的股票消息和我一样多时，就到了该退出市场的时刻了。"

约有1/3的股市新手是女性，关于投资的文章经常出现在女性杂志中，那时大家都在潜意识里认为"每个人都有追求财富的权利"，这句话出现在1928年8月的《女性之家》杂志（*Ladies' Home Journal*）的一篇文章中。文章的作者约翰·拉斯科布（John J.Raskob）刚刚成为通用汽车的财务主管，是正在筹建的帝国大厦的赞助人，他曾有过这样的设想：任何人如果每个月投资15美元并将其回报进行再投资，那么在20年后将获得8万美元的财富。

起初，华尔街是个一贯鄙视女性的地方，那里的人认为女性"难以承受损失，唠唠叨叨……她们像骡子一样固执，像蛇一样小心谨慎，并且绝对是个该死的我行我素者"，所以对她们不理不睬。《纽约时报》甚至对这些新手所暴露出的特征嘲笑不已，认为她们缺乏记忆力、迷信，还容易上当受骗。但是，女性很快就成为市场中重要的一分子。纽约上东区第五街、麦迪逊或西区70街的百老汇的很多证券经纪公司纷纷设立机构专门为这些市场中越来越重要的客户提供服务。

这些刚刚加入股市的英雄们是一群操盘手和职业投机者，就像现在的对冲基金经理一样。他们是典型的外行，被华尔街鄙视；他们拿自己和朋友的钱到股市中赌博，积累财富，尽管很快便一无所有。费希尔兄弟公司将自己的汽车公司以两亿美元卖给了通用汽车，同样冒险投入股市的还有亚瑟·卡腾（Arthur Cutten），一位来自芝加哥的小麦交易商；杰西·利弗莫尔，一位优秀的啤酒交易商，以及肯尼迪，他在股市中赚的第一桶金就是买了赫兹黄色出租车公司的股票，现在他投资的是影视行业。

当时，最大的投机者非比利·杜兰特（Billy Durant）莫属，他成为鼓吹牛市的第一人。这位通用汽车的创立者在百老汇第 57 街的高层办公室里专门研究动荡不安的股市，暗地里大肆买进，以便将大众的目光吸引到他所持有的股票上，抬高股价。当一群可悲的人坚定不移地扎堆买入时，他就赶紧脱手。比利·杜兰特如此频繁而大量地进行交易，以至于其交易要经过 20 个不同的经纪人才能顺利进行。他每年的交易费用就高达 4 亿美元，在欧洲时，他在大西洋彼岸的电话费据说每周就要 2.5 万美元。

在华尔街，人们对市场的判断总是众说纷纭，查尔斯·米切尔是全美国最大的银行——花旗银行的总裁，因为他的乐观态度极富感染力，所以人们称他为“阳光查理”。他是一位在销售方面非常富有激情的美国银行家，他把公司变成了一个卖股票的巨大机器。还有一位睿智的美国银行家保罗·沃伯格，他曾是美联储的创立者，他一直坚持自己的看法，预言股市将会以一场灾难收场。1929 年 3 月 8 日，他发表了一番极具影响力的唱衰论调：“历史的悲剧总会重演，它让我们认识到无论怎样的过度投机，最终都将以痛苦和过度收缩结束。”他警告说，如果股市的“荒唐故事”和毫无管制的“疯狂投机”继续下去，那么最终股市的崩盘将带来整个国家的普遍萧条。随即，他就被指责为“美国繁荣阻碍者”。

即使是在同一家公司，人们对股市的说法也各执其词。在 J. P. 摩根，托马斯·拉蒙特认为这是一个新时代，而前财政部秘书助理拉塞尔·莱芬韦尔（在 1923 年成为拉蒙特的搭档）则指责诺曼和斯特朗制造的泡沫。1929 年 3 月 8 日，也恰恰在这一天，沃伯格发表了他那危言耸听的言论，莱芬韦尔向拉蒙特预测：“蒙蒂和本简直就是在风中播种，我认为我们将在一场风暴中收场……我们正走向一场全球信用危机。”

金融媒体之间的争执和它们报道的争执一样多。当《商业杂志》（*Journal of Commerce*）和《商业金融纪事》（*Commercial and Financial Chronicle*）埋头报道各种“投机狂潮”时，《华尔街日报》仍然坚持它的信念：“有很多不为人知的原因导致股市的扩张是10年前的数倍。”很多主流报纸的编辑对此摇头否定，《纽约时报》的金融编辑亚历山大·达纳·诺伊斯（Alexander Dana Noyes）戴着眼镜，颇有学者气度，他警告大家：“股市的投机溢价达到了一个极其危险的阶段。”同时，《华盛顿邮报》指出，“成千上万股票的买入者正面临着惨重的损失”。

《纽约每日镜报》（*New York Daily Mirror*）则持有相反的观点，它对市场的前景充满信心，并难以自持地对股市引吭高歌：

> 目前的牛市表明美国经济不会停止增长，伟大的思想不会消失，信心不会在增长的时候衰减，未来的增长会波澜起伏。杞人忧天的悲观者对命运胡言乱语，那些用图表和数据进行分析的专业人士持有截然相反的观点，他们歇斯底里地告诫大家，股市似乎到头了。但是，这些少数的负面报道被股票自动收报机前的欢呼声和证券上涨时的叫喊声淹没得无影无踪。他们继续投机在繁荣的经济、充分就业和持续增加的资本开销上，这种乐观情绪表现在运输、汽车、无线电、航空、农业等行业以及邮购销售和健全的零售业上。

牛市面临的最大阻力来自华盛顿。除了总统卡尔文·柯立芝之外，所有政府高级官员无一例外地认为目前股市存在投机泡沫。沉默的柯立芝看起来对华尔街漠不关心，甚至连他属下的官员都难以理解他的行为。1929年2月，当他准备离开白宫时，可能是为了激怒他的继任者赫伯特·胡佛，他声称“目前股市的价格是较低的”，可以买入。

新任总统胡佛因反对华尔街的投机风气而著名，因此在他被提名为共和党候选人的那一周，股市下跌了7%。和华盛顿的其他官员一样，对于目前的情况他也不知道应该采取何种措施。胡佛认为市场正处于一种模糊状态，潜在的经济是健康的并且运行良好，要他在谈及股票时做到既不能伤害实体经济又不会遭受破坏美国之梦的骂名，几乎是不太可能的。

因此，胡佛不得不时刻保持极其谨慎的态度。1929年春天，他力邀国内最大报纸的编辑们来华盛顿，怂恿他们反对投机这种冒险行为。他派遣洛杉矶第一证券国民银行董事长亨利·罗宾逊（Henry Robinson）作为他的私人大使前往华尔街，警告银行家们市场已经出现问题。他还求助于联邦储备委员会的朋友阿道夫·米勒，希望委员会能使用各种手段压缩市场泡沫，但这些努力都收效甚微。

安德鲁·梅隆在财政部的时候并不算成功，尽管到1929年时他已服务过三位总统，并被称为“继亚历山大·汉密尔顿之后最出色的财政部长”。沮丧而憔悴的他已经不太可能掌控这样一个十年难遇的繁荣景象。事实上，他的大部分公共成就都是靠运气取得的。1921年，他上任时美国经济仍处于战争创伤状态，和平带来的收益使他可以减少几乎一半的公共支出，同时也减少了收入税和国债金额——从240亿美元降到160亿美元。在国际融资方面，他把所有的货币问题都交给了本杰明·斯特朗。虽然他是联邦储备委员会的委员，却经常缺席会议，政府在货币政策方面的成绩几乎都是本杰明·斯特朗取得的。美国在战争中所需的经费大部分也是由私人企业老板赞助的，比如道威斯和杨格。梅隆要求协约国在战争借款重组方面发挥重要作用，但作为谈判成员的英国却没有轻易妥协，反而热切希望恢复它在金本位制度下的中心地位。甚至到目前为止，法国仍未承认这次协议。

> 多愁善感的梅隆已经丧失了斗志，他和妻子离婚多年，并和孩子分居两地，只能靠收集艺术作品来勉强安慰自己。到了20世纪20年代末，他的兴趣又转移到了享受生活上。比如在1926年夏天，巴黎正处于货币危机之中，他却非常巧合地出现在巴黎，受到了处于绝望中的埃米尔·莫罗的欢迎。埃米尔·莫罗很快发现梅隆在他们开会讨论的时候显得十分无聊，只有当他看到挂在莫罗办公室墙上的法国画家弗拉戈纳尔（Fragonard）的作品时，才显得有点精神。

人们指责梅隆出于自己的欲望——为了扩张他的个人财富而支持股市的疯

涨，这种指责是不公平的。就梅隆个人而言，他承认股市存在泡沫，但身为国家金融部门的管理者，他知道联邦政府或其他人所能做的是很少的。他在联邦储备委员会的同事回忆说："只有美国人民改变思维，这种疯狂的投机行为才会停止，但绝不会提前停止。"他无能为力的时候便决定装傻充愣，因为要想让股市冷静下来是件异想天开的事情，他只能等待暴风雨的来临，在公众面前尽量减少发言。1929 年 3 月，他声称现在是投资者买入股票的大好时机，这种令人摸不着头脑的言论几乎无人响应，他也因此遭到戏谑而被称为"股票先生"。

美国国会的先生们是不太喜欢保持沉默的，他们总是抑制不住要发言。1928 年 2 月和 3 月，参议院银行委员会就银行业和货币政策召开听证会，审议对经纪人的贷款问题。从 3 月到 5 月，白宫也针对股市的投机展开了相应的调查——这是一次全面的调查，虽然有些难堪却也振奋人心。优秀的议员们对这个复杂的金融体系的运作方式知之甚少，甚至还愚蠢地怀疑专家的智慧，这不禁让人感到可悲。但是，他们声称要对华尔街的荒谬之徒给予惩罚，因此还是有一些可敬之处的。

接下来的交锋体现了讨论的核心和国会议员们的情绪。在听证会进行到一半时，得克萨斯州的参议员厄尔·梅菲尔德（Earle Mayfield）突然饱含激情地说："为什么不禁止所有的股票交易？"

> 参议员梅菲尔德说："与其改进法律的各种措施，为什么不禁止纽约证券交易所中所有股票和证券的投机行为，这将是个简单易行的方法，只要终止就行了。"
>
> 参议员布鲁克哈特（Brookhart）说："嗯，我对此没有任何意见，但是参议员科森（Couzens）说我们需要一个合法的股票和债券市场。"
>
> 参议员梅菲尔德说："保护市场的合法部分，消除其中的投机……"
>
> 参议员埃奇（Edge）说："得州的参议员认真考虑过禁止投机的法案吗？"

参议员梅菲尔德说："每天有成千上万的股票和债券成交，这些交易者根本就不曾持有它们或根本没想过持有它们，他们进入市场的唯一目的就是投机。"

参议员布鲁克哈特说："停止投机完全没问题……我们有一部禁止赌博的法律，同样我们也可以有一部禁止股市投机的法律。"

听证会进行到后来已经演变成区别投资和投机的讨论了。最后，参议员卡特·格拉斯认为自己想清楚了这个问题，他曾是美联储的设计者之一，还是过去两年威尔逊政府的财政部长。他在1月以69美元买入了一只股票，现在以108美元在市场上出售，"这不是投机是什么呢？"他呼吁道。

《时代》杂志写道，这是一个大剧院，"宗教、道德和地方主义"都汇集在一起。但是国会很擅长处理这些事情，对于他们来说，就像一幕老的道德剧新演那样简单，他们自成立之初就把国家分为两派，一派像汉密尔顿，认为巨额财富是因为承担了风险而应有的回报，而另一派，像杰斐逊则认为经济的繁荣只能来自努力工作和勤俭节约。

最强烈的抗议呼声则是来自中西部的农业州和大平原的参议员代表：爱达荷州的博拉（Borah）、威斯康星州的拉·福利特（La Follette）和伦鲁特（Lenroot）、艾奥瓦州的布鲁克哈特、俄克拉荷马州的派因（Pine）和得克萨斯州的梅菲尔德。他们对银行家总是心存疑虑，对美国人生活中金钱的力量充满矛盾的情感。由于商品价格的下跌，他们的选民——那些农民在近十年里一直处于艰难的困境之中。改革之后，商品的价格和股市息息相关，他们也十分渴望获得贷款，但他们的参议员们很晚才意识到如果提议紧缩信贷来迫使股价下跌，将会给他们带来更大的损失。

除了发表一些华美、激情的言论外，国会对投机的管理收效甚微。1929年2月，亚拉巴马州的参议员汤姆·赫夫林（Tom Heflin）向美国联邦储备委员会提出的质疑令参议院为之震惊："华尔街已经变成了全宇宙最臭名昭著的投机中心，是最令人憎恨的投机温床，是国家的巨大祸害。路易斯安那州的彩票毁灭了几百人。”他继续说，“纽约证券交易所这个投机场所残害了成百上千的民众，政府要对自己和人民负责，应该尽快结束这种骇人听闻的坏事。”

他给政府出了个难题：如何在抑制股市泡沫的同时不损害实体经济？ 1927年中期，政府意识到紧缩的信贷政策是个错误的决定，利率从1928年2月的3.5%上升到1928年7月的5%，但股市在1928年中期出现了第二轮上涨的拐点。政府对外保持沉默，并从人们的视线中消失，但在内部他们各执其词，激烈地争论着下一步应该采取的措施。

对市场采取的任何进一步措施最终一定会给市场带来毁灭性的打击。更糟糕的是，国外的资本被华尔街的高收益吸引也开始流入国内，如果现在政府提高利率，将会吸引更多的黄金流入，甚至可能迫使英镑的价值和黄金产生偏离。

斯特朗竭尽全力地应付这些问题，他终于承认政府**在1928年初才推出紧缩信贷政策为时已晚，因为牛市已经冲到了一个不理性的高点，这是政府的失误。**在他去世前的几个星期，他开始呼吁美联储不应该实施紧缩的货币政策，而是应该站在一边，等待这个疯狂的市场燃烧殆尽，让它自己结束。

斯特朗在纽约联邦储备银行的接班人是乔治·哈里森（George L. Harrsion），一位42岁的资深律师。哈里森出生在旧金山，父亲是一位陆军上校，他在童年的时候跟随父亲调任到美国不同的军事基地，去过很多地方。他小时候摔跤把腿摔断了，因此走路的时候要用一根很重的拐杖支撑。他曾在耶鲁大学读书，在那里他和正常人一样生活，还成为骷髅会的成员之一——这个高年级学生的精英社团是进入上层商业社会和政府部门的桥梁。他在耶鲁大学的室友，也是他亲密无间的好朋友罗伯特·塔夫脱（Robert Taft）是威廉·塔夫脱（William Taft）总统的儿子，他们曾一起去哈佛大学法学院读书。哈里森以名列前茅的成绩毕业后，任职于美国最高法院，和大法官奥利弗·温德尔·霍尔姆斯（Oliver Wendell Holmes）一起工作，邦迪兄弟之父哈维·邦迪（Harvey Bundy）、威廉·塔夫脱、麦克·乔治（McGeorge）和后来被指控为苏联间谍的国务院高级官员阿尔杰·希斯（Alger Hiss）都先后从事过这个工作。

1914 年，哈里森在美联储成立不久后就进入美联储做了一名助理法律顾问。1920 年，他受到斯特朗的赏识，并受邀来到纽约联邦储备银行做其副手。他一派学者风范，头发微卷，有着一双友善的蓝眼睛，处事风格热情而友好，是个颇受欢迎的单身汉。他住在耶鲁俱乐部的一套小公寓里，晚上喜欢玩扑克牌打发时间。由于在工作上无可挑剔，他顺理成章地成为斯特朗的接班人。他具有全球视野，作为斯特朗的副手，他每天在和欧洲各大中央银行打交道时都会尽心尽责，并和诺曼、莫罗在工作中建立了亲密的伙伴关系。

> 然而，接替斯特朗是件十分棘手的事情，正如 J. P. 摩根的合伙人拉塞尔·莱芬韦尔所指出的，哈里森有两个缺陷：既年轻又没经验。而且，作为斯特朗的接班人，可怜的他必须要面对斯特朗所有的敌人。哈里森的性格也和他的前任完全不同：斯特朗是个强势、激进的人，而和蔼、随和的哈里森是个小心且有心计的人；斯特朗的脾气十分暴躁，对其下属工作中的缺点难以容忍，而哈里森却恰恰相反，他几乎从不解雇人；斯特朗如果支持一个观点就会毫不动摇，并且在争论的时候绝不害怕，而哈里斯则默默地坚持他内心的观点。

斯特朗的离世给整个政治体系留下了一个真空。1927 年末，从丹尼尔·克里斯辛格手里接过班来的美国联邦储备委员会主席罗伊·杨格（Roy Young）是个热情洋溢的银行家。他是明尼苏达州人，喜欢用笑话来逗人开心。斯特朗去世后，罗伊·杨格有意重塑其领导形象，并重申华盛顿在决策制定程序方面的管理，用他的话来说，就是“要在体系内提升联邦储备委员会的威望”。

大多数华盛顿的董事们，包括杨格、米勒和哈姆林等，在牛市形成的时候强烈赞成采取提高利率的手段以抑制投机。但现在他们改变了主意，因为他们担心在这个时候提高利率会造成资金成本上升，给经济带来伤害。在没有认清华尔街疯狂景象的情况下，他们开始寄希望于采取“直接行动”来禁止投机。

到了 1929 年初，泡沫问题已经不只是美联储头疼的问题了，它也成为欧洲各大中央银行头疼的问题。当欧洲正依赖于美国资金的时候，纽约却在吸收国外的资本。德国和其他欧洲各大中央银行的关系是最差的，然而英格兰银行目前也在流失黄金。1928 年初，英格兰银行持有 8.3 亿美元以上的黄金储备，是第一次世界大战后的最高值。到了 1929 年初，其黄金储备已经下降到 7 亿美元，并且还在继续下降。过去，当黄金储备发生变化时，诺曼的第一反应是向他的朋友斯特朗求助以减轻美联储政策对他的压力。现在，他清醒地认识到华尔街自身难保，没有谁能在那样的环境下悠然自得。于是，他想了一个非常大胆的方法。

7 月 27 日，他带着这项提案抵达纽约和纽约联邦储备银行的哈里森会面。每个人都被诺曼震住了，他居然提议大幅加息，以目前 7% 的贴现率为基础，加息 1% 左右，甚至 2%！美联储应该采取强硬措施控制信贷，以此打破“投机预期”，战胜市场。当市场的心理预期发生改变时，利率就要再次下调，以使资金重新流入欧洲。基于某些原因，诺曼认为美联储应该像外科手术中的切割一样直接戳破泡沫，让它软着陆，这样便不会伤害经济。这完全是个荒谬可笑的想法。货币政策一点儿也不像外科手术刀，而更像大锤。诺曼可能既不确定多高的利率才能刺激市场，也完全不知道利率调整对美国经济的影响会有多大。

然而，哈里森居然接受了他的提议，这就是他的厉害之处。但他提醒诺曼，自从斯特朗去世后，美联储的格局已经有所改变了，联邦储备委员会和纽约联邦储备银行之间的冲突比以往更激烈了。对于美国股市存在泡沫这一问题他们已经达成共识，但是对于采取何种措施他们却各执其词，互不相让。纽约联邦储备银行打算提高利率，却遭到联邦储备委员会的反对，由此纽约联邦储备银行变得越来越独断专行。哈里森只处理委员会管辖内的冲突，但主席罗伊·杨格提醒他，他和其他委员会的成员不应该“再局限于做一个橡皮图章”。哈里森敦促诺曼去华盛顿访问，并提醒他如果他想继续在美国货币政策中发挥作用，就必须和联邦储备委员会建立关系。

2 月 5 日，哈里森和诺曼再次讨论了这个话题，他也亲自去了趟华盛顿，并明确表示了支持诺曼和杨格进行战略合作的态度。他之前的领导斯特朗在去世前的最后一两个月里一直主张美联储应该被动地放手不管，让市场顺其自然地发展，直到它自行纠正为止。对此，哈里森却并不认同。相反，他现在正想方设法地采取“直接而激进的行动”，将利率提高了 1%。他得出结论，正如他之后所说：“与其让股市从第 20 层跌下来，不如让它从第 10 层跌下来。”当过热的投机被打压下去时，利率就会再次下降。第二天，诺曼也带着同样的观点出现在华盛顿。联邦储备委员会的官员们都忍不住评论他对纽约联邦储备银行所施加的恶劣影响——刚开始是依靠斯特朗，现在又依靠哈里森。有个官员后来评价哈里森，说他和诺曼唇齿相依。

当哈里森和诺曼为争取利率政策而奔走时，联邦储备委员会仍然坚持直接干预的措施。2月2日，委员会发布了一个公告，所有成员不能因投机贷款和维持投机贷款的目的而向美联储借款。4天之后，委员会把这份公告公之于众。道琼斯指数在随后的三天内下跌了20点，但很快就恢复了，并且在这个星期的最后一个交易日重新回到了之前的高点。赫斯特出版集团的一名编辑总结说，市场的态度前所未有的乐观："如果买卖股票是不对的，那么政府就应该关闭股票交易所，否则联邦储备委员会就应该管好自己的事情。"

诺曼在2月中旬就离开美国返回家乡了。这次的行程使他有些动摇了。以前他访问美国的时候，气氛总是轻松友好的，而且他的朋友斯特朗总是在他面前表现得从容不迫。回到英国后，他仍然感到十分焦虑。他告诉他的同事，这次的美国之行是他"在美国经历的最艰难的时期"。他发现美国中央银行的银行家们优柔寡断、一团混乱；整个国家"没有领导"；在美联储体系内，大家争执不休、迷茫不已，都不知道该怎么办。他写了一封信转发给几位欧洲中央银行的首脑，说他本来是满怀希望去美国考察，但回来的时候却更加困惑和迷茫。

现在把话题转回美国，美国联邦储备委员会和纽约联邦储备银行之间的斗争日益升级。2月11日，纽约联邦储备银行的管理者匿名投票把利率从1%上调到7%。哈里森给华盛顿的杨格打电话，告诉他这个消息，并坦言联邦储备委员会委员有权推翻之前的决定，杨格说让哈里森给他时间考虑一下这个问题，但哈里森坚持当天就要一个肯定的答复。经过三个小时你来我往的争论，杨格最终也未能说服哈里森，最后他说委员会要经过投票来否决这次大幅加息。在接下来的三个月里，纽约联邦储备银行的管理者进行了10次上调利率的投票，但每次都被华盛顿否决了。

美联储现在对其左膀右臂之间僵持不下的关系感到无能为力。委员会坚持认为平息泡沫的正确方式就是采取“直接行动”：控制信贷，尤其是对经纪人的贷款。但纽约联邦储备银行并不认同，他们坚信那样的政策是没有用的，一旦离开美联储的监管，控制信贷几乎是不可能的。在各方争执不下的时候，投机也越来越嚣张。

> 美联储好像没有能力对具有领导力的银行家们施加控制，更不用说对投资者的从众心理了。到3月底，据说经纪人的贷款总额已高达70亿美元，市场疯狂不已。人们担心美联储会因此采取极端行动来限制流入证券交易所的信贷总额，这导致经纪人的贷款利率猛然上升了20%之多。然而，花旗银行的查尔斯·米切尔，也是现任纽约联邦储备银行的董事，却并不听从委员会下达的命令，他还召集了一次紧急会议宣布他的银行将给经纪人额外再提供2 500万美元以支持股票市场。之后，美联储仅剩的那一点儿信用也无可挽回地丧失了。

人们纷纷嘲笑美联储，因为它深陷官僚的永无休止的争论之中，而且当“罗马着火”的时候它也不知道在忙些什么。两派的争论其实都有道理。联邦储备委员会在这方面无疑是正确的，由于华尔街对资金的需求量很大，比平均水平高出10%，有时甚至高出20%，投机者盘算着要在一年内获得25%的利润，因此美联储将贴现率从5%提高到6%甚至7%。在这个紧张的时期，加息起不到任何作用。为了抑制泡沫，本应该将利率提高10%—15%，但这么高的利率会给实体经济造成巨大的反作用，并且可能会使经济陷入萧条状态。

但是，纽约联邦储备银行说的也有道理，向投机者减少信贷的提议被证明是毫无意义的。这一政策确实控制了流向经纪人银行信贷的货币总量——1928年初，委员会初次把矛头指向经纪证券公司的信贷，银行对它们的贷款从26亿美元降到19亿美元。但同时，其他信贷方式却出现了，比如美国公司的超额现金、英国经纪公司和欧洲银行充足的流动性，甚至一些日本富人的资金，它们远远大于信贷下降的总量，使得经纪公司的贷款基金从18亿美元增加到66亿美元。这些市场参与者都在美联储的控制范围之外，到目前为止，他们几乎是提供股市贷款头寸最重要的因素。

即使是一贯最反对投机的阿道夫·米勒，都抵挡不了让储蓄账户增长 12% 的诱惑。1928 年，美联储发现阿道夫·米勒让一个纽约银行家用其 30 万美元的自有资金买入股票，他的这种个人行为助长了投机，但他却在联邦储备委员会中极力反对投机。

这是一个让人不满却又无法逃避的事实，1929 年的牛市来势汹汹且振荡剧烈，市场被强烈的激情推动着，对此美联储无能为力。每位官员都谈论着要努力让股市冷静下来，总统对此也非常不满，国会也是如此，连平常沉默寡言的财政部长都发言了。但是，让人非常焦虑的是，市场的嚣张难以被遏制。美联储似乎只能站在一边，让市场把所有的热情燃烧殆尽。他们一直希望在股市中站稳脚跟，但现在他们却和其他人一样束手无策，最终以失败告终，这让他们颜面尽失。

受这次泡沫影响最严重的国家恐怕就是德国了。奇怪的国际货币传导机制把德国推到了衰退的边缘。5 年以来，一大群美国银行家一直在攻击德国，逼迫德国的公司、自治区政府贷款。沙赫特希望政府停止对国外资本的依赖，但不管他怎样努力都无济于事。在 1924—1928 年这 5 年的时间里，德国每年大约借款 6 亿美元，其中有一半用于战争赔款，剩下的用于刺激消费。德国希望度过这段艰苦的时期，经济能靠消费恢复。

事实上，德国对外汇的需求非常大，大量的美国长期贷款根本无法满足其需求，它不得不向周边国家借入短期贷款。德国的事业机构在那时借入了 30 亿美元贷款，其中大约 20 亿美元是稳定的长期贷款。但是其中有十几亿美元是“热钱”，短期存款因其高利率被德国的银行吸收了——纽约的利率为 5%，而柏林却高达 7%，而且德国的银行不允许取出存款。1928 年，美国股市仍在上涨，华尔街的利润暴涨，美国银行被国内可观的回报吸引了，突然撤资离开德国。

由于美国股市的泡沫导致利率大幅上调，因此资金都被吸引了回去；而且，在沙赫特 1927 年预言股市必将崩盘之后，德国商人缺乏投资信心。这两方面的因素使德国经济在 1929 年初就进入了衰退。在美国停止向德国提供长期贷款时，德国越来越依赖“热钱”了，一部分“热钱”来自伦敦，大部分来自法国银行。

之后，德国耗尽了所有的超额黄金。这时，德国意识到经济在下滑，因为它的外汇头寸变得越来越脆弱了。一位英国财政部官员回忆起当初法国在第一次世界大战前向俄国注入了大量的货币，不禁怒火中烧，他调侃道："法国一贯喜欢投机于破产的国家，这是它的本性。"

德国国外贷款崩溃和经济衰退出现的时机非常错误。在道威斯计划下，德国每年被敲诈的赔款在 1929 年已经上升到 6.25 亿美元，占 GDP 的 5% 左右。以历史的标准来看，德国根本无法承担如此令人难以想象的巨额债务。因此，沙赫特等大多数德国领导人一直以来坚称德国无力偿还这笔债务，因为新宪法尚未稳定，政治主体仍有所分裂，人民还在埋怨战争，中产阶级的人数由于通货膨胀的影响正在急剧减少。

1929 年，由于计划中的赔款数额正按规定上涨，关于接下来该怎么做沙赫特有两种想法。他经常说，只要等待大多数金融专家所预言的经济崩溃就可以了。在英国，大家都是这么认为的，比如，负责赔款事务的财政部官员弗雷德里克·雷斯·罗斯（Frederick Leith Ross）认为，欧洲的几个国家将会违约，无力支付巨额债务，到时候这些第一次世界大战后出现的国际债务会被全面重组，世界将因此面临巨大的债务危机。然后，欧洲就会把赔款和战争债务这块心中的大石头清除得干干净净。沙赫特几乎总是自然而然地谈论着一场大变动的爆发。

在临时组建的支付系统遭到破坏之前，人们可以考虑重新签订协议。在 1929 年长岛中央银行家会议期间，沙赫特为了使斯特朗和诺曼相信有必要对此采取措施，讲述了德国在偿债方面存在的大量问题。斯特朗听后随即采取行动，催促参谋部的西摩·帕克·吉尔伯特（Seymour Parker Gilbert）在整个局面变得不可收拾之前赶紧达成协议。

吉尔伯特在过去 4 年里一直有效地和德国主管经济的首脑保持着联系，那时他才 36 岁。他是个天才，19 岁毕业于罗格斯大学，22 岁毕业于哈佛大学法学院，25 岁担任美国财政部四大秘书助理之一，28 岁被提拔为副秘书长，成为财政部第二个最有影响力的官员。1924 年，32 岁的他被安排在参谋部处理赔款事务，负责管理德国的债务偿付，但最重要的是决定这些赔款每年被换算成多少美元。这位高个儿、害羞、稚气未脱、顶着一头沙色头发的年轻人来自新泽西州，掌控着第三大经济国如今的命运。

毫无疑问，吉尔伯特是个非常有能力的人。他保守、好学，并且沉默寡言，周围的人都不喜欢他，认为他笨拙、自大，并且经常自言自语，说些让人几乎理解不了的话。但是，他的智慧和工作能力却被广为称颂。在财政部，他经常在办公桌前工作到凌晨两三点，每周工作 7 天。虽然在柏林待了 5 年，但他并没有被共产主义同化，对德国仍一无所知，他喜欢不被打扰地工作，除此之外没有什么能吸引他的。据德国金融官员海因里希·科勒（Heinrich Kohler）回忆："他从不去剧院、音乐会，没有其他文艺活动能进入他的生活……"

他们的国家被这样一个如此年轻的美国人控制着，大多数德国人是十分不满的。德国的政府官员们也怀疑他办公室里的成员是间谍，被派来刺探德国是否存在违反《凡尔赛条约》中关于军队装备方面限制条款的行为。1928 年 2 月，右翼派举行了一场模拟加冕典礼，上万人参加了这次活动。人们发现吉尔伯特的肖像被刻画成德皇的样子，"和旧时的统治者一样，他戴着一顶高高的王冠，手持权杖"。沙赫特总是周旋在当地的权力部门之间，是极少数和吉尔伯特相处友好的德国官员之一。

除了拥有决定赔款换算的权力外，吉尔伯特最具杀伤力的武器是他的年度报告。他被认为是最独立的评估家，对德国经济的政策和总体局势的判断总有他自己独到的见解，德国的债权人也总是迫不及待地想要看到他的报告。尽管金融部门的管理者可能因为被这样一个自大、乳臭未干的臭小子教训而怀恨在心，但由于他在国外具有一定的影响力，因此没有一个德国政治家敢和他叫板。

1927 年 12 月，吉尔伯特发布了当年的报告。他宣布德国"在没有外国监控和外汇保护的情况下"自主发展的时候到了，应该立刻让德国人知道这一情况，并且要确切地让他们知道还欠了多少钱，期限是多久。道威斯计划中的外汇保护条款虽然在 1924 年国外借款重新开始时是有利的，但它现在正对德国造成不良影响——也就是人们现在所说的道德风险。这一计划通过提供一项有漏洞的条款，使外国的银行家在“缺乏平时做事的正常动机，对德国利率的改革方案也不明了”的情况下十分草率地对待德国借款，并使德国自己也稀里糊涂地积累了巨额债务。尽管吉尔伯特声称他倾向于在世界上最具影响力的经济管理机构任职，但有意思的是，他不久就接受了一份薪水非常高的职位——以合伙人的身份加入了 J. P. 摩根。

很多人都支持英国，甚至有些德国人虽然认为对德国经济做最后的估算还为时尚早，但他们也支持英国。法国和德国之间的仇恨还没有化解，在其可承受的外债数额被确定之前，德国经济还需要很长一段时间才能恢复过来。

直到 1928 年底，吉尔伯特终于成功地说服了协约国。1929 年 2 月，各国代表在巴黎召开了一次会议，就这个问题进行讨论。尽管德国目前的情况并不乐观——没有新的国外贷款、巨额外债使在德国银行存款的法国储户精神紧张、国内失业率增加，但吉尔伯特仍然深信德国的力量。尽管还不具备重新商讨协议的理想条件，但他希望最好在其他国家仍处于复苏状态时再达成一个协议。

沙赫特总结说，吉尔伯特和德国其他领导正在磋商这件事情，虽然他们对这个协议前景的看法完全不同。在他的策划下，一项新的协议产生了。协约国已经非常清楚地告诉吉尔伯特，它们不可能再做出进一步的妥协了，从德国获得的赔款必须足以支付美国的战争债务，而且向法国和比利时支付的赔款还必须包括其重建所需的费用。协约国让步后所能接受的最低赔款数额是每年 5 亿美元。吉尔伯特激情饱满地想方设法让各国能在谈判桌上谈判，并信心十足地告诉协约国各方，德国愿意接受这个协议，条件是法国撤出莱茵兰并恢复其经济自主权。

沙赫特认为美国银行家借给了德国大量资金——在 30 亿美元借款中有 15 亿是他们的贷款，他们有效地说服各国减少债务，并对德国的债权国施加政治压力，使德国得以每年支付 2.5 亿美元。到目前为止，沙赫特已经和德国民主党撕破脸了，他开始和德国民族人民党的右翼保守派周旋。有一次，他向他的朋友自吹说他能够使赔款数额降低到每年两亿美元。吉尔伯特竭尽所能来纠正德国过度乐观的情绪，但德国人却反过来设法让他相信德国正在“火山上跳舞”，他们无力支付每年 5 亿美元的赔款。双方最终谈到了彼此的过去。

1929 年 2 月，各国的谈判代表开始聚集在巴黎，没有一个谈判代表意识到各自内心的分歧有多大，因为他们之前几乎没有召开过任何研究赔款的首脑会议。会议召开的时候恰逢欧洲大幅降温，这似乎是个不祥的征兆。这次的低温天气是 20 世纪所罕见的，柏林的温度已经降到了 200 年来的最低点，西里西亚达到了零下 49 度，这是自 1690 年有记录以来的最低温度。整个欧洲都被冻住了：火车无法开动；轮船被冰封在波罗的海和多瑙河；在偏远的地方，尤其是东欧，饥荒开始蔓延。报纸上刊登着令人恐惧的报道，宣称一个黑暗的时期即将到来。成群的饥渴狼群袭击了阿尔巴尼亚和罗马尼亚的偏远村镇，在波兰冻死了一大批吉卜赛人。

德国代表团于 2 月 8 日从柏林坐火车抵达巴黎，他们被自己带来的 27 箱文件累坏了。巴黎最寒冷的日子已经过去，现在只有零下 10 摄氏度，尽管如此，这个城市的管理者还是在马路上摆满了火盆。就寒冷程度而言，和中欧、东欧相比，法国首都的温度正显著回升。由于出口的大幅增加、庞大的储蓄以及巨额的资本流动，法国的经济正在以 9% 的增速复苏，而法国也成为经济增长最快的国家。在过去的两年里，法国股市成为世界上表现最好的股市——自 1926 年底以来增长了 150%，而道琼斯指数才增长了 100%。在这样一个好时候，法国的自信心恢复了，甚至有些自大。当各国代表团到达巴黎时，这个城市还在津津乐道地谈论着哈瑙事件。

玛尔特·哈瑙（Marthe Hanau）是个 42 岁的离婚人士，1925 年开始在《法国公报》（*La Gazette du Franc*）上写股评。直到 1928 年，她才被成千上万的投资者跟随。由于她的客户都是那些容易上当受骗且贪婪的小镇上的储户——当地牧师、退伍军人、学校教师和小商贩等，因此她为他们推荐的股票比造纸公司好不到哪儿去。后来，她的成功引起了政府的关注，于是她通过贿赂政府官员来蒙骗调查人员。最后，她奢侈成性，出行时总要有两部豪华轿车保驾护航，以防其中一部坏掉，并经常炫耀她那价值 10 万美元的钻石，周末还定期出现在蒙特卡罗的赌桌上。1928 年 12 月，哈瑙被逮捕并最终破产，欠下了 2 500 万美元的债务。现在，她正被关押在监狱里等待审判，可能会面临双重罪的指控。

德国代表团被安排住在一家位于凯旋门附近新开张的豪华酒店——皇家蒙梭酒店里，在谈判期间法国人还给他们配备了四部梅赛德斯奔驰轿车。在这次会议中，他们第一次感受到自己没有被法国人当作敌人来对待。2 月 9 日，星期六，法国代表团负责人埃米尔·莫罗在法兰西银行举行午宴，邀请各国代表参加。美国的代表是欧文·杨格、杰克·摩根和作为 J. P. 摩根副代表的托马斯·拉蒙特；英国的代表是乔赛亚·斯坦普（Josiah Stamp），他是 1921 年创立的赔偿委员会的发起人之一，此外还有雷弗尔斯托克勋爵（Lord Revelstoke），他是巴林家族的成员之一，担任巴林银行的主席；工业家阿尔伯特·皮尔里（Alberto Pirelli）是意大利最有钱的人之一，银行家埃米尔·弗兰克（Émile Francqui）是比利时最富有的人，他们都分别代表自己的国家；另外还有一个日本代表。在这次会议的与会者中，杨格和斯坦普之前都是道威斯谈判的成员。

在午餐过程中，代表们品尝了不少美酒，有 1921 年的夏布利酒、1919 年的波里白葡萄酒、1881 年的拉菲·罗斯柴尔德红酒、1921 年的伏旧园酒、1910 年的狄甘庄葡萄酒和 1910 年的格兰德香槟，最后是在喝完咖啡之后的 1820 年的宝龙古堡拿破仑。欧文·杨格因出色的外交才能被代表们选举为会议的主席。

2 月 11 日，杨格在乔治饭店的布鲁厅主持召开了一次会议，人们对这次会议期待已久，它被认为是第二次道威斯会议。在过去的十多年里，巴黎一直都是国际名牌酒店的聚集地，在协和广场有克里雍酒店，在圣奥诺雷有布里斯托尔酒店，在克勒贝尔大街有马基斯托克酒店，在香榭丽舍大街有阿斯托里亚酒店。这些酒店的走廊和会议室已经有点破败，有时也会有一些尖酸刻薄的政治家在这些酒店里聚会。乔治饭店是最近才开张的，只有举办好这次会议，它才能真正跻身于巴黎的豪华酒店之列。

第二天，代表们围坐在马蹄形的会议桌前，沙赫特的开价是，在未来的 37 年里，德国每年支付 2.5 亿美元。莫罗向杨格表达了他的意见，说法国只愿意接受每年不低于 6 亿美元的赔款，并且要持续 62 年，甚至还可能索要 10 亿美元。杨格对这些首脑之间的分歧感到十分震惊。在金融方面颇有外交手段的他意识到，过早讨论赔款数额只会导致协议的早产，于是他给了他们 6 个星期的时间慢慢讨论这个话题，而他就可以利用这段时间秘密穿梭于德国和法国之间，施展他的外交手段。

> 当会议延长到第 6 个星期时，大厅里开始被尖酸、刻薄的语言所笼罩。雷夫斯托克在他的日记中抱怨道，这些讨论是“冗长、乏味、令人失望透顶的。沙赫特仍然持有消极态度，他对最后的这次会议没起到一点儿作用”。有个参会记者这样描述沙赫特，他在会议期间咆哮，放言要中断这次会议，他简直就是个“脾气暴躁、心胸狭窄的人，冲动而武断……他是我在公众场合见过的最粗鲁、最好斗和最易怒的人”。人们因为他“脾气暴躁而又爱出风头”的性格而不愿和他交流。雷夫斯托克说，“他的语言恶毒，并且长着一张典型的德国人的面孔，粗壮的脖子和品味差劲的衣领使他活脱脱像个动物园的海狮”。

相比之下，莫罗紧闭着嘴坐着，他的脾气也上来了，他仍然坚持着自己的观点，没有丝毫动摇。雷夫斯托克发现，“当沙赫特说他们没有钱也没有能力还债时，他的反应非常快”。当莫罗发现德国人变得越来越孤立时，他尽量保持安静，以便让他们自掘坟墓。但最后他还是没忍住，当众向沙赫特开火，指责他对谈判一点儿诚意都没有。杰克·摩根厌倦了这些细节的讨论，他像往常一样让他的下属继续参会，而他自己却乘坐快艇和坎特伯雷（Canterbury）大主教一起畅游亚得里亚海和爱琴海，并抱怨道：“巴黎真有点儿像地狱，再加上召开了这么一次国际会议，真是有很多恐怖的事情，我得设法躲开它们。”在会议期间，他尝试说服沙赫特，这让他自己都感到不可思议。

德国代表团发现目前巴黎的形势对他们非常不利，因此他们不再固执己见。法国警察正在秘密地监听他们的电话，他们和政府的所有联系都要通过发报员或电报密码进行，28 位参会者都要设一个代码名字。三位高级代表，包括沙赫特在内，每两周轮流坐火车返回柏林。

4 月初，杨格终于准备好让协约国最后摊牌——在前 37 年里，德国将每年支付 5.25 亿美元，为了使协约国能够支付美国的战后债务，在接下来的 21 年里德国将每年支付 4 亿美元。协约国解释说，之所以让两代德国人偿还战争赔款，是因为它们自己也欠美国相同期限的债务。一听到协约国的这个决定，沙赫特的脸色立刻变得苍白，气愤得连声音都颤抖不已，他宣布这次会议到此结束。

到现在为止，沙赫特才意识到自己的算盘打错了。美国银行家对协约国施加的压力体现在美国政府丝毫不愿意考虑减少战争借款的偿还数额上。由于美国没有减免协约国的债务，因此它们就不会减少对德国的债权。沙赫特陷入了两难的境地：他不知道是否应该让这次会议终止，因为这有可能会引发德国的金融危机，并让他受到谴责；或者干脆接受条款，但他同样害怕受到谴责。

沙赫特一贯以来就是个赌徒。为了获得更多的权力，他不顾一切，决定彻底改变德国的处境。他总认为《凡尔赛和约》最不公平的地方之一就是没收了德国的殖民地。虽然德国很晚才成为帝国，但它占据了大部分萨摩亚群岛、部分新几内亚岛、哥多兰、非洲西南部、喀麦隆和坦噶尼喀。沙赫特不可思议地声称这些殖民地的价值有200亿美元，对德国而言，和它们比起来，这点儿赔款简直不值一提。他认为德国目前是没有能力满足战胜国的要求的，除非归还它所拥有的殖民地。他甚至还挑衅要求收回但泽走廊，它是欧洲最具争议的地带，已经被归还给波兰，作为波兰的出海口。

沙赫特根据一项金融协议，未经国家的允许就提出了《凡尔赛和约》中的土地分配问题。德国和协约国之间的关系经历了重重磨难，直到5年前法国从鲁尔撤退后才有所缓和，这种缓和局面的维持取决于德国是否会对1919年签订的政治和土地条款有所反复。沙赫特却引发了双方的冲突，他正在试图破坏整个脆弱的欧洲和平。

> 人们不明白沙赫特到底希望达到什么样的目的。他经常在还不清楚事情的原委时就好出风头，这就是他的本领。但他一定知道任何人都无权在杨格会议上重新商讨《凡尔赛和约》的核心部分，他的阴谋注定不能得逞。有人认为他只是为了表明自己对国内消费的重视，这有利于他重返德国政坛，挽回他的政治生涯。还有人认为他只是在试图引发一场危机，以此为烟幕让人们忽视他为德国签署的协议，从而免受指责。

沙赫特的提议刚开始提出时让代表们大吃一惊，当他们经过一段时间的思考，理解了他的要求后——就好像他是在通知大家结果似的，会议桌前各种喧闹声融合在一起，还伴随着惊异和愤怒的叫喊声。莫罗愤慨至极，敲打会议桌以泄愤，甚至还在会议室里扔墨水瓶。

当代表们就快谈崩时，法兰西银行的皮埃尔·魁奈在那天晚上告诉一位美国代表，法国的存款人将在第二天中午之前从德国的银行取出两亿美元。不知道这是不是有意策划的威胁或泄密，德国的黄金突然急剧减少，在接下来的 10 天里损失了一亿美元，这迫使德意志银行把利率提高到 7.5%，此时德国正处于严重的衰退时期，失业大军高达 2 000 万人。

沙赫特把这次事件视为经济战的第一个前奏，他指责法兰西银行暗地里精心策划了这次挤兑事件，迫使他放手。如果德国的外汇储备继续减少，他将没有任何选择权，除非恳求放宽道威斯计划中的汇率条款。否则，面对这些未来债务，德国只有违约，那时全球金融体系将彻底被击垮。德国的银行、自治区政府和企业欠的债务分布在各个国家——英国的银行 5 亿美元，法国的银行几千万美元，美国大约 15 亿美元。如果那时德国违约了，那么每个贷款给德国的金融机构都会费尽心机从它那里把资金抽离出来。这样，德国可能会停止支付所有的商业贷款，这会在全球范围内造成多米诺骨牌效应，一半的伦敦银行可能都会受到影响。英国的黄金储备已经消耗得所剩不多了，它很有可能会脱离金本位制度。这次金融混乱可能会带来一场巨大的灾难。

法兰西银行事实上已经考虑在金融领域对德国先发制人了，但由于风险太大而最终放弃了这种想法，因为莫罗不想让人们把世界经济的崩溃归罪于他。一些法国银行的确正在把存款转入国内，但这仅仅是出于经营上的谨慎考虑，以防事件恶化。同时，诺曼和纽约联邦储备银行的乔治·哈里森已经开始将资金转向支持德意志银行，他们忙得不可开交，希望赶在世界金融危机到来之前抽身。

此时，一场金融危机正在蔓延，雷夫斯托克勋爵的突然去世拯救了一切。接下来的进程暂时停止了，各派加紧在这几天竭尽全力地远离这场灾难。沙赫特与德国代表团返回柏林与政府进行商讨，在那里他发现内阁已经对他横眉冷对了，显然他已经弄巧成拙了。外交部长施特雷泽曼反复劝说沙赫特，让他不要做超越权限的事情，他担心沙赫特会破坏德国脆弱的政治体系。其他官员则害怕德国国内经济崩溃，失业大军已经达到 2 000 万人了，现在的这次打击可能又会使 1 000 万人面临失业的威胁。沙赫特的赌注将把德国置于更严重的衰退中。

沙赫特进行回击，责怪吉尔伯特误导了他。他甚至指责他过去的支持者施特雷泽曼，说他为了讨好谈判代表在会谈之前就在暗地里诋毁他，还说施特雷泽曼把这次政治谈判失败的责任归咎于他，使他成了国内的替罪羊。

沙赫特到现在还很看得开，他想破罐子破摔。虽然这可能会引发一场全球银行危机，但他仍愿意冒这个险，然而他的政府却不愿意。德国内阁害怕再次被世界孤立，不同意他的想法，还逼迫他放弃他的想法，并建议他重返巴黎，根据协约国的最后提议和他们重新谈判。内阁公开向他做出政治上的保证，愿意承担签署任何条款的最终责任，于是他很不情愿地同意了。沙赫特的行为一定会让民族主义者认为他是个卖国贼，他无辜地成了大家指责的对象。

德国代表团再次返回到谈判桌上。5 月中旬，谈判再次中断了几天，这次是因为莫罗回国参加圣莱马的市长竞选。几周之后，德国终于妥协了，它要在未来 36 年里支付稍低于 5 亿美元的赔款，还要在之后的 25 年里每年支付 3.75 亿美元，这样才能抵消掉欧洲欠美国的债务。**为了管理这些未来的赔款，并使它们商业化，一家新的银行——国际清算银行成立了，它归所有大国的中央银行共同所有。**当时的措施是针对这些战争赔款发行债券，按照现在的说法就是证券化。国际清算银行产生的任何利润都将来自于德国，这将有助于其支付债务。控制德国经济和政治的国外势力都将撤离，吉尔伯特将收拾他的行囊加入 J. P. 摩根。汇率保护条款也清楚了，尽管德国可能会因为这段真空期而陷入经济困境，但 2/3 的债务将会被推后两年支付。

在这种条件下，这次交易对沙赫特来说其实是最好的结果。所有代表团在乔治饭店的会议室参加签字仪式，照相机发出的强光把垫子照得很烫，最后突然燃烧起来。沙赫特有一种不祥的预感，他在谈判的时候出尽洋相，一返回德国就被国内所有党派谴责。左翼势力批评他把德国未来的经济当作赌注是一种冒险行为，错得离谱；而右翼势力则指责他的这次签字捆绑了两代德国人。甚至连他的妻子到车站接他的时候也说“你不应该签这份协议”。尽管沙赫特表面上支持杨格的计划，但他知道，他的做法使德国未来的发展前景一片黯淡。“危机可能会延后一两年出现，但毫无疑问它仍然会带来同样的问题，并且会更加严重。”他确信金融危机即将来临，因为他认为，“德国将在很长一段时间内没有外资的流入，或许是两三年。对于所有机构和所有德国人而言，这意味着工作时间更长、工资更低”。

梅纳德·凯恩斯对赔款持有非常悲观的态度，他认同沙赫特在新协议上所提出的看法。凯恩斯坚信德国很难弥补这个巨大的债务窟窿，他发表了自己对新协议的看法：“以我之见，杨格计划将是一个不切实际的想法，即使是在短期内也履行不了……1930年一定会出现某些危机，我对此拭目以待。”

凯恩斯结婚以后成熟了不少。他和莉迪娅建立了一个非常幸福的家庭，打破了他所有那些聪明、老练的朋友们对他的预言。他们工作日住在伦敦戈登广场的公寓，他就从这里上下班；节假日就回到家乡肯特郡蒂尔顿的居所。虽然对热点问题发表的文章不多，但这完全没有动摇他在主流经济学领域的重要地位。

在最近的4年中，他一直在努力写一本书。之前他已经写了两本书——《和平的经济后果》和《货币改革论》，这两本书都是他对战后混乱不堪的现状迅速做出的思考。在完成这两本书之后，他现在正雄心勃勃，全身心地扑在研究由世界各国银行和其他金融机构所形成的货币领域与由世界各国的商店、工厂和农场组成的实体经济之间的关系上。他的思想起源于《货币改革论》，但那本书对于经济理论的论述最多只能算是个草稿。在这本新书中，他设法构建一个完美的模型来说明货币流动的路径，以便让人们更好地理解不稳定性的根源。他认为这种不稳定性是由当代资本主义信用体系的内在缺陷所导致的。

在过去股市动荡不安的10年里，他还是个活跃的投机分子，这对于他来说是个费神而又危险的消遣。作为管理高校财政的最高领导，他为一所学院管理着一个资产池，还担任了英国互助保险公司董事会主席。另外，他还和朋友奥斯瓦尔德·福尔克（Oswald Falk）成立了几家投资公司。他把自己的资产经营得非常好，通过保证金买卖，他可以进行大量的杠杆交易，投资组合变动得非常频繁。1923年，他初试牛刀。当时，他大约向外汇市场投入了12.5万美元，赚取了丰厚的收益。在随后的5年里，通过对商品和货币而不是股票的交易，他的资产翻了一番。

> 尽管他一贯以灾难预言家的形象出现，但是在1928年初，他却一反常态。从他持有的投资组合头寸来看，他对未来持有非常乐观的态度。他对美国市场避而远之，却在英国大量买入汽车公司的股票，尤其是奥斯汀和利兰两家汽车公司。然而，他最大的赌注是他持有的复杂而庞大的长期商品头寸，尤其是橡胶、玉米、棉花和锡等产品，这是他在研究政府的政策之后做出的重大决策。他认为在斯特朗管理下的美国中央银行会做出非常出色的成绩，他称之为“壮举”。当美联储躲在幕后研究黄金标准时，它也成功地稳定了美国的市场价格。凯恩斯相信，只要斯特朗继续任职，美联储就愿意而且会继续做下去。

但是随着时间的推移，1928年他的投资组合开始分解。4月，随着卡特尔组织的解体，橡胶价格突然暴跌了50%，他遭受了巨大的损失。为了满足保证金的要求，他被迫大量平仓，损失惨重。另外，美联储在1928年初为了控制股市而实施了紧缩政策，这让凯恩斯大为震惊。他认为美国的价格是稳定的，没有任何通货膨胀的迹象。1928年9月，道琼斯指数为240点，他给朋友写信说道：“美国存在通货膨胀吗？”这表明“股市将不会面临可怕的崩盘……除非市场忽视正在衰退的经济”，美联储为此会竭尽全力避免悲剧的发生。

他的错误在于没有考虑到横扫世界的通货紧缩压力。斯特朗在10月去世以后，由于美联储开始向欣欣向荣的股市宣战，他才逐渐意识到风险已经转移到“经济萧条和通货紧缩”上了。但他坚持自己的看法，甚至到了1929年初，他仍然没有考虑到各国中央银行可能会面临的黄金短缺。他本来以为随着时间的推移，各国中央银行不会再竞相持有这种“原始的废物”。他完全没有预见到1929年出现的黄金大战，他坦言：“我当时忘记了黄金是个能让人迷恋的东西。”

一个投机者如果判断错误，那么代价将是他的净资产就要遭受巨大的损失。到了1929年6月至7月前后，他已经损失了将近3/4的财产。唯一可以让他喘口气的是，为了满足保证金需求，他被迫处理了大量的股票组合，而在 1929 年小心谨慎地进入了骚动不安的股市进行投资。

预言家的角色被蒙塔古·诺曼取代了。在这个令人紧张的春夏之际，德国随时可能处在违约的边缘，各国面临黄金短缺，商品价格下跌，美国股市疯狂至极。由于汇率问题，法兰西银行持有的英镑抵押贷款逐渐缩水。这些不安因素随时会引爆全球经济危机。蒙塔古·诺曼指出，很难判断哪个因素是最不稳定的。

1929 年 4 月，巴黎的谈判处于停滞状态，诺曼指出："我们可以给自己描绘一幅场景，在某一相同的时间，委员会在巴黎就德国赔款问题进行着艰苦的谈判；之前纽约的利率高达 20%，美联储对此无能为力，人们投入股市的资金或借来炒股的资金也在打水漂；三家欧洲中央银行已经在上个月加息了，并且这很可能就是个开始。"在他看来，这个世界正游离于崩溃的边缘。

德国现在已经被美国市场封闭了，所以它就开始把手伸到任何一个能给它提供贷款的地方，不放过一丝机会。

1929 年 5 月，瑞士银行家费利克斯·索马利（Felix Somary，他的美国同事给他取了一个绰号——"苏黎世的乌鸦"，因为他不断念叨着即将来临的崩溃）收到一封德国金融官员鲁道夫·希法亭（Rudolf Hilferding）措辞疯狂的来信，信中希法亭歇斯底里地要求借款 2 000 万美元支付给公共部门的雇员。索马利飞往巴黎和沙赫特签订协议，回来后向瑞士中央银行主席汇报道："各方势力协商了数月，他们讨论到 1966 年时每年应该支付多少亿美元，而到了 1988 年时又应该支付多少，这个国家甚至连政府部门员工的工资都发不出来。"

德国非常努力地寻求各方的帮助，甚至开始和神秘的瑞典火柴大王伊瓦·克鲁格（Ivar Kreuger）商量贷款协议，克鲁格与卡洛斯提·古尔班基安（Calouste Gulbenkian）、巴兹尔·扎哈罗夫（Basil Zaharoff）这帮人一样臭名昭著，这些人在两次世界大战期间徘徊于欧洲和各国政府之间，通过进行可疑的交易来发财。

克鲁格被外界猜测拥有几百万美元的身价，还拥有六七套房产，包括三处位于瑞典的避暑公馆，以及位于伦敦卡尔顿、柏林、曼哈顿的派克大街和巴黎的维克托·伊曼纽尔三世大街的几处固定住所。他会带各式各样的女人回家，包括活泼的女孩、学生、店员，甚至偶尔还有妓女，他对她们都非常慷慨大方。

被人们称为“5%先生”的古尔班基安拥有中东的石油开采权；扎哈罗夫则拥有军火贩卖权。

基于克鲁格火柴王国的庞大实力——他控制了世界上3/4的火柴工厂，他能够以优于大多数欧洲政府的条件从纽约借款。于是，他利用自己在金融方面的实力使其债券在华尔街流通，然后用自己的收益挽救这个在全球范围内信用较低的政府的金融体系，他花了很大的代价重新垄断了自己贷款过的国家的火柴行业。他和波兰、秘鲁、希腊、厄瓜多尔、匈牙利、爱沙尼亚、南斯拉夫、罗马尼亚、拉脱维亚进行交易。为了稳定法郎，法国政府甚至还向他借了7 500万美元，但他要求进入法国类似的垄断行业。现在，他给德国政府提供了1.45亿美元，条件是德国不能从苏联进口一切便宜的火柴。

由于美国的加息，纽约变成了一个大磁场，吸引了世界各地的资金，除了法国，每个欧洲国家都在阻止黄金流到大西洋彼岸。正如凯恩斯所指出的那样，即使“离华尔街十万八千里”的国家，其利率也在上涨，因为大家都在拼命攫取黄金。1929年2月，英格兰银行加息后利率高达5.5%，尽管当时的失业人数接近15万人。3月，意大利和荷兰也采取了相应的做法。德国仍处于严重的衰退中，在实施杨格计划时，其黄金储备也大为缩水，在此之后，德国将利率调高到7.5%。奥地利和匈牙利与德国更为相似，将利率提高到8%以上。7月，比利时也加入了加息的行列。

随着加息效应对商品价格的伤害，在许多地方实际的资金成本增加到10%，这给世界带来了经济衰退的信号。1929年，澳大利亚、加拿大、阿根廷等几个商品制造大国开始陷入衰退。到了1929年年初，德国和欧洲各大中心国家也处于衰退中。

在这期间，美国股市既不关注全球资金成本的上升，也不担心世界经济的衰退。6月，股价突破了历史高点。随着报纸报道优秀公司仍在大量盈利，道琼斯指数继续保持上涨的趋势，6月上涨了34点，7月又涨了16点。

市场到目前为止表现得完全像个投机场所。随着交易的升温，人们前所未有地把目光集中到几家公司身上，比如通用汽车公司，并且不再持有在长期内才有可观收益的股票。实际上，人们都疯狂地购买一些非常有前景的股票，比如蒙哥马利·沃德、通用电气和颇受人们青睐的美国无线电公司的股票。这样，股市的均价继续上涨，在9月达到最高值，大多数个股在1928年年底突破历史最高点，或达到1929年年初的最高价格。1929年9月3日，道琼斯指数再创新高，但是在826只股票中只有18只在纽约证券交易所一直保持上涨。大约有1/3的股票与其最高点相比下跌了至少20%。

在过去的几个月里，大多数股票交易者都在卖出他们的头寸，投机者有权决定他们做什么以及何时做。但是，在1929年这个特殊的时期，人们应该多些考虑。他们几乎不明白他们真正的风险偏好或股票组合，后者对于专业的投资者来说尤其重要，因为这些人的名气取决于他们对市场预测的准确性。

2月，欧文·杨格被股市的高温震惊了，美联储已经开始对股市宣战，他决定卖掉自己所有的头寸，总共220万美元，其中还包括一些保证金交易。美国无线电公司副主席戴维·萨尔诺夫（David Sarnoff），也是前往巴黎谈判的美国代表之一，在7月也离开了股市。约翰·拉斯科布是个真心希望每个人都富有的好人，他把自己原本打算长期持有的《女性之家》的股票卖了，很显然，在他发表文章之前，他几乎处理了所有的股票。乔·肯尼迪领会到最后一次会议的精神，也在1929年7月卖掉了股票。伯纳德·巴鲁克在他的自传中说到，他在1929年9月隐约感觉到了危机已经到来，于是赶紧回国在这个月月底之前卖掉了所有的证券。即使一向乐观的托马斯·拉蒙特也在那年的春夏期间卖掉了大量证券。

在这些人中，比利·杜兰特是最有乐观精神、对牛市的看法最坚定的，但他也把手中的证券脱手了。1929年4月，他的一些朋友安排他秘密和总统见面。他小心谨慎地悄悄离开纽约，坐火车来到华盛顿，不声不响地跳进一辆出租车，在晚上 9:30 抵达白宫，然后被带到总统的书房。他告诉胡佛总统，除非美联储减轻对股市的攻击，否则将会出现一场巨大的金融危机。不知道杜兰特自己是否明白他是在浪费口水，因为胡佛对美联储的政策没有任何干预的权利。他的告诫在会谈中似乎没有得到任何重视，开完会之后，他好像才意识到这个问题。4 月 17 日，他乘坐阿奎塔尼亚号邮轮去了欧洲，几周过后，他和大部分人一样开始清理头寸。

在幕后，美国联邦储备委员会最终打算对外承认他们采取“直接行动”的措施是无效的。8 月 8 日股市收盘后，纽约联储宣布把贴现率从 5% 提高到 6%。第二天，道琼斯指数在疯狂的交易后跳水 15 点。市场突然发现投机者在享受巨大利润的同时还要向借款给他们的经纪公司支付更高的利息。但是，所有的损失很快又被补了回来。

在随后的三周里，道琼斯指数又涨了 30 点。正如一位评论员描述的那样，在投资者之间存在着一种“恐慌，它心怀不轨地告诉大家不要放弃成功的机会，让人们深陷轮盘赌的游戏中不能自拔，使人们担心被这些继续持有者谴责”。8 月 14 日，纽约证券交易所的圣法尔公司宣布开通了开往大西洋彼岸的法兰西岛的航线，几天之后，M. J. 米翰公司也宣告开通了类似服务，股市涨到了极限。

现在，连欧洲也被卷入这个疯狂的市场。“在伦敦，人们每天都在买入成千上万的美国股票，巴黎、柏林、布鲁塞尔和阿姆斯特丹的‘热钱’急不可待地涌入纽约，”罗斯米尔子爵（Viscount Rothermere）在《星期日画报》的一篇文章中抱怨道，“华尔街已经变成了一个巨大的抽水机，它把世界各地的资金都抽干了，并且很快就会抽干所有的资金。这就是为什么欧洲各国中央银行纷纷上调利率的原因，这也是为什么英格兰银行的黄金逐渐流失的原因，这还是为什么银行高管蒙塔古·诺曼先生如此频繁地访问纽约和华盛顿的原因。”

7 月，诺曼第二次出访美国。假期时，他经常去缅因州的巴尔港拜访他的老朋友玛珂女士，但他也去纽约看过哈里森。回来之后，他比 2 月的那次出访还要沮丧。他现在相信美国的股市危机在某种程度上是不可避免的，没有人有把握解决它或知道它的影响有多恶劣。尽管美联储已经开始采取行动了，但为时已晚，危机已经来临。

1929 年的整个夏天，英国的黄金储备已经四面楚歌。到了 7 月底，储备总额为 8 亿美元的英格兰银行已经损失了一亿美元，并且在 8 月和 9 月又减少了 4 500 万美元，大部分资金都流到了美国。有迹象表明，法兰西银行已经重新评估英镑汇率。自 1927 年以来，流入法国的资金持续不减，尽管它们大部分是黄金而不是英镑。到了 1929 年 6 月至 7 月，法兰西银行的黄金和外汇储备已经分别达到了 12 亿美元，世界各地的金融机构都觉得很诡异。

自从诺曼和莫罗发生第一次争吵以来的两年里，法兰西银行承认自己拥有破坏世界流动性平衡的力量，对英镑汇率的处理一直都很有压力。杨格计划给英法关系带来了新的紧张局面，协约国已经对德国的赔款做出了一些让步，但在如何瓜分赔款这个问题上仍然争论不休。

1929 年 6 月，英国开始改选。在保守派的统治下，英国国内存在长达 4 年的高失业率，保守派最终被选民赶下台来，一个弱小的劳动派政府开始掌权。菲利普・斯诺登是个顽固的仇法派，他对法国在赔款方面的政策十分不满，并把丘吉尔从财政部调离。1928 年，为了继续完成杨格计划中的细节问题，他在海牙召开了一次会议。期间，他和法国对手亨利・卡诺（ Henri Chéron ）吵得不可开交。他后来描述那个法国金融管理者非常“荒唐、可笑”，“荒唐、可笑”这两个词在法语里具有强烈的讽刺之意，表示糟糕的信仰和愚蠢至极。正如经济历史学家查尔斯・金德尔伯格（ Charles Kindleberger ）指出的那样，英国的某些语言表达方式可以在众议院使用，但法国的表达方式在众议院是不允许使用的。卡诺是个又胖又敏感的人，他的腰围经常被人取笑。他对斯诺登的话感到十分气愤，要求他赔礼道歉——这些法国人只想让自己远离现实的战争。

尽管谈判仍在继续，但英国和法国已经闹得不可开交。在这次谈判的一次会议上，据说有人威胁法兰西银行的皮埃尔・魁奈，让他们不要持有英镑，转而持有黄金，除非英国做出让步。尽管没有很明显的证据，但这并不仅仅是武力的力量，并且英国的黄金储备仍然是受攻击的对象。

8 月 19 日，《时代》杂志报道了诺曼的一则消息，称诺曼为“黄金小子”，文章说，“欧洲正处于一场激烈的黄金保卫战中”。8 月下旬，英国的黄金储备达到了第一次世界大战后的最低值，诺曼告诫他手下的管理者，除非发生变化，否则包括英国在内的大部分欧洲国家的黄金将被掏空，所以他们应该开始准备应对这场突如其来的灾难，但更重要的是，世界经济将面临一场巨大的灾难。

Lords of Finance

第17章

大萧条来临

1929—1930年

如果是愚蠢让我们陷入混乱，那么为什么它不能让我们走出混乱呢？

——威尔·罗杰斯

在股票交易员中，有这样一则古老的谚语广为流传："当市场在最高点时，是没有人会按铃提示的。"1929年9月3日，星期二，在劳动节过后，华尔街的人们重新投入工作，此时极少有人能够想到这有可能就是牛市的终点了。这个周末异乎寻常的热，人们从海滩回家的旅程被拥堵的交通和在火车站的长时间等待给耽搁了。在新泽西的高速公路上，堵车十分严重，以至于成千上万的人都把车暂时停在了路边的停车场，而选择坐地铁回到曼哈顿。

银行家们在这个夏天之后开始对市场进行评估，《华尔街日报》对即将到来的新时代持乐观态度，而《纽约时报》的专栏作家亚历山大·达纳·诺伊斯则认为目前的状况是灾难的"前兆"，并对此充满"忧虑"。在那一周，《商业周刊》的首次发行使书报摊的生意变得异常红火，它试图将《时代》杂志犀利生动的文风引入企业界。从第一期开始，编辑们就表达了自己对牛市的怀疑。他们写道："至少在过去的5年中，美国商业处于一种夸张、神圣而不可侵犯的兴奋之中，对我们或任何人来说都即将进入一种空前繁荣的'新时代'。"他们警告说："秋天开始后，华尔街就存在着一种紧张的气氛……有一种观点认为会有一些事情在这个季节发……目前，股价普遍脱离了安全的盈利预期，市场几乎完全是‘心理性的’了。”

市场在一路上涨的过程中早已习惯了这样的预言，并在交易的第一天继续忽略它们。1929 年 9 月 3 日，道指收于 381 点的历史高位。在接下来的一天半中，道指继续维持在这一高位。

9 月 5 日下午两点，新闻专线报道，马萨诸塞州的经济学家兼统计学家罗杰·巴布森（Roger Babson）在韦尔斯利举行的美国全国年度商业会议上宣布："我继续重申自己在去年和前年的这个时候曾讲过的话，市场崩溃迟早会来临……它可能会非常严重……美联储把银行放在了一个强势的地位上，却没有去改变人类的本性。一份详细的市场研究显示，上涨的股票正在减少。"他预测道指有可能会下跌 60—80 点——即下跌幅度在 15%—20%，"工厂将会倒闭……工人将会失业……这个恶性循环将会全面发挥作用，并带来一场严重的商业萧条"。那天下午道指下跌了 10 点，下跌幅度在 3% 左右。

巴布森是一位有名的市场预言家，他创立了巴布森数据公司——美国最大的投资分析和商业预测提供商。这家公司每个月都会发布大量的图表来剖析个股、整体市场以及经济的表现。巴布森的预测方法建立在两个有些对立的观念之上：一个观念是经济的"起起落落"会"依据确定的规律"，这个观念源于牛顿第三运动定律；另一个观念是情绪是"造成商业循环的最重要因素"。

巴布森还有一些其他的更加离奇的想法。他在年轻时曾得过一场肺结核，因此他坚信新鲜空气对身体是有好处的，并时刻都将自己办公室的所有窗户敞开着。冬天时，他的秘书不得不全身包裹着羊毛大衣，穿着羊皮长靴，戴着连指手套，以至于在打字时不得不用一个巴布森自己特意发明的小橡皮锤子敲击键盘。他还是个严格的禁酒主义者，他认为牛顿物理学中的重力对人类是有害的；他还曾出版过一本名为《重力——我们的头号敌人》（*Gravity—Our Enemy Number One*）的小册子。

在过去的两年里，他一直预测市场将要崩溃，但直到现在他的观点都没有引起人们的注意。

在巴布森的悲观预测之后，《纽约时报》在耶鲁大学经济学教授、当时最负盛名的经济学家欧文·费雪（Irving Fisher）那里找到了相反的观点。

> 费雪最初是一名数学家，之后他所做的贡献主要在货币和利率理论领域。和巴布森一样，费雪“也是只怪鸟”。他也曾经受到肺结核的折磨，虽然在患病时已经 31 岁了，但在疗养期间他成了一名忠实的素食主义者。他患有严重的失眠症，为了治疗失眠，他为自己设计了一台奇怪的机器。他把这台机器连在自己的床上，并相信这样有助于入眠。他还是一名选择性繁殖的倡导者、美国优生学协会的秘书，他相信心理疾病源于牙齿和内脏的根部。和巴布森一样，他也是一名禁酒主义的狂热支持者，1929 年，他甚至还写了两本书来阐述禁酒主义的经济利益。此外，和巴布森一样，他也很富有。他发明了一台机器用来储存指数卡——罗乐德斯名片簿（Rolodex）的始祖，并在 1925 年以几百万美元把这台机器的专利卖给了雷明顿·兰德（Remington Rand）。到了 1929 年，他的身家超过了 1 000 万美元，他把所有钱都投入了股市。

以承认“没有人是完全正确的”作为评论的开端，费雪教授断言：“股价并没有过高，华尔街将不会经历任何类似灾难的事情。”作为市场的“高材生”，他将自己的评估建立在未来将会和近期刚刚经历的情形非常相似这一假设上，并认为正像过去 5 年里那样，利润将会以超过 10% 的速度继续增长。人们相信数学家们能够凭借其有缺陷的模型击败市场，但这种想法其实是个陷阱，巴布森所依赖的那些简单的权益定价技术（比如断定股价会紧跟分红而变化）显示，股价被高估了 30%—40%。

最初，虽然市场在巴布森发布对后市看法的当天大幅下跌，但第二天，当市场认为费雪的“甜药酒”好于巴布森的“苦药”时便出现了反弹。巴布森由此获得了一个新外号——“失败的预言家”，他被华尔街反复嘲笑，甚至还被《商业周刊》调侃为“弱智的巴布森”。9 月，巴布森和费雪这两个新英格兰的古怪家伙在为成为市场的中心人物而争斗，每次只要其中一个人的话被引用，媒体总会从另一个人那里得到反驳意见。

在好几个月之后，国民经济研究局（美国官方的商业周期记录者，1920 年成立的非营利组织）公布，在那年 8 月衰退就已经开始了。但在 9 月，仍然还没有人意识到这一点。那时，经济放缓的异常现象已经出现，特别是在利率敏感性较强的行业——汽车销售已经达到顶峰，建筑量全年都在下降，但是较短期的指标，比如钢铁产量、轨道货车装载量，依然保持了强劲增长势头。

到这个月中旬，市场重回先前的高位，巴布森的灾难预言被彻底打破了。虽然道指再也没有回到 381 点，但更多的指数创了新高，比如使用最为广泛的市场表现评价指标——《纽约时报》普通股指数在 9 月 19 日达到了前所未有的高点。

甚至是《纽约时报》专栏作家、倾向于市场下跌的亚历山大·达纳·诺伊斯也对市场崩盘的预测表示怀疑。他写道："关于完全灾难性、瓦解性的危机观点……找不到信徒一点儿都不出人意料。"毕竟，和过去相比，这个国家现在有了"美联储的力量和保护性的资源"，而市场"在国家对黄金的积累下……得到了保护，不再受以前恐慌的干扰"。过去发生的危机总是会先出现某种外来的波动，并打破大众的心理平衡。比如，1873 年的市场危机以杰伊·库克公司的破产为先兆；1893 年，是美国国家绳索公司的倒闭；而在 1907 年，则是一家荷兰后裔所开的信托公司的破产。但是，目前还没有发现任何这方面的迹象，因此诺伊斯比较放心。

但他的结论未免下得太早了。9 月 19 日，星期五，英国金融巨头克拉伦斯·哈特立（Clarence Hatry）突然破产，为投资者们带来了将近 7 000 万美元的损失。

哈特立是一个成功的犹太丝绸商的儿子，曾就读于伦敦的圣保罗学校，在 25 岁时他继承了父业但很快就破产了。35 岁时，他又东山再起，通过投机石油股以及在战后的并购潮中促进跨行业并购而重新变得富有。在 20 世纪 20 年代，作为企业家，他有着云霄飞车般的职业经历，曾获得过极大的成功，当然也有过极大的失败。到了 20 年代后期，他几乎涉足了英国经济的每个领域。他通过成立零售集团——装饰信托公司（Drapery Trust）赚了一大笔钱，然后又把该公司卖给了德本汉姆百货公司（Debenhams）；他策划了伦敦公共汽车公司和伦敦通用汽车公司的合并；他还运营着一家主要做市政债券的股票经纪公司。另外，他还是一系列相互关联、操纵股市的投资信托公司的老板。他最近经营着一家英国全国连锁的照相馆和一家全自动机械公司，该公司的自动售货机遍布英国大部分铁路站台。

哈特立是个身材瘦小、面色蜡黄但身手敏捷的人，留着精心修剪的小胡子，派头十足，甚至有人说他连鞋底都擦得干干净净。他住在莱恩公园附近的斯坦霍普大道上一栋气派的大房子里，在房子屋顶的游泳池旁就可以举办奢侈的派对。他爱好骑马，喜欢在苏塞克斯乡村的别墅里娱乐。他还拥有英国最大的游艇和一队船员。不用说，在这样庸俗放纵的好莱坞式的生活方式下，他不屑于让自己得到英国传统社会的喜爱。

当地的金融机构谨慎地和他保持着距离。摩根·格伦费尔（Morgan Grenfell）在给生意伙伴 J. P. 摩根公司的信中写道："哈特立先生很聪明，一两个和他有过生意往来的朋友经常告诉我，他们和哈特立没有对立之处。"但他接着写道："但他是个犹太人，在这里（伦敦）的声望、地位绝不算好，我们不会考虑和他做生意。"但是，凭借着庞大的财富，哈特立还是能够让这个国家一些最有名望的人加入自己的董事会——比如温彻斯特侯爵（Marquess of Winchester），他的封号可以追溯到亨利八世时期。他是英国最古老的侯爵封号的拥有者，还是一家公司的董事会主席，没有人会怀疑他的财务状况。

1929 年，怀揣着改革英国钢铁行业的宏伟计划，哈特立使用了今天所谓的杠杆收购手段，他花费 4 000 万美元收购了一家大型钢铁企业——联合钢铁公司。6 月，他的往来银行在最后关头把资金全部抽走。在接下来的几周里，他极其匆忙地寻找着资金，甚至还找到了蒙塔古·诺曼，希望能得到英格兰银行的援助。不用说，由于诺曼对哈特立的印象非常糟糕，因此他断然拒绝，并告诉哈特立自己已为联合钢铁公司花了太多钱。已经把所有公司都拿去抵押借款的哈特立最终使用了欺诈手段：他伪造了100万美元的市政债券作为新贷款的抵押品。

9月初，有关他过度扩张的流言出现了，公司的股价随之下跌，银行也要向他收回贷款。哈特立意识到游戏即将结束，他以真正英国人的方式屈服了。9月18日，他拜访了他的会计吉尔伯特·加尼爵士（Sir Gilbert Garney），并告诉他这桩欺诈案的内情。吉尔伯特·加尼爵士随即给自己的老朋友——检察官阿奇博尔德·博德金爵士（Sir Archibald Bodkin）打了电话，告诉他有人想对一宗巨额欺诈案自首。博德金在听到涉案总额高达1 200万美元之多后（这个金额占英国经济的比重相当于2001年安然公司倒闭时其金额在美国经济中的比重）安排他们第二天上午10点来办公室自首。第二天，哈特立按时到达，并承认了其犯罪事实，接着就被羁押了。

9月20日，星期五，纽约股市开盘后市场小幅振荡，当天下跌了8个点，最后收于362点。英格兰银行出于对哈特立事件可能会造成英国货币贬值的担心，将利率提高到7.5%，随后市场又下跌了17点。

大量英国投资者因为哈特立而遭受损失，他们不得不抛出美国股票，将资金从纽约借贷市场撤出。道指受到极大的卖压，在9月30日那一周下跌了20点，收于325点。这两周的下跌将市场过去两个月的盈利全部吞噬。尽管如此，到目前为止的市场下跌虽然已经有了恶性的势头，但仍在正常范围内。在10月7日那一周，股市又大幅上扬，大涨27点，这让很多人都非常吃惊。接着，在10月14日那一周，道指开盘于350点左右，比历史最高点低了不足10%。

10月15日，星期二，经济学家兼市场空谈家欧文·费雪在一场不合时宜的、足以载入史册的演讲中抛出了对目前这场风暴的担忧，并宣称“股价已经达到了近乎永久性的高地”。后来，他对乐观预测给出的理由是“更稳定的货币带来的繁荣增长，新的兼并、新的科学管理和新的发明”。此外，费雪始终是费雪，他无法不在最后加上“禁酒主义的好处”这一点。随后，市场重新开始下跌——在接下来的一周下跌了20点，在第三周的前三个交易日又下跌了17点。市场回到了305点，较9月的高点下跌了20%。但到目前为止，仍没有实质性恐慌的理由。

另一个误判时机的人是 J. P. 摩根公司的托马斯·拉蒙特，他在 10 月 19 日给胡佛总统写了一封 18 页的信。在信中，他告诫总统："在目前有关投机的流言中，夸张的成分较多。"他表示，一定的投机事实上是让美国公众享受到拥有股票益处的良好途径，就如同"厌腻的胃口有时能被鸡尾酒调动起来，去享受一顿心满意足的大餐"。他认为"未来一片光明"，并强烈建议总统不要去干预市场。这封信如今仍被保存在总统档案馆，信的顶端还留有胡佛总统潦草的字迹："这封信令人诧异。"

10 月 23 日，星期三，在交易的最后两个小时里，卖单如雪崩一般毫无预兆地涌来，将指数下压了 20 点。至于卖单的来源，则完全是个谜。第二天，也就是不久之后被人们称作"黑色星期四"的那天，出现了第一次真正的恐慌。市场平稳开盘，股价波动不大。但到了上午 11 点左右，大量卖单从波士顿、布里奇波特、孟菲斯、塔尔萨、弗雷斯诺等地汹涌而至，主要股票的价格开始下跌。在接下来的一个小时里，主要指数下跌了 20%。投机活动的领导者——美国无线电公司股价的跌幅达到了 35%。更加恐怖的是，整个国家的通信因暴风雪而中断，电话受阻，数千投资者无法与自己的经纪人取得联系。

骚动的谣言很快传遍了整个市场，上万名看热闹的人被灾难的味道所吸引，纷纷聚集在纽约证券交易所的外面。格罗弗·惠伦（Grover Whalen）警长额外派了 600 名警力维持秩序，用绳子将人群从交易所入口隔开。一大群报纸的摄影记者和摄影师聚集在财政部分部大楼的台阶上，记录着这一场景。

大约在中午晚些时候，华尔街的大亨们，包括花旗银行的查尔斯·米切尔和艾伯特·威金、担保信托公司（Guaranty Trust）的威廉·波特（William Potter）、信孚银行的苏厄德·普罗瑟（Seward Prosser），以及第一国立银行（First National）的乔治·贝克（George Baker），穿过拥挤的人群走进位于华尔街 23 号的 J. P. 摩根公司的大门。在短短 20 分钟后，他们紧绷着脸离开了，对记者们一言不发。几分钟后，托马斯·拉蒙特露面了，并在 J. P. 摩根的大理石大厅召开了一场临时新闻发布会。

他表情沉重，讲话时无精打采地用手拨弄着鼻梁上的眼镜："交易只是一些小小的卖单而已。”虽然他只是试图稳定市场情绪，但其中有一句话将会被载入史册并被奉为经典，成为华尔街自欺欺人和迷茫的典型代表而被长期嘲笑。拉蒙特声称，由“技术条件”引起的“泡沫”在市场中形成。他向听众保证，现在情况尚好。

但他没有告诉人们的是，这6个银行家已达成协议合资建立一个基金，以增加多头力量，支持股价。下午1点半，纽约证券交易所主席理查德·惠特尼［Richard Whitney，J.P.摩根的合伙人乔治·惠特尼（George Whitney）的兄弟，同时也是该公司的股票经纪人］信心十足地走进拥挤的交易所，在205点的位置下了一笔10 000股美国钢铁买单，比美国钢铁上一笔成交价格高了5点。然后，他从一个交易板走到另一个交易板，为各个蓝筹股撒下类似的巨额买单，总成本在2 000万—3 000万美元之间。股市随之大幅上涨，交易所成了一片欢乐的海洋，截至当日收市，股价只下跌了6点。虽然股票在救市行动中企稳，市场甚至在下午开始重新振作，但拉蒙特被交易所的监管者秘密约见，并警告说银行家们托市的力量有限：“没有任何人或任何团体可以把美国公众要卖的所有股票全部买下来。”

当私人银行家们向市场扔下了这样一个救生圈时，中央银行和美联储却因为意见不同而没有采取行动。为了缓解市场恐慌，纽约联邦储备银行的董事们投票决定将贷款利率从6%下调到5.5%，但却遭到了来自华盛顿的美国联邦储备委员会的否决。联邦储备委员会在位于白宫旁的财政部大楼里召开了一整天的会议。下午3点，财政部长安德鲁·梅隆参加了会议。会议在下午5点结束，没有发布任何官方声明。但是，一个财政部的高级官员对记者私下表示，市场的下跌是由“不适当的投机”压力引起的，已造成的损失毕竟还只是“纸上的损失”，并不能证明“对国家的商业和繁荣是灾难性的”。

第二天，报纸报道了银行家们英雄般的举动，因为他们成功阻断了恐慌。《华尔街日报》的头条新闻标题是：“银行家们阻止了股市崩盘：两小时的卖单潮水停止于J. P. 摩根办公室会议后的10亿美元资金托市。”

虽然由 J. P. 摩根牵头的财团所投入的资金和这个数字相比相差甚远，但市场明显得到了“有组织救市”的成功拯救。在接下来的两天里，虽然交易量仍然十分巨大，但市场保持稳定。有传言说银行家们有足够的信心开始卖出在星期四买入的股票，并略为盈利。但是在星期六，市场又再次开始下跌。

10月 28 日，星期一，“第二次抛售的飓风”开始咆哮，也就是所谓的“黑色星期一”。抛售来自各个方向：个人投资者信心受挫、机构投资者清算、欧洲投资者认输、融资交易的投机者被强制平仓、银行抛出抵押品。那些原本只因为看到股价上升才购买股票的投资者，现在看到股价下跌便转而卖出股票。截至当天收市时，共有 900 万股股票换手，道指下跌 40 点，跌幅约为 14%，这是历史上单日跌幅最大的一天——美国股市总市值中 140 亿美元凭空蒸发。

记者们仍然记得，历史上美国银行体系曾多次被 J. P. 摩根拯救，于是他们守候在华尔街 23 号外。下午 1:10，他们看到花旗银行的米切尔进入大楼，股市立即上涨，但再没有其他银行家来了，也丝毫没有“有组织救市”的进一步迹象。后来人们才知道，米切尔因周转困难急于寻找资金，去那里其实只是为了谈一笔私人贷款。

媒体的注意力被银行家们在华尔街 23 号引人注目的进进出出所吸引，他们没有察觉到真正的力量其实已不在 J. P. 摩根，而转移到了北边三个街区以外、位于自由街 33 号的纽约联邦储备银行办公室。这一天，真正的英雄不再是往返穿梭于 J. P. 摩根办公室的银行家们，而是纽约联邦储备银行的乔治·哈里森。

19 世纪和 20 世纪初的股票市场危机总是伴随着银行危机。股市和银行系统相互关联，关系非常紧密。大型的银行（如花旗银行）将自己的储备向股票经纪人贷出，以短期同业拆借的形式持有，因此股市的崩溃将不可避免地引发对各家银行安全性的担忧，进而造成系统波动，加剧股市的危机。美联储成立的部分原因就是要中断这一过程，哈里森决心要阻止这场混乱，以防止它发展成全局性的金融危机。“黑色星期一”这一整天，他都在和纽约主要银行的头头们保持着密切联系。

美国国内的货币中心——银行正面临着一次关乎生死存亡的威胁。许多华尔街的大型交易者，特别是基金管理者，都依靠经纪公司的融资持有大量的股市杠杆头寸——融资金额甚至达到了5 000万美元，而其中的部分资金来自银行。而危险之处在于，迫切想要弥补损失的经纪公司在市场下跌时会被迫抛出作为融资抵押品的股票，进而造成股市更大的下跌，并增强抛售的恶性循环。

由于上个星期四的措施被美国联邦储备委员会否决，哈里森准备自己做决定了。那天晚上，华尔街的银行家们获邀参加在伯纳德·巴鲁克位于第五大道的家中举办的向温斯顿·丘吉尔致敬的晚宴。抛开当晚的主题不谈，金融家们大多认为目前的股价被低估了。米切尔甚至在向英国客人敬酒时还开了个玩笑，他把在座的这群人称为“朋友和曾经的百万富翁”。

在华尔街的摩天大楼里，灯光一直亮到了凌晨，筋疲力尽的会计和簿记员们在为前一天的交易记账，那一天有着史无前例的交易规模。与此同时，在自由街的纽约联邦储备银行办公室里，哈里森和他的同事们正在制订买入政府债券向银行系统注入流动性的行动计划。幸运的是，没有时间征求华盛顿联邦储备委员会的意见了。他只是在凌晨3点时联系了两个委员，以保证他们能同意该计划。第二天一大早，甚至还没开市，纽约联邦储备银行就已经向市场注资5 000万美元。

第二天，抛售并没有放缓，后来那一天被人们称作“黑色星期二”。当天早上，上万人再次聚集，人们全都保持着敬畏的宁静。他们清醒地知道自己“正在参与创造历史的过程”，而且不大可能再有机会见到类似的事情了。当时，现场的《纽约时报》记者把那个早上的华尔街形容为一条“希望破灭、有着不寻常的寂静和恐惧、仿佛进入麻痹般催眠状态”的大街。丘吉尔选择了在那天参观纽约证券交易所，并被邀请进入交易所内见证这一场景。他在市场中拥有很大的投资份额，在这场暴跌中的亏损超过5万美元，这几乎是他全部的积蓄，但是他对此的评论颇富哲理：“看到这样的场景，没有人会认为像这么影响巨大且范围如此之广的金融灾难只是历史的一个小片段……”惠伦警长也时刻关注着市场行情，每当看到股价下跌，他就派出一队警察去市中心。金融区现在就像是个受到围攻的区域。

银行家们在那天碰过两次面。拉蒙特在新闻发布会上已经明显表现出信心减弱了，他告诉记者，目标不在于支持股价，而在于维持良好的市场秩序。接近收市时，股票换手超过 1 600 万股，道指下跌超过 80 点——到目前为止，道指总共下跌了 180 点，在 6 周内下跌近 50%，似乎股价下跌的趋势已经要结束了。在交易的最后 15 分钟，市场出现了上升 40 点的强力反弹。

在那天，纽约联邦储备银行又注入了 6 500 万美元的资金。联邦储备委员会，特别是罗伊·杨格，对哈里森的擅自行动很是恼火。他在行动前没有取得华盛顿方面的批准，这是对现存程序的公然挑衅。作为对杨格指责的回应，哈里森解释说，这是因为从来没有遇到过这么紧急的事件，世界都“起火”了，他“必须而且不得不”采取措施。美国联邦储备委员会试图通过一个条例，禁止纽约联邦储备银行做进一步的注资，但是在法律上它是否有这个权力还不太确定。在之后的几天里，关于联邦储备委员会和纽约联邦储备银行各自确切的权限还存在一些法律上的争论。哈里森最终提议把围绕着权力和程序的官僚式争论推到危机结束之后，并答应只要联邦储备委员会能给他购买两亿美元政府债券的权限，他就不再单方面行动——这样的安排足以让他动用整个美联储系统的资源，而不仅仅是纽约联邦储备银行的。

那天晚上，更多的银行家在杰克·摩根位于麦迪逊大道和第 35 街家中的图书馆再次会面。在那里，杰克·摩根的父亲曾在 1907 年对纽约银行系统做出过传奇般的拯救。这一次，乔治·哈里森也在场。

随着股价开始自由落体，所有把钱投入经纪借贷市场的个人和企业，有超额现金流的公司、被高利率吸引的国外投资者、美国各地的小银行，都纷纷离场。在“黑色星期四”之后，超过 20 亿美元的资金（约占经纪借贷总规模的 1/4）已经或正要流出市场，这带来了更多的巨额抛售和现金短缺，对包括华尔街的经纪公司和银行在内的整个金融市场造成了倾覆性的影响。为了防止所有人同时抛售而导致金融危机的火势进一步蔓延，一些银行家提议应该像 1914 年战争爆发时那样关闭证券交易所。

会议一直进行到凌晨两点，哈里森态度坚决，他告诉在场的人们："证券交易所要不惜一切代价保持开放。"关闭证券交易所不会解决问题，只会推迟问题，甚至由于阻碍交易可能会延长问题解决的时间，进而造成更多企业破产。他提议，撤离市场的资金暂由纽约的银行接管一部分。采取这样的临时措施，可以阻止恐慌性抛售和彻底的垮台。

在之后的几天里，随着该措施的实施，花旗银行从经纪公司的贷款组合中接管了超过 10 亿美元的资金。对于其中的操作，摩根财团并没有公开，但毫无疑问，由于行动迅速且果断，哈里森不仅避免了股市的进一步恶化，还阻止了一场银行危机。虽然 1929 年 10 月的这次崩溃在某种标准下是 1869 年"黑色星期五"以来的第 11 次股市恐慌，但无论以何种标准来衡量，这次崩溃都是有史以来最严重的一次，而且还是第一次没有由大银行或大企业的倒闭而引发的崩溃。

股市在 10 月的最后几天有所上涨，然后又再次下跌，在 11 月 13 日回落到"黑色星期二"的低位。在 11 月的最后几周，道指逐渐稳定在 240 点附近——自 9 月末以来的 8 周共下跌了 40%。从 1928 年初吹起的泡沫维持了一年半有余，所有迹象都表明，10 月的大跌只是挤破了所有泡沫，使股市估值回落到近乎合理的水平。

在危机之后的几周里，被弄得晕头转向的金融媒体努力想搞清楚到底发生了什么。尽管这次损失惨重——总共有 500 亿美元市值蒸发，大约是美国国民生产总值的一半，但出乎意料的是，许多文章都还满怀希望，把这次危机称作"繁荣的恐慌"。《纽约世界晚报》（*New York Evening World*）甚至说发生恐慌只是因为"基本面状况如此之好"，以至于使投机者有了"疯狂的理由"，从而制造了泡沫，为危机爆发埋下了伏笔。

《纽约太阳报》（*New York Sun*）评论说，股市崩溃对经济造成的影响再小不过了，普通民众的生活并没有受到多大影响，可以和华尔街区分开。

> 没有哪个艾奥瓦州的农民会因为西尔斯·罗巴克（Sears Roebuck）的股价暴跌而把手里的邮寄订单撕碎；没有哪个曼哈顿的家庭主妇会因

为统一天然气（Consolidated Gas）跌到 100 美元而把水壶从炉子上拿走；更没有谁会因为通用汽车的股价比最高价下跌了 40% 而把汽车留在车库里。

实际上，《商业周刊》从一开始就是股市投机的直接批评者，它更进一步评论说，在带来混乱的泡沫破灭之后，现在的经济发展形势甚至比以前还要好。

在过去 6 年里，美国商业把它相当大的一部分注意力、能源和资源分配给了投机游戏……现在，无关的、外来的、有风险的冒险已经结束，商业已经重新回到正轨，而且毫发无损，财务状况比以前任何时候都更好。

但大多数人的看法是，这一次的暴跌会造成一次短暂和轻微的商业衰退，尤其是在奢侈品市场。《福布斯》的创刊人 B. C. 福布斯（B. C. Forbes）认为："正如股市中的盈利会促进舒适设施和奢侈品的购买一样，股市中的亏损不可避免地会有相反作用。"

事实上，危机对美国的直接影响比任何人预期的都要大很多。工业生产在 10 月下跌了 5%，在 11 月又下跌了 5%。失业人数在 1929 年夏天维持在 150 万人左右，大约是劳动力总数的 3%，而到 1930 年春天，失业人数上升到了 300 万人。这个国家对华尔街变幻莫测的行为有着太多感情性的投资，这就使得股市崩溃所造成的心理影响十分深远，特别是在昂贵产品的消费需求上：汽车、收音机、冰箱以及其他新产品都处于经济繁荣增长的中心地位——美国全国的汽车注册数量垂直下跌了 25%，纽约的收音机销售额下降了一半。

《经济学人》的编辑弗朗西斯·赫斯特（Francis Hirst）在前往美国的旅途中生了一场病，年底时在亚特兰大逐渐康复，他对当时的状况做了一番描述："没有卖出股票的富人们感觉穷了很多……首要的结果是所有奢侈品的购买力都大幅下降，而像汽车和毛皮大衣这类商品的销售却增加了，这样的商品现在可以在二手市场上以低得惊人的价格买到。

疗养胜地也受到很大影响……大量的用人，包括男管家和司机，也被辞退了。”

这次股市崩溃之后，最喜欢处理紧急事件的胡佛总统投入到行动中。他是白宫历史上最勤勉的总统之一，经常在办公桌旁从早上 8 点半一直工作到第二天凌晨。在一个月内，他的团队推进了公共设施建设的扩张，并向国会提交了将所得税削减 1% 的提案。联邦政府的规模在那个时候还很小——总开支为 25 亿美元，只占 GDP 的 2.5%，财政政策的效果只相当于注入区区几千万美元，因此胡佛只有尽力做好为经济发展加油鼓劲的“啦啦队队长”的角色。

不幸的是，这个角色不太适合他，他是那么的害羞、不自信并且呆板，在众人面前他无法表现得轻松自如，也无法适应身边围着很多人为他呐喊。他还“天生抑郁”，根据威廉·艾伦·怀特（William Allen White）的描述：“他是个在任何状况下总是会看到悲伤一面的天生的悲观主义者。”由于无法激发他人的信心和乐观情绪，根据《国家》杂志（*Nation*）的报道，他“试图通过祈祷来祈求鬼神给予繁荣”，以使情况向好的方面发展。

1929 年 11 月 14 日，在股市崩溃后仅 6 个小时，胡佛宣布商品销售量显示国家正在“回归正常”；1930 年 3 月 7 日，他预测最坏的情况会在“未来 6 天内”结束；60 天之后，他又宣布：“我们已经度过了最坏的状况。”

在某种程度上，他陷入了一个所有政治领袖在就经济状况发表意见时都会面临的进退两难的处境。他们对经济的评论会影响到经济的发展和结果——类似海森堡不确定性原理。结果，他们只能做一些愚笨的积极评论，尽管这些评论不会被认真地当作预测。除此之外，他们别无选择。

试图通过发表一些评论来使经济向上发展是不可能的，因为经济的衰退并不是以直线的方式进行的。在这条衰退的道路上，似乎有许多事情表明经济正在变得稳定。在 1929 年最后几个月的下跌后，股市在 1930 年初找到了一个支撑，甚至还回升到 290 点以上，反弹幅度达到 20%。作为一开始就成功预测到了衰退的少数几个组织之一，哈佛经济协会指出最坏的时候已经过去。胡佛抓住了这根救命稻草，他相信了这些零碎的积极消息，而没有意识到它们其实也是错误的。1930 年 6 月，当一个国家天主教福利理事会的代表团请求他采取公共设施项目扩张政策时，他宣称："先生们，你们来晚了 60 天，萧条已经结束了。"但就在那个月，经济又开始了一段下滑。

最后，当实际情况和胡佛的预测不符时，他开始进行掩饰。他频繁地在新闻发布会上声称就业率已经在上升，但实际上并非如此。人口普查局和劳工部这些负责统计失业数据的机构承受了被要求捏造数据的巨大压力。一位专家在对行政官员试图修改数据的行为感到厌恶后，选择了辞职。最后，劳工统计局局长在对上级关于失业率的官方陈述持公开反对态度后，也被要求提前退休。

和胡佛相反，财政部长梅隆甚至连假装进行这种口头上的鼓劲也不愿意。他的观点是，亏损的投机者"自己活该"，他们应该为缺乏思考的行为付出代价，美国经济的基本面是健康的，会按照经济本身的情况复苏。他指出，最好的政策是："清算劳动力、清算股票、清算农民、清算房地产……这将清除系统中的腐朽……人们将会更加努力地工作，过着更加有道德的生活。价格会做出调整，有进取心的人会从能力欠缺的人那里捡起他们的残骸。"

一个近乎把梅隆的清算建议铭记于心的群体是苏联人。1930 年，出于对外汇的急切需要，苏联政府秘密决定把最宝贵的艺术品便宜卖给自己的资本主义敌人。对梅隆来说，这种以甩卖价买到艺术收藏品的机会一生难求，他没有错过这个机会。在与柏林、伦敦和纽约的艺术品商人进行了一系列秘密谈判后，梅隆买到了 20 幅油画名作。每一幅作品的买卖都像是从事间谍活动。购买这些油画的钱首先汇给柏林的一位商人，这位商人再把这笔钱存入一个锁定的账户并支付其中的 10% 给苏联人。同时，这些油画被秘密地从圣彼得堡的艾尔米塔什博物馆转移出来。为了进行掩饰，这些油画外面的油彩也做了修改。然后，这些油画在一个秘密地点进行交接，再用船运往柏林，接着运到美国。通过这样的方式，在 1930 年到 1931 年初的几个月里，财政部长花了差不多 700 万美元买下了艾尔米塔什博物馆最著名的一半以上的油画。这些油画中包括拉斐尔的《阿尔巴圣母》、提田的《照镜子的维纳斯》、波提且利的《博士来拜》、伦勃朗的《土耳其人》以及凡·埃克、凡·代克和霍斯的几幅作品。

这可能是20世纪最伟大的一次艺术品交易。梅隆将经济政策这些世俗的东西留给副手奥格登·米尔斯，自己则完全投入到这笔交易中。1930年9月的某一天，他和一个艺术品交易商讨论得如此全神贯注，以至于让一群银行家等了两个小时。

由于联邦政府没有能力且不愿采取行动，或者像梅隆这样被其他事情分散了注意力，管理正在衰退的经济的任务就完全落在了美联储的肩上。在1929年11月到1930年6月，美联储明显放松了货币政策，共向银行体系注入了近5亿美元的现金，将利率从6.0%下调到2.5%——这和哈里森在纽约做的事情几乎一样。华盛顿的美国联邦储备委员会不情愿地感受了所发生的事情的威力。哈里森不光要采取持续的拖延战术，还要面对其他地方储备银行的多数同僚的彻底抵抗——12个联邦储备银行中的7个——波士顿、费城、芝加哥、堪萨斯城、明尼阿波利斯、达拉斯和旧金山强烈反对哈里森的尝试。

大多数政府官员害怕这种将流动性注入银行体系的“人为的”刺激经济的尝试无法促进商业活动，而只会引发另一场投机潮。太多廉价的信用首先促进了泡沫的开始。现在，既然泡沫已经被戳破，股价回落到了更合理的水平，为什么还要再一次通过廉价的信用来重复这一过程呢？就像有人说的那样，更进一步的放松只会导致“1927年那场灾难性实验”的重演。这次衰退是过去过度投机的直接后果，在那次投机中货币被荒谬地投放，没有遵从经济规律。要使经济恢复健康，唯一的做法就是让它经受一段时间的痛苦，这也是为过去几年的过度放纵赎罪。

美联储内部不同派别之间的争论让人非常迷惑，甚至不能理解。1930年9月，本来很有能力和声望的政府官员诺里斯（Norris）在一次美联储的会议上争论说，通过降低利率，美联储使政策倒退了。“我们在目前的萧条期投放信贷，但人们不需要也无法使用这些信贷；而当人们需要也可以使用信贷时，我们将不得不收回信贷。”他没有意识到，

> 如果按照他的假定逻辑，会得到一个奇怪的错误建议，即美联储应该在萧条期收紧信贷，这样它就能在经济高速增长期大量提供信贷了。

美联储的官员们感到理屈词穷，只好借助其他方式来表达。其中一位官员就把美联储刺激经济的所有努力做了一个生动的比喻，认为这一切就好像一个乐队在一场“马拉松式的舞蹈中”不顾一切地演奏音乐。在其他场合，他又把这比做一位医生为了让死去的病人复活而对其进行人工呼吸或注入肾上腺素。

夏初，美联储不再实行宽松的政策了，因为事实证明这是错误的，自实行该政策以来经济陷入了第二次衰退，工业产值在 6 月至 10 月下跌了近 10%。哈里森采取的措施备受争议，有些人认为他做得已经够多了。为了避免灾难的来临，哈里森向银行系统注入了大量货币，把利率调到史无前例的低点，他认为自己已经用尽了一切激进的办法。其他人则认为他在衡量货币需求的时候有些问题。哈里森经常依据的经济指标显示政策已经非常宽松了——短期的真实利率非常低，银行的流动性过多。但问题也随之而来，这些措施现在发出了错误的信号，比如在一个更稳定的经济环境中，当银行库存现金过多时，就表明美联储用于刺激经济的储备投放量超过了实际所需。1930 年，当危机还处于萌芽状态时，银行为了应对未来的灾难而变得很谨慎，开始持有更多的现金。过多的超额现金储备表明银行越发提心吊胆，美联储则越发紧张。

1930 年 9 月，罗伊・杨格辞去了美国联邦储备委员会主席一职，开始担任波士顿联邦储备银行行长，他的薪酬是之前的 2.5 倍，从之前的 1.2 万美元增加到 3 万美元，并仍享有一些行政权力。在联邦储备委员会寻找继任者是件非常不容易的事情，在持续衰退的中期更是难上加难。幸运的是，胡佛总统心里有个合适的候选人，他很快就给他在政府金融部门工作的老朋友尤金・梅耶打电话说：“你非答应不可！”这基本上不容他回答，也不必等他回答，因为胡佛很了解自己的朋友。

没有人在接任美联储的管理职位时比梅耶更有激情或准备更充分，他与委员会的二流官员无疑形成了鲜明的对比。他是个成功的金融家，35 岁时就积累了大量财富，在两届政府的金融机构都任过职。和大多数银行家不同的是，他强烈支持政府为防止经济下滑和通货紧缩所采取的积极政策，以及美联储所采取的更宽松的货币政策。

梅耶出生在加利福尼亚，父亲马克·梅耶（Marc Meyer）是位白手起家的商人，也是拉扎德银行（Lazard Freres）的合伙人。1895 年，梅耶从耶鲁大学毕业后也进入了拉扎德，但是在 1901 年辞职，成了华尔街的一名自由投机者。他在 1907 年的大恐慌中大赚了一笔，到 1916 年时，其财富已经高达 4 000 万—5 000 万美元。

1917 年，他来到华盛顿，在伍德罗·威尔逊手下工作，基本没有薪酬，只有一些象征性的工资。后来，他成了战时金融公司的管理者，之后又担任农业贷款委员会的主席。他是个极富传奇色彩的人物，在第 16 街的新月广场拥有一栋豪华的寓所，里面挂满了塞尚和莫奈这些名家的作品，还摆满了中国明朝的花瓶。他在纽约的芒特基斯科拥有一处 700 英亩的地产，在怀俄明州的杰克逊霍尔有一个 600 英亩的牧场，还在弗吉尼亚州拥有一个大农场。他的妻子阿格尼斯是个自私的女人，他们闪电结婚，却并不幸福。阿格尼斯经营着华盛顿最时尚的一家沙龙，出入那里的有诗人、画家、音乐家，偶尔还会有政治家和银行家。

梅耶的提名还是存在争议的。路易斯安那州的人民党党员休伊·朗（Huey Long）认为："他没什么本事，只是在华尔街有个普通的微不足道的水桶店而已……甚至还不能算是个正规的银行家。"听证会进行得很艰难，艾奥瓦州的参议员布鲁克哈特（Brookhart）公然提出反对，称他是个"犹大……在做利率方面的生意时很大胆，就像在玩夏洛克游戏一样"，还说他一生所有的财富都用来进行反犹太人的斗争了。

如果说有人看起来像是能够改变美联储这个烂摊子，那这个人非梅耶莫属了。然而，他很快就被外界的质疑压倒了，他发现委员会被内部的钩心斗角、恩怨是非折磨得痛苦不堪。阿道夫·米勒和查尔斯·詹姆斯（Charles James）正处于焦灼状态。一些保守派，比如哈姆林（Hamlin），很讨厌梅耶，认为他对总统太阿谀奉承了。

> 美联储内部的决策系统和权力部门一贯以来都很复杂，现在甚至已经变得更加深不可测了。在斯特朗统治时期，5 位公开市场投资委员会成员讨论决定在公开市场购买政府债券来向银行系统注入货币量，该委员会由波士顿、纽约、费城、芝加哥和克利夫兰这 5 家联邦储备银行的董事组成。这样，斯特朗只需说服两位成员就能取得绝大多数票，使他的提议顺利通过。

然而，在 1930 年 1 月，公开市场操作政策转而由 12 位公开市场政策委员会成员决定。这些成员由所有联邦储备银行的董事组成，当然，每位成员必须要参考所在银行的 9 位董事会委员的意见。过去的 5 人公开市场投资委员会，现在变成了公开市场政策委员会的执行委员会，仍然负责执行任务。如今，有三股势力在争夺权力：一股是公开市场政策委员会，它可以起草政策，但没有执行权；另一股是联邦储备委员会，它要论证政策制定的可行性，但没有起草的权利；第三股是公开市场政策委员会的执行委员会，它可以酌情补充决议。在每个阶段，决议都可能遭到否决或阻挠。所以，尽管美联储最重要的两位人物哈里森和梅耶都认为应该采取积极的货币政策，但他们都遭到了这个体系的否决。

一向幸灾乐祸和自觉轻松的欧洲也迎来了巨大的金融危机。据《纽约时报》报道，当时人们以一种轻松的语调调侃伦敦“黑色星期四”的恐慌性抛售，《纽约晚报》采访了梅纳德·凯恩斯，他评论道：“在伟大的英国，我们不禁要深吸一口气，庆幸自己脱离了那场游离世界的噩梦，它给美国以外的其他国家的商业带来了沉重的打击。”据法国权威部门报道，华尔街的崩溃就好比“脓肿”的溃烂。人们希望投入华尔街的欧洲资本赶紧撤回国内，以减轻欧洲各国黄金储备的压力，并允许英国和德国等国家实行宽松的政策来刺激经济复苏。

令埃米尔·莫罗高兴不已的是，那年他并没有失去在圣莱马大捞一把的机会。到上周为止，也就是在 1929 年 10 月，他和沙赫特在巴登 – 巴登的黑森林享受水疗。当时，他们正在参加一个国际银行家会议，讨论落实杨格计划，并起草关于新成立的国际清算银行的附则。10 月 29 日早晨，沙赫特突然注意到美国代表团成员看起来愁容满面，他知道华尔街出事了。当弄清楚其中的原因时，沙赫特已经抑制不住幸灾乐祸的心情了。在访问一个瑞士银行家时，这位银行家表示很希望这场即将来临的灾难会终结债务问题。

在所有在欧洲中央银行工作的银行家中，蒙塔古·诺曼是最高兴的，这场危机正好可以挽救英镑，他对这一点坚信不疑。9月26日，英国的加息使泡沫最终被戳破，蒙塔古·诺曼开始就这次危机给英国带来的损失提出信贷要求。他对华尔街事件报以如此轻松的态度，以至于在10月29日早晨，也就是“黑色星期四”那天，当整个金融世界都已经四分五裂时，他却还像往常一样请画家奥古斯塔斯·约翰（Augustus John）画肖像。

在10月的最后一周和11月的前几周里，乔治·哈里森通过电报和越洋电话关注着华尔街的发展态势，他的声音不时地表现得和平时有所不同。10月31日，哈里森高兴地宣布市场已经完全走出最低点了，因为泡沫破灭后没有一家银行倒闭。

> 在刚开始的几个月里，事情按照预期进行着。欧洲各大股市在华尔街的带动下也随即下跌，但却没有随之反弹，下跌也并不那么剧烈。当美国股市下跌了近40%时，英国下跌了16%，德国14%，而法国只有11%。尽管英国股市的市值占美国GDP的比例相当大，但英国人大多偏爱体育，而把股市都留给了城市中的大人物；法国和德国股市的市值相对而言则很小。因此，这次危机给欧洲消费者和投资者的心理带来的冲击是不同的，对经济造成的伤害会小一些，甚至于当美国放松信贷时，外国贷款已经恢复了。市场上对货币的获得突然变得容易了，欧洲各大中央银行不再担心它们的黄金储备会被纽约掏空，它们终于可以跟随美联储降息了。到了1930年6月，美国的利率已经降到2.5%，处于第一次世界大战后的低水平，英国降到3.5%，德国降到4.5%，法国降到2.5%。

虽然解除了对英镑攻击的威胁，但诺曼却陷入了另一个完全出乎意料的烦恼。1929年11月，外界批评英国劳工部在处理经济问题时，任命一个由杰出法官麦克米伦勋爵（Lord Macmillan）领导的委员会来调查银行体系的运作问题有失偏颇。在委员会的14个成员中有近一半是银行家，剩下的是一大堆经济学家、记者和实业家，其中有3个成员坚决反对金本位制，分别是梅纳德·凯恩斯、雷金纳德·麦克纳（Reginald Mckenna）以及运输和普通工人联合会的欧内斯特·贝文（Ernest Bevin），贝文是英国最令人畏惧的工会领导。在危机出现的几周后，英国劳工部就此批评做出回应。

在建立委员会的过程中，这个被外界认为激进的部门对外表明立场，称英国不会在桌面上讨论是否仍然坚持金本位制的问题。即使一向对金本位制及其作用持批判态度的凯恩斯也开始对这个事实妥协，认为在这一阶段脱离金本位会给经济带来巨大的伤害。

然而，英格兰银行，尤其是诺曼，对这个委员会一直持有怀疑态度。在这个城市里，流行着这样一句口号："英格兰银行既不用解释也不用道歉。"他和英格兰银行也为此在公众的指责中承受着巨大的压力，这让他充满恐惧。委员会在 11 月 28 日开始举行听证会。12 月 5 日，诺曼看起来要成为第一个证人了。随着日期日益临近，他再次紧张不安起来，在出庭作证的前两天，他崩溃了。医生建议他暂时不要参加这次会议，因此诺曼顺利地离开了两个月，乘船游览地中海，最后到达埃及。

为了接替诺曼的位置，他的副手欧内斯特·哈维出现在人们的视线中。即使没有领导，严守秘密这一英格兰银行的一贯作风也不会轻易被改变，这一点可以从凯恩斯和哈维之间的交流中看出来。

凯恩斯："乔治（Gregory）教授提出的问题是，英格兰银行难道从来不解释它的政策吗？"

哈维："嗯，我认为这是我们一直以来对政策解释的惯用方式。"

凯恩斯："难道是政策方面的原因？"

哈维："告诉大家原因是件非常危险的事情。"

凯恩斯："难道是为了让自己免受指责？"

哈维："至于指责，尽管委员会可能不会全部同意我的观点，但我们认为根本不需要辩解，为自己辩解从某种程度上看就像一位女士在为自己的贞操辩解一样。"

诺曼最后在 1930 年 2 月返回英国，并答应为委员会提供证据。他并不是一位好证人，虽然在私人场合他机智而富有表达力，但在公众场合，他却表现得愁容满面且小心谨慎。在回答问题的时候，为了顾及职位，他的表现一点儿都不积极，语言非常简洁，有时甚至只用一个字作答。他不习惯于当众表达自己的思维或证明自己，说了一些自己都没有想到或不相信的话。他坚称，在某种程度上，英格兰银行的信贷政策跟失业率是没有必然联系的。他对失业率表现得非常冷静，并对英国国内的这种困境漠不关心，这突显了刚刚登上政治舞台的社会党银行家们和第一眼就选中他的选民们所持有的固有观点。面对凯恩斯冷酷而又刁钻的提问，诺曼看起来灰头土脸、反应迟钝，只能用他的那些陈词滥调来遮掩。

最后，主席问他为什么要启用特别的决策程序。刚开始他什么都不说，只是下意识地摸了三次鼻子。当再次被逼问时，他回答道："原因，主席先生，我没有原因，只有本能。"

主席并不气馁，继续试探他："这个我们当然理解，官员先生，但你做事总是会有原因的。"

"不错，但我已经忘记了。"

凯恩斯之后说诺曼看起来就像"一个艺术家，他正襟危坐，用一件大外套把自己裹住，总用一句'我不记得了'来搪塞所有问题"。诺曼只出庭作证了两三天，因为银行高级官员们意识到他的做法已经弊大于利了，而且之后他把提供证词的"球"踢给了他的副手。但是这次，诺曼已经身败名裂了。事后，一个银行家向他的同事评论说，那个官员"越来越变化无常，令人捉摸不透，并且十分荒谬"。

第 18 章

这是没有赢家的战争

1930—1931 年

在什么样的极端情况下，你才不会强迫自己的内心抑制对黄金这该死的东西的贪念呢？

——维吉尔，《埃涅伊得》

1930 年 12 月，梅纳德·凯恩斯发表了一篇名为《1930 年的大萧条》的文章，他指出："全球似乎笼罩在现代历史上最严重的经济灾难的阴影之中。"在过去的这几年中，美国的工业生产总值下降了 30%，德国下降了 25%，英国下降了 20%。美国有 500 万人正在寻找工作，德国有 450 万人，英国有 200 万人。世界商品价格大幅下降，咖啡、棉花、橡胶和小麦价格自股市崩盘以来已经下跌了 50% 以上。三个最大的主要生产国——巴西、阿根廷和澳大利亚已经全都脱离了金本位，其货币也随之大幅贬值。在工业国家，批发价格指数已经下跌了 15%，消费者物价指数则下跌了 7%。

在这样恶劣的条件下，凯恩斯一反常态的乐观。他说："我们使自己陷入了一场巨大的混乱，以至于不能再控制这个精美的机器，因为我们搞不懂它的运行机制。"他把经济比作一辆抛锚的汽车，把混乱比喻成一个简单的"永磁电机故障"（永磁电机是一种汽车点火装置，能用来产生电能），只要中央银行采取"坚决行动"就很容易解决这个问题，让"发电机继续工作"。

事实上，的确存在乐观的合理理由。在股市崩盘之后，1930 年美国经济一路下滑，物品价格和产量跌得很凶猛，都有见底的架势，但到目前为止还没有出现一场大的金融危机和破产。

凯恩斯清醒地认识到，只靠一家中央银行是很难应对这种情况的。中央银行要想扭转经济形势，就必须拥有足够的黄金储备——在金本位下这是创造信贷的潜在原材料。尽管方式有些不恰当，但国际货币体系正在筹建之中。由于投资者的恐慌情绪，带有避险需求的资金从黄金储备贫乏的国家流出——比如英国和德国，流入了黄金储备丰富的国家——比如美国和法国。

> 1920 年，美国成了黄金的主要避难所。资本流动性的锐减比贸易保护政策——《斯姆特－霍利关税法》(*Smoot-Hawley Act*) 所起的破坏作用还大。1930 年初，在经济出现短暂的复苏后，美国突然抽回了对欧洲的投资，只留了无关痛痒的一丁点儿。美国银行家们因厌恶风险而开始变得很小心，他们声称很难找到有信誉的借款者，于是开始缩减开支。由于美国经济的衰弱和在 1930 年 6 月《斯姆特－霍利关税法》的指引下制定的较高进口关税，美国出现了国内资本需求不足和对欧洲商品需求萎缩的现象，在这一时期，欧洲只能用黄金来购买进口商品、服务以及偿还债务。1930 年期间，总共有 3 亿美元的黄金从大西洋彼岸被运送到美国联邦储备银行的金库里。

然而，法国源源不断的黄金流入破坏了世界的稳定，它是唯一一个幸免于这场世界经济大灾难的欧洲国家。埃米尔·莫罗的战术是保持法郎处于一个较低的水平，这样法国的商品就有了价格优势。因此，这个国家的经济在 1929 年和 1930 年期间运行得很好，那些寻找安全投资的资本开始像洪水一样涌入法国，仅在 1930 年就流入了 5 亿美元的黄金。第一次世界大战后一向被银行家视为不负责任与行为可疑的法国，已经成为世界金融的避风港，这也成为当时令人惊叹的一种讽刺。到了 1930 年末，加上法兰西银行增持的 10 亿美元的英镑和美元存款，法国的黄金储备已经非常庞大，高达 20 亿美元，是英格兰银行的 3 倍（如图 18-1 所示）。法国政府前几年还在指责国际货币“投机者”给国内带来了灾难，而现在他们却开始和这些投机者一样运用高超的智慧来增强获取选票的自信心，他们的自信在对经济的管理中体现得淋漓尽致。

当世界各国的消费和投资正在减弱、预算开始压缩时，法国的货币却依然容易获得，人们花钱照旧。法国的评论家们把自己的国家比做“快乐鸟”。1930 年夏天，巴黎依然游人如织，商业像春天般充满朝气，各种法国名店迅速扩张。而它的邻国却呈现出一派截然相反的景象：德国有 450 万人在领取政府救济金，英国有 200 万人，而法国只有 19 万人。当世界其他各国的物价向落石一样直线下跌时，法国的物价却继续上涨。

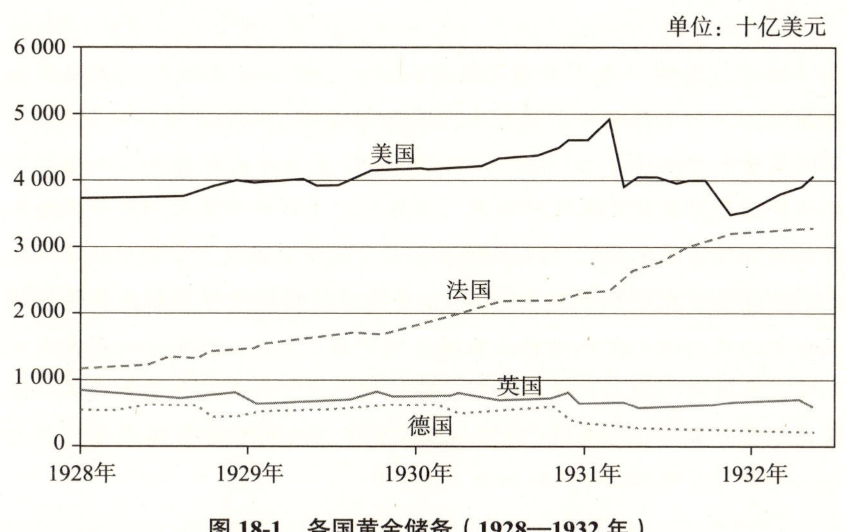

图 18-1　各国黄金储备（1928—1932 年）

1929 年之后，法国积累了庞大的黄金储备。在对自己的所作所为毫不知情的情形下，法国在无意间进入了欧洲经济最强国之列。十年以前，法国沉浸在德国侵略的恐惧之中，经济衰败，那是一种难以名状的糟糕状态。现如今，前景出人意料的一片大好，这使法国自鸣得意。总理安德烈 · 塔尔迪厄（Andre Tardieu）说，法国已经成功度过了这场经济风暴，它“合理的经济结构……民众天生的谨慎、适应危机的能力以及他们所具有的现代气息和勇气”可歌可泣。塔尔迪厄戴着一副珠宝眼镜，嘴上叼着一只黄金烟斗，他喜欢丝绸帽子和花哨的背心，有着典型的花花公子的癖好。他喜欢放荡不羁的人，在 35 岁以前他至少卷入了两次金融丑闻。这些特征使他成为英国所鄙视的法国政治家的典型代表。现在，这次“法国人自信的精彩表现”向世界展示了法国人的谨慎以及整个民族的执着精神，法国的这种天生的、难以估量的文明优势让它的邻国妒忌不已。

英国的评论家们不明白在大幅降息后为什么商品价格还在下降，国内生产持续缩减，失业率仍在上升。他们把世界经济的衰退主要归罪于金本位制，尤其是美联储和法兰西银行的从中作梗。到那年年末，美国和法国持有世界黄金储备的60%，并且它们都不想让这些黄金再流出去。

> 人们指责法国破坏了金本位制的正常运行，使全球黄金的流动性急剧减少。保罗·艾因齐格（Paul Einzig）是《金融新闻》（*Financial News*）颇具影响力的“朗伯德街”专栏的作者，他在文章中写道：“法国的黄金囤积政策带来了商品价格的暴跌，这是世界经济衰退的主要原因。法国不愿意和其他国家合作，这又加深了经济衰退的程度，导致了一场混乱的经济危机。”瑞典的杰出经济学家古斯塔夫·卡斯尔（Gustav Cassell）也有同样的看法，他认为世界商品价格的下降是因为黄金缺乏流动性，作为这一观点的代表人物，他说道：“法兰西银行对黄金的需求量一直很大，这是一种毫无意义的行为，他们一点儿也不担心其他国家必定会采取同样的措施。这已经影响到了全球的经济形势。”

到了1930年末，法兰西银行开始意识到它对黄金的储备正在造成世界黄金需求的紧缺。而法国银行体系的特征更是造成世界损失的原因。大多数国家的中央银行都会规定一美元黄金对应一定数量的现钞或信用货币，然而法国的银行体系却与众不同，以至于它们无法有效地利用黄金的货币功能，结果导致新增的5亿美元黄金转换成流动现钞还不到2.5亿美元。

法国政府声称他们无法掌控这种运行体制，热衷于储存黄金是由这个国家的本质特征或国民与生俱来的勤俭节约和对风险的厌恶所致。其实，在1930年时，事实就已经很清楚了。在埃米尔·莫罗管理下的法兰西银行已经非常清醒地意识到过多的黄金会导致货币的扩张，造成通货膨胀，因此莫罗阻止了黄金继续流入国内。随着世界商品价格的狂跌，这种举动似乎很奇怪，但却显示了莫罗和其他法国官员在 1924 年和 1926 年的货币危机期间所受到的伤害有多深。

大部分人不知道的是，很多本应该流入法国的黄金其实正在伦敦放着。当时的金块是一个边长为 17 英寸的立方体，每块大约有 1 吨重。由于要支付高额的保险费用，各国中央银行不会用船把黄金运到另一个几百英里远的国家，而是让它们继续待在金库里，在金块上做好标记，并简单地登记所有权。

> 英国黄金储备的减少以及法国和美国黄金储备的增加是这样完成的：一群人走进英格兰银行的地下金库，把一块块的黄金搬到一辆装有橡胶轮胎的小木板车上，推 30 英尺穿过一个房间后再卸下它们，然后给它们贴上一些标签，表示这些黄金已经归法兰西银行或美联储所有。

金库的一边黄金突然猛增，而另一边却严重短缺，这导致全球被迫在信贷上逐步采取紧缩措施。迪·阿伯伦勋爵对此愤慨不已，他是第一次世界大战后英国驻德国大使，现在是一位德高望重的经济学家兼政治家。他愤怒地说道：“这次衰退是历史上最愚蠢和最不应该的。”

在 1930 年的夏天和秋天，法国的黄金储备仍堆积如山。由于英法关系的紧张，法国通过了补救方案，其黄金政策再次成为争论的焦点，这对于诺曼来说意义深远。他很乐意和美国人打交道，但是在 1927 年与莫罗的不欢会见后，他就坚决拒绝和法国官员谈任何事情。

因此，诺曼非常明智地怂恿英国财政部与其对手法国政府谈判。然而，谈判依然无果而终，而且还暴露出这两个国家最坏的情况。英国人认为要吸取早期的经验，并认识到法国银行体系中存在的缺陷，但他们完全没有意识到这样的建议是带有强制性和侮辱性的。

很快局势就变得清楚了，法国没有因经济方面的争议而屈服，而是出于战略方面的考虑而做出了让步。法国的官员们利用强大的金融实力来实现政治上的让步，对于他们来说，货币不再是一种回报。甚至连法国军事最高司令部也被牵扯进来，国防部长安德烈·马其诺（Andre Maginot）的高级顾问瑞奎（Requin）将军给参谋部长官魏冈（Weygand）写信，他力谏："我们慈悲地救助英镑……要让英国人明白……如果他们想向我们借款的话，就必须首先解决其他问题。"

1930年9月，有传闻说莫罗即将辞职，这个消息在巴黎流传了几个月，但英国银行界在听到这一消息时还是感到非常震惊。最初的说法是莫罗在英国的压力下被迫辞职，他的离开可能预示着法国政府政策的改变。

事实上，由于对法郎振兴工作的贡献，莫罗刚被授予法国荣誉勋章，他认为这是离开的最好时机。他的行为只是一般上了年纪的法国公务员的惯常做法，他们在职期间的工资通常是按照很低的国际标准发放的，在转到私人部门任职后，他们将获得一大笔钱作为养老金。莫罗接受了巴黎银行荷兰分行副主席一职，该银行是法国最大的私人实业银行，它把工业上的直接投资和证券承销结合起来，是法国非常特殊的一种银行。实际上，他已经离开政府部门，不再是一位官员。虽然"煤油灯"把这个气派的头衔照亮了，但实际上他拥有的只不过是陈旧不堪的"供暖器"，得到的也只是"一间非常小气的小房间"。而现在他却拥有一栋非常气派的公馆，还在巴黎荣军院对面的康斯坦丁大街上拥有一处宽敞的市区住宅。

他的继任者是克莱门特·莫雷，和莫罗一样，莫雷学的是法律专业，毕业后去了巴黎政治学院，之后也去了财政部。然而，莫雷却不在核心部门——财政部督察机构任职，不爱抛头露面的他花了25年才终于爬上了财政部高层的位置。他在卑微的职位上受到了庞加莱的推荐，被提拔为部门负责人，认为他"出乎寻常的忠诚"。1928年，他进入法兰西银行，成为它的第二把手。

和其他官员所处的时代不同，莫雷在45岁时成为最年轻的政府高官。与脾气火爆、举止粗鲁的莫罗相反，莫雷为人和蔼可亲，处理问题考虑周到。虽然法兰西银行的人事有所变动，但政策并没有实质性的改变。事实上，莫雷想得甚至比莫罗还多，他认为自己是一位为人民服务的公仆，法兰西银行本质上是国家的武器。他提出，要想使黄金从法国流入英国，英国政府必须直接向法国借款。当然，英镑能否保持稳定还没有任何确定性的答案，所以贷款必须以法郎作为标的货币。诺曼感到非常不可思议，伦敦似乎在"向法国求助"，这种行为和它的地位是不相符的，最后这肯定是一次屈辱的交易。英国的骄傲和愚钝与法国的自私和傲慢互不相让，而法国的黄金则继续保持增长态势。

但是，诺曼极力实施一个伟大的计划，他声称要通过给经济“输血”来治愈衰退。这个计划是要在一个中立国（瑞士或荷兰）成立一家资本为 2.5 亿美元的国际银行，在某种意义上，它可以说是世界银行的前身。该银行将从黄金富足的法国和美国再借 7.5 亿美元，为资金匮乏的各国政府和商业注入资金。自 1931 年 2 月以来，诺曼每个月都会在巴塞尔的国际清算银行开会，这个机构已经变成中央银行的银行家俱乐部了。在葡萄酒晚宴结束之前——每个月在巴塞尔所召开的会议被认为是银行家们享受美食的聚会，人们就已经很清楚地知道这个计划泡汤了。法国和美国不愿意把这么大一笔钱交给一个很可能由英国人来管理的国际组织。

在接下来的几个月里，诺曼乘船前往美国，这是他自 1929 年夏天以来的首次访美。很明显，在这两年中美国的媒体非常想念他。

> 从一开始《纽约时报》就宣称：“英格兰银行界罕见的名人”和“神秘人物”的使命暗示着大规模的措施即将被实施以应对世界经济衰退。银行家们不会让诺曼一个人孤军奋战。自从 3 月 21 日离开贝伦加亚后，诺曼肩负的“神秘使命”及其一举一动都成了世界各地关注的焦点。他和纽约联邦储备银行的官员们会面，国务卿亨利·史汀生（Henry Stimson）也参加了。之后，他前往华盛顿，访问了白宫，并和财政部长梅隆共进午餐。他所有的行动都被媒体挖掘得彻彻底底。他的表现非常精彩，在一大堆记者面前装得有模有样。他看起来倒更像是一个“交响乐团的指挥，而不是一位杰出的银行家”。当记者们想方设法从他那里套取这次访问的目的时，他总是祝愿他们“下次会有更好的运气”。当记者们恳请他谈谈对世界金融局势的看法时，他就会以严肃的口吻戏弄他们说，最近西班牙国王阿方索（Alfonso）被流放对国际金融局势是没有影响的。尽管他的行程紧凑，但很多媒体怀疑实际上他并没有那么多的会谈议程，即使是最仰慕他的媒体也这样认为。

甚至在诺曼抵达美国之前，他最大的支持者 J. P. 摩根公司就表明，像银行这样的“人造”机构或任何“国际信用组织”不是他来访要解决的问题。纽约联邦储备银行发电文说整个方案简直就是“不切实际的，并且会造成通货膨胀”。

诺曼想方设法让东道主美国相信，欧洲正处于“十分阴暗的局面”中。现在，英国唯一的希望寄托在强制削减工资上，而东欧和中欧的处境则更令人绝望。他告诉史汀生，“苏联是最大的危险”。德国和东欧的“资本主义制度所带来的好处还不足以弥补维持资本主义所需的成本……他们对苏联的态度摇摆不定，其实是对其制度并不了解”。对共产主义的恐惧导致下一代美国人把大量的资金投入欧洲。1931 年，共产主义的实力还远未及资本主义。

美国也处在衰退中，在过去的 17 年中，美国已经向欧洲输出了 150 亿美元，其中包括战争贷款。现在，美国极力想要避免卷入大西洋彼岸的纷争，所以诺曼回去的时候两手空空。5 月，当托马斯·拉蒙特经过伦敦时，诺曼向他抱怨道：“美国人居然不采取任何措施以拯救世界和金本位制，这是愚昧无知的。”

大多数评论家逐渐明白，源源不断流入法国的黄金最终将给国际支付体系带来毁灭性的打击。像往常一样，凯恩斯绘声绘色地指出：

> 全世界大多数黄金已经退出了流通领域，不再在人们的手中互相转手，而是被贪婪十足的人掌控着。在每个国家，居住在斗室里的“家庭守护神”都被对黄金的幻想所吞噬。这种现象隐藏在社会背后，并不会直接显现出来。黄金现在已经从人们的视线中消失，回到了地下。但是，当这些守护神不再拥有华丽的金黄色外衣时，人们便开始正视它们，并且很快就会变得所剩无几。

黄金储备是全球信用体系得以正常运转的保证，它们被埋藏在地下金库里或法兰西银行的水底金库里，因此公众是看不见的，它们所要求的近乎只是一个形而上学的存在形式。凯恩斯认为黄金的作用目前还在延续，只不过变得不再像以前那样重要了。他的观点最终将被证明是正确的，但这不会发生在一场令人头疼的动荡结束之前。

1931 年初，美国银行体系开始出现了一个类似的瘫痪过程。这次危机首先出现在一个最令人意想不到的地方——布朗克斯区，那是纽约的外部自治区。该区有一家名字奇怪的银行——美国银行，尽管从名字看来它好像是一家官方银行，但其实它和美国政府没有一点关系。追根溯源的话，这家银行属于曼哈顿下东区的服装行业。

1930 年 12 月 10 日早晨，一个来自布朗克斯莫里斯安娜地区的小商人来到美国银行设在弗里曼大街的一个支行，向银行提出要卖出他的部分股票，这个请求看起来并不奇怪。

> 1929 年 6 月至 7 月，这家银行开始让储户购买它的股票，以此来支持它的股价。它向投资者做出保证，许诺他们能以大约每股 200 美元的价格卖出。这样的条件听起来太具有吸引力了，简直让人难以相信。但是，在 1929 年年中的时候，人们是愿意相信任何事情的。直到 1930 年秋天，在华尔街崩溃之后，人们越来越关注纽约的经济形势，该股票的交易价格仅在 40 美元左右。

布朗克斯支行的管理层试图让这位焦虑不堪的储户相信应该持有其股票，他们说即使在目前这样的价格下，他们的股票仍具有很好的投资价值。毫无疑问，他们的目的很明显，就是违约。这位储户气急败坏地离开了，他开始告诉人们银行陷入了困境。到了下午，已经有一小撮储户在布朗克斯支行小巧而具有新古典风格的石灰岩大楼外排起了长队，他们想在下班之前把存款取出来。尽管经济萧条，但到目前为止还没有一家纽约的银行遭遇挤兑，因此这很快就吸引了两万多好奇的旁观者前来围观。焦虑的储户坐立不安，一小队骑马的警察被派来维持秩序，并逮捕了几个储户。当场面出现混乱的时候，这些警察开始用他们的马来驱散人群。

美国银行在纽约 4 个较大的自治区内共有 57 家支行，拥有 40 万个人储户，比其他银行都要多。谣言很快就传遍了整个城市，其他很多支行在那天下午也出现了类似的情况，很多装甲车都被调过来运送大量的现金。

美国银行是在 1913 年由约瑟夫·马库斯（Joseph Marcus）创立的，他是一位俄国籍的犹太人，1879 年移民来到美国。刚开始他是服装厂的一名工人，后来成了一个优秀的服装生产商，最后做了当地的银行家。他的第一家支行位于奥查德和德兰西大街的路口，主要服务于周边服装厂的犹太工人和商人。马库斯以诚实守信和公平交易的经营理念在下东区颇负盛名，他的银行经营得很好。尽管银行与美国政府毫无瓜葛，但还是让说依地语的客户感觉它在某种程度上拥有政府的充分信任和信用支持。年迈的马库斯在 1927 年去世，那时他的银行已经成长为一家拥有一亿美元资产的机构，总部设在纽约的第五大街，并在该城市设有 7 家支行。但是，银行的办公人员和客户主要还是犹太人，外界含沙射影地给它取了个绰号——“穿短裤的技工的银行”。

约瑟夫·马库斯去世后，他的儿子伯纳德·马库斯（Bernard Marcus）接管了这家银行。他很聪明，但很爱炫耀，生活十分奢侈，这和他父亲谦虚的为人相去甚远。伯纳德去欧洲旅行的时候光行李就有 30 多件，而且总是住船上最豪华的套房。在随后的两年中，他发展了一系列的并购扩张业务，到了 1929 年，银行的资产已经增加到 2.5 亿美元。

当时的监管十分宽松，但即便如此，伯纳德还是采取了一系列不正当的手段。这家银行向自己的管理层和其他相关人员借了大约 1 600 万美元，占资本金的 1/3，并允许这些借款人买入银行的股票。银行的资产规模在两年内已经超过原来的两倍，为了筹集快速增长所需的资金，伯纳德发行了大量股票，并承诺投资者能以 200 美元的价格赎回。当股价在 1929 年夏天和秋天开始下降时，许多投资者要求伯纳德履行承诺。为了使股票在市场上表现良好，他成立了一系列附属公司，从他自己的银行借钱重新买回股权。伯纳德实际上是在使用储户的钱来维持银行的股价。

在贷款方面，这家银行在纽约房地产市场下了很大的赌注，有一半的贷款组合投入了房地产市场，是企业贷款的两倍，但真正的贷款敞口被流入附属公司的资金隐藏了。当危机来临时，这家银行正致力于中央公园西部的两大工程：500 万美元用于贝雷斯福德（Beresford）工程，这栋建筑高 20 层，坐落在第 82 街，有 170 套公寓；400 万美元用于圣雷莫（San Remo）工程，这栋建筑位于第 74 大街，有 120 套公寓。尽管有谣言说伯纳德本人拥有这两个项目的所有权，但是他通过傀儡公司来掩盖自己在这两个项目上的权益，其实每一分钱都来自他的银行。

到了 1930 年 6 月至 7 月，官方账簿显示该银行拥有 2.5 亿美元的存款、3 亿美元的优良资产和 5 000 万美元的所有者权益，但隐藏在这些数字背后的真实经营情况却并非如此——资产的真实价值不超过 2.2 亿美元，而且所有者权益已经没有了，还背负了 3 亿美元的债务。

1930 年秋天，纽约金融界上层传言美国银行可能陷入危机，因此美联储试图让它和纽约其他犹太人控股的银行进行合并，其中包括制造商信托银行（Manufacturers Trust）、国民公共银行（Public National Bank）以及国际信托公司。这场交易要求伯纳德和他的追随者辞职，承担管理失误的责任。尽管如此，金融界对伯纳德仍然十分不信任，没有人肯相信他的账目，这场交易最后以失败告终。

在筹划阶段，12 月 10 日晚上，所有知名的华尔街巨头——纽约联邦储备银行的乔治·哈里森、J. P. 摩根的托马斯·拉蒙特、大通国民银行的艾伯特·威金、花旗银行的查尔斯·米切尔以及其他的纽约银行巨头们，在纽约联邦储备银行 12 层的会议室里进行讨论，希望能达成一揽子的拯救计划。到晚上 8:30 时，他们即将达成协议，哈里森也已经开始准备他的新闻发言稿。为了拯救这家银行，他们必须共同出资 3 000 万美元。但是在最后一刻，几个关键的银行家犹豫不决。

这些银行家都读过沃尔特·白芝浩在 19 世纪写的经典小说《朗伯德街》（*Lombard Street*），这部作品描述了后来成为世界金融中心的英格兰银行是如何控制金融危机和恐慌情绪的。

白芝浩认为，在正常时期，中央银行应该遵守教科书上规定的金本位制度，信用扩张要牢牢依据黄金储备量来进行。但是在金融危机时期，就应该把书本上的规则统统扔掉，进行“随意、大胆的贷款，这样公众才会觉得你打算继续下去”。正如他所指出的，“根据你不会不知道的科学原理，恐慌……是一种情绪问题”。换句话说，一家中央银行必须注入充足的货币来满足公众对现金和资产安全的需求。

白芝浩同时也给出了警告。尽管他主张在恐慌时期中央银行应该毫不犹豫地放出贷款，但前提是银行只是面临短暂的流动性短缺，而绝不是真正的破产。而这个时期美国银行所面临的问题不是资金短缺，而是完全没有偿付能力，没有能力履行义务。

尽管没有明确指出，但在讨论中还有另外一个对美国银行见死不救的原因：伯纳德不是一般的犹太人，而是声名狼藉的那种人。华尔街的清教徒和犹太人之间一直存在分歧。像库恩雷波、雷曼兄弟、J. W. 墨利格曼（J. W. Seligman）这样的公司自认为是“我们的团体”、德国犹太人的精英，而对于所有像杰克·摩根这样的被社会尊敬的金融巨头们而言，他们持有反犹太的狭隘观念。12 月 10 日聚在一起的这些华尔街绅士们，很难掩饰对救助像伯纳德这样的犹太人的厌恶之情。伯纳德只是下东区的一个服装出口生产商，经营着一家银行，据托马斯·拉蒙特的儿子汤米所说，这家银行的客户主要是“外国人和犹太人”。J. P. 摩根的合伙人拉塞尔·莱芬韦尔指出：“这家银行的主要客户是犹太商人，这些人没有多少钱，教育程度低下，针对他们开展的业务难以管理。”

当负责美国银行纽约支行管理的约瑟夫·布罗德里克（Joseph Broderick）知道这个决定的时候，他坚持要参加这次会议。这些银行家们对他的态度很尖锐，让他在外面等到凌晨一点钟才允许他进来。他后来说：“我告诉过他们，美国银行在纽约具有十分特殊的地位，在这个城市里它服务的人群是最多的，它的倒闭会影响很多小银行，我担心它将引爆这个城市的金融体系。”布罗德里克提醒这些高管们，只需要两三个星期“他们就可以拯救纽约两家最大的私人银行”。其中的基德 – 皮博迪投资银行成立于 1865 年，由波士顿的绅士们经营着，因这次危机的影响也出现了挤兑潮。在其他银行，意大利政府不得不在 1930 年从 J. P. 摩根和大通国民银行提出了 1 500 万美元。

尽管会议一直进行到第二天早上，布罗德里克仍说服不了少数几个倔强的人改变他们的想法。美联储认为它可以为美国银行设置一道防火墙，以防止问题蔓延，于是他们决定第二天早上就把这家银行关闭。布罗德里克之后在出庭作证的时候说："我警告他们正在犯一个纽约银行史上最大的错误。"伯纳德和他的副手们在审判后被定罪，判了三年有期徒刑。布罗德里克因没有及时关闭这家银行而遭到指控，并被判入狱，但这个案子的初审结果被推翻，二审后他被无罪释放。

尽管富有戏剧性，但美国银行的倒闭实际上并不出人意料。在历史上，由于美国缺少一个由各种商业银行组成的中央银行，因此银行体系一直很不稳定，历经灾难。1913 年美联储的成立多少对这个问题有所帮助，但国内的银行体系仍然没有一丝改变。1920 年，美国大约拥有 2.5 万家银行，其中大部分都很小，并且对当地的经济具有依赖性，每年约有 500 家倒闭。1930 年的前 9 个月，由于经济日益恶化，700 家银行关门大吉。同年 10 月，在美国银行危机事件发生的前两个月，这种恐慌蔓延到中西部和南部，造成了田纳西投资银行和考德威尔公司（Caldwell and Company）的倒闭。考德维尔公司控制着美国南部的银行业链条，在它破产之后，很多小银行也倒闭了。在田纳西州、肯塔基州、阿肯色州以及北卡罗来纳州，共有 120 家银行倒闭。

美国银行倒闭之后，美联储成功地控制住了局面，没有出现连锁反应。1930 年 12 月至 1931 年 1 月，纽约和宾夕法尼亚州出现了银行挤兑潮，但恐慌很快就消失了。然而，美国银行的倒闭的确深刻地改变了公众对银行的看法。

储户们被这次重大的倒闭事件震惊了，他们开始对于把钱存到哪里变得越来越谨慎。因为不能分辨银行的好坏，他们便把所有的存款从各家银行取出。刚开始，这只是一场小风波，在这两家银行倒闭后的几个月里，整个银行体系共被提取了 4.5 亿美元，还不到存款总额的 1%。

然而，由于银行的独特经营模式，这样的取款会造成负面的乘数效应。为了尽可能保持流动性和贷款组合的大致平衡，银行必须做到在取出一美元现金的同时能收回 3—4 美元的贷款。同时，当它们收回贷款时，借款者必须从其他银行取出相应的存款。这种效应将使得银行对流动性的争夺蔓延到整个银行系统。在这种氛围下，所有银行都必须建立现金储备来保护自己，这样它们就要收回更多的贷款。1931 年 6 月至 7 月，银行信贷萎缩了 50 亿美元，相当于未到期的贷款投资的 10%（如图 18-2 所示）。

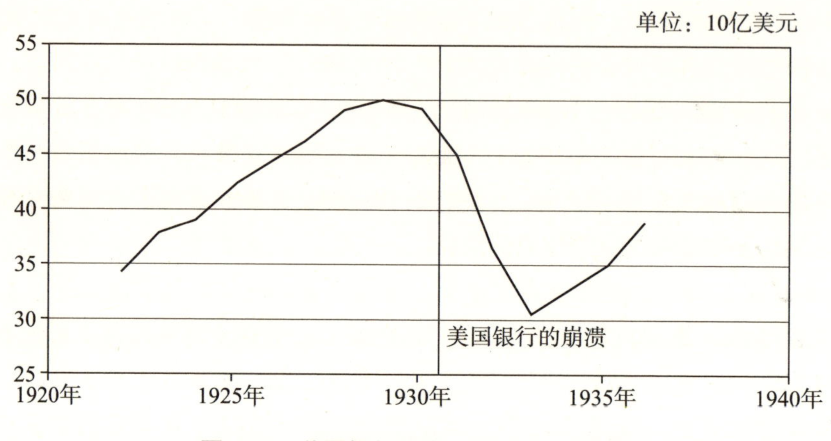

图 18-2　美国银行信贷（1922—1936 年）

美国银行的信贷危机始于 1931 年。在度过了一个平静的春天之后，1931 年 5 月，银行挤兑潮再次升温。一家芝加哥郊区的房地产公司破产，导致芝加哥 30 多家银行的 6 000 万美元存款被提走。到了夏天，危机蔓延到托莱多市的每一家大银行，其中只有一家没有破产，而唯一幸存的这家银行是因为获得了克利兰夫联邦储备银行提供的 1 100 万美元的现金救助。整个城市 70% 的存款被冻结，零售业濒临瘫痪，甚至连刚刚获得美国网球公开赛参赛权的因弗内斯高尔夫俱乐部也关门了。

美联储的官员们都充分认识到了金融体系的危机——货币囤积、银行破产事件不断增加、银行惜贷现象严重、物价以每年 20% 的速度下跌，然而他们还不能把所有这些错综复杂的问题联系在一起。在美国联邦储备委员会，梅耶要求制定一个更激进的政策，连习惯和别人唱反调的阿道夫·米勒也同意了他的观点，但美联储没有多少制定这些政策的权力。

同时，一些本来可以采取行动的美联储官员现在却望而却步了。很多陷入麻烦的银行，尤其是那些小银行，并非是美联储的成员——美国全国有 2.5 万家银行，只有一半是联储成员，但它们的存款数额占到了全美国的 3/4。尽管那些非联储成员的银行影响着美国全国的信贷供给，但成员银行的高管们却认为他们并没有拯救非成员银行的义务。

这些高管们真正关心的问题是大约一半的银行所面临的巨大贷款损失，它们可能最后会像美国银行一样破产。地方管理者决定按照巴杰特的方法只贷款给“好的”机构，而且他们认为支持濒临破产的银行将要投入大量的资金，所以他们决定让它们自生自灭。但是，他们没有意识到这样做会破坏公众对银行存款的信心，并且会导致美国信用体系的僵化。

1931 年第一季度，令人感到十分奇怪的是，一方面全球银行体系正在紧锣密鼓地根据恐慌的美国民众心理来调整货币存储量，另一方面由于堆积在法兰西银行和美联储的黄金，美国和欧洲的经济开始出现微小复苏。如果银行体系可以与世界经济的衰退相比较，那么现金的双倍干涸就像两个不可见的漏洞，它们的影响并不是突然而剧烈的，而是逐渐显现出来的。

1931 年春天，诺曼从美国回国后写了一封丢脸的信给莫雷，预言“世界资本主义制度的文明”在一年内就会毁灭，并说他将把预言“刊载出来以作为对未来的参考”。他说他感觉到全球信贷供应已开始枯竭，但是他和其他中央银行的银行家们还不能在解决方法上达成一致意见。诺曼发现自己越来越没有影响力，执行权也被削弱了。这封没有说服力的信其实是在向法兰西银行申请采取措施，但毫无疑问被拒绝了，因为他总在不断地重复谈论西方文明的末日。

第19章

一次失败的拯救

1931 年

金钱没有国界，金融家没有爱国精神，也没有道理可讲，他们唯一的目的就是赚钱。

——拿破仑·波拿巴

1931 年春天，集体和个人的绝望情绪压抑着德国。官方统计数据表明，德国有 470 万人失业，占其劳动力总数的 25% 左右，是美国的两倍，这还不包括另外 200 万被迫找兼职的人。当铺、占星家、数学命理学家以及其他各种江湖骗子到处都是。在柏林的公园和森林里，到处都是临时搭建的帐篷和行李包裹。这些营地体现了德国人的组织天赋，人们很快就有了自己的“市长”“城镇理事会”，还有了可供妇女们煮萝卜用的集体厨房。

1929 年年中，德国背上了外债和赔款这两个沉重的包袱，从那以后，德国就一直处于水深火热之中，混乱不堪。当年 7 月，沙赫特一签完巴黎的杨格计划，德国反对该计划的斗争就达到了高潮。由艾尔弗雷德·胡根贝格博士（Dr. Alfred Hugenberg）领导的国家委员会针对这个计划组织了一次全民公决，胡根贝格是右翼德国民族党主席，该党是德国国会第三大党，在国会 491 个席位中拥有 73 个席位。另外，胡根贝格还曾担任著名的克鲁格军火制造厂（Krupps）的主席，与德国人伦道夫·赫斯特（Randolph Hearst）齐名。他在第一次世界大战后又发展了一些新业务，现在掌管着德国国内最大的一些报业集团、最大的电影制片公司以及最大的独立电报部门。

胡根贝格起用了阿道夫·希特勒，这在之后被当作是个笑话。希特勒过去处境窘迫，是个和右翼集团毫不沾边的少数党派人物，1923 年他担任了啤酒馆政变的领导人。

> 在前些年的国家选举中，纳粹党仅得到 2.6% 的选票，在国会中也只有 12 个席位。然而，他们却在全民公决中使用了特有的恶毒手段，声称杨格计划将压迫“三代德国劳动力”，他们还污蔑这个计划，视它为“犹太人的阴谋”和“犹太精神的产物”。全民公决要求政府重新谈判以废除令人讨厌的战争犯罪责任条款、中断所有的赔款支付，并把官方进一步达成的任何条款视作犯罪。这一提议获得了 413.5 万张选票，在这项政策的鼓舞下，公众也越来越清醒了。

> 没有一个人能在改变政策风向时比沙赫特提供的风向标更好，杨格计划谈判留给他的是失望和痛苦。1920 年底，他和一直庇护他的古斯塔夫·施特雷泽曼同意德国向美国的银行大量借款，希望美国也能卷入这场赔款纷争中。但是，他们把德意志共和国和美国货币捆绑起来的计划落空了。在沙赫特看来，美国的银行家没有把信息传递出去。他和施特雷泽曼极力在华尔街扩张他们的权力和影响力，希望解决赔款问题。

1929 年 10 月，在华尔街崩溃的前三个星期，年仅 51 岁的施特雷泽曼在压力和超负荷的工作下突然中风而亡。在冷酷和令人失望的杨格计划谈判以及施特雷泽曼去世之后，沙赫特失去了一直以来的信念，他不再寄希望于依靠美国来解决问题。

他现在困惑不已。由于对美国不再抱有任何幻想，他更乐意寻找其他解决办法，包括民族主义者所提出的单边协议。但是他很难在这个时期否定杨格计划，毕竟这份文件有他的签名，这使他看起来不像是个无耻的机会主义者。

11 月，在海牙进行的谈判中，德国政府同意了适度调整后的杨格计划条款。

同时，协约国答应提前撤退驻扎在莱茵兰的军队，并就原先归属东普鲁士的德国公民的身份问题达成了协议——这部分领土在《凡尔赛条约》中割让给了波兰。对杨格计划的修改最终体现在支付条款上，大约增加了4%—5%的支付金额，每年总计2 500万美元。虽然支付条款所带来的经济意义微乎其微，但它却给沙赫特提供了推翻政府的借口。

那时，德国的失业率急剧攀升，失业救济金支出居高不下，预算赤字也直线上升。当时政府由社会党员赫尔曼·默勒（Hermann Müller）领导，多个民主党派组成的强大联盟共同参政。政府提议向国外借更多的资金进行融资。然而，沙赫特自1927年以来就一直反对大量对外借款，他认为这个包括社会党在内的多党参政的政府没有能力统治德国，大量的外债就证明了这一点。由于没有在最佳时机控制对外支出或借贷，现如今在情况糟糕的时候借钱无疑又会重复以前的错误，因此他担心德国将面临国家破产。

12月5日，沙赫特在柏林做了一件惊人的事，而且事前没有任何征兆。他公开发表了一份声明来谴责政府，他用夸张的语言“扭曲”杨格计划，并指责政府没有采取必要的措施控制财政。他声称如果德国人相信国家能支付得起在巴黎商定的赔款数额，那无疑是自欺欺人，他还公开否认该计划的最新修改情况。几周之后，他暗中破坏了政府通过美国投资公司迪龙里德公司向纽约借款的计划。

在经济危机的中期，中央银行的一把手公然向政府宣战，这种行为威胁了整个国家的稳定，使德国国内局势动荡不安。然而，政府根本无法度过金融危机，只能向慷慨的伊瓦·克鲁格借款。

在接下来的几个星期里，沙赫特承受了巨大的压力。在人们还不能预测经济萧条所造成的影响时，他扬言德国在华尔街崩溃后走向了一场巨大的灾难，他希望德国不要被这场灾难埋葬。如果他现在辞职，他将放弃德国经济界最有权力的位置，并且在政治上也将被人遗忘，很难东山再起。在签订杨格计划后，他被右翼集团孤立了，并且在质疑政府的财政政策时他和左翼集团以及中间派争论不休。

沙赫特在这些既有机会主义又不乏真心诚意的想法上举棋不定，由此产生的紧张感开始显露出来。他有时候看起来一蹶不振。1930 年 1 月，一个外国银行家在看到他因为“自己将受到一群腐朽的政治家的攻击”而向大家咆哮后，认为他是个偏执狂。老朋友帕克·吉尔伯特对他这种奇怪的行为也越来越不理解，只能说沙赫特“疯了”。

1 月初，在海牙举行的讨论杨格计划的政府会议上，发生了最后一次强烈的谴责行为。法国对德国民族者散布的谣言以及沙赫特对杨格计划的痛批大为震惊，为了防止德国停止赔款支付，法国人提议引入一个新的条款，条款规定如果德国被海牙国际法庭起诉故意违约，那么借款者将“恢复在《凡尔赛和约》中规定的所有特权行为”。这项提议使人们想起了 1923 年法国占领鲁尔以及法国军队反击德国的情景。

尽管沙赫特与政府绝交，但他许诺自己不会在国际会议上使德国陷入窘境。但他的冲动再次打败了他，新通过的条款打了德国一记耳光，它彻底改变了杨格计划的“精神”。尽管德意志银行无力阻止修改计划的生效，但为了表明对“最高道德准则”的反对，沙赫特宣布不会给国际清算银行缴纳一芬尼，并坚定地声称他“将坚守自己的岗位直到死亡”。

新任外交部长朱利叶斯·库尔提斯（Julius Curtius）率领的德国代表团十分气愤。在一次激烈的非公开会议上，他们指责沙赫特是个叛徒，在无关紧要的问题上故弄玄虚，为重建自己的威信而做政治上的铺路。柏林到处都充斥着关于沙赫特的谣言，说他预谋充当 85 岁的冯·兴登堡的接任者，兴登堡将于 1932 年年初退休。伦敦《时代》杂志评论说，人们似乎都期待着沙赫特会“在政治上做出什么壮举”，德国左翼媒体《世界报》（*Die Welt*）指责他“不仅是国内也是国际的政治头领”。

第二天，德国代表团依然态度谨慎，当他们提出如果德意志银行拒绝签字，政府就会通过其他银行组成的联盟来缴纳赔款时，沙赫特知道自己的计划得逞了。他喜欢吹嘘自己的权力，但现在毁了自己。他与政府协商出一条规则来保全政府的面子，即政府通过立法要求德意志银行缴纳赔款，这样他就有理由认为杨格计划是个“不道德的协议”了。但是作为一个良好公民，沙赫特必须遵守德国的法律或其他移民政策。然而，他在海牙颇具戏剧性的行为使他难以继续任职，3 月 7 日返回柏林后，他宣布辞职。

在一次骚乱的媒体会议上，他说：“现在，我将成为一个养猪的乡绅。”在这次会议中，记者多次追问他辞职的动机，这使他的情绪一次次失控。一位记者困惑地问他：“沙赫特博士，您的辞职有什么特别的原因吗？”“我的行为和政治一点儿关系都没有，”沙赫特激动不已地回答道，“这仅仅是一个有自尊的人做出的正义行为。”

与《时代》杂志或《世界报》齐名的德国国家报《福斯日报》（*Vossische Zeitung*）表达了柏林普遍存在的困惑：“沙赫特辞职的真正原因是什么？没有人知道。”尽管沙赫特很在意自己的私利，但他签了一份解约协议，放弃了每年 25 万美元的养老金。

离职以后，沙赫特认为社会党领导的联盟政府会把德国带入一场金融灾难，并使德国卷入一场他称之为不可避免的外债危机。在这个阶段，他以 20 世纪 20 年代的观点去判断德国的经济，认为问题的核心是这个国家花销过度，已经被巨额外债压得喘不过气来。他认为解决问题的办法就是控制政府开支，不要向国外借款。他的建议是非常传统的理论，针对的是防止汇率危机，而不是越来越严重的失业问题。

三个星期之后，已经和他决裂的政府被失业问题拖垮，社会党想通过向国外借更多的资金来增加失业救济金，而中间党派则想减少赤字。由此，一个新的由中间党派组成的联盟政府成立了，社会党被排除在外。新政府的领导人是海因里希·布吕宁，他是前军队官员，一个阴沉的天主教徒，也是一个坚定的君权主义者。

布吕宁没有办法对一个四分五裂的国会进行管理，他必须动用法律，依靠宪法在紧急情况下所赋予的权力把德国变成一个更加专制的国家。在德国国会受到打击后，他让冯·兴登堡解散国会，并在 1930 年 9 月（也就是两年前）举行了一场新的选举，选举结果令人大为震惊且难以接受。

> 在一次因日益恶化的经济所引发的运动中，希特勒向各阶级保证会重新统一国家、重建繁荣、恢复其世界地位，并清除奸商，但他没有透露过多极端的反犹太主义立场。他在大型的露天集会上演讲——大部分演讲都是在大型的露天运动场举行的，运动场摆满了一排排燃烧的火炬，灯火通明。他通过他的演讲技巧给成千上万的参会者洗脑。在街上，他的非正规军都是一群穿着脱靴器的暴徒，他们拿着警棍、戴着指节铜环与共产主义者和社会主义者发生暴力冲突。最终，纳粹党获得了 640 万张选票，在德国国会拥有了 107 个席位，一举成为德国第二大党。

这次选举震惊了整个金融市场。德国近一半的资金储备被抽离，高达 38 亿美元。为了阻止资金的抽离，德意志银行被迫提高利率，当时纽约和巴黎的利率都在 2% 的水平，伦敦在 3%，而德国却涨到了 5%。由于商品价格每年下跌 7%，这意味着借款的有效成本已经上升到了 12%，严重加速了经济的恶化。

> 由于经济失去了增长的动力，失业率攀升，预算赤字增加，布吕宁把注意力放在了预算平衡上。他限制失业救济金；将联邦和地方政府高级官员（包括总统）的工资削减 20%，低工资的官员则削减 6%；提高所得税以及啤酒、烟草税，并对商店和矿泉水增收新的税种——所有的措施都使德国的经济更加萧条。

> 德国政府对经济的影响造成了前所未有的通货紧缩。在美国，胡佛政府减少税收，扩大赤字（从 1929 年 10 亿美元的盈余到 1931 年 20 亿美元的赤字），占了 GDP 的 4%。1931 年，英国政府的赤字为 6 亿美元，占 GDP 的 2.5%。但德国正好与它们相反，它的收入随着政策的变化而减少，但支出减少得更多，赤字从本来就很少的两亿美元降到一亿美元，不到 GDP 的 1%。

> 现在，布吕宁被称为是“饥饿的统治者”，他之后宣称政府重新采取的节俭措施是为了对外证明德国没有能力支付赔款了——德国政府在

20世纪20年代初曾尝试采取不正当的手段以破坏德国经济，使它的债权人不得不降低赔款要求。

历史学家们一直在争论当初德国是否还有其他选择。然而，向国外借款是不可取的，到了1930年中期，国外借款已经完全没有门路了。其实德国在繁荣时期就借了很多外债，大把地花钱，在衰退来临正需要用钱的时候，它却已经把信用额度用完，借不到钱了。

杨格计划带来的意想不到的后果加重了问题的严重性。在之前的道威斯计划中，私人商业贷款者在债务危机的情况下是有优先赔偿权的。因此，德国的公共债权人，尤其是法国、比利时和英国政府，它们的赔偿权是排在最后的。但杨格计划取消了这个“转换保护”条款，不再保护私人债券。顺便提一下，这个举动遭到了沙赫特的坚决反对。在这次债务危机中，私人贷款者的求偿权自然没有被排在前面，而是排在这些大政府之后。这样，私人借给德国的债务就收不回来了。

德国再也不能从国外借到资金了，它只能从德意志银行借款来应对布吕宁的一揽子节俭计划，换句话说，就是通过印钞票来为赤字融资。但是，人们对20世纪20年代早期的恶性通货膨胀仍然记忆犹新，而且道威斯计划和杨格计划严格限制德意志银行买入政府债务。德国唯一的办法就是取消金本位，但几乎没有人为这次剧烈的演变做好准备。

沙赫特辞职以后十分小心，不再批评布吕宁制定的国家政策，也许他希望还能重新成为保守的民族党政府的核心成员。在这一时期，他还没有意识到他有多么幸运。新政府采取了很多节俭措施，但他力谏这些措施会带来灾难性后果。而当德国经济崩溃时，他却可以置身事外，免受指责。

然而，他对这些赔款是不会保持沉默的，他认为德国政府通过损害国内经济来逃脱债务的做法是非常荒谬的。他退休后一直待在自己位于居伦的住所，但不久后他就对自己的处境感到很失落。1930年夏天，他开始在世界各地进行游说，从布加勒斯特出发，先后到了伯尔尼、哥本哈根和斯德哥尔摩。9月，他去美国待了两个月。

他的到来在美国引起了一阵骚动。被《时代》杂志称为“德国铁人”的他总是戴着一副夹鼻眼镜，留着一头板刷头，一眼就可以认出来。对伦敦《时代》杂志和《纽约时报》的读者而言，他们对沙赫特的了解比对德国近年来其他领导人的了解都要多。沙赫特去过 20 多个城市，在私人俱乐部和公共会议上给大学生、教授、银行家和商业团体做了将近 50 场演讲。

> 他演讲的大部分主题都是关于债务问题，他希望听众能理解德国对这个问题是十分痛恨的。他说道：“试想一下，如果你们像对待德国人一样对待其他人长达 10 年之久，他们是不会有笑容的。”德国的 GDP 为 160 亿美元，出口占了 30 亿美元，而向私人借的外债就高达 60 亿美元，基本无法支付每年给法国和英国的 5 亿美元。在辛辛那提，他说道：“战争赔款是世界衰退的真正原因。”他每到一个地方就要被问到最近的选举和希特勒的事情。他回答道：“如果德国人想饿死，那么就会出现越来越多的希特勒。”回到欧洲后，一个瑞典记者问他：“如果你明天当选国家元首的话，你会怎么做呢？”沙赫特毫不犹豫地回答道：“我会在这个特殊的时期停止支付赔款。”

1930 年 12 月，他被介绍给赫尔曼·戈林（Hermann Göring）。那时候，尽管他和民族党领导人胡根贝格打过交道，但他和纳粹之间的往来是很少的，他公开声称讨厌这些良莠不齐的乌合之众。然而，沙赫特的妻子对希特勒的崇拜是出了名的，她是纳粹党的忠实拥护者。《福斯日报》的外交专栏作家贝拉·弗罗姆（Bella Fromm）在她的日记中描述了 1930 年沙赫特和妻子在一位杰出的柏林银行家举办的银婚庆祝酒会上发生的一次冲突。沙赫特的妻子在胸前佩戴了一个由红宝石和钻石做成的纳粹党十字勋章，据弗罗姆所述，即使沙赫特认为这个十字勋章将有利于他的目的，他也不会把它当成他的徽章的。那天晚上，他甚至对她说道：“为什么不推翻纳粹党？他们看起来倒是很精明。”

他和戈林在晚上进行的谈话所关注的焦点在于“经济形势、失业率的上升以及德国政府懦弱的外交政策”，沙赫特喜欢上了这个“温文尔雅”的人。1931 年

1月5日，戈林邀请沙赫特和钢铁巨头联合钢铁公司的主席弗里茨·蒂森（Fritz Thyssen）来他装修得颇为简朴的公寓会见希特勒，这座公寓位于柏林中产阶级住宅区内。戈林现在还没有机会接触政府的钱财，但在后来的几年里他就被金钱腐化为一个沉迷于酒色的人了。希特勒在晚饭之后到达了，他身穿黄色和棕色的军队制服，约瑟夫·戈培尔（Joseph Goebbels）也一起来了。沙赫特对此记忆深刻：希特勒出乎意料的温和、谦虚，作为这个国家第二大党的领导人，这是很难得的。在接下来的两个小时里，希特勒尽管嗓音沙哑，有时会发出一些类似蛙叫的声音，但他却控制着这场谈话。他讲话内容的95%都是关于恢复德国的世界地位、让6 500万失业人口回到工作岗位的措施，以及在只靠政府干预的情况下应该采取的行动。希特勒富有表现力，他的讲话中没有一句感伤的口号，但他却明显是一位"天生的煽动者"。对一个被迷惑的银行家来说，这是一次重要的经历。

英国皇家国际事务研究所的权威人物阿诺德·汤因比（Arnold Toynbee）对当年的重要事件进行了回顾，他把1931年夏天和1914年夏天发生的事件进行了比较。1914年，奥地利公认的王室接班人弗朗茨·斐迪南大公在萨拉热窝被暗杀了；1931年，奥地利历史最悠久和规模最大的银行安斯塔特信贷银行（Credit Anstalt）破产了。它们都是由一些远离世界中心的相对较小的事件引发的，但却都像洪水一样迅猛爆发，摧毁了世界的秩序。

1855年，罗斯柴尔德家族创立了安斯塔特信贷银行，总部设在维也纳。5月8日，星期五，这家奥地利银行总资产为2.5亿美元，其存款占了奥地利银行体系的50%，1930年的会计账目使政府了解到它将面临2 000万美元的账面损失，其股本基本消失了。这家银行不仅是奥地利最大的银行，而且也是最著名的，它的董事会成员包括英格兰银行、纽约信托担保公司以及汉堡M. M. 沃伯格公司的代表，董事会主席是路易斯·罗斯柴尔德男爵，他负责家族在维也纳的分支机构。在这个疯狂的周末召开的一次秘密会议之后，5月11日，星期一，政府把这件事情向民众公开了，同时宣布了价值1 500万美元的一揽子救助计划，这些资金将从国际清算银行借取。

奥地利是个小国，它的面积只有德国的1/10左右，人口不足700万，GDP为15亿美元，但这次事件就像给伦敦和英格兰银行投了一枚炸弹。很奇怪，事件爆发的时候沙赫特和诺曼恰好待在索普洛奇。政府高级顾问哈里·西普曼（Harry Siepmann）知道在这次事件的背后潜藏着难以解决的复杂问题，他说道："我认为就是这样，它会破坏我们赖以生存的整个体系。"

像许多德国的银行一样，安斯塔特信贷银行直接参与过工业投资，类似于现代的私人股权公司。然而它却非常脆弱，这不仅是因为它用短期借款来投资长期项目，严重缺乏流动性，而且还因为它借了不同寻常的巨额外债——账面上有 7 500 万美元，而且总共的存款为 2.5 亿美元。

安斯塔特信贷银行在过去十年里兼并了一系列破产的小银行，并且于 1929 年在奥地利中央银行的说服下接管了损失非常惨重的它的第二大竞争对手——波登信用社（Bodencreditanstalt）。安斯塔特信贷银行接管了大量的破产银行，拯救了奥地利银行系统。奥地利中央银行为了补偿它，从伦敦的银行密集借入资金，这个行为事实上已经被英格兰银行知晓了。

由于没有控制好局势，拯救计划宣告失败，这也许是因为很多人对这个问题的认识都比政府深刻。当安斯塔特信贷银行停业清理时，其损失的金额累计达到了 1.5 亿美元。在接下来的 4 天里，政府不仅对安斯塔特信贷银行进行整合，还对奥地利所有的银行进行清理，它们损失的存款为 5 000 万美元左右，大约占总存款的 10%。为了恢复国内的银行系统，奥地利中央银行免费提供了 5 000 万美元贷款，这使得国内的货币供给一夜之间增加了 20%。

诺曼对奥地利的态度非常温和。第一次世界大战后，他为了稳定币值向它提供了第一笔贷款——他因此被授予金质荣誉勋章。在接下来的几天里，他通过国际电话一直和纽约的哈里森以及柏林的路德保持着联系。他担心奥地利的货币危机会蔓延到周边国家，于是决定提供国际救援。

所有中央银行之前都没有经历过国际金融危机，所以必须想出一些补救措施。在这个过程中，银行家们犯了两个错误：**相对于危机所牵涉的范围，他们筹集的资金太少；另外，他们认为建立国际联盟是非常必要的，但他们并没有及时**

采取行动。经过三个星期的疯狂电话联络，钱终于筹齐了。

当贷款协议签好时，这些钱已经用完了，并且对奥地利银行的经营变成对奥地利货币的经营了。奥地利中央银行的黄金储备总额为 1.1 亿美元，这次损失了 4 000 万美元。面临着银行体系崩溃的威胁和货币的重重包围，奥地利中央银行还需要 2 000 万美元的资金。

这次危机被政治局面弄得更加复杂了。1930 年 3 月，德国和奥地利宣布成立关税同盟。德国的邻国，尤其是法国和捷克，对 19 世纪德国联邦各州之间成立的关税同盟记忆犹新，它们担心这次奥地利和德国的联盟是德奥合并的第一步，因此它们感到十分不安，并设法阻止这次行动。

法国政府看到了机会，实际上它秘密鼓动法国的银行把钱从奥地利的银行取出来。到了 6 月 16 日，情况越来越糟糕。内阁担心维也纳会违背法律和法规，他们在犹豫是否勒令银行放假。当奥地利听说只有它放弃加入关税同盟法国才会向它提供贷款时便对第二次贷款焦虑万分，这似乎是最后的通牒，奥地利政府只剩下三个小时的考虑时间。

奥地利走投无路，只好被迫接受法国的条件。然而在伦敦，诺曼十分痛恨法国在这样脆弱的金融环境下滥用它的货币权力，并发电报说英格兰银行会提供贷款。但是，如果他认为这样做就能消除他朋友的恐慌情绪，那他就错了。

6 月 5 日下午两点半，托马斯·拉蒙特给胡佛总统打了个电话，说奥地利的危机开始爆发，德国的黄金储备也开始减少。危机在两国之间传播的速度如此迅速并非是因为德国有大量资金被困在奥地利，而更多的是因为心理作用。人们此前从未过多地注意到柏林和维也纳的银行状况之间存在的区别，因此现在大家都认为既然奥地利的主要银行都陷入了这么严重的麻烦，那么德国的银行也极有可能会步其后尘。随着资金开始从德国逃离，有传言说柏林将会马上请求终止赔款。拉蒙特担心德国可能会为了处理政治混乱和之后的资金逃离而采取汇率管制，而在美国机构持有大约 10 亿美元德国短期债券的情况下，这样的举动会威胁到绝对不止一家美国银行的偿付能力。

拉蒙特建议胡佛单方面宣布暂时中止一切战争借款和赔款的偿付，但就连他自己都说，这个建议总统“很有可能会当耳边风”。他认为没有欧洲国家会采取这种行动，因为这将引发对这个国家信用的怀疑。按照拉蒙特自己的说法，这会向债权人传递“一切都完了”的信号。美国是唯一一个可以带头行动的国家，胡佛开始不为所动。“我会考虑的，”他对拉蒙特说，“但是从政治上来说，这不大可能。像你这样待在纽约，是无法知道一个国家对政府间债务的感受的……国会看到法国正在囤积黄金，扩充军备……”

拉蒙特试图说服胡佛这样做对他是有政治上的好处的。他警告说：“有许多人偷偷讨论 1932 年的协定。”而这样有力的行动会让人们停止一直以来对总统领导力的怀疑。他以 J. P. 摩根高级合伙人的名义说道：“最后一件事情，总统先生，如果这个建议有了任何的结果，我们在这件事中将被人们遗忘。这是您的计划，而非任何其他人的。”

为了对拉蒙特的建议进行回应，当天下午胡佛总统召集了他的高级智囊团三人组召开会议——国务卿亨利·史汀生、财政部长安德鲁·梅隆和财政部副部长奥格登·米尔斯，他们根据拉蒙特的提议讨论一个延期支付的计划。梅隆表示他对这个措施“绝对不同意”，于是第二天便离开美国前往欧洲休假。史汀生对这个计划则很有热情。

作为一个真正的美国贵族，史汀生出生于纽约一个富有的家庭，毕业于安多佛的菲利普学院以及耶鲁大学和哈佛大学法学院，是耶鲁大学骷髅会的成员，同时还是曼哈顿鲁特和克拉克法律公司（Root and Clark）的合伙人。史汀生是华尔街第一代的文明人，他将维多利亚式礼节引入美国国务院——比如，他和妻子拒绝让离过婚的人进入他们家，他还强烈反对国际上的孤立主义。他十分坚持促进国家之间的友好关系，以至于 1929 年在发现国务院设立的“黑色密室”组织对其他国家的大使馆与本国互通的电报进行例行破译后，他立即终止了这种做法。之后，他严厉指责道：“绅士是不会偷看他人信件的。”在他的朋友，来自波斯曼的乔治·哈里森（给予他有关世界金融的建议）的帮助下，他成了一位减免战争债务的倡导者。

就在胡佛向内阁提出债务延期支付时，布吕宁总理也开始采取行动。6月5日，他宣布了一系列节俭计划，包括进一步降低公务员工资、削减失业救助开支和引入新的税种。为了“让治疗的药物变得甜一点儿”，布吕宁发表了声明，在感性和鼓舞的语气中，这个德国人告诉大家“我们能够施于这个国家的最大限度的节约已经做到了”。杨格计划的经济学假设被证明是错误的，因此“德国必须被免除‘无法忍受的赔偿责任’和‘附属国进贡’”。

那个周末，布吕宁正在伦敦对英国首相拉姆齐·麦克唐纳进行计划已久的访问。德国代表团在麦克唐纳位于肯特郡郊区的乡间别墅里度过了周末。6月7日，星期天，诺曼也加入进来。晚宴共有19个人参加，气氛十分轻松。参与者包括像约翰·高尔斯华绥和萧伯纳这样的在德国非常著名的作家。晚宴结束之后，官员们开始了对金融问题的讨论。布吕宁介绍了德国糟糕的情况：那一年，德国军队计划招募6 000名新兵，共有8 000人报名，但其中一半的人营养不良；人民处于失望之中，社会结构正在瓦解。

就在布吕宁讲话的时候，华盛顿的英国大使发来了几条发狂一样的电报，说他刚刚收到史汀生的消息，史汀生对布吕宁声明中对抗的语调极为恼火。国务卿警告说，德国人绝对不应该采取任何单边行动，这只会致使短期资金从德国大量流走，这会使胡佛延迟支付计划的好处消失殆尽，这个计划在当时还是个秘密。电报让英国人震惊了，他们第一次得知这个声明，在此之前，英国的报纸上还没有关于这份声明的消息。他们的德国客人没有提及这部分内容，因为这只是为内部消费制定的文件，布吕宁也没有明确的计划对赔款重新谈判，至少在秋季之前是这样的。

诺曼向议论纷纷的与会者表示，任何德国延缓赔款的行动在现在都是灾难性的。他断言，如果再有像这样对欧洲信心造成打击的事件出现的话，我们不久就会“对欧洲的尸体进行尸检了”。

现在的情况就好像一场赛跑，胡佛能够在德国黄金流尽之前赢得足够的支持吗？在华盛顿，财政部的小组为了完成计划的细节在没有空调的办公室里连续工作了18个小时，工作条件十分恶劣。他们被纽约的银行家们包围着，史汀生的经济顾问说，这些银行家“哭喊着，说他们要破产了”。奥格登·米尔斯在梅隆离开的时期暂时接替了财政部长的工作，他往返于连接财政部大楼和白宫的地下通道，向总统做简报。胡佛自己也被怀疑包围着，持续的媒体评判和有关他缺乏威信的带有愤世嫉俗意味的笑话不断影响着他。那年秋天，当 H. G. 威尔斯访问白宫时，他看到的是“一个惨淡、过度操劳和窘迫的人”。白宫经受着精神上的围攻，总统的压抑是如此严重，以至于史汀生抱怨说和总统在办公室会谈“就像坐在全是墨水的浴室里”。

与此同时，在 6 月的前三个星期里，德国有 3.5 亿美元资金流走，比其黄金储备的一半还要多。在伦敦，诺曼用尽甜言蜜语说服英国银行家们不要把资金从德国抽走。此时，货币和银行的危机已经在欧洲蔓延开来，波及了匈牙利、罗马尼亚、波兰和西班牙。

6 月 20 日，星期六，胡佛的计划被公之于众。只要协约国延缓德国的 3.85 亿美元战争赔款，美国便愿意放弃为英国、法国、意大利以及其他一些欧洲小国提供的一年期战争借款的本息，总额为 2.45 亿美元。这项计划的作用如闪电一般，星期一，德国股市在一天里上涨了 25%。

胡佛尽可能和每个人商议他的计划——据说他在公布计划之前已经得到了 21 位参议员的支持。密歇根州的参议员亚瑟·范登堡（Arthur Vandenberg）当时正在加拿大旅游，他在多伦多的一家药店和总统通了电话；一些参议员和代表甚至被邀请到白宫过夜。有一天早上，国务卿五点半起来就给英国首相麦克唐纳打电话。

美国政府向所有人征询了意见，但却遗漏了法国。在整个任期最令人吃惊的不恰当的外交中，胡佛忽略了德国最大的债主和当时欧洲金融的统治力量。法国政府对此的反应首先是震惊，接着是暴怒。

作为法国总统的客人，美国大使沃尔特·埃奇（Walter Edge）原计划下午在隆尚和其他外交使团出席赛跑会。两年来，他一直努力消除法国政府关于“我们（美国人）和英国人都与法国暗地为敌”的猜疑。法国拥有世界上最大规模的现役部队，还拥有仅次于美国的第二大黄金储备，在财政上它是欧洲最强大的国家，它的经济状况对世界大萧条的影响几乎比其他任何国家都要大。尽管如此，法国的掌权者们抱怨，盎格鲁–撒克逊人还是把法国当成一个二等力量。

在赛跑会的总统包间里，埃奇被一帮气势汹汹的法国政治家连续质问。美国宽免它自己的债务就好了，但美国怎么能不征询法国的意见就单方面延缓德国对法国的债务呢？在这次事件中，法国就好像是“前妻的小孩”一样。

法国总理皮埃尔·赖伐尔（Pierre Laval），过去的社会党党员，现在是民族党党员，要求知道美国能提供什么担保以保证一年之后能够恢复赔款的支付。另一个大臣则抛出一连串尖刻讽刺的斥责——法国被要求为“铺张浪费的德国”举办的“和解宴会”埋单，而华尔街和伦敦则在为“屠杀这头小肥牛”而欢庆。第二天，法国外交部长阿瑞斯泰德·布兰德（Aristide Briand）召见了埃奇，对他发表了一番激烈的长篇演说，把英格兰银行作为整个事件的幕后策划者——他说诺曼几周前对美国的访问正是盎格鲁–撒克逊银行家们共谋的不可推卸的证据。

接下来的星期一，法国新闻界对赔款延期偿付大肆指责。《法国工业机关报》（*Journal dos Débats*）用愤怒的语气评论道：“越细想，就越对胡佛先生的行动感到吃惊。”

在华盛顿，胡佛总统决定派梅隆去巴黎处理和法国之间的事情。那个时候，梅隆正在英国参加儿子保罗在剑桥大学国王学院的毕业典礼，他的儿子将获得他的第 15 个荣誉学位。虽然世界金融危机很严重，但到达伦敦后梅隆都会很小心地避免和英国财政部以及英格兰银行的官员联系，他认为自己的休假时间非常神圣。当诺曼试图通过梅隆在华盛顿的秘书和他取得联系时，秘书搪塞他说梅隆正在私人访问中，无法通信。最后，诺曼在剑桥大学找到了保罗，之后才在克拉里奇酒店追到了他的父亲。经过一番劝说，梅隆勉强答应推迟他接下来的卡普费拉度假，去了巴黎。

6 月 25 日，梅隆在巴黎北站受到了法兰西银行罗伯特·拉古–加耶（Robert Lacour-Gayet）的欢迎。当被问到“您在巴黎是否愉快”时，财政部长勉强一笑，用一种很不明朗的语气回答道：“拉古–加耶先生，我们在这里了。”很明显，梅隆并不开心，他不断提醒记者们，自己原本计划和女儿艾尔萨、年轻的外交官女婿戴维·布鲁斯（David Bruce）在里维埃拉享受一次轻松的旅行。在接下来的几周里，梅隆参加了一场场谈判。每天，他忠诚地和大使埃奇来到法国内政部古老且有霉味的房子里，这也是法国秘密警察的总部。一般习惯在办公桌上只吃一个三明治的梅隆，不得不坐在那里享用八道菜的大餐，每道菜配一种酒，这是法国外交惯例的一部分。

法国团队由赖伐尔总理率领，他们白天谈判，晚上还要在国民大会开整晚的会。赖伐尔是塔尔迪厄的门徒，塔尔迪厄在陷入一场银行丑闻后于12月被迫辞职。46岁时，赖伐尔成为法国第三共和国历史上最年轻的总理。他出身于法国南部的农民家庭，他肤色偏深，头发又黑又直，胡须也比较稀疏，“外表看起来有些迟钝，像是个正在放假的、工作过度操劳的服务生领班”。他喜欢系邋遢的白色蝴蝶结，还喜欢戴硬草帽。

梅隆试图让法国相信，如果法国人放弃了大约两亿美元的一年期战争赔款，将可以不用支付1.15亿美元的战争债务——净成本“只有”8 500万美元；而美国人却要放弃2.6亿美元。但赖伐尔的情绪并没有缓和，在接下来的两周时间里，谈判进展缓慢。

76岁高龄的梅隆不得不同时以华盛顿时间和巴黎时间工作。那时，政治家们刚刚发现电话的好处，每天晚上，梅隆都要在美国大使的住处给白宫打电话，有时是每天两三次。那段时间法国的电话系统正在维修，大使馆里只有两部电话能用，一部在地下室看门人的房里，一部在大使妻子的卧室里。梅隆只能尽可能轻声地说话，以至于电话那头的人经常无法听清他在说什么。

大家的脾气都在变坏，日渐恼怒的胡佛发泄着对法国的不满，责怪梅隆对法国过于温和。与此同时，德国的黄金储备继续流失。中央银行家们在6月24日提供了一笔一亿美元的贷款，但不到10天就全部用完了。

诺曼在对哈里森例行的报告中抱怨说，柏林正在“流血到死”，而法国人和美国人正忙于争吵。英国首相在日记里写得更为尖锐：“法国人在对待胡佛的建议上一直在玩他们一贯的小心眼和自私的游戏……为自己的好处做件好事并不是法国政府的风格。因此，德国在瓦解，而法国却还在斤斤计较。”

谈判终于在7月7日结束，美国人做出了让步，答应德国只能延缓一部分战争赔款，而法国人则答应把收到的赔款直接借给德国。双方都声明谈判取得了胜利。法国总理讽刺地说：“现在，梅隆先生，你可以重新开始你中断的假期了。”这位财政部长迅速启程前往里维埃拉。

一切都太晚了，6月17日，一家德国大型羊毛联合企业诺德沃里公司宣告破产，其亏损达到了5 000万美元，该公司还曾试图以夸大的价格把存货转给荷兰的子公司来掩盖亏损。诺德沃里不是因为生产羊毛毯和羊毛围巾而亏损——它的管理层似乎对羊毛价格上升做了投机，他们囤积了存货，在期货市场做多，这是一次非常错误的赌博。

7月5日，一家巴塞尔的报纸报道说有一家德国银行也陷入了麻烦，但没有指出银行的名字。正当柏林谣言四起时，7月6日，也就是延期偿付谈判结束的前一天，沙赫特的老雇主，德国第三大银行达纳特银行发表了一份声明，否认自己面临困难。银行失去了信心就无法生存，当被迫发表否认自己有困难的声明时，就说明它已经陷入严重的困难了。两天后，达纳特银行行长、沙赫特的老同事和帮倒忙的朋友雅各布·戈尔德施密特通知德意志银行他们无法偿还债务。

沙赫特在德意志银行的继任者是汉斯·路德，他在1923年恶性通货膨胀期间担任财政部长，并不情愿地任命沙赫特为货币专员。

路德虽然不是德意志帝国国会的成员，而是“一个没有党派的政治家”，但仍然于1925年做了18个月的总理，最后因为命令德国领事馆和外交办事处除了悬挂共和国国旗（黑色、红色、金色）外，还要悬挂德国商船队队旗而被迫离开，因为商船队队旗与已被禁止的帝国国旗（黑色、白色、红色）非常相似。他不是德意志银行行长的最佳人选，虽然他是个有能力的行政官员，但他给别人的印象像是个迟钝的市政公务员，不具备管理中央银行的能力，特别是理解危机中的心理状况和建立信心的重要性的能力。

7 月 8 日，路德约见了诺曼。德意志银行处于极度困难中，它已经损失了很大一部分黄金储备。如果要救达纳特银行，德意志银行的储备金水平将会降到法律规定的最低限度以下，在当时的情况下，这会引发市场对德国货币的抛售。因此，它面临着一个严重的两难处境：要么支持货币，让达纳特银行倒闭；要么支持本国的银行系统而眼看着剩余的储备流出。这时候没有更好的选择——只能在坏结果和灾难性结果之间选择。

路德唯一的办法是向外国借债，他告诉诺曼自己需要 10 亿美元。7 月 9 日，路德的“圆脸上挂满了焦虑”，登上了前往柏林的私人飞机——这是一个绝望的中央银行行长第一次这样去求助。在阿姆斯特丹，他和荷兰中央银行的官员谈了两个小时，然后飞往英国。诺曼和英国外交部长亚瑟·亨德森（Arthur Henderson）在克罗伊登机场迎接了他。他们随后前往伦敦，路德和财政大臣菲利普·斯诺登简短会面。诺曼正要去巴塞尔参加国际清算银行的月度董事会议，于是路德决定和他一起乘坐登船专列前往法国加来。

正是在这次旅程中，路德描述了德国正在恶化的情况，这才让诺曼知道了游戏正在结束，德国的经济形势已经无法复原。作为中央银行行长，路德能做的只是提供暂时的贷款，换回一小点儿时间。德国已处于深水区，并且还在不断下沉。它的 GDP 每个月都在减少，目前仅有 130 亿美元，另有 90 亿美元的赔款债务、60 亿美元的国外私人债务，以及 35 亿美元可能随时收回的短期债务。在过去的一年里，已有 5 亿美元资金从这个国家流走，现在仅剩余 2.5 亿美元的黄金储备。哈里森和诺曼催促路德采取更紧的信用管制，以抑制资金外流。但在银行系统处于崩溃边缘的情况下，他已经快要没有操作空间了。他唯一的希望在于法国的长期借款，因为法国有足够的黄金储备对德国实施救助。但诺曼警告说，法国的借款只会伴随着苛刻的政治条件。路德和诺曼在加来分手，诺曼去巴塞尔，路德前往巴黎。

路德在巴黎北站受到法兰西银行行长莫雷的迎接。7 月 10 日，星期五，路德在法兰西银行和董事们共进午餐，其中最有权力的两位董事——弗朗西斯·温德尔德和爱德华·罗斯柴尔德男爵都是坚定的反德国者。他们拒绝了从银行借款提供信贷的做法，并告诉路德唯一的希望是向政府借钱。从那天下午直到晚上，这位德意志银行的行长在各个部门之间来回穿梭，错过了一列列去柏林的火车而无法返回。法国政府告知他，法国可以提供 3 亿美元的借款，但条件是德国放弃和奥地利的关税同盟、暂缓两艘小型战船的建造、大幅提高利率以阻止资金外流，以及通过禁止民族党组织的公开示威来“明确地将自己转向民主和和平主义的政策路线”。

> 作为德意志银行的行长，路德没有权力对这些条件表示同意。7 月 11 日，星期六，他在勒布尔热搭乘飞机回到柏林。《时代》杂志在那个周末如是写道：“自从 1914 年 7 月世界大战酝酿以来，如此有威力的谣言就没有这么密集过。”德国内阁从晚上 8 点开始召开会议，一直争论到第二天凌晨。德国各家主要报纸都严词谴责法国“政治勒索”，并警告说这只会增加“德国人民对法国的仇恨”。有流言称如果政府屈服于法国，兴登堡总统就将辞职。一条更加惊人的传闻散播开来，那就是内阁正在考虑将所有私有工业、银行业、航运业和商业全部国有化。

星期日，德国内阁宣布他们拒绝法国的条件。法国内阁成员此时正在享受法国国庆日周末假期——赖伐尔去了他的乡村别墅，外交部长布赖恩德（Briand）在他科舍雷勒的农场钓鱼，财政部长弗兰丁（Flandin）在布列塔尼半岛的海滩度假。听到这个消息后，他们都回到了巴黎。德国大使利奥波德·冯·赫斯克博士（Dr. Leopold von Hoesch）强烈要求他们重新考虑其条件，他们真的希望煽动一场德国革命吗？虽然勒瓦尔同意“他们处在了一个在世界历史上有决定意义的位置”，但仍然不愿意做出改变。保罗·艾因齐格（Paul Einzig）在之后的文章中记录了那时很多欧洲人的观点，他写道：“在其他国家的财富、繁荣和稳定的毁灭中，法国成功地在欧洲建立了它期盼已久的政治金融霸权。”

美国驻柏林大使弗雷德里克·萨基特（Frederick Sackett）向华盛顿发电报说，除非德国能立即获得 3 亿美元，否则它将会宣布国家破产以及对美国银行和投资者的 30 亿美元债务违约。乔治·哈里森召集人马，与财政部副部长米尔斯以及两名对德国问题最精通的人（欧文·杨格和帕克·吉尔伯特）在纽约联邦储备银行召开紧急会议。他们断定，在美国已经通过战争借款的缓期而付出了 3 亿美元的情况下，进一步的行动只会是赔了夫人又折兵。

德国内阁在那天晚上又开了个长会，沙赫特也参加了，并坐在总理旁边，这让与会者着实意外。

命运难料，就在第二天，沙赫特《赔款的终结》（*The End of Reparations*）一书的英美版在伦敦出版，这本书是对赔款的长篇攻击，他将赔款描述为“榨干了德国的血”和“摧毁了德国的信用”。其中有一段被英国和美国的报纸特别重点引用：“资本主义社会的经济领导者们，他们的无能从未像今天这样清楚地被证明……无法喂养世上的工人，资本主义没有存在的权利。资本主义体系的罪行在于与帝国主义、军国主义的暴力政策狼狈为奸……统治阶级政治领导的失败与经济领导的失败一样彻底。”《纽约时报》评论说，如此的批评来自“世界上最大的资本主义组织的领导者”，这实在是很不寻常。

在他一贯的自信中，沙赫特力劝内阁延缓对达纳特银行外国债权人的支付，让他们自己承担冒进和不合适的借款行为的后果。内阁成员们相信，这样做会导致得到国外援助的希望彻底破灭，因此他们决定不接受他的建议。

内阁会议在凌晨两点结束，早上，路德登上了另一架飞机，这次是去巴塞尔，对云集在国际清算银行的中央银行行长们进行最后一次请求帮助的尝试。在开了 12 个小时的会之后，他们宣布不会再提供新的贷款。巴塞尔时间晚上 11:20，哈里森给诺曼打了个电话。这个英国人的声音听起来“疲倦、不悦以及消沉”，现在的问题“对中央银行来说太大了”，他报告说，战争借款和赔款让世界整个体系在过去几年里一直处于忧虑中，唯一的解决办法就是把它们全部清除。

7 月 13 日，星期一早晨，路德出发前往巴塞尔，而达纳特银行没有开业。在它所有支行紧闭的大门上，贴着政府担保存款支付的公文。在一次新闻发布会上，雅各布·戈尔德施密特透露，达纳特银行在过去的三个月中已经失去了40%的存款，金额在2.4亿美元左右，其中大约一半是外国人的。他谴责由混乱的谣言所引发的挤兑，以及民族党媒体报道中反犹太势力对谣言的添油加醋。

德意志银行希望达纳特银行的影响能够被控制住，便让其他银行在那天继续营业。到了中午的时候，每家银行的支行都已经被人群包围了。几家主要银行将提款额度限制在不超过每个储户余额的10%。在柏林郊区，储蓄银行被人群淹没了，只得在大批警力的保护下关门了事。兴登堡总统当晚宣布了两天的银行假期，当权者希望一个短暂的喘息能让人们恢复理性。在这一事件中，在长达两周的时间里，全德国的银行始终没有对外营业——除了像支付工资和税款这样的最重要的事情。在此期间，德国的商业几乎全部陷入停顿。

> 匈牙利的所有银行歇业三天，在维也纳，另一家大银行也关门停业。在波兰的格但斯克、拉脱维亚的里加、南斯拉夫和捷克斯洛伐克，银行都停止了营业。全欧洲的德国游客都不知所措，即使是在像马里安温泉城和卡尔斯巴德这样的时尚疗养胜地也不例外，因为没有哪家酒店和商店肯接受他们的马克。德国政府发布了一条接一条的法令。尽管失业率居高不下，利率还是被提高到了15%以把资金留在国内。德国所有外国短期债务的偿付都被终止，所有外汇兑换都要移交给德意志银行，所有资金的流出都被严格管制，这些行动相当于放弃金本位。

在不到8年的时间里，德国又再次面临着一场经济灾难。尽管出现了这么大的混乱，但整个国家却出奇的和平，除了莱比锡、德累斯顿、杜塞尔多夫和科布伦茨的一些小小的暴乱。德国国内有一种“由疲倦的屈服带来的对某种不可避免的事情的被动顺从”的氛围，《纽约时报》这样写道，这种情况是十多年来的经济混乱的结果。

> 英国大使几周后回到德国，发现“街道空空荡荡，城市里有种不自然的寂静，特别是那种在很多方面类似于在第一次世界大战后柏林那些

特殊日子里所感受到的极度紧张的气氛，为此我感到吃惊，这简直是东方式的缺乏生气和相信宿命”。

“在这样的环境中，”他接着说，“沙赫特博士的财政名誉恢复了，他重新出现在舞台上……有少数但越来越多的人认为，沙赫特只要能扭转他在国外不受欢迎的局面，特别是在美国以及国内的社会民主党中的局面，也许就能重新为德国效力了。”

政府做出了努力让沙赫特重新掌权，给了他在银行业独揽大权的机会，以解决这次危机带来的一切麻烦。沙赫特害怕自己面前是个“下了毒药的圣餐酒杯”，于是他拒绝了，回到了自己在乡下的住所。

德国银行系统在 1931 年夏天的崩溃让经济再次蹒跚下行。在之后的 6 个月里，生产下降了 20%。1932 年初，工业生产指数降到了 1928 年水平的 60%，将近 600 万人（劳动力总数的 1/3）没有工作。

1931 年 10 月，右翼党派在巴特哈尔茨堡温泉疗养地举行集会，这里是少数几个不禁止穿纳粹褐衫的地方之一。这是一次反对或曾经反对德国民主的人士的重聚。小镇上挂满了过去帝国时代的横幅和旗帜。旧时战争中的老将军和司令重新登场；普鲁士皇帝的两个儿子，埃特尔·弗雷德里希（Eitel Friedrich）和奥古斯特·威廉（August Wilhelm）王子也来了。他们和来自工商界、政界的各色人等，以及 5 000 名来自各个地方的踢着正步的民兵和纳粹党突击队员亲密交谈。集会以一名路德教会牧师和一名天主教会牧师的祈祷开场，现场的明星是希特勒，他用即兴演讲吸引着全场。

当沙赫特登上舞台发表演讲时，人群爆发了同样的轰动，这是沙赫特第一次作为纳粹党的伙伴在公开场合露面。他控诉政府在外债和黄金储备的数量上误导民众。在谈到反对党的经济政策时，他的话语有些含糊，只是说“一个国家的政府执行的政策是建立在少数思想基础之上的，类似于弗雷德里克的《宏大的七年战争》（*the Great after the Seven Years War*）中的思想”。

这番演说引起了德国国会和政府的愤怒。作为德意志银行的前行长，公开宣称国家破产（虽然这是事实）会被人们认为是一种报复性的不负责任和背叛，因为这只能给经济增加混乱。而沙赫特在任期中所积累的外债也增加了人们的愤怒，在国会和媒体中，有些人甚至要求以高度叛国罪对他提出起诉。沙赫特和左翼党派之间的关系在很久以前就已经疏远，现在又与民主人士疏远，他唯一的归宿就只有纳粹了。虽然关于赔款的斗争基本结束了，但关于德国未来的斗争才刚刚开始。

Lords of Finance

第 20 章 席卷全球的金权梦魇

1931—1933 年

瞧！那令人恐惧的帝国混乱正在卷土重来：
灵光逝去，理念也会为之停息；
你的帮助，伟大的无政府主义者！让帷幕落下，
漫天的黑暗埋葬了一切。

——亚历山大·蒲柏，《愚人志》

1931 年，7 月 14 日，诺曼从巴塞尔回来后发现危机已经蔓延至英国。当晚，身兼英格兰银行董事和拉扎德投资银行伦敦支行行长双重职务的罗伯特·金德斯利（Robert Kindersley）与诺曼进行了私下会晤。他告诉诺曼，拉扎德投资银行伦敦支行已经陷入了困境。然而，具有讽刺意味的是，这种困境与那场对中欧和东欧造成重创的危机并没有多少联系。

20 世纪中期，拉扎德投资银行布鲁塞尔分行的一名交易员对崩溃的法郎进行了一场豪赌，但结果却以亏本 3 000 万美元惨败收场，亏损规模几乎达到该行资本金的两倍。为了掩盖这个失误，在布鲁塞尔分行几位成员的默许下，他以拉扎德投资银行伦敦支行的名义在欧洲发行了大量的无担保期票（IOUs）。直到这些债务最终需要偿付时，这一严重的问题才逐渐浮出水面。面对事实，这名来自捷克的交易员最终承认了自己的错误，随即拔出手枪在办公室里自杀了。由于担心拉扎德这家历史悠久的商业银行倒闭将会引发一场城市恐慌，英格兰银行同意采取措施来挽救它。

在接下来的一周里，另外两家英国的商业银行——克兰沃特（Kleinworts）[①]和施罗德（Schroders）告知诺曼，它们也已深陷困境。英格兰银行没有能力资助所有的银行，于是便通过商业银行发放贷款的方式来挽救这些银行。

同时，就在德国的银行倒闭之后，一场猛烈的“暴风雪”随即席卷了国际金融系统。匈牙利的银行被迫休假，罗马尼亚、拉脱维亚和波兰的主要金融机构纷纷破产。在开罗和亚历山大，德国国有的德意志银行发生了挤兑，政府不得不派出警察来维持秩序；在伊斯坦布尔，德意志银行在当地的分支机构也发生了挤兑，土耳其工商业银行也被迫关闭。

世界经济危机已经侵吞了南美洲的大片领地，玻利维亚和秘鲁分别于 1 月和 3 月发生了债务违约。在 7 月的最后两周里，危机又蔓延至拉丁美洲的其他国家。7 月 16 日，智利政府暂停偿付外国债券，5 天之后，智利政府垮台，中央银行行长接任总理一职，但他只任职了三天时间。在接下来的 24 小时里，智利接连换了三位总理，但都因为备受煎熬而以失败告终，最终军队接管了政权。7 月 25 日，墨西哥政府宣布黄金不再是法定货币，而用白银来取代其地位。墨西哥比索贬值了 36%，当地最主要的银行——墨西哥西班牙信贷银行在经历了数天的困惑与混乱之后终告倒闭。

随着全球金融体系停止运转，由于伦敦的业务触及世界的各个角落，其地位尤为岌岌可危。7 月 13 日，伴随着德国经济病入膏肓，对英国银行体系进行调查研究的麦克米伦委员会（Macmillan Committee）提交了一份报告。考虑到整个欧洲的紧张局势，新闻界几乎没有关注这份报告，尽管如此，一系列隐含在报告中的数字却足以震惊整个伦敦。

> 伦敦是世界金融中心，在其最繁荣的时期，英国的工业和银行体系相互扶持着。作为“世界工厂”，伦敦每年能创造大量的出口盈余，这笔巨大的盈余为英国的长期全球投资提供了大量资金，并巩固了伦敦

① 克兰沃特家族最早于 1792 年在古巴发家，随后在 1830 年将家族财富转移回伦敦，并开始从事商业银行业务。——译者注

> 作为世界银行家的地位。第一次世界大战之后，国际货币体系重新回归金本位制度，英国的制造业发展停滞不前。在整个 20 世纪 20 年代，尽管伦敦致力于保持其全球金融的主导地位，每年都会继续向外国政府和公司提供 5 亿美元的贷款，但它已经无法创造出和第一次世界大战前一样的出口盈余水平，因此它必须越来越依靠短期存款来支持其发放长期贷款。尽管所有人都懵懵懂懂地意识到资产与负债之间的缺口正不断扩大，但是却没有人认识到其严重性。

麦克米伦委员会的报告显示伦敦的短期外债已经接近 20 亿美元，尽管这个数字最终被证明是低估了，实际规模可能接近 30 亿美元，但这个数字已经足以令人震惊了。

另外，在德国实施外汇管制的情况下，由这些存款产生的贷款中有相当一部分遭到了冻结——英国的银行有大约 5 亿美元滞留在德国，另外还有几亿美元在中欧和拉丁美洲。这时，一件人们无法预料的事情发生了，伦敦的房地产市场因不良贷款的影响受到重创，可能无法偿还其债务，于是世界各地的投资者开始从伦敦撤回资金。

在 7 月的最后两周里，英格兰银行损失了 2.5 亿美元——金额几乎占到其黄金储备的一半。英格兰银行采取措施，通过将利率从 2.5% 提高到 4.25% 来阻止资金抛售英镑。诺曼拒绝再次大幅度地提升利率，因为他担心这只会增加失业率，并且加剧国内的经济萧条，甚至有可能使得人们对于英镑的投机行为越发猖獗。他也不知道还能做些什么，为了帮助英格兰银行渡过难关，他安排英格兰银行从纽约联邦储备银行和法兰西银行借款 2.5 亿美元，仿佛这场危机只是一次短暂的爆发。

一连 10 周诺曼都一直在处理一个接一个的紧急情况，这种“有节奏的无形压力”已经使他的身体变得非常脆弱。一位委员会董事描述说，他很容易心神错乱，经常改变主意，有时因为犹豫不决而看起来像瘫痪一样——这属于一种“神经性消化不良”症状。当市场上出现黄金逼近破产的征兆时，他总是用灾难性的词语来形容其后果——正如德国发生恶性通货膨胀一样，货币的信用会瞬间蒸发，货币严重贬值、物价急剧上涨、食物短缺、罢工、定量配给和暴乱。诺曼描述的市场前景如此夸张与悲观，以至于 J. P. 摩根受人敬仰的合伙人拉塞尔·莱芬韦尔抱怨道："难道他就不能不说这些令人恐慌的话吗？"

最后，在 7 月 29 日星期三那天，诺曼早早地停止了工作，他在日记里详细记录着："我感觉太累了。"当天晚上，诺曼的身体彻底不行了，他只好在医生的嘱咐下在屋子里好好休息。由于担心他飘忽不定的情绪和错误的判断会导致他们对处理危机所付出的努力变得复杂化，他在银行的同事们都劝说他去国外疗养身体，将来很可能会被一位银行董事提升的杰克·摩根甚至慷慨大度地向他提供了自己的"海盗 4 号"快艇，并为其配备了 50 名船员。但是，诺曼并没有接受杰克的"盛情"，而是在 8 月 15 日搭乘约克公爵夫人号邮轮动身前往加拿大。

7 月 31 日，英国国会夏季休会，官员们和银行家们都离开伦敦回到乡下。另一个官方委员会——梅氏委员会（May Committee）提交了一份报告，随着经济萧条现状越发严重，英国财政预算出现赤字，并达到了 6 亿美元，占英国 GDP 的 2.5%，这在当时的情况下应该说是一个可以承受的缺口。梅氏委员会在成立之后便开始研究经济措施，它夸大了赤字的规模与严重性，用历史学家艾伦·约翰·珀西瓦尔·泰勒（A. J. P. Taylor）的话形容就是"傲慢、无知与恐慌"，尤其是在英镑出现挤兑的时候，这种夸大只会增加无谓的恐慌。梅氏委员会提议，政府需削减 5 亿美元的支出来扭转财政预算下滑，包括削减 20% 的失业救济金，并额外增加一亿美元的税收收入。

根据人们通常所了解的经济运行方式，梅氏委员会提出的关于解决英国经济困难的措施是很荒谬的，它提议通过让 250 万人失业、生产下降 20%、价格以每年 7% 的速度下降来降低失业救济金和提高税收收入。但是，当时人们普遍认为即使是在萧条的经济形势下财政赤字也是不好的。梅纳德·凯恩斯认为梅氏委员会的报告是他迄今为止很不幸看到的文件中最愚蠢的一个。

梅氏委员会的提议使得内阁内部出现了重大分歧。由首相拉姆齐·麦克唐纳和财政大臣菲利普·斯诺登领导的绝大多数人，即便是热情而执着的社会主义者也都坚信无论英国是否处于经济萧条状况，财政赤字都必须保持平衡。

与此同时，英格兰银行从纽约联邦储备银行和法兰西银行获取的 2.5 亿美元借款已经全部用完——英格兰银行已经向外界支付了 5 亿美元的黄金，并且持续的流失仍在继续。银行官员们虽然对这一巨大的流失感到困惑，但他们仍坚持认为只能依靠更多的借款，而不是依靠提高利率来解决问题。当然，这个时候只能依靠政府而不能依靠银行本身，因为银行的信贷额度已经耗尽。8 月初，政府方面要求英格兰银行发出非正式的询问以确保美国银行家们支持这类贷款。美国联邦储备委员会由于受到法规限制，不能直接贷款给外国政府，因此将这一申请询问转交给了 J. P. 摩根。

面对一个急需资金的国家，银行家们直觉上认为应该削减预算，而且他们倾向于认为削减公共财政支出是处理大多数问题的正确方法。在接下来的几周里，当协商的条件敲定之后，英国政府、英格兰银行和 J. P. 摩根讨论并拟订了一份掩人耳目的协议。J. P. 摩根当然不会把自己的指纹留在任何能证明其向君主立宪制的英国政府强加“政治性条件”的证据上，而工党首相也不想让其他人，甚至是自己的内阁知道他在行动前已经征得了外国银行家的同意。财政大臣制定了一系列削减 3.5 亿美元支出的措施，其中包括削减 10% 的失业救济金，并增加 3 亿美元的税收，一并通过英格兰银行的后备渠道提交给 J. P. 摩根考虑。

直到 8 月 22 日的这个周末，黄金损失仍在不断扩大，整个伦敦都被危机的气氛笼罩着。英国君主突然神秘地缩短了在巴尔莫勒尔三周的假期，并尽快返回白金汉宫。内阁在周末仍在开会，这也是自第一次世界大战以来首次出现的现象。英国首相一直在努力保持谈判的秘密性，整个城市似乎只是在等待纽约发出表明 J. P. 摩根同意协议的电报。

> “这简直就像是一种可悲的滑稽情形，”一名在内阁中反对预算削减的少数顽固派成员西德尼·韦布（Sidney Webb）的妻子比阿特丽斯·韦布（Beatrice Webb）这样写道，“那些将英国人民置于巨大的困惑、茫然境地的金融家们应当决定由谁来承担这一切后果，这完全是资本家极度的独裁专政！”

8 月 22 日，星期六，J. P. 摩根的合伙人们聚集在 F. D. 巴托（F. D. Bartow）位于长岛格伦科夫的府邸，在经历了一场漫长的周末辩论后，终于在星期日的下午给政府预算送出了福音。他们给英格兰银行的副行长欧内斯特・哈维发了一份电报，表示同意协议。报告中的语言恰当地掩盖了任何表明预算已经提交美国银行家审批的暗示。欧内斯特・哈维在伦敦时间下午 8:45 拿到电报后迅速跑到唐宁街 10 号，这时街上已经挤满了人，在国家出现危急情况时这条街上总是如此——到处散落着香烟盒、燃烧过的火柴、纸袋和报纸。这是一个炎然的夏夜，内阁成员们正在焦急地来回走动，直到欧内斯特・哈维到达，首相一把抓过电报就冲向内阁会议室。几分钟过后，房间里传出了愤怒的声音，此时此刻对于哈维来说，混乱的局面终于结束了。

尽管英格兰银行得到了 J. P. 摩根资金方面的支持，但内阁成员们在是否削减失业救济金这一议题上仍然存在重大分歧，于是当天晚上英国首相前往白金汉宫递交了辞职信。两天后，英国工党机关报《每日先驱报》错误地相信这份电报是来自于美联储而不是 J. P. 摩根，在其头版头条上刊登了乔治・哈里森的照片，并加上赫然的大标题“银行家的欺诈”，而这一欺诈其实是金融家操纵市场的敲诈行为。英国的左翼人士谴责那些反对社会主义者的美国银行大亨们一直以来都在蓄意破坏并摧垮英国工党政府。

三天之后，新的国民政府成立，由保守党和自由党联合组建内阁，麦克唐纳出任首相，他仍然采取之前与内阁产生分歧的一套削减预算的方案：除了削减 10% 的失业救济金，他从国家每年提供给英国国王的王室专款 2.25 亿美元中扣除 10%，其他的王室家族成员也不例外；再从威尔士亲王每年在康沃尔公国领取的 30 万美元收入中拿走 5 万美元。没有人知道下次乔治五世和杰克・摩根出去打猎时是否会将借款和王室的节约当作闲聊话题。

8 月 28 日，J. P. 摩根旗下的数家美国银行和一些法国银行分别为英国政府提供了两亿美元的贷款，以满足其资金周转需要，但也只维持了三周，资金就耗尽了。由于预算削减根本就不是解决经济萧条问题的关键，因此最终也没有发挥一定的作用。英国本土左翼人士的报刊《新政治家与民族》（*New Statesman and Nation*）用最简单的语言这样写道：

> 整个城市其实就是从法国以 3% 的利率借钱，然后再以 6% 或 8% 的利率贷款给德国。当维也纳出现危机时，英格兰银行就向其提供资金；紧接着当柏林出现危机时，它又向其提供资金。法国人立即就萌生了一种想法：奥地利、德国和英国的银行联系在一起其实就像是深渊之上的高山攀岩者，它们之中的一个已经倒下，难道就不会连累到另一个吗？于是，法国立即开始对英格兰银行发起挤兑，说得明白点儿就是撤回在英格兰银行的存款……失业救济金和这个没有任何关系。

换言之，**英国的问题不在于预算赤字，而在于当世界上大部分国家处于经济贫困时，其自身没有足够的资金和资源却仍然固守着世界银行家的角色。**

大多数的观察家普遍认为，英国未来放弃金本位的趋势变得越发明显了。7 月 18 日，梅纳德·凯恩斯曾在其私人信件中提醒英国首相：“在不远的将来，我们必须明确放弃现在的评价，当市场开始对一种货币的繁荣产生疑虑时，比如现在对英镑的疑虑，游戏也就结束了。”他还在一系列杂志文章中辩称，这种通货紧缩式的预算削减将会使目前的情况更加糟糕。他当着国会议员的面在会上说：“这是我有生之年中国会所做过的错事中最愚蠢的一件。”虽然他公然批评英国中央银行，但由于担心英镑处境更加困难，8 月 10 日，哈里·西普曼邀请他到银行并劝说他在著作中轻描淡一写下即可。事实上，到现在为止，作为银行家的西普曼也已经失去了信心。根据当时采访过纽约联邦储备委员会官员的人所说，银行官员们都坦承，**唯一的出路就是英国和大部分欧洲国家暂时放弃金本位，让法国和美国孤立无援，然后在低水平时再回归金本位。**

英国财政部现在变成了顽固派最后的堡垒。在一次记者招待会上，一位记者甚至问到英国政府是否应当通过外借巨额资金来维持已经无法运行的金本位制度，而这一举动将要平白无故地牺牲广大人民的利益。行政事务主管和财政部常任秘书长沃伦·费希尔（Warren Fisher）突然站了起来，眼睛里闪着光，脸颊因激动而涨得通红，就像是当场抓到记者们骂粗口一样痛斥他们：“先生们，我希望以后不要有人再在外面提这件事，我相信你们如果了解英国人的话，都会认为这种行为是对国民荣誉和公民个人荣誉的侮辱与冒犯，这简直不可想象。”而在这期间，人们依然在大量地抛售英镑。

> 政府提出了新的经济措施——所有的公职人员，包括军队在内，都要减薪。海军内部从将领到普通海员每人每天扣除一单位先令。毫无疑问，这一举措激起了在下层甲板工作的海员对强加的不公平负担的不满。9月14日，因弗戈登大西洋舰队的一群海员拒绝出海。这其实是一次无足轻重的小事件，却被国外媒体报道为一次兵变，并编造出一种假象说英国的重大变革迫在眉睫，英国最后的堡垒——皇家海军即将倒下。

直到目前为止，英国每天要损失2 500万美元的黄金，英国的部长大臣们经常把这一数字（黄金储备）泄露给他们的议员朋友，而这些议员又会马上将得到的信息告诉给伦敦的商业投机者。9月17日星期四那天，损失规模超过了8 000万美元，第二天也是如此。从危机开始之日起，银行已经眼睁睁地看着10亿美元付之东流。

9月19日，星期六，英国政府向胡佛政府提出了一个孤注一掷的援助请求。亲英派人士亨利·史汀生将英国大使召入白宫，解释说美国已经尝试了包括削减战争债务在内所有可能的援助英国的方法。那个周末，英国首相在与英格兰银行官员会晤之后决定取消黄金支付。

副行长哈维给诺曼发了一份电报，然后登上驶入中大西洋的贝德福特公爵夫人号英国皇家海军舰艇，从加拿大返回英国，但需要两天才能抵达。他没有带电报密码本，因此不得不通过公开的电报线路发送这条消息。关于掩盖这条秘密消息，这里有个非常有趣的故事，但其真实性有待商榷。这位副行长写道："老太太周一离开。"诺曼对这条秘密消息非常困惑不解，错把它理解成是在说他母亲计划出去度假的事，除此之外并没有再考虑其深层含义。

真实情况也基本如此。事实上，哈维所发的消息是："很抱歉，我们明天不得不和你不辞而别。"诺曼错以为这意味着哈维要在他返回英国的那天离开。直到9月23日星期三在利物浦下船后，他才知道事情的真相。在与英国首相会晤后，他起程前往郊外以平复遭受这次打击后的心情。正如他的朋友鲍德温粗俗直白的描述："舍弃金本位对于他来说无异于少女失去她的处女之身。"但是，正是由于他的愤怒，人们很难看出他与周围人对这件事的反应有何不同。

那一周公众最初的反应要么是恐慌，要么是惊讶，几乎没有人知道这意味着什么。大部分媒体对此感到哀痛，认为这是时代的末日。只有英国具有敏锐眼光的金融冒险家比弗布鲁克勋爵（Lord Beaverbrook）在其创办的机关报刊《每日快报》（*Daily Express*）上称此次的事件为一次常识的胜利。他面露喜色地说道："在过去的这些年里，从没有发生过比这更振奋人心的事……我们摆脱了金本位制度，在商品交易和所有事情中摆脱了它，金本位制度的结束才是贸易的真正复苏。"

《周日纪要》（*Sunday Chronicle*）刊登了温斯顿·丘吉尔对蒙塔古·诺曼形象的一个描述。自 1929 年 6 月离任以来，丘吉尔与他的保守党同僚们就印度自治一事一直意见不合，而且他现在被孤立，得不到尊重和赞同，因此才可以随意地公开发表他那理想破灭的、被普遍接受的金本位制观点的言论。他认为问题不在于金本位制度本身，而在于执行的方法。正是由于美国和法国囤积黄金而导致世界其他国家黄金缺乏，才给人们带来了经济萧条。在一周之前的国会演讲中，他认为"将黄金从一个洞里挖出来，再填入另一个洞的做法（拆东墙补西墙）在欧美是根本行不通的"，他的语言风格甚至开始变得和凯恩斯一样了。

那一周，丘吉尔邀请电影《淘金记》（*The Gold Rush*）中的明星查理·卓别林到自己位于英国肯特郡的乡村府邸查特韦尔庄园[①]做客。1929 年 10 月，在丘吉尔第一次访美期间，他们两人曾在好莱坞见过面。晚饭后，卓别林打开了话匣子，他说："1925 年，您犯了个大错，因为您在错误的汇兑平价时回归金本位制度。"丘吉尔听到这话后有些吃惊。当这位电影明星正要就此议题引经据典地进行详细长谈时，丘吉尔，这位讨厌被别人揪出昔日错误的英国首相陷入了闷闷不乐的沉默之中。这位喜剧电影明星见状拿起两个面包卷，用餐叉叉起，跳起了电影中的经典舞步，这种尴尬不悦的气氛才终于被打破。

① 查特韦尔庄园位于英国肯特郡威斯特哈姆（Westerham）附近，丘吉尔在这里度过了人生中最不得志的 10 年，他以书自娱，写文章批评政府的种种政策。——译者注

第二天，也就是9月21日，星期一，是金本位制度被废除的第一天，正巧在这一天丘吉尔和梅纳德·凯恩斯共进了午餐，之后凯恩斯成了丘吉尔的支持者和朋友。丘吉尔花了大量时间强调他在1925年期间从未赞成恢复金本位制度，而且这也是被诺曼和其他所有人否定的。对于凯恩斯而言，这是个值得庆祝且毫无遗憾的日子，他抑制不住自己的喜悦，“像个小男孩刚点燃了一个讨厌烟火的人身边的烟火一样咯咯地笑着”。“几乎没有哪个英国人不为摆脱黄金的束缚而高兴，”那一周的晚些时候他在一篇文章中写道，“我们感到自己终于可以放手去做一些合理的事了……我相信最后一周的这一伟大事件一定能谱写世界金融史上的新篇章。”

> 然而，对于银行家而言，尤其是欧洲的银行家，英国政府放弃金本位制度是一项彻底损毁名誉的措施和一次悲剧性的退位，它将重大的损失强加给了那些给予英格兰银行充分信任的国家。在短短几天的时间里，外汇市场从一英镑兑换4.86美元下跌至一英镑兑换3.75美元，贬值幅度接近25%。截至12月，一英镑兑换甚至不足3.5美元，贬值幅度达到30%。在接下来的几周里，欧洲有25个国家相继放弃了金本位制度，这些国家不仅包括帝国主义国家及其附属国加拿大、印度、马来亚、巴勒斯坦和埃及，还包括斯堪的纳维亚国家——瑞典、丹麦、挪威和芬兰。另外，和英国有商业联系的爱尔兰、奥地利、葡萄牙也最终放弃了金本位制度。

虽然一系列官方文件反复强调这是一个时代的结束，但对于一名普通的英国民众来说，在经受了几天的震惊与困惑后却感觉似乎没发生过什么，整个国家并没有发生银行挤兑、食物短缺、商店拥挤、货物囤积的现象。确实，在世界上其他国家的批发价格在持续下跌，预计在未来一年内将下跌10%左右的情况下，英国的通货紧缩即将结束，在未来一年内物价水平将会以温和的速度上涨2%。

然而，一小部分出国旅游的英国民众却受到了巨大的打击。《时代》杂志报道了一则消息：一位戴着伊顿公学老式领带的英国人对于1英镑兑换3美元的事情感到非常愤怒，他把这称为“抢劫”。于是，他愤然离去，嘴里还小声地嘟囔着：“在英国1英镑就是1英镑，我不换美元，把钱带回家去花。”

随即，指责声四起。9 月 20 日，斯诺登在对下议院的讲话中严厉批评了美国和法国在黄金储备政策上的失败。美国人参与进来是为了获得属于自己的公平份额，于是大量指责的矛头指向了法国。为了对诺曼的返回表示问候，马戈·阿斯奎思（Margot Asquith）给诺曼写了一封信，在信中他写道：“法国会因为它的自私和目光短浅而受到惩罚，它已经成为整个欧洲的诅咒对象……”具有讽刺意味的是，多年以来一直流传着这样一种说法：这次的灾难是因为法国抛售英镑而导致的。事实上，法兰西银行当时紧握着 3.5 亿美元的英国存款。由于法国在危机中对英国的强烈支持，克莱门特·莫雷在大英帝国的授权下被授予了荣誉骑士指挥官勋章。法兰西银行最终损失了将近 1.25 亿美元，损失金额是其权益资本的 7 倍，如果是一家普通银行的话肯定早就破产了。

其他的中央银行，尤其是在 20 世纪 20 年代被劝说将英镑作为其部分储备的瑞典、荷兰、比利时中央银行都遭受了巨大的损失。就在英镑贬值的前几天，荷兰中央银行的行长大概是忘记了只有傻子才会去问一位中央银行家他的货币价值，并期望得到一个诚实的回答——他向诺曼打听他的存款是否安全，并要他做出明确的保证。但是，就在他打听之后，荷兰中央银行经受了一次非常沉痛的打击，损失了其全部资本金。诺曼因他的同伴（中央银行家）遭受损失而感到非常尴尬，于是在经过深思熟虑之后，他向国际清算银行递交了一封辞职信。这原本是一个优雅而过时的举动——像一个退出了俱乐部的羞愧的破产者，但是大家奉劝他说，对于整个系统的运行来说，英格兰银行在集体会议中缺席将是不切实际的。

那年夏天，在拯救整个欧洲危机的事情上没有谁能比乔治·哈里森做出的贡献更大了。在中欧危机的顶峰时期，为了和诺曼商讨事情，整个夏天的大部分时间他都在拨打横跨大西洋的长途电话，有时一天的通话次数就达 25 次之多，这并不是件容易的事情。5 月，奥地利第一次出现贷款违约，当几乎所有人还没能预见到这次恐慌到底会持续多久时，美联储向德意志银行提供了 2 500 万美元贷款，并打算在不久的将来提供第二笔 5 亿美元的定额资金（但并没有顺利实现）。接着，美联储又向英格兰银行提供了 2.5 亿美元，并最终帮助并促成 J. P. 摩根向英国政府提供了最后一笔两亿美元的贷款。但所有这些举措都没有发挥作用，欧洲的局势每况愈下，资金需求也越来越大，美联储已经无能为力。

英国放弃金本位制度之后，金融危机迅速蔓延至大西洋彼岸。在接下来的 5 周里，欧洲人担心美元会随即贬值，于是将手中持有的 7.5 亿美元资产兑换为黄金。然而，黄金的流出一部分也归咎于那些恐慌的百万富翁和投机者，他们希望在市场混乱的情况下寻找机会谋取利润。但事实上，单笔黄金流出主要不是源于个人投资者，而是源于欧洲中央银行中保守而正直的瑞士国家银行，它转移了将近两亿美元。接着，比利时国家银行转移了 1.3 亿美元；已经遭受了严重损失的荷兰银行转移了 7 700 万美元；法兰西银行转移了 1 亿美元。用克莱门特 · 莫雷的话来说，法兰西银行出于“团结与礼貌”的错误意识，在英镑贬值期间，损失了将近 7 倍于其资本金的资金，然而却遭到了英国民众的公开污蔑和中伤，法兰西银行通过此次事件吸取了教训：如果要当一名国际公民，就必须付出无比巨大的代价。

对于美国银行体系而言，黄金的流出进入了一个非常关键的时期，自从那年春天在芝加哥发生银行恐慌以来，整个银行体系一直摇摇欲坠。到 9 月份时，这次恐慌侵袭了美国的俄亥俄州，然后又再次席卷了匹兹堡和费城。杰出的费城人，由宾夕法尼亚大学的校长、红衣主教和市长组成的委员会在报纸上发出呼吁，希望民众对当地银行充满信心。但事与愿违，39 家拥有一亿美元存款的银行被迫倒闭。在英镑贬值后仅一个月的时间里，美国有 522 家银行倒闭，到了年底，达到 2 292 家，大约占美国全部银行的 1/10，总存款额达到 17 亿美元。

越来越多的银行倒闭浪潮加剧了人们囤积美元的心理——5 亿美元的现金从银行取出。大部分人把钱取出后存放在较为隐蔽的地方——袜子里、桌子下、沙发里、床下的硬盒子里和存款保险库中。美国国会的报告指出，一些人把钱放在了一些非同寻常的地方，比如地洞、厕所、外套内衬、马项圈、煤炭堆和树洞里。除了银行账户以外，任何地方都可能成为人们的藏钱之处。

美联储从 1931 年开始持有 47 亿美元的巨大黄金储备，即使在秋天时遭遇了黄金的流出危机，它也有足够的金条来维持其储备，而且也不会存在像英格兰银行和德意志银行那样被洗劫一空的风险。尽管如此，由于美国法律中奇怪的技术问题，美联储面临着人为的储备困难。

> 依照法律规定，每 100 美元联邦储备银行券必须至少有 40 美元实物黄金作为支持，剩余 60 美元由所谓的合格票据（用于金融贸易的主要商业票据）支撑。即使美联储被允许持有和买卖政府有价证券——公开市场操作是美联储向金融系统注入资金的机制之一，但政府债券不能被用作支持货币的资产。由于 40% 的黄金需求已经足以防止中央银行成为一个制造通货膨胀的机构，因此在 1913 年成立美联储的立法中首次引入的限制便是多余的了。直至 1931 年，美国并没有遭遇通货膨胀——实际上它正面临着通货紧缩的问题，限制政策根本没有起到作用。

随着经济的不景气和贸易的停滞，市场上的优质票据已经很少，而且也不容易找到，美联储不得不依靠黄金来支持其货币稳定。然而 1931 年秋天，美联储并未持有两亿美元的黄金储备，而且也没有慷慨地向欧洲注入一部分储备，反而是在死命守住自己的储备。**这一切都是人为原因造成的，一项没有经济现实支撑的错误管理制度导致了大量的美国黄金储备受到束缚。**

10 月初，也就是大萧条的中期阶段，银行挤兑风潮弥漫了美国整个中西部，成千上万的企业倒闭，工业生产值以每年 25% 的速率缩水，于是美联储将利率从 1.5% 提高到 3.5%。由于商品价格在一年之内下跌了 7%，单位货币的有效价值上升了 10%。遵守法定存款准备金要求胜过其他一切的观点是如此强大，以至于没有人再阻挠美国提高信贷成本一事，就连一贯主张扩张经济的两位银行家梅耶和哈里森居然也同意了美联储紧缩经济的举措。

美国总统仍然坚持认为，私立部门的主动性才是恢复经济的最好办法，于是在 10 月 4 日星期日晚上，他偷偷溜出白宫前往美国财政部长梅隆的公寓住所——马萨诸塞大街 1785 号，在那里纽约联邦储备银行的哈里森已经召集了 19 位纽约的银行家，包括 J. P. 摩根的托马斯·拉蒙特和乔治·惠特尼（George Whitney）、大通国民银行的总裁艾伯特·威金、纽约信托担保公司的威廉·波特（William Potter）、花旗银行的查尔斯·米切尔，简而言之，就是那几个通常的“嫌疑人”。总统站在梅隆收集的鲁本斯（Rubens）和伦勃朗（Rembrandts）的画作中间，提出了一个试图打破银行随着人们不断提取现金而缩减信贷这一恶性循环的计划。

部分银行已经濒临破产，因为其账户上的资产不能被用于向美联储申请抵押借款。到了1931年秋天，美联储对其所依据的流动资金和偿付能力之间的细微差别所做的很多强调现在已变得无意义了。很多经历挤兑的银行如果在正常环境下是能够正常经营的，但那时它们被迫收回贷款，而且流动资产在价格不断下跌的市场中遭到了大规模抛售，因此它们面临着濒临破产的窘境。胡佛提议，在法律规定美联储不能接受的情况下，应由更大、更强的私立银行成立5亿美元的新基金来为较小规模的银行提供证券担保贷款。

会议一直持续到深夜，银行家们对总统的计划半信半疑，他们一直在询问为什么美国政府和美联储没有采取行动——难道所有挽救银行崩溃的措施都得以实施后，美联储还不采取措施吗？午夜，胡佛回到了白宫，但他比之前还要忧虑。第二天，在哈里森的鼓动下，所有银行家都很不情愿地接受了这个计划。在接下来的几周里，新基金发放了一亿美元的贷款，但之后因为受到基金所有者中极端保守主义者的麻痹而开始担心资金的损失，于是便结束了其资助行动。当大银行开始承担起支撑小银行并支持整个金融体系一体化的责任时，伟大的皮尔庞特·摩根时代早已不复存在了。

银行发生挤兑，货币囤积现象不断出现，而现在货币成本的增加又给原本脆弱的美国经济突然施加了大规模的信贷紧缩压力。1931年9月至1932年6月，整个国家的银行信贷缩水了20%，从430亿美元下跌至360亿美元。由于大量的贷款被收回，一些小企业被迫拖欠债务。贷款人开始不断地吸收损失，从而减少自己的缓冲资本，这导致存款人极度担心自己资金的损失，于是又加剧了他们从银行取款的倾向，这样反过来又使得银行进一步收回贷款，进而加剧了贷款违约现象。**尽管存款人和银行家出于保护各自利益所做出的行动都是合理的，但他们共同的行动却使萧条的美国经济经历着信贷紧缩和贷款流失的恶性循环。**

经济学家布拉德福德·德隆（J. Bradford DeLong）写道："在20世纪30年代，如果说有哪段时间困扰着历史经济学家的话，那当属1931年的春天和夏天——因为在那段时间，欧洲的严重萧条、美国和德国分别于1929年夏天和1928年秋天出现的萧条一下子转变成了大萧条。"1931年货币和银行的混乱改变了整个经济崩溃的性质。随着商品价格的下跌与企业对自身债务的无能为力，破产开始频繁发生，紧接着就是一些惊人的开支与经济活动。这一切都预示着恶性通货紧缩已经到来。消费者和企业担心价格会继续下跌，于是纷纷开始削减开支，而这又造成了消费与投资继续下滑。

> 每一个经济指标都预示着经济已经跌入谷底——1932 年是美国经济萧条最严重的时期。从 1931 年 9 月至 1932 年 6 月，美国的产值下跌 25%；投资惊人地暴跌 50%；价格继续下跌 10%，跌至 1929 年商品价格的 75%；失业人数剧增至 1 000 万人，大约超过 20% 的劳动者失去了工作。

> 美国公司在 1929 年创造了 100 亿美元的利润，而在 1932 年累计损失 30 亿美元。1929 年 9 月 3 日，道琼斯指数是 381 点，欧洲货币危机之前还保持在 150 点附近，而到了 1932 年 7 月 8 日，道指一路下滑跌至 41 点，自第一次股市泡沫爆发后的两年半时间里道指跌幅将近 90%。美国通用汽车公司的每股价格从 1929 年 9 月的 72 美元跌至 7 美元左右；美国无线电公司的股价在 1929 年时曾达到 101 美元的高位，现在竟跌至两美元。1932 年，《周六晚报》(*Saturday Evening Post*) 的记者问梅纳德·凯恩斯之前是否出现过这样的情况，他回答说："以前出现过这种情况，是在欧洲中世纪早期的黑暗时代，一直持续了 400 年。"

1932 年，就职第一年的尤金·梅耶就一改往常的性情听从了美联储官员的安排，最终接管了美联储。1 月时，他试图说服当局让大银行自觉承担维持金融系统生存发展的责任，但是失败了。之后，他又组建了复兴金融公司，为银行系统融入了 15 亿美元的资金。但是国会方面指出，只有梅耶担任主席一职才能认可这一新机构。于是，6 个月以来，梅耶身兼了两个职务——复兴金融公司的总裁和美国联邦储备委员会主席。最终，他的压力变得越来越大，为此，他的妻子阿格尼丝还亲自会见了总统并游说他，请他免去她丈夫的一个职位。

1932 年 2 月，梅耶向国会施压通过了一项立法，以政府有价证券作为货币支持的合格资产。当实物黄金的短缺现象呈现出来时，美联储被允许采取公开市场操作运作一个巨大项目，向银行注入了总计 10 亿美元的资金。**两项措施的执行——向银行系统增注资金和增加资金储备，使得美联储能够向银行系统注入银行所需金额的资金。**但是，梅耶的行动已经太晚了，如果在 1930 年底或 1931 年采取类似的措施或许还能改变历史，然而在 1932 年，显然这些举措已经无济于事。经历了两年明显的动荡，银行将这些注入的资金不是用于贷款而是用于建立它们自己的资金储备，整个银行的存贷款都在以每年 20% 的规模缩水。

那些银行家和金融家们在过去 10 年里曾是英雄，现在却成了挨鞭子的小男生。没有人能比当时的美国财政部长安德鲁·梅隆设立的目标更好了。1932 年 1 月，得克萨斯州的新任民主党众议员赖特·帕特曼（Wright Patman）召开了关于高犯罪率以及对于曾被尊称为“自亚历山大·汉密尔顿之后美国财政部最伟大的部长”的不良行为的弹劾听证会。梅隆发现自己被指控腐败、允许非法退税资金流入他可以获利的公司、以财政部的名义下令为自己的银行和铝业集团提供资金，以及违反法律和苏联进行交易等罪名。在接下来的调查中，他被发现利用国库税收方面的专家来帮他减少个人税收，并且他还肆意利用虚假的馈赠礼物作为其偷税漏税的工具。作为美国联邦储备委员会的成员之一，他被要求剥夺银行股本持有权，但他只是将股本持有者改成了他的兄弟。2 月，胡佛意识到梅隆已经成为一个不利因素，于是就打发他到伦敦当驻英大使，他的副手奥格登·米尔斯接替了他的位子。

> 整个世界都清楚地记得，1932 年 3 月 12 日那天，曾经资助过很多欧洲贫穷国家的瑞典火柴大王伊瓦·克鲁格在巴黎维克托伊曼纽尔三世大街的公寓中自杀了。起初，大家认为他只是那个时代的另一个牺牲品，但其实他最近一直精神失常，他的医生已经警告他长期紧张的生活方式会对心脏造成损害。在三个星期内，他的企业变成了一个空壳，他的账户饱受过高估值和虚假资产之苦，其中包括价值 1.42 亿美元的伪造的意大利政府债券。最终计算出来的投资者的损失竟然高达 4 亿美元。

银行家们被越来越多的人视为骗子和流氓。1932 年初，美国参议院银行货币委员会针对 1929 年的经济崩溃事件召开了一次听证会。参议院银行货币委员会设立的早期只是为了安抚公众情绪，因此听证会的收入非常少，直到 1933 年 3 月，来自纽约的助理地方检察官费迪南德·佩科拉（Ferdinand Pecora）担任首席法律顾问后情况才有所改变。面对调查结果，人们逐渐被越来越多涉及高官的金融欺诈事件所吸引：大通国民银行董事长艾伯特·威金在股市泡沫的高峰期做空大通的股票，在股票一路暴跌时狂赚了 400 万美元；享有"阳光查理"之称的花旗银行行长查尔斯·米切尔为了支持银行职员在萧条时期持有其股票而向他们提供了 240 万美元的无抵押贷款，这些贷款最终只有 5% 被偿还。尽管米切尔一年收入 100 万美元，但他仍然要通过将银行股票低价出售给自己的亲戚，然后以高价买回的方式来规避所有的联邦税；皮尔庞特·摩根在 1929—1931 年的三年里从未交过个人所得税。

《国家》杂志（*the Nation*）写道："如果你偷了 25 美元，那么你是一个小偷；如果你偷了 25 万美元，那么你是一个盗用公款者；如果你偷了 250 万美元，那么你就是一个金融家了。"很少有批评家能够具有像查尔斯·库格林（Charles Coughlin）牧师那样强烈的不满情绪。库格林是密歇根州罗亚尔奥克的罗马天主教神父、右翼广播的创始人。每周日下午，他都会以令百万民众着迷的醇厚声音、舒缓而亲密的语调在广播中滔滔不绝地讲述着那些将国家推向萧条的"银行家流氓"的故事。

库格林对于国际金融市场上的驱动力确实有一定的了解，比如，1933 年 2 月 26 日，他在广播中有理有据地解释道："所谓的萧条，伴随着银行的崩溃，都是源于过多不可能用黄金支付的债务——这些债务应运而生，并因受到战争的影响而成倍增长。"但是，在谈到金本位制度时，他在广播的说教中炮轰"肮脏的金本位制度自古以来就是仇恨的繁育者、纷争的缔造者和人类的毁灭者"，而且最终他总是会呼吁听众要联合起来，"反对 J. P. 摩根、库恩雷波公司、罗斯柴尔德家族、迪龙里德公司、美联储流氓银行家、米切尔家族以及那些身体里没有流淌着爱国主义或基督教血液的毫无价值的人，他们用沉重的黄金链条牢牢地束缚着整个民族的生命"。

1932 年的总统竞选受经济萧条的影响非常大。民主党候选人、纽约州州长富兰克林·罗斯福有着英俊迷人的面孔和极度乐观的心态，起初他被大家认为是个无足轻重的人选。但是，他那自满的乐观情绪——他的竞选宣言是“我们将再次回到幸福快乐的时光”、鼓舞人心的演讲以及对于积极行动以恢复经济繁荣的承诺使得他与阴沉而愤怒的胡佛形成了鲜明的对比。

在经济治理方面，罗斯福有着令人欣慰同时又令人担忧的能力，那就是他在提出一个前后矛盾的经济政策时没有丝毫的尴尬。因此，他一边承诺要增加联邦政府的失业救济金发放、支持高关税、开发电力项目、加强证券市场的监管以及实行投资银行与商业银行分业经营，而另一边又批评胡佛的财政挥霍政策，指责他加剧了通货膨胀，并向民众保证要平衡预算，将货币恢复到合理价值。但选民们才不关心演讲内容是否前后一致，他们想要的是大胆果断的行动。于是在 1932 年 11 月，罗斯福以 2 280 万票的绝对优势击败了获得 1 570 万票的胡佛，使得这次选举成为美国历史上自 1864 年林肯击败麦克莱伦（McClellan）以来最伟大的、赢得压倒性胜利的总统选举。

在选举和就职之间的空白过渡期，一轮新的银行倒闭风潮再次席卷了整个美国——这次是从西部开始的。11 月 1 日，在中止了一家拥有整个州 65% 存款的连锁银行的运营后，内华达州州长宣布了一个为期 12 天的银行休假期。他的这一举措于 1933 年 1 月和 2 月初被他艾奥瓦州和路易斯安那州的同仁效仿。

但是，正是福特汽车家族的埃德赛·福特（Edsel Ford）控股的一家底特律信托担保公司发生挤兑，才使得这场新的金融危机演变为一场美国全国性的灾难。这家信托担保公司在 20 世纪 20 年代时为购买福特汽车的消费者提供资金，运行业绩良好。当汽车销售业在 20 世纪 30 年代开始萎缩时，这家公司发现自己已经陷入严重的困境而被迫向复兴金融公司借款。1933 年初，复兴金融公司还在犹豫是否提供更多的资金，直到它的赞助商——全美仅次于洛克菲勒家族的第二大财富家族投入了更多的资金。已经 70 多岁且越来越独断专行的亨利·福特拒绝保释他的儿子。他对银行家一贯反感，并且很不理解为什么他们能被允许动用他的储蓄来进行风险贷款——“就好像我把车停在车库，当我去取车的时候却发现车已经被别人借走并被撞在树上”，这就是他看待这件事的方式。面对全州范围内银行系统的挤兑现象，1933 年 2 月 14 日，密歇根州州长发布了一条关于州内所有的 550 家银行关闭 8 天的公告。密歇根州的民众在情人节那天醒来后发现，能用的只有自己兜里的现金了。

在全美国范围内，银行储户们眼看着一个世界主要工业大国的金融系统崩溃，便纷纷开始从银行取出他们的存款，以防万一。各州州长被迫效仿密歇根州的做法，宣布银行停业休假。印第安纳州在 2 月 23 日关闭了其州内的银行，马里兰州在 2 月 25 日，阿肯色州在 2 月 27 日，俄亥俄州在 2 月 28 日。3 月初，这股银行歇业之风蔓延到了肯塔基州和宾夕法尼亚州。从 2 月到 3 月初，有 20 亿美元从银行取出，接近美国总货币量的 1/3。

一系列的银行恐慌迫使一个又一个国家取消金本位制度，如此大规模的银行恐慌引发了 1931 年夏天中欧地区的危机。美国国内银行的挤兑现象导致了国际上对美元的挤兑。

对新任总统货币政策意图的质疑导致人们进一步地抛售美元。自被选为总统之日起，罗斯福就一直在倡议废除实物黄金交易。他告诉威廉·伦道夫·赫斯特（William Randolph Hearst）① 派来的一个密使，“如果商品价格下跌不能被遏制，我们将被迫面临通货紧缩的危险”。1 月 31 日，援引新任农业部长亨利·华莱士（Henry Wallace）的话：“英国像玩弄一群傻瓜一样对待我们，明智之举是我们要比英国更为彻底地废除金本位制度。英国的债务人比美国的债务人在偿还债务方面要容易 50%。”

> 并不是只有罗斯福一人在谈论货币贬值的问题，在美国国会大厅里关于货币或美元价值变化这一紧急议题的议案至少有 6 个。《弗雷泽－辛克莱－帕特曼议案》（*Frazier-Sinclair-Patman bill*）提出通过发行无须黄金支持的联邦储备债券来为美国的农业抵押贷款融资；《坎贝尔议案》（*Campbell bill*）提出允许发行以市政债券做担保的完全法定货币国库券；美国国会正考虑通过一项美元对黄金贬值 50% 的议案以及另外一项恢复白银作为实物货币的议案；最极端的一项措施是由《麦克法登议案》

① 美国报业出版人，他关于报纸标题的介绍以及轰动的报道改变了美国新闻界。——译者注

（*McFadden bill*）提出的，该法案要求废除金本位制度和美联储，以“人工劳动”单位为基础的新货币体系取而代之。

与此同时，胡佛说服自己再一次相信，经济在遭受最后一次恐慌打击之前已经处于恢复的边缘，而且他认为最后一次恐慌归咎于罗斯福的通货膨胀政策所引发的担忧。

2月17日，他写了一封10页的手写稿信件，并通过秘密信使把信交给了罗斯福，信上写着：“恢复经济需要做的是，履行你在总统选举那天向民众正式做出的关于平衡预算和规避通货膨胀与货币贬值的承诺。”如果胡佛是在试图探试罗斯福支持两党的先发制人的行动，那么这只能说明他的愚笨、无能和自私自利。胡佛在私人信件中承认，那封信本应该还包括要求罗斯福放弃他90%的新政计划。罗斯福认为这封信非常无礼，并决定搁置几周。

直到那时，恐慌主要影响到的是整个美国的小银行。但因为这次挤兑波及世界范围，所以整个美国最主要的金融机构、大银行的银行家以及纽约联邦储备银行成为这次风暴的中心。在2月的最后两周里，美国损失了2.5亿美元，几乎是其黄金储备的1/4。尽管联邦储备委员会从总体上来看持有非常充足的黄金储备，但如果纽约联邦储备银行耗尽黄金，并被迫收回贷款、紧急收缩资产负债表，那么这将会给纽约甚至是整个国家的银行体系带来灾难性的后果。从理论上来说，纽约联邦储备银行原本可以从系统中其他的联邦储备银行借到资金，但所有地区的所有银行目前都处于危机中，很难保证能向其伙伴机构提供帮助。这样的情况确实令人担忧，倘若每家银行都只为自己着想的话，那么最后就连整个联邦储备银行体系都可能会崩溃。

乔治·哈里森早在2月中旬时就想到，避免银行相继倒闭的唯一办法就是让美国上下的银行休假，于是在访问白宫时他就劝说总统关闭所有的银行。胡佛试图把所有责任都推给美联储，他希望委员会能提出一系列救助银行体系的措施，而不是彻底关闭所有银行。尤金·梅耶和哈里森的想法一致，但他担心一旦美联储采取不适当的措施而最终失败将会使情况变得更加糟糕，自己也会因此而受到责备，于是他又把这一问题交给了胡佛来解决。

3 月 2 日，星期四，下午，也就是新总统宣誓就职的前两天，哈里森打电话给梅耶，让他告诉胡佛纽约联邦储备银行的黄金储备金率已经跌破底线。

在接下来的 48 小时里，整个银行体系逐渐被拆散，美联储不愿意自己想办法解决问题，而希望找其他人来承担责任，但它发现所有的管理部门都无人过问。就在星期四的下午，梅耶给哈里森打过电话后又给总统打了个电话，再次请求他给美国的银行放假，胡佛回答说他“不希望在离职前的最后一件事就是关闭所有的银行系统”。胡佛的邻居和老朋友阿道夫 · 米勒也去白宫劝说他，但胡佛说除非罗斯福也同意，否则他什么也不做。

那天，罗斯福刚抵达华盛顿，他一住进五月花饭店的套房电话铃就响了，原来是梅耶打来电话，请求他同意关闭所有银行的声明。罗斯福拒绝在其宣誓就职前采取任何行动——为什么在这种情况下要把我卷进来呢？他百思不得其解。

3 月 3 日，星期五，纽约联邦储备银行总共损失了 3.5 亿美元——其中 2 亿美元通过网络转移到了其他国家，剩余的 1.5 亿美元以现金的形式被取出。现在，银行的储备赤字大约为 2.5 亿美元，于是纽约联邦储备银行想从芝加哥联邦储备银行那里借一些资金，但却遭到了拒绝——美国联邦储备系统不断分割并崩溃的风险正渐渐演变成一个现实。

3 月 3 日是胡佛离任前的最后一天，当天下午罗斯福及其部分家庭成员——妻子埃莉诺、儿子詹姆斯和儿媳贝齐一起礼节性地拜访了胡佛。

> 在一阵不自然的、礼貌性的茶会闲聊之后，胡佛希望私下和罗斯福聊一聊，于是他们走进了胡佛的书房，书房里还有梅耶、财政部长米尔斯和罗斯福的副手雷蒙德 · 莫利（Raymond Moley）。梅耶和米尔斯再次试图劝说新任总统，希望他在一些两党的行动中支持即将下野的共和党政府。罗斯福始终站在自己的立场上，做他不得不做的事情——第二天宣誓就职前他不会做任何事情。埃莉诺通过敞着的门听到了谈话的只

言片语。在某一刻，胡佛问罗斯福："今晚你愿意和我一起签署一份关于关闭所有银行的联合声明吗？"罗斯福回答说："我才不愿意呢！如果你没有胆量做的话就等到我上任后再做！"

很明显，罗斯福的策略是拒绝合作，并希望在他就职前经济形势越糟糕越好，这样，他就职后经济形势的任何好转都会使他获取所有民众的信任。

那天晚上，罗斯福公寓的电话一直响个不停。这些来电的人中有罗斯福的好友、纽约联邦储备银行16位强有力的银行家之一的托马斯·拉蒙特，他早在两周前就给罗斯福写了一封信，让他一定要拒绝关闭银行这一做法，他在信中说道："城市的人民不能没有钱，没有了钱就如同断了水源一样可怕，饥荒和瘟疫也会紧随其后……"拉蒙特那天晚上打电话又反复强调这一观点，并告诉罗斯福，他肯定罗斯福的就职将会恢复民众的信心，届时整个国家的心理也将发生巨大的变化。

美联储的官员们希望胡佛和罗斯福能够达成共识，他们在那天晚上进行了最后一次尝试。梅耶和米尔斯分别给胡佛和罗斯福打了个电话，之后胡佛和罗斯福在晚上8:30和11:30通了几次电话，但直到夜里一点他们两人仍然没有改变主意，最后罗斯福建议他们都先去睡觉。

这两天梅耶一直遭到白宫的冷眼拒绝，尽管他知道接下来的举措可能是无用的，但他还是想做最后一次努力——或许从历史事实的角度来说，他想保护自己和美联储。3月3日晚上9:30，他当天第三次召集了委员会的同僚，查尔斯·哈姆林（Charles Hamlin）当时正在参加就职音乐会；尽管外面天气恶劣——雨夹雪，卧病在床的乔治·詹姆斯也被叫了出来。他们向总统起草了一份正式的请求，希望他宣布关闭所有银行。在这封信被送往白宫前已经是深夜两点了，总统已经睡觉了，没有人敢吵醒他，于是他们将信塞进了门下的缝隙中。第二天早上醒来，罗斯福对于他的好朋友梅耶让他背黑锅的这一策略感到非常愤怒。

在总统那里没有成功，美国联邦储备委员会决定把希望寄托在最重要的两个州的州长身上，希望他们关闭当地银行。起初他们根本找不到伊利诺伊州州长霍纳（Horner），后来终于找到了，但他拒绝接受，除非属于同一家族银行体系的纽约州州长赫伯特·莱曼（Herbert Lehman）关闭当地银行。于是，哈里森、拉蒙特和一群银行家在深夜前往莱曼位于派克大道的公寓。拉蒙特和一些民营小银行的管理者努力劝说莱曼放弃做任何事情；与此同时，莱曼也一直坚持说他们已经走到尽头——黄金储备不断减少，已经到了令人无法忍受的地步，如果他们什么也不做的话，星期一早上纽约联邦储备银行的黄金储备就将被全部耗尽。最终在凌晨 2:30，莱曼动了恻隐之心，于是宣布纽约的银行休假三天。一小时之后，霍纳也宣布关闭银行。紧接着，马萨诸塞州和新泽西州在第二天一早关闭了当地的银行。宾夕法尼亚州州长吉弗德·皮恩科特（Gifford Pinchot）为参加就职典礼来到了华盛顿，住在私人住宅里。美联储的官员们试图联系他，却没人接听电话，于是一名官员亲自去他的住所把他叫了起来。这样，在黎明破晓时分，皮恩科特也签署了公告宣布关闭当地的银行，当他意识到当时自己的口袋里只有 95 美分时，他感到十分懊悔。

《纽约时报》的亚瑟·克罗克（Arthur Krock）曾这样写道：3 月 3 日那天，成千上百万的群众聚集在白宫前见证了罗斯福在美国国会大厦台阶上发表就职演讲这一伟大时刻。群众的周围遍布着军队的机枪，看起来好像“战争期间民众围攻首都”一样壮观。

在这之后的一段时间里，整个国家的信用和货币机制戛然而止。28 个州的银行全部关闭，其余 20 个州的银行也已部分关闭。三年里，商业银行的信贷从 500 亿美元缩减至 300 亿美元，整个国家 1/4 的银行已经崩溃；房地产价格下跌了 30%，造成一半的抵押贷款违约拖欠；随着信贷规模的缩减，所有的矿山和工厂都停止了运营；钢铁厂以低于平时满负荷生产 12% 的产量运营生产；曾经创造过一天两万辆汽车生产纪录的汽车公司如今一天仅生产不到 2 000 辆汽车；工业生产值下降了一半，商品价格暴跌 30%，国民收入从 1 000 亿美元缩减至 550 亿美元；1/4 的劳动力——共计 1 300 万人失业。这个拥有着 1.2 亿人口的世界上最富裕的国家，已经有 3 400 万男人、妇女和儿童失去了收入来源。

早在半个世纪之前，卡尔·马克思就曾预言，**当资本主义繁荣与萧条的经济循环逐渐变得越来越糟糕时，它最终将自行毁灭。**那天，整个经济体系好像已经最终陷入了一次巨大的危机。

Lords of Finance

第五部分

余波未了

放弃金本位制这个不散的阴魂是经济复苏的关键，英国、美国和法国先后放弃了金本位，但德国却是一个例外。作为那个时代最具有创新能力的银行家，沙赫特尽情展示了他那杰出的发明才能。为了到达未知之处，他以一种无所畏惧的心情前行，他常说为了恢复德国经济他宁愿与魔鬼做一个约定。

Lords of Finance

第21章 金本位制的终结

1933年

为了到达未知之处，你必须无所畏惧地前行。

——T. S. 艾略特，《四个四重奏》之“东科克”

上任的第一天，罗斯福就采取了行动——关闭美国全国的银行。根据1917年颁布的《与敌贸易法案》(*Trading with the Enemy Act*)中，关于防止向敌对势力运输黄金的一项模糊条款，罗斯福决定给银行放假4天，并同时颁布禁止黄金出口以及在美国境内私人囤积黄金的法令。

令很多人吃惊的是，银行关闭之后，美国人仍然能够很好地适应这样的生活——最初的反应并不是恐慌而是相互合作：商店老板们以赊购形式继续经营；医生、律师和药剂师以个人开欠条的形式继续为人们提供服务；哈佛大学允许学生赊账买饭；得克萨斯州艾尔帕索的第一浸信会(First Baptist Church)宣布乐意接受周日募捐，人们可以使用个人本票来代替银币；甚至连曼哈顿罗斯兰舞厅的百老汇舞者也同意，如果顾客出示银行存折证明其确实有钱，他们便可以开具个人欠条来支付一次价值11美分的舞蹈表演。

包括亚特兰大、里士满、诺克斯维尔、纳什维尔和费城在内的100多个城市和城镇都发行了各自的临时凭证。美国陶氏化学公司将金属镁铸造成替代性的货币。在这种情况下，卓越的大学生报纸《普林斯顿日报》（*Daily Princetonian*）挺身而出，以普林斯顿中央银行的身份自行发行了面值25美分、总值500美元且本地商人愿意接受的通用货币——这一切反映出人们对货币观念的适应性和灵活性。

其他的地方开始采取物物交换。在底特律，殖民地的百货公司愿意用农产品来交换商品——一条连衣裙需要三桶萨吉诺湾鲱鱼，三双鞋子需要一头500磅的母猪，其他的商品需要50箱鸡蛋或180磅蜂蜜。在曼哈顿，业余拳击锦标赛金球奖的赞助人宣布观众只要给出价值50美分的任何东西就可以进去观看比赛——最后，比赛当天晚上的票房收入全是些帽子、鞋子、雪茄烟、梳子、肥皂、凿子、水壶、一大袋土豆和足部按摩膏。

当然，并不是所有地方的生活都安稳正常。在底特律的银行关闭后的第4周，商人们停止赊购，一些商品已经下架，整个底特律开始拖欠债券；在雷诺这个享有“世界离婚之都”的城市，由于妇女们无法支付申请费，离婚业也停止了经营。整个国家的游客以及旅游业的销售人员也都陷入了困境。在佛罗里达州，美国运通公司在宣布允许兑现高达50美元限额的支票后，其办公室迅速被5 000名游客包围；新任国务卿科德尔·赫尔上任的第一件事就是安抚外交使节团，他们抱怨自己的资金应被免于没收并应尽快返还；电影《金刚》上映的第二周，整个电影院一半都是空席——全部的票房收入下降了50%。

最大的问题并不在于现金而是零钱。用于地铁、电车和公交巴士的5美分镍币是如此罕见，以至于欧文信托公司的一名官员宣布“5美分镍币饥荒”是确实存在的。突然间，那些有大量硬币在不同人之间转手的投币式自动售货机前围满了身穿貂皮大衣的女人，她们渴望的并不是一顿餐饭，而是一些散银。

3月5日，星期日，也就是总统就职的第二天，新上任的财政部长威廉·哈特曼·伍丁开始组织召集专家团，制订关于拯救银行的“一揽子计划”。

伍丁身材矮小，曾担任美国汽车和铸造公司的董事长，他和严肃的梅隆截然不同。作为一名变更政党而支持罗斯福的共和党人，他和道威斯计划的制订者查尔斯·道威斯一样多才多艺。伍丁是一名小有成就的音乐家，曾谱写过几首管弦乐队的曲子，其中包括“大篷车组曲”(*Covered Wagon Suite*)、“东方组曲”(*Oriental Suite*)；他还为庆祝总统就职特地谱写了“福兰克林·德拉诺·罗斯福进行曲”。有时候，他会在办公室里演奏曼陀林或吉他来放松心情。

伍丁很快就意识到他和他的副手都没有经验和能力去很好地独立解决目前的问题，于是他努力劝说其他人来负责这个银行拯救计划。他游说的不是别人，正是前任财政部长奥格登·米尔斯和副部长亚瑟·巴兰坦（Arthur Ballantine）。米尔斯在距离罗斯福住所海德公园北部仅 5 英里处的哈德逊山谷里有一处自己的住宅，但他却对这位新总统没有丝毫的敬仰之情——他之后成了一名对新政直言不讳的批评家。在胡佛总统在任的最后一天，仍在任职期的他起草了一份计划书，现在这份计划书变成了罗斯福计划的基石。甚至罗斯福关闭整个国家银行的声明也是基于巴兰坦之前写给胡佛的一个声明草案。

伍丁还意识到，这个银行计划必须赢得银行家们的同意，他希望找到一个人来作为通往华尔街的桥梁，于是他聘请了于星期日抵达华盛顿的乔治·哈里森加入了他的团队。伍丁之前担任过美联储的外部董事，对哈里森非常了解。另外，他还特地安排一些享有左翼派声誉的人作为总统顾问——阿道夫·柏利（Adolph Berle)、雷克斯·特格韦尔（Rex Tugwell）和雷蒙德·莫利，这些人都非常有背景。

在接下来的几天里，银行家们进进出出，由伍丁、米尔斯和哈里森三人领导的财政团队考虑并否决了一大批的提案。一些人希望发行美国全国性的临时凭证——仅有政府担保的纸币；一些人提议所有的州银行联合组成联邦储备银行体系；另一些人则认为，只有政府担保银行存款才是唯一的出路。总统自己想到了一个非常滑稽的主意——将价值 210 亿美元的全部政府债务立即转换为货币，这实际上是凭空一下子增加了一倍的货币供给量。

3 月 9 日，星期四，根据米尔斯的建议起草的《紧急银行法》(*Emergency Banking Act*）已经完成并准备提交国会，该法案的主要内容是：整个国家的银行将要恢复营业，之前表现较好而后逐渐陷入危机的银行需要政府的支持，而一批破产的银行将被禁止重新营业。法案同时授予美联储额外发行以银行资产而非黄金作为支持的货币的权力，同时也授予联邦政府领导美联储并支持银行发展的权利。美联储的财政部门进一步补充了该法规，增加了对于保护银行体系而产生的任何损失都由政府保证偿还这一条款。这一史无前例的计划使得美联储成为整个银行体系的最后贷款人，但这一作用的实现还要依靠政府对重新营业的所有银行存款的暗中担保。

对于哈里森来说，这一转变实在太大了，大到难以令他相信，以至于他被各种疑虑迷惑着。就在一周前，他还一直在与这位看似无法采取行动的总统打交道，而现在他不得不开始应付这位想尝试一切办法的总统。作为本杰明·斯特朗的得意门生，哈里森非常认同斯特朗“中央银行应独立于国家”的观点——财政应与政治力量分离，而且哈里森也曾被教导货币发行应该以黄金或是能转换为现金的流动资产作为支持。新法规延伸了资产的范畴，与美联储能够借贷的范围相违背（超出美联储能借贷的范围），并迫使美联储印制钞票。哈里森苦苦思索，急于想要废弃“各种各样的垃圾，甚至是老式乡村银行中的黄铜痰盂”。但无论如何，这些思考已经结束，最终的法案也开始实施。

3 月 12 日，星期日晚上 10 点，罗斯福总统通过广播进行了第一次“炉边谈话”。他以他那令人舒适的贵族声音说道：“我的朋友们，我想和你们聊几分钟关于最近银行业关闭的问题……我想告诉你们前几天我们做了什么、为什么要那么做以及接下来将要做什么。”他用简单易懂的语言向正在收听节目的、遍布于整个美国千家万户的 6 亿公众解释着：“你们把钱存进银行，银行并不是把它们锁在保险库里了事，而是用它们通过各种不同的信贷方式进行投资。我知道你们非常担忧，我可以向大家保证，把钱放在经过整顿、重新开业的银行里，要比放在褥子下面更安全。”第二天，喜剧演员威尔·罗杰斯写信给《纽约时报》打趣说：“我们的总统能将银行业这个枯燥的问题解释得清楚明白……让每个人都理解——甚至包括银行家在内。”

3 月 13 日，星期一，也就是银行准备恢复营业的第一天，没有人知道将会发生什么。许多人开始担心，在限制货币自由兑换为黄金的措施得到执行后，恐慌将会继续且愈演愈烈。根据哈里森的说法：“我们已经关闭了据我们所知在同等条件下即将重新开业的银行中曾发生过严重挤兑的那些银行。”

那天早上，一大群存款者排成长龙，聚集在重新开业的银行门前，但他们并不是把钱取出来，而是把钱存进去。银行休假、拯救计划和罗斯福娴熟的演讲这些组合措施——很难分辨出其中到底哪个更重要，使得公众情绪发生了戏剧性的转变。无独有偶，这一情景和刚接管处于危机中的国家的新任领导人制订根本性的一揽子拯救计划的情景一模一样——比如，1923 年 11 月德国极度通货膨胀的结束，或者 1926 年 7 月法国总统雷蒙德·庞加莱成功地稳住法郎——整个国家的情绪一夜之间发生了改变。

3 月 15 日，纽约证券交易所在关闭 10 天后重新开业，道指上涨了 15%，创下历史上最高的单日上涨纪录。在重新开业这一周的最后一天，10 亿美元的现金——相当于前 6 周被取出的所有资金的一半数额再次存入了银行。到了 3 月底，整个国家 2/3 的银行，即 12 000 家银行全部被允许重新开展业务，而且公民手中持有的货币量已经减少了 15 亿美元。

这一事实使得胡佛难以接受，他一直不屑一顾的罗斯福银行拯救计划其实是他自己政府的班子成员早些时候起草的提议，而这时，罗斯福正是依靠着这份计划使得可怜的老胡佛政府费尽心思复苏三年的大萧条经济重新恢复了生机。

那周过后，雷蒙德·莫利写道：“资本主义在 8 天的时间里被挽救了。”其实，他只说对了一半，救援计划确实挽救了银行体系，但是，使美国全国的工厂重新生产以及使美国人重新开始工作的任务仍然存在。

在接下来的三个月里（著名的“百日新政”）罗斯福不停地与国会商讨并最终促使美国国会颁布了新的法规。

3 月 20 日，美国国会通过了《经济法》（*Economy Act*），减少 15% 的职工工资，削减 25% 的部门预算并减少 10 亿美元的公共开支。3 月末，国会通过了“民间资源保护队”（Civilian Conservation Corps）计划，该计划专门吸收年龄在18—25岁、身强力壮且失业率偏高的青年人，从事农村地区防治水患、预防火灾以及修建围墙、道路和桥梁的工作。5月中旬，国会接着通过了《紧急救援法》(*Emergency Relief Act*)；而在同一天，国会又颁布了《农业调整法》(*Agricultural Adjustment Act*)，该法案通过控制产量和减少耕种面积来提高农产品的价格；同时还设立了田纳西河流域管理局，专门负责建造水坝和公共发电厂。6月中旬，国会颁布了美国《全国工业复兴法》(*National Industrial Recovery Act*)，允许价格调控，还授权了一个35亿美元的公共工程计划；接着又颁布了《格拉斯–斯蒂格尔法案》(*Glass-Steagall Act*)，结束了美国商业银行与投资银行混业经营的历史，并确保银行存款达到每个储户2 500美元的最大值；而《证券法》(*Truth-in-Securities Act*)制定了管理整治新发行证券的公开条款。

罗斯福的一系列政策措施主要包括不太成熟的准社会主义工业计划、保护消费者的规章、帮助重灾区的福利计划，这一连串措施虽说是社会改革善意的举措，但看起来像是一个奇怪的组合。政府在对工业联盟的支持中规定一部分从业者享受高工资待遇，而一部分则发放低工资；一方面政府通过投资来刺激经济，而另一方面却采取公共经济来管制经济。这些政策很少有几个是经过深思熟虑的，有一些还是相互矛盾的，大部分政策的效果根本就不明显。虽说大部分的立法是值得称赞的，毕竟它们促进了社会的公平并为一些原本没有保障的人带来了一点点经济上的保障，但却对经济的振兴没有什么帮助。但是无论如何，最终出乎所有人的预料，正是这个隐藏于混杂的计划方案中的《农业调整法》的最后修正（暂停金本位制度，实行美元贬值）使得经济重新运转起来。

在经济政策制定的历史上，这个银行的援助计划是由有史以来最奇怪的人员组合制订的——现任民主党财政部长和前任共和党财政部长。在当时的历史情况下，货币贬值一事牵涉到一个最奇怪的对抗：一边是作为总统经济顾问的一批杰出的政府年轻骨干，媒体时常提到的“硬货币”男人们；另一边则是财政部伍丁的副手、美国康涅狄格州新教圣公会主教之子、文雅而彬彬有礼的迪安·艾奇逊(Dean Acheson)。

艾奇逊曾就读于格罗顿中学、耶鲁大学和哈佛大学法学院，还曾拜师于大法官费利克斯·弗兰克福特（Felix Frankfurter），并担任过美国联邦最高法院大法官路易斯·布兰戴斯的文员。他留着英国上校式的胡须，身穿粗花呢定制西服，看似一个老顽固。他对经济知之甚少，但他已经是一家著名企业的声名卓著的律师，而且被人们认为是一位具有聪明睿智的大脑和处理复杂问题天赋的实用主义者。

在货币金融事务上，总统的顾问是美联储的创建人保罗·沃伯格 37 岁的儿子詹姆斯·沃伯格（James Warburg）。从哈佛大学毕业后，自信的沃伯格便在银行业中担任要职，成了华尔街最年轻的总裁。而那时候，他仍然坚持抽空在《大西洋月刊》（*Atlantic Monthly*）上发表诗作，还为百老汇歌剧《再好不过了》（*Fine and Dandy*）写词。他曾拒绝了艾奇逊为其提供的财政部副部长的职位，而更喜欢作为无报酬和无名誉的顾问来发挥自己对经济的影响力，总统将他称为“华尔街品行端正之人”。

38 岁的预算局长刘易斯·道格拉斯（Lewis W. Douglas）是所有人中最强烈坚持坚挺货币政策的。他出生于亚利桑那州的一个矿工家庭，曾在阿默斯特学院担任助教工作，1927 年进入国会工作，在经济萧条时期努力实现了政府经济工作目标，并最终平衡了预算。

华尔街的代言人原本应该是美国联邦储备委员会主席尤金·梅耶，但他发现自己与新政府格格不入，于是在 3 月底递交了辞呈。因此，最终哈里森便扮演了银行家和白宫之间的中间人角色。

包括哈里森在内的所有总统顾问都认为要想稳定银行体系，就必须依靠传统的方法——通过公开市场操作进行信贷扩张使得经济重新运转。但重要的是，他们中没有一个人意识到任何美元必须与黄金脱钩的原因。

唯一一个与这些经济专家对抗的人正是罗斯福总统，他从不假装对国际金融的每个细节都全然了解，但与丘吉尔不同，他绝不允许自己被一个问题的技术性而难倒——当他的一个顾问告诉他有些想法不可能实现时，他的反应是“胡说”。当遇到连他的经济顾问都苦恼的问题时，他会用一种漫不经心的方法来解决这个问题，也正是这种轻松的心态使得他能够简化问题并看透问题的本质。

罗斯福有个过于单纯的看法：经济萧条和价格的下跌联系紧密，因此只有价格开始上涨，经济才能复苏。他的顾问耐心地向他解释，说他颠倒了因果关系——价格的上涨是经济复苏的结果而不是原因。其实，他们说的都不完全正确，在一个经济体系中，任何事物都存在着联系，原因和结果之间并没有清晰的界限。诚然，**在经济萧条的初始阶段，经济的崩溃确实使得价格开始下跌，而经济一旦复苏起来，不断下跌的价格也会对经济产生影响。**然而，在经济萧条阶段，如果提高实际的借贷成本就会打压投资的积极性，造成经济活动进一步恶化，由此，结果变成了原因，而原因演变成了结果。罗斯福不可能把这中间所有的关系都弄明白，但他有自己的一个直觉上的理解：**经济整治的关键在于扭转通货紧缩，他始终坚持认为解决经济萧条问题的办法就是使价格重新上涨。**

然而，现在仍然存在一个“鸡与蛋”的问题，到底怎样才能在经济没有复苏的情况下使得价格上涨呢？就在几年前，罗斯福想找人帮他料理海德公园寓所周围的树木，住在哈德逊山谷的朋友、美国财政部长亨利·摩根索把罗斯福介绍给了自己读本科时认识的一位不太出名的59岁老师乔治·沃伦（George Warren），此人是康奈尔大学农场管理专业的一名教授。

> 这位又矮又壮的教授戴着一副猫头鹰似的眼镜，有着像教徒一样的认真风范，衣服最上面的口袋里插了一堆铅笔，没有丝毫特征能让人联想到他竟然是一位农业专家。沃伦年轻时一直在内布拉斯加州农场放羊，而后继续在纽约伊萨卡岛之外5 100英亩的农场工作，在那里他不仅种植经济作物，还喂养了一大群荷兰乳牛。至今，他已经发表了很多关于农业的文章和小册子，其中包括专著《紫花苜蓿》和《纽约韦恩和新奥尔良青果果园调查报告》，这份报告全面论述了在纽约北部地区种植苹果的各种技术，甚至还详细研究了运用何种肥料效果最佳。另外，他还出版了一本标准的教科书《乳牛畜牧业》以及两本非常有影响力的著作《农业的要素》和《农场经营》，他甚至还发明了使鸡下更多蛋的

方法。众人眼中的他是一位对纯理论不屑一顾而注重实践的老师，他经常带着学生去农场实地考察学习，在考察学习中他还创作了很多田园诗歌，尽管他的学生们都不懂这些诗歌是什么意思，但它们却在康奈尔当地广为流传——“你画一个谷仓屋顶来储藏它，你画一个房子来推销它，你画出谷仓的两侧注视着它。”

在 20 世纪 30 年代，随着农产品价格的不断下跌，这位研究奶牛、树木和家禽的专家花了 10 年的时间研究商品价格趋势的影响因素。1932 年，他和他的同事联合发表了一篇详尽的文章《213 年的批发价格：1720—1932 年》（*Wholesale Prices for 213 Years: 1720—1932*），这篇文章引起了不小的轰动，于是在 1933 年，该文章以专著的形式出版发行。沃伦还论证了商品价格与全球黄金的供需平衡之间存在着非常紧密的联系。**随着全球市场上越来越多的大型金矿被开发，黄金的供给远远超过了需求，于是商品价格趋于上涨；相反，当新的黄金供应滞后时，商品价格将会下跌。**当然，如果非要吹毛求疵的话，这个观点肯定是经不起推敲的，毕竟这两者之间的联系会受到各种因素的影响，这其中至少有战争的影响。尽管如此，这个一般性的结论是毋庸置疑的，毕竟在金本位制度下，银行信贷和黄金储备之间理应有一种直接的联系——当黄金充裕时，信贷也随之扩张，进而导致商品价格上涨。

然而，沃伦的结论却引发了广泛的争议。如果商品价格下降源于黄金的短缺，那么一种使商品价格上涨的方法就是抬高黄金价格——换句话说就是使美元贬值。黄金价格上涨 50% 的效果与突然增加了 50% 的黄金没有什么区别，两者都会带来信用制度中更高的黄金价格，并且都会由此刺激商品价格的上涨。

这听起来很简单，但是对大多数罗斯福的经济顾问来说，谈到货币贬值就是对神明的完全亵渎，这与中世纪破产的君主们在货币上偷工减料使其贬值的行为有何不同？考虑到其巨大的黄金储备，美国没有理由使用这种手段，这种行为会威胁到国民对美国政府信誉的信心，甚至会妨碍经济复苏。

在新内阁执政的最初几周里，虽然政府颁布了罗斯福总统上任第一天所发布的关于禁止黄金出口的公告，但货币情况仍然悬而未决。财政部长伍丁试图让每个人相信美国并没有抛弃金本位制度，但总统却并不是这么直率。3月8日，在他的首次新闻发布会上，他和记者开玩笑说：“只要没人问我政府是否废除金本位制度就没关系，因为没有人知道金本位制度到底是什么。”

4月18日晚上，罗斯福召集其经济顾问们在白宫红厅商议并筹备即将召开的伦敦世界经济工作会议相关事宜。罗斯福一边笑着对他的助手说“祝贺我吧！我们现在已经摆脱金本位制了”，一边审阅拉蒙特的关于《农业调整法》的修正案。该修正案明确授权总统可以使美元相对黄金最多贬值50%，并允许在没有黄金支撑的情况下发行30亿美元，罗斯福宣布同意该项举措。

雷蒙德·莫利回忆说：“顿时，整个屋子里的人闹翻了天。”国务院经济顾问赫伯特·费斯（Herbert Feis）当时看起来似乎想呕吐，沃伯格和道格拉斯则感到如此震惊，以至于开始议论这位总统，斥责他就像是个“执拗且极其落后的小男生”。沃伯格公开批评这个法案显得“草率且不负责任”，将会导致“无法控制的通货膨胀和经济的彻底混乱”。罗斯福还是一如既往地沉着冷静，他苦口婆心地向他们打趣说，除非他们再做点儿什么使经济重新进入通货膨胀，否则放弃金本位制度才是抬升价格的最好办法，国会自有办法来采取措施。

讨论一直持续到午夜，离开白宫后，沃伯格、道格拉斯、莫利和国务院特别助理威廉姆·布利特（William Bullitt）无法入睡——他们都目睹了这一第一次世界大战后历史上具有决定性的时刻。他们在莫利的酒店房间里继续讨论着，整夜都在分析着整个新政方案公信力的影响、美元价值、资金流动以及与其他国家之间的关系。最终，道格拉斯说：“好吧，西方文明即将结束。”

罗斯福使美元脱离黄金的政策撼动了整个金融世界。绝大多数人不能理解一个拥有世界上最多黄金储备的大国为何要使自己的货币贬值，这看起来很荒谬。著名金融家伯纳德·巴鲁克在谈到这项举措时说：“这一离谱的举措不容辩解，只能被当作暴民统治政策执行。也许整个国家还没有意识到它的存在，但我认为我们会发现自己正处于一场比法国大革命更激烈的革命之中。”

但是，就在罗斯福的决策得以实施之后的日子里，由于美元相对黄金贬值，股市飙升了 15 个百分点。金融市场给予这场金融运动以压倒性的信任投票，甚至就连 J. P. 摩根的银行家们——这些历史上金本位制度最忠实的捍卫者们也为之欢呼。“您废除金本位的措施使整个国家免于陷入完全崩溃的境地。”拉塞尔·莱芬韦尔在给总统的信中这样写道。

自那个春天开始实施贯穿整个经济的银行挽救计划并引起第一轮巨变以来，美元脱离金本位制度又带来了第二轮戏剧性的改变。在政府可能发行无抵押货币的威胁下，哈里森采取行动，在接下来的 6 个月里向银行注入 4 亿美元巨资。重拾信心的银行、一个崭新而积极的美联储以及看起来倾向于抬高物价的政府三者之间的联合打破了通货紧缩的心理影响，种种迹象表明改变已经发生。在接下来的三个月里，批发价格上涨了 45 个百分点，而股价则飙升了 90 个百分点。伴随着价格的上涨，借贷的实际成本骤然下跌。重型机械的新订单增加了 100 个百分点，汽车销售上涨了 200 个百分点，总体工业产值飙升了 50 个百分点。

如果说美元脱离黄金的决议分裂了美国银行界，那么它将使得欧洲的银行家们团结一致——威尔·罗杰斯的另一句俏皮话逐渐流行起来：如果英国和法国都反对，那么这件事显然是最适合去做的事。

自从英镑无奈地放弃金本位制度以来，蒙塔古·诺曼似乎失去了方向，他觉得自己像是个迷路的行人，之前确定的事情都已不复存在。他现在的心情正如他在 1932 年 10 月市长官邸大厦的年度演讲中向世人坦承的那样：“这次的困难与力量如此之大，之前从未有过这样的经历，以至于我现在不知道该怎么解决这个问题……这个困难对于我来说太大了——我必须向大家承认此刻我毫无办法。”

尽管媒体界仍然对诺曼很感兴趣，但他们的口吻已经发生了变化——现在带着一种嘲讽的暗示。当他 1932 年 8 月来到美国时，《时代》杂志这样描述他：“一位英俊的、留着狐狸胡子、戴着黑色宽边软帽、具有意大利歌剧中最高阴谋家神秘举止的绅士。”《纽约时报》指责他“总是喜欢来无影去无踪，一个看似简简单单的假期也要用化名‘克拉伦斯·斯金纳教授’来掩盖”，而且总是“假装在扮演一个国际神秘男子的角色”。

第二年，诺曼在去往美国的旅途中放弃了使用那个化名，《纽约邮报》（*New York Post*）忍不住取笑他：

> 我们要和英格兰银行行长蒙塔古·诺曼算账。他已经有好几个夏天享受着美国人的热情款待，而且在经济不景气的时期，他的来访给媒体界提供了很多素材，这并不是因为媒体界对英格兰银行感兴趣，而是因为诺曼先生化名为斯金纳教授旅行的聪明做法。
>
> 作为英格兰银行行长的诺曼先生值得我们为他做一个短篇报道，但是，这位旅行期间化名为斯金纳教授的行长控制着不少新闻报道，这暗示着一种阴谋计划，这些报道应该归入国际阴谋版面。
>
> 我们认为“这次蒙塔古·诺曼用自己的真实姓名来纽约一事”是对已设立的美国机构的一次威胁……我们到底还要忍受这些国际银行家的阴谋到什么时候？

尽管诺曼已经不再控制国际金融舞台，但他的大多数同事却认为如果他还在位的话事情可能会变得简单一些，其原因可以追溯到 1933 年 1 月 20 日，媒体界揭露诺曼在切尔西登记处申请领取结婚证。

> 第二天，令所有伦敦人都感到困惑的是，61 岁高龄的他竟然娶了 33 岁的普丽西拉·沃索恩（Priscilla Worsthorne）。沃索恩出生于一个旧贵族罗马天主教家庭，之前曾嫁给了富裕、懒惰的比利时流亡者亚历山大·科赫·古瑞德（Alexander Koch de Gooreynd，他曾使用过“沃索恩”这个英国化的名字）。他们有两个儿子，但现在已经离婚。诺曼一直希望能举办一个秘密的婚礼，但那天切尔西登记处周围挤满了记者，于是这对新婚夫妇不得不从后门的救济院逃出。当天下午晚些时候，为了躲避狗仔队，他们不得不翻过后花园围墙离开索普洛奇。

在罗斯福放弃金本位制度的那一周，诺曼正远在地中海尽情享受这个迟来的蜜月。在接下来的一周里，诺曼回到伦敦后，没有一个人能告诉他即将要发生什么事情，即便是哈里森也无法说清。在电话里哈里森告诉诺曼，对于美元的贬值他感到非常意外，而且已经彻底地措手不及，他现在也只能依靠报纸上的新闻来获取那些白宫智囊团突发奇想所制定的货币政策的信息。在总统的控制下，美联储目前对于"政策方向是什么或将要是什么完全不清楚"。就在美国联邦储备委员会几乎无法发挥作用，并且 J. P. 摩根仍然支持总统通胀政策的情况下，梅耶递交了辞呈。

诺曼也很难做出回应。尽管他是那么渴望并坚信金本位制度，但他又不得不承认放弃金本位制度对于英国来说确实起到了一定的作用。英国从英镑贬值 30% 中获益颇丰，不断下跌的货币使得当地经济免于遭受 1931 年年末至 1932 年全世界范围内的恐慌——当时，世界上其他国家的商品价格在 1932 年期间下跌了 10%，而英国的商品价格却上涨了几个百分点。而且，一旦本币绑定黄金的要求被解除，诺曼就能够把利率降低两个百分点。英国通货紧缩的结束、国内便宜的英镑和国外更加便宜的英镑，使得英国在全球市场上更具竞争力，经济由此而复苏，英国也成为当时全世界摆脱经济萧条的第一个主要国家。

尽管如此，诺曼还是将被迫放弃金本位的英国和拥有大量黄金储备并可以在世界上扮演领导者角色的美国之间划出了清晰的界限。他担心一旦美国放弃它的职责地位，美元贬值将会是全面货币战争的第一次掠夺性措施，届时，为了能从另一个国家窃取市场份额，所有国家都要削弱本国汇率，这样全世界可能会进入一个货币混乱的时代。

那段时间，诺曼担心美元走势对英国的影响，但他至少同意罗斯福的一个观点——不断下跌的价格是经济萧条的原因。法兰西银行行长克莱门特·莫雷对整个世界形势有着不同的看法，对于法国来说，作为最后一个坚守金本位制度的大国，美元的下跌确实是一次灾难。在 20 世纪 20 年代，法国通过使法郎贬值在世界市场上战胜了其他竞争者，成功地避免了 1929—1930 年的全球经济危机。然而现在，困难又再次摆在了法国面前，英镑在 1931 年脱离金本位制度对法国来说已经是一次沉重的打击，而现在的美元贬值又使情况雪上加霜，法国面临着成为世界上所有大国中成本最高的生产者的风险。

然而，莫雷拒绝向整个体系注入更多资金。对他而言，世界经济问题源于缺乏信心，准确地说应该是由过多的货币实验带来的信心。在 20 世纪 20 年代，法国在经历了无比惨痛的创伤后，其货币政策官员们——一群洗心革面的酒鬼满怀热情且教条地认为经济复苏的途径是全部恢复金本位制度。以莫雷为例，他对于经济问题的正统观念不仅源于理论推理，还源于自己在个人生活中的亲身实践。在法国财政部工作了 25 年之后，他早已适应了适度节俭的生活习惯，以至于在他被委任为法兰西银行行长的那一年，他节省了年工资两万美元的 85%，他把这笔资金都投在了法国黄金债券上。

罗斯福关于美元贬值的政策是在长期筹划的世界经济会议召开的几周前制定的，该会议将在伦敦举行。这次会议其实是胡佛政府时期的构想，胡佛认为经济萧条起源于国际问题，因此一次国际会议可能会给大家一个答复。事实证明，伦敦经济会议最终以惨败而告终，这代表着自 1919 年以来在巴黎召开的灾难性首脑会议艰难历程的结束。

会议的开场还是惯常的争论，英国人想讨论战争债务，而美国人却拒绝这样做，因为美国知道英国不能强迫它对其不想讨论的事情做出让步。这个依靠债务来集资的手段并没有发挥作用。法国已经停止支付战争债务，英国在会议召开的中期阶段，也就是 6 月时还进行着象征性的支付，但后来也停止了支付。最终，全额支付美国债务的国家只有芬兰。

自从美元脱离金本位制度以后，除了美国人之外的所有人都在考虑着唯一的一件事情——如何能够防止美元继续下跌以维持货币稳定。在会议召开的这一周，一个接一个的外国领导来到华盛顿为即将召开的会议做准备，罗斯福还是像往常一样行动迟缓。到访的代表团成员在离开之际都产生了一个印象——美国总统对筹备稳定美元的议题非常开放，就连罗斯福的金融顾问也得出同样的结论。然而事实上，原本就不喜欢公开争执的罗斯福已经练就了一番看似同意每个人的想法，而内心却另有打算的语言技巧。他并不是真的想欺骗他人，而是因为他也不知道到底该怎么做。

总统关于会议的真实想法其实能从他挑选的美国代表团成员中看出，即便是从国会片面狭隘的标准来看，这些人也不具备参加国际会议的资格。

> 这个代表团是由国务卿科德尔·赫尔领导的，其成员包括前任俄亥俄州州长詹姆斯·考克斯（James M. Cox）；密歇根州参议员、著名的贸易保护主义者詹姆斯·卡曾斯（James Couzens）；内华达州参议员、一贯信仰通货膨胀并主张重新回到银本位制度的基·皮特曼（Key Pittman）；得克萨斯州民主党财政大亨拉尔夫·莫里森（Ralph W.Morrison）；田纳西州国会议员塞缪尔·麦克雷诺（Samuel D.McReynolds）。他们中没有一个人曾参加过国际会议，并且对经济问题也知之甚少，甚至其中的三个人还是孤立主义者，他们认为整个会议注定将以失败告终。

会议于6月12日在南肯辛顿的地质博物馆召开，在所有受邀的67个国家中，只有可怜的小国巴拿马因为没有足够的资金来支持代表团而缺席。参加会议的代表包括一位国王——伊拉克的费萨尔（Feisal）国王、8位首相、20位外交部长、80位内阁成员和中央银行行长。甚至已经完全和世界经济脱离关系的苏联，也派出了外交人民委员马克西姆·马克西莫维奇·李维诺夫（Maxim Maximovitch Litvinov）来参加会议。

虽然美国代表团的成员不能与这些享有威望的杰出人物相媲美，但他们还是为会议增添了不少色彩，尤其是参议员皮特曼为大家提供了大量的丑闻笑料。

> 皮特曼打破了一切约定俗成的常规，他穿了一件雨衣和一双明黄色球形脚趾的鞋子站在温莎城堡的官员接待处迎接英国国王乔治五世和玛丽皇后。“很高兴见到您，国王，还有您，王后。”他经常喝得醉醺醺的，但即便如此，他还是能把嘴里的烟液很精准地吐到距离自己很远的痰盂中。一天晚上，克拉里奇饭店的服务员发现他一丝不挂地坐在厨房的水槽里假装喷泉里的雕塑。还有一天晚上，为了自寻开心，他用手枪射击布鲁克街路边的路灯。

皮特曼作为白银的主要生产地内华达州的议员，只对一件事情严肃认真——

重回银本位。他对这一问题饱含热情，以至于一天晚上，当一名美国专家对他的观点持反对意见时，他随即拔出枪穿过克拉里奇饭店的走廊去追这个可怜的人。在麦克雷诺看来，他基本上不太关注会议的事情，而且很少参加会议，更多的精力都放在了迫使他女儿出庭的事情上，就这一点来说，他是在威胁英国首相的私人秘书，如果美国代表团没有获得预想的邀请，那么他们就准备收拾东西回家。

这次会议最大的争论焦点就是关于主席委任的问题。在美国代表团动身前往欧洲之前，美国人就相信委员会主席肯定非他们莫属。而到了伦敦，他们发现法国财政部长乔治斯·博内一直在觊觎主席这个位子，毕竟这是一个关于国际货币的会议，而法国又是大国中唯一一个坚持金本位制度的国家。博内声明："华盛顿已经承诺要实行贬值，因此我们不能再选任何一个美国人来担任委员会主席。"詹姆斯·考克斯提及法国拖欠战争债务的问题，并回应博内说："法国也已经承诺要拒绝支付债务，因此我们也不能再选任何一个法国人。"由此，整个会议的情况变得越发复杂。

在会议召开的前几天里，这个狭小且简陋的博物馆里聚集着 1 000 多人。每个国家被允许进行 15 分钟带有翻译的公开陈述，一共用了 4 天的时间。支持美国代表团的是一群美国金融专家，包括沃伯格、哈里森以及哈佛大学经济学教授、罗斯福以前的经济学老师、英格兰银行长期顾问、现任美国财政部顾问的奥利弗·斯普拉格（Oliver Sprague）等。他们全部抵达伦敦，并且相信，或许是他们想相信美国总统已经授权他们达成一个稳定货币的协议。但是，他们意识到在 1 000 多人的代表座谈会上进行关键货币的辩论可能最终会恶化问题，因此他们决定在私下来讨论。由纽约联邦储备银行的哈里森、英格兰银行的诺曼和法兰西银行的莫雷等主要中央银行家领导的，并且经过精挑细选的一群人聚集在英格兰银行这个万人瞩目的地方一起来商讨稳定货币的协议。在这几天里，就好像"世界上最孤高排外的俱乐部"又重新开始了经营。

他们几乎就要达成最终协议了——协议原本允许英镑对黄金的比价仍然保持低于之前水平的 30%，美元低于面值的 20%，而法郎保持其面值不变，从而使英国保持着法国一直觊觎的适度成本优势，并为货币设定汇率底线——但就在这时消息泄露了出去。尽管他们只是同意在会议期间暂时维持货币稳定，但出于对重回金本位制度和罗斯福通胀政策结束的担心，纽约金融市场经历了一场浩劫：商品价格下跌 2%，道琼斯指数暴跌 10%。罗斯福从商品交易所和股票交易所获得情报后，急忙给美国代表团发了封电报，提醒他们要把精力更多地放在制订经济复苏计划上，而不要被欧洲迷恋的货币稳定所牵制。

此外，白宫方面突然变卦，拒绝承认哈里森的所有活动，他们向记者们宣称哈里森只是代表纽约联邦储备银行的利益，而不能代表政府，他只是一个独立的个体。白宫不再支持哈里森，这让他感觉好像被出卖了，于是他回到了纽约，告诉朋友们说他“好像被骡子踢到了脸”。哈里森从此事中吸取了教训并意识到，中央银行家们私下集会商定信贷和货币条件而不涉及政治家的昔日“世界上最孤高排外的俱乐部”已经不复存在了。

伦敦的美国代表团没能获得这个电报消息，6 月底，沃伯格和莫利制订了一份新的、更加合理的协议与英国和法国商谈。这份协议并没有向哪个国家承诺什么，只是表达了各方对英镑和美元在合适的时间以某一汇率水平重回金本位的意图。新协议再次通过电波传了出去，纽约金融市场再次表达了对这一协议的不满。

在整个会议期间，罗斯福和亨利·摩根索搭乘“阿姆伯杰克 2 号”帆船前往距离新英格兰不远的海岸度过他们的夏日游艇假日。当会议中制定的新协议被罗斯福完全破坏时，他确信在这种场合下一定要直言不讳，于是他搭乘护送他的帆船前往“印第安纳波利斯号”海军驱逐舰发电报说：“我认为这个协议就是一场灾难，它足以酿成一场世界悲剧，如果国家之间最伟大的会议呼吁实现一个永久而真实的金融稳定……那么会议本身就变成了一个纯粹人为的权宜之计。”他指责那些所谓的国际银行家的盲目崇拜者们，并宣称目前的稳定计划只是基于一个“似是而非的谬论”。尽管罗斯福后来承认他在发给公众的电报中的用语有点儿过分，但最终他的观点还是被非常清楚地广为传播。他不允许国际会议制订的计划阻碍美国经济复苏之路，并认为美元贬值才是复苏的关键之路。

梅纳德·凯恩斯是支持罗斯福决议为数不多的经济学家的其中一人，

在《每日邮报》一篇题为“罗斯福总统是非常正确的”的文章中，他指出“过去一直坚守的古老经验规则纯粹是一种困扰我们且难以形容的机遇浪费”，而且他称赞罗斯福的这个决定是国家“开辟新道路”和“改变这种令人不快的困惑情形的一次尝试”。

自那以后，会议便举步维艰，最终以失败告终。不再抱有任何幻想的沃伯格在辞职时说道：“我们现在正进入一个没有航海图的海域，在那里我感觉自己是个完全不能胜任的飞行员。”

罗斯福仍然没有停止行动。1933 年 10 月，尽管美元已经下跌超过 30%，但商品价格再次下跌，经济再次陷入停滞不前。罗斯福决定采取一项新的举措，之前乔治·沃伦提出的美元贬值建议已经引起了足够的争议，现在总统建议政府应该通过在公开市场上购买黄金来使美元微幅贬值。

10 月 22 日，罗斯福进行了第四次“炉边谈话”：“我们的美元受到了国际贸易风波、其他国家的对内政策以及欧洲大陆的政治动乱的严重影响，因此我们应该将美元的黄金价格的控制权牢牢掌握在自己手中。”第一次炉边谈话已经使一个复杂的问题简单明了化了，这一次的谈话将会是解决困局的一个杰作。在接下来的几天里，政府便开始购买黄金。

所有经济顾问都反对总统的这一政策。财政部长伍丁因患癌症而无法继续工作，因此副部长艾奇逊接任了部长之职。谨慎的艾奇逊认为这个政策事实上是违反法律的，他决定坚持他对此项政策的反对态度，并寄希望于不会出现更糟糕的政策。然而，罗斯福怀疑他可能是向媒体泄露政府购买黄金这一消息的人，于是便解雇了他。之后，罗斯福突然任命第一次将乔治·沃伦带到华盛顿的亨利·摩根索暂时接任财政部长一职。斯普拉格教授接着也从财政部辞职，这无疑是为了表达对自己的学生没有很好地掌握货币经济学的失望。

每天早上 9 点，摩根索、复兴金融公司的杰西·琼斯（Jesse Jones）和乔治·沃伦会一起会见正在享用水煮鸡蛋早餐的总统，商讨当天的黄金价格。刚开始他们设定的是每盎司 31.36 美元，后来便提高到 31.54 美元，然后是 31.76 美元、

31.82 美元。关于如何设定黄金价格，没有一个人有清楚的思路。尽管他们都认为世界黄金和外汇市场的一些微妙分析与他们的计算相符，但事实上他们对于货币价格的设定完全是随意的，他们一直在努力做的事情就是在第二天尽量把价格推向更高处。罗斯福的这种行为非常幼稚可笑，有一天，他设定黄金价格上涨 21 美分，当有人问他为什么设定为这个数时，他竟然说因为 21 是个幸运数字，而且是数字 7 的三倍。

> 每个人都想知道是哪位神秘而“精神错乱”的经济学家使得罗斯福如此倾心于他的理论。然而，令人失望的是，竟然是这位害羞的乔治·沃伦的面孔出现在了《时代》杂志的封面上。记者随即对这位已经离开康奈尔大学的、令人难以捉摸的教授进行了调查：他居住在华盛顿的宇宙俱乐部，在一个电话号码不明的商业大厦的办公室里工作。他的办公室里并没有文件，他每天都把文件随身带在公文包里，从白宫其中一边的侧门溜进溜出。任何人想敲门进他的办公室时，都会听到有人叫嚷着“不许进来”。

作为市场与政府之间的桥梁，美联储的哈里森不得不购买黄金。哈里森作为第一次世界大战后金本位制度制定者的门生之一，一直以来都认为没有什么东西比货币价值更为神圣了，如果要求他把削弱美元的价值作为一项政策，就像一位记者所说的：“正如让一个禁酒主义者喝下一瓶荷兰酒。”

华尔街刚开始还在嘲笑总统竟然将货币政策交给一个令人难以捉摸的专家，其实，要担任白宫与银行家之间的调解人是需要老练的外交技巧的，而哈里森天生就是个外交家。当哈里森第一次把这一新政策告知诺曼时，英国银行家们“勃然大怒”，诺曼宣称“这是以前发生的事情中最糟糕的一件，整个世界都会随之破产”。罗斯福和摩根索一想到“粉红胡子佬”这个名字就会哄然大笑，这是罗斯福给诺曼起的绰号，还有一个绰号是“令所有人毛骨悚然的外国银行家”。

在 1933 年 11 月和 12 月期间，哈里森和总统每周要互通好几次电话，有时一天就好几次。尽管哈里森认为沃伦的观点完全是废话，但他渐渐发现自己已经屈服于总统那诱人的魅力，甚至成了总统圈子里的一个名誉准成员。此外，在新政府所有坚持硬货币的银行家中，沃伯格、斯普拉格、艾奇逊和莫利都已经辞职或是被解雇，只有哈里森还仍然留在白宫，他认为如果这时候他再辞职的话，那么总统将会做出更多轻率甚至是更糟糕的举动，届时国会将会插手法案的制定。国会中那些通货膨胀的支持者们甚至比罗斯福更偏爱一些古怪的想法，这让他非常担心。

三个月以来，罗斯福利用早餐时间商讨世界黄金价格，这在整个货币政策的历史上也称得上是最离奇的事情之一了。这件事情逐渐削弱了总统的威严，同时也降低了他的国际声望，甚至是支持管理货币的梅纳德·凯恩斯也认为这次的事件就像是“金本位制盛世”。但无论如何，美元一直在向着正确的方向蹒跚前进。

到年底的时候，罗斯福已经厌倦了这场游戏。1934 年 1 月，他同意将黄金价格稳定为每盎司 35 美元，至此，美元贬值了 40%。就在此时，华尔街的那些“大祭司”们都预言一场混乱即将发生，罗斯福的直觉遭到了质疑与责难。货币贬值改变了整个经济发展的动力。

这次的黄金定价在两天之内发挥了作用。正如沃伦之前所预言的，美元的贬值使商品价格重新上涨——大约每年上涨了 10%。一旦价格开始上升，利息支付的负担和货币实际成本都会自动减少，这样商人就愿意去借款经商，消费者也愿意去消费了。因此，经济从此摆脱了困境，美元的这次贬值将之前自我实现的恶性循环扭转为一个良性循环。从现在的发展势头来看，经济复苏指日可待。

美元贬值不仅改变了支出的动力，而且也进一步推动了消费。在 1933 年之后的 4 年里，美联储持有的黄金的价值上涨了三倍，达到了 120 亿美元，其中一部分归功于黄金储备的价值升值，另一部分归功于国外的黄金流入——大约有 50 亿美元的黄金流入了美国，这其中有一部分是来自于其他中央银行，但大部分是来自于地下金矿。黄金价格的高升不断刺激着采矿业的发展，美国每年的黄金产量会给世界储备增加 10 亿美元。这些新增的黄金绝大部分成了各国银行的储备，这些黄金储备曾在 1931—1933 年遭受了重创，经过了很长时间才得以恢复。但是，由于美国现在有足够多的货币在市场中流动，因此一部分货币会渗透到经济的其他领域。

在罗斯福的第一届任期内，美国的工业生产总值翻了一番，GDP 上涨了 40%，这可以说是和平时期经济的最大一次增幅。但这次增长并不是一帆风顺的，市场的信心仍然是比较脆弱的，而且经济复苏也时断时续。投资反弹并没有消费那么多，因为新政中提高工资的许多政策都伤害了商人的利益和投资信心。就业率是所有经济指标中最难以恢复的，虽然这 4 年来生产值翻了一番，但失业人数仍然居高不下，直到 1936 年，仍然有 1 000 万人失业。罗斯福提高价格和增加工人工资的政策增加了雇用工人的成本，再次阻碍了经济的复苏。这次经济紧缩是如此严重，以至于至少需要 10 年时间才能使经济重新恢复到原来的状态。

当经济的反弹依靠低利率下大量货币的支撑时，美联储发现自己好像已经从“驾驶席上”被赶了下来。在经济萧条时期制造了这么一个烂摊子，美联储已经失去了原有的威信。

1935 年，国会通过了一项银行法案计划对美联储实行改革。所有主要决策权集中于一个重新成立的委员会。区域储备银行的大部分权力被剥夺，并且公开市场操作的职责在一个新近召开的由 12 名成员组成的委员会会议中被确定下来，这个委员会包括了 7 个州长以及一个由 5 个区域银行行长轮流担任首席官员的团队。新成立的委员会取消了财政部长和货币审计长这两个职位，这使得该委员会更加独立于政府管理。虽然这些措施提高了美联储决策机制的效率，但是当美联储拿不出决策的时候，这就成了一个很大的讽刺。1934 年，来自犹他州的摩门教银行家马瑞纳 · 伊寇斯（Marriner Eccles）开始担任美国联邦储备委员会主席一职。由于经历过大萧条时期银行运营的创伤，伊寇斯坚持己见地认为，鉴于当前失业率依然居高不下，市场信心仍然很脆弱，美联储的主要任务应该放在使利率保持在尽可能低的水平上。

尽管纽约联邦储备银行的影响力已大不如前，并处于华盛顿委员会阴影的笼罩下，但乔治 · 哈里森仍然坚持在纽约联邦储备银行行长的位子上又工作了 8 年之久，最终于 1941 年离任，后来成为纽约人寿保险公司的首席执行官。

第二次世界大战期间，他受时任战争部长的老朋友亨利·史汀生邀请，担任其关于“曼哈顿计划”的特别助理。他在临时委员会中任职，该委员会是1945年5月成立的一个高度机密组织，主要是审查关于原子弹开发以及对日本使用原子弹建议的相关问题。6月16日，在新墨西哥沙漠世界上首个核装置成功爆炸后，正是哈里森给正在波茨坦的史汀生部长和杜鲁门总统发了那封闻名于世的电报：“今早实施完毕，诊断尚未完成，但结果似乎令人满意，超过我们的预期。”

第二次世界大战后，他回到了纽约人寿保险公司。像很多中央银行家一样，他很晚才结婚——53岁时娶了自己的老朋友——海军上将格雷森（Admiral Grayson）的遗孀爱丽丝·格雷森（Alice Grayson）夫人为妻，爱丽丝曾是伍德罗·威尔逊的私人医生并随他参加过巴黎和会。哈里森于1958年逝世，享年71岁。

Lords of Finance

第22章 梅纳德·凯恩斯站起来了

1933—1944 年

如果以确定开始，那么将会以疑惑结束；如果以疑惑开始，并耐心地解决疑惑，那么将会以确定结束。

——弗朗西斯·培根

放弃金本位这个不散的阴魂是经济复苏的关键：英国于 1931 年放弃了金本位，当年其经济便开始复苏；1933 年 3 月美国紧随其后，于是在经济萧条时期其经济出现了复苏，损失也由此降到了最低；法国坚持金本位的时间最长，直到 1935 年，当法兰西银行行长克莱门特·莫雷因反对政府利用黄金储备扩张信贷投放的举措而被解雇后，法国才在第二年最终放弃了金本位，而它也成为最后一个经济复苏的大国（如图 22-1 所示）。

但德国却是个例外。1931 年夏天的危机过后，德国拖欠还款，并实行了外汇管制，但从未公开宣布放弃金本位。通货膨胀的恐惧从 1923 年开始就围绕着德国，尽管没有黄金储备，但德国依然继续坚持着一种“影子”标准，扮演着金本位制度下的角色，它也因此并没有享受到便宜货币所带来的好处。当英磅在 9 月开始贬值时，德国的对外贸易彻底崩溃了。

1932 年，德国经济的持续下滑造成了更大范围的政治动乱。1932 年 5 月，海因里希·布吕宁总理因遭到右翼阴谋集团的攻击而被迫下台。在接下来的一个月里，法国和英国意识到在当前的情况下要从德国榨取更多利益是不可能的，它们一致同意不再让德国支付赔款。在第一次世界大战后战胜国一致要求德国赔款的14年中，协约国的赔款要求从最初的320亿美元降到了120亿美元，最终它们仅从其宿敌那里获得了40亿美元的赔偿。

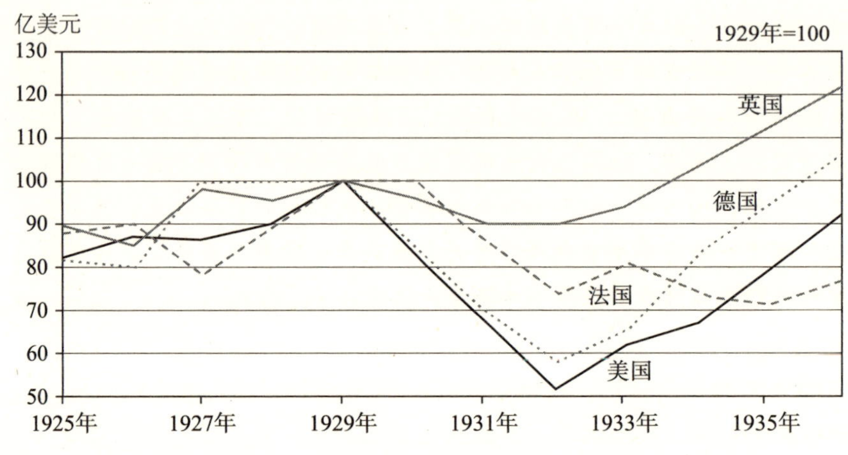

图 22-1 工业生产值（1925—1936 年）

放弃金本位后，各国经济开始复苏。布吕宁下台后，弗朗茨·冯·帕彭接替了他的总理职位。这位前任骑兵中尉出生于一个贫穷的贵族家庭，他唯一擅长的就是马术，但后来他与豪门联姻。在他就任的那年8月，帕彭举行了新的国会选举，纳粹党获得了230个议席，是之前议席数的两倍，一跃成为德国国会中最大的党派。但冯·兴登堡总统并没有打算邀请这位人称"波希米亚下士"的希特勒来担任总理。

1931年，亚尔马·沙赫特接受了美国记者多萝西·汤普森（Dorothy Thompson）的采访，她问道："如果希特勒上台后，纳粹党没有使经济运转起来，那么谁来使经济运转呢？"沙赫特尽管已经知道希特勒迟早要担任总理，但他还是非常肯定地回答记者："我来，如果纳粹党不会统治，那么我就通过统治他们来管理经济。"

沙赫特声称他绝不会屈服于希特勒的统治，而且他还说因为希特勒需要他，所以他现在仍具有一定的独立性。

> 但是，在 8 月的选举结束后，他给希特勒写了一封奇怪的信，对希特勒的获胜表示了祝贺，并对希特勒未能担任总理表示了遗憾。信上说："从本质上说，您发起的这次运动是如此必要，以至于在不久的将来一个接一个的成功将会接踵而至。在这次运动兴起的这段时间里，你没有被一些错误的事物引入歧途……如果你仍然保持着现在的状态，不久就将会取得成功。"在信的最后，沙赫特用了"万岁，希特勒"的字眼来致敬。其实，他写这封信的真实目的是劝说希特勒不要一直纠缠于经济思想，因为他意识到如果想主导整个纳粹党的经济政策，就必须先反抗政党中反资本主义的左派势力，他认为政党中狠毒的反犹太极端主义的活动目前仅仅局限在一些愚蠢的极端分子范围内。

在接下来的几个月里，纳粹党要花招摧毁了德国国会政党的一届又一届政府。在这次运动中，沙赫特成了卓越的支持者和纳粹党主要的资金募集者。1932 年 11 月，作为 24 名工业家的其中一名，沙赫特和钢铁巨头弗里茨·蒂森以及军火大王古斯塔夫·克鲁伯（Gustav Krupp）草拟了一封公开信，要求冯·兴登堡委任希特勒为总理大臣。德国全国的报纸上都刊登着沙赫特接受采访时的谈话，他向世人宣称希特勒是"最适合担任总理一职的人选"。最终，1933 年 1 月，总统屈服了，任命这位"波希米亚下士"为总理大臣。

两个月后，1933 年 3 月 16 日，沙赫特回到了离开了三年的德意志银行。希特勒对经济学几乎不感兴趣，他有另外两个首要目标——降低失业率和寻求更多资金用于更新军事装备，而达成这两个目标的具体细则则交给了沙赫特去完成。在最初的几年里，沙赫特在希特勒的授权下几乎控制了所有的经济政策——除了担任德意志银行的行长之外，在 1934 年时还担任了经济部长一职。希特勒向世人坦承，他认为沙赫特"是个拥有惊人能力的人……在战胜其他政党方面也无人能及。他善于诱导他人的出色才能使得他在那段时间是不可替代的"。

作为他那个时代最具有创新能力的中央银行家，沙赫特尽情展示了他那杰出的发明才能，他把一切正统经济学的包袱全部抛了出去，开始了一项通过向其他中央银行借款和大量印制钞票来融资的浩大工程计划。在凯恩斯充分阐述其后来被称为凯恩斯经济学的观点之前，这一计划就已经被认为是凯恩斯经济学中的一次卓越实验。在之后的几年里，德国经济经历了巨大的购买力注入，并开始了一轮反弹，失业人数从 1932 年年底的 600 万减少到 1936 年的 150 万，工业生产总值比同期翻了一番。沙赫特和协约国重新商议了德国巨大的外债，无情地玩弄了它的债权国，尤其是英国和美国。

> 这次经济复苏并不能完全说是一次奇迹，但纳粹党的宣传使得民众相信这是一次奇迹。虽然已经取得了一些显而易见的成果——创造了几百万的工作机会，修建了多条高速公路，但这次经济繁荣仍然突显着不平衡的特性，并受到某些因素的阻碍：大部分工业生产值的增长来源于与军事相关的行业，比如汽车、化学药品、钢铁和飞机；然而，衣服、鞋子和家具等日常消费品的生产却停滞不前。因此，德国普通民众的生活水平根本就没有提高，他们不得不使用一些由其他替代材料制成的低劣产品来满足日常所需，比如从木头中提炼出的糖、用马铃薯做的面粉、从木头中蒸馏出的汽油、从煤中提炼出的黄油以及用化学纤维做成的衣服。

当其他欧洲国家纷纷降低本国货币与黄金的比价时，沙赫特出于对国家声誉受损的担忧和对通货膨胀的恐惧，拒绝正式表态放弃金本位、贬值本国货币，于是德国商品的价格在国际市场上被高估，导致其出口贸易停滞。为了消除膨胀的汇率所带来的压力，沙赫特实施了一项精心设计的进口限制制度，并且规定国外贸易一律实行以货易货。在这一制度下，德国从与西方一体的自由市场经济转变为与东欧和巴尔干半岛相似的封闭型的自给自足式经济，这种经济体制是 20 世纪 50 至 60 年代低效率的苏联贸易体系的先驱。

纳粹党在这段时间确实硕果累累——高速公路、大众汽车、容克轰炸机和梅塞施米特战斗机。但是，在这些丰硕成果的背后，德国经济却备受商品短缺的困扰，必须严重依靠配给来分配稀缺的消费性商品，纳粹党的经济俨然已经成为一台摇摇欲坠的机器。

沙赫特，这个曾经的德国与西方国家一体化观点的强烈信奉者，为了证明自己对德国开放的支持，声称自己是被迫屈从于这个使他呆坐着并只能通过一个混乱的国际系统向里窥探（而不能有所作为）的封闭经济政策：

> 整个现代世界都是疯狂的，封闭国家之间的界限就等于自杀……这里的所有人都是疯狂的，我也是。要是在 5 年前，我会说这一切是不可能让我变得疯狂的，而现在我不得不疯狂了。

沙赫特刚上台时常说，为了恢复德国的经济实力他宁愿与魔鬼做一个约定，但是直到 20 世纪 30 年代，德国经济依然没有得到很大的改善，于是他开始担心曾经与魔鬼的那个交易了。他没有加入纳粹党，也没有成为希特勒核心集团的成员。但是，当滥用权力的现象越发严重时，沙赫特发现自己与管理这个政党的人越来越格格不入，他总是与纳粹党中的其他权贵——比如希姆莱（Himmler）、戈林和戈培尔保持距离，经常对他们表示蔑视，并依靠希特勒来自我保护。现在，他与他们之间已经有了公开的争执，尤其是在政党贪污腐败的事情上。

在柏林流传着一个说法，由希姆莱、戈林和戈培尔控制的纳粹党发行的钞票在沙赫特手中掌握着，这使得他能够跟踪他们国外资金账户的花费情况。他听到越来越多的人说纳粹党就是一帮"罪犯和歹徒"，甚至说希特勒是个"骗子和窃贼"。

与上面所说的那些人不同，沙赫特并不会利用犹太人普遍非理性的仇恨和怀疑来大肆发表自己反犹太的言论。但是，他与一些针对犹太人的极端政策做对坑并不是出于道德上的原因，而是从实际情况考虑，他担心那些极端政策将会对经济发展不利。

> 1938 年，一项新的计划得以颁布，该计划允许 40 万德国犹太人在未来三年内移居国外，沙赫特是该计划的策划人之一。该计划声明，被没收的德国犹太人的资产将作为出售给德国之外的犹太人的债券抵押物，这次所筹集的资金一部分用于重新安置德国的犹太人，另一部分用于补贴德国的出口贸易——这次可怕的勒索计划事实上是绝望的德国犹

太人的赎金。这项计划使犹太人左右为难，不知道是否应该接受——一方面这项计划是掠夺德国和奥地利犹太人的资产来为纳粹政权融资，这是欧洲其他地区勒索活动的一次先例；另一方面这项计划确实能挽救许多生命。沙赫特事后为自己的立场辩护，他宣称这项计划本来是可以拯救数十万条生命的——他看起来显然没有意识到这项计划所带来的道德困境。然而，因为缺乏资金和没有愿意接受这些难民的国家，这项计划最后以失败而告终。

1937年，在一场匆忙的军备重整之后，德国面临着严重的财政赤字，市场上出现了严重的消费品短缺。沙赫特努力劝说希特勒这时应放慢重建武装军备的节奏，并应放松消费紧缩管制。1937年11月，在沙赫特与赫尔曼·戈林产生矛盾后，希特勒解雇了沙赫特，并委派沃尔特·芬克（Walter Funk）——一个酗酒的同性恋来接替他经济部长的职位。两年后，当沙赫特试图反对中央银行为了国家不断扩大的预算赤字而进一步融资的行为时，希特勒又解雇了他德意志银行行长的职务，芬克又一次接替了他的行长之职。希特勒考虑到沙赫特在国际银行业协会仍然享有威望，便给了他一个有名无实的部长职位，但这只是做给外国人看的，沙赫特其实已经彻底变成了一个纯粹的公民。

就在临近战争爆发的前几年，沙赫特曾在保守党政治家和商人推翻希特勒的阴谋活动中扮演着领导角色。这些活动主要是劝说纳粹党领导下的军队官员相信德国即将陷入一场毫无胜算的战争，整个军队最高指挥部由此发生了政变，他们计划秘密推翻希特勒：第一次密谋发生在1938年希特勒企图侵吞捷克斯洛伐克时，而这一计划在最后一分钟宣告失败，因为英国首相内维尔·张伯伦和法国总理爱德华·达拉第（Édouard Daladier）在慕尼黑由于害怕战争而做出了退让；第二次密谋发生在1939年年底德国入侵波兰时；而最后一次密谋被策划者们行动之前的一次事件压了下去。

战争爆发后，沙赫特一直很低调，退休后就远离了充满阴谋与妄想的柏林，回到了他位于德国小镇居伦的住所。沙赫特那段个人的幸福时光充满着讽刺意味：当他之前分居多年的妻子在1940年去世后，第二年，64岁高龄的他又娶了一个比他小30岁的年轻女人，这个女人是他在慕尼黑时尚夜总会遇见的一个博物馆馆长。在接下来的三年里，他们有了两个女儿。

虽然沙赫特一直处于反抗希特勒运动的边缘，但他并没有得到其他策划者足够的信任以进入内部圈子。然而，在发生政变的过程中，他经常被看作是希特勒潜在的接班人。1944 年 4 月，沙赫特的女婿希尔格·冯·舍尔彭贝格（Hilger von Scherpenberg），一名长年驻扎在斯德哥尔摩的德国对外服务官员被盖世太保抓捕。在 7 月 20 日暗杀希特勒的计划失败后，沙赫特也被捕入狱并被囚禁在柏林的监狱中——并不是因为希特勒已经掌握了他秘密参与合谋的证据，而是因为想用他来作为人质或是将来与协约国谈判的协调人。1945 年 4 月，他被送到了达豪（Dachau）。两周以后，当协约国进军德国时，他便成了一群有价值的囚犯中的一员，这些囚犯还包括黑森的菲利普亲王、法国前总理莱昂·布鲁姆（Léon Blum）及其妻子、前陆军参谋长弗兰兹·哈尔德（Franz Halder）及其妻子、钢铁巨头弗里茨·蒂森、普鲁士王子弗雷德里克·利奥波德（Frederick Leopold）。他们都被秘密运往国外作为人质，最终协约国在南部蒂罗尔的集中营里解救了他们。

沙赫特并没有享受到英雄的待遇，在德国的纽伦堡，他作为被控告的 24 名主要战犯中的一员被美国人送上了审判席。协约国竟然把他与纳粹党的那帮匪徒们混为一谈，这让他感到异常愤怒，并坚持说他和纳粹那帮人是不一样的，他所做的只是为了使德国免于协约国的经济束缚，而且在意识到战争不可避免时，他就已经和希特勒断绝了关系。据一位犯罪心理分析师描述，曾有一天沙赫特大发脾气，大声嚷叫："不要忘记，是那些协约国的人把我们逼入了绝境，他们到处包围着我们，是他们压制着我们！可以想象，德国是个有文化的民族，国民们不得不听信于希特勒这个煽动者！我们想要的只不过是出口贸易的权利，以后能过上……"

在审判的过程中，每个被告都接受了全面的审讯和一系列精神病专家的询问，甚至还有智力测试——沙赫特得了最高分，143 分。

在接下来的审讯中，沙赫特发现自己已经抑制不住内心的愤怒。小说家约翰·多斯·帕索斯（John Dos Passos）说他在整个审讯过程中就像是“生气的海象”；丽贝卡·威斯特（Rebecca West）曾写道：“他整个人非常反常，他那高大的身体就像是一块硬板一样直直地靠在被告席的一侧。他和其他被告人刚好成一个直角，他远远地看着他们，看着他们的头顶上方，他一直认为他是远远优于希特勒那帮人的。这个法庭自认为拥有审判他的权力，而他已经被愤怒折磨得僵化了，或许他早已成为一具冷冻的尸体了……”

沙赫特和帕彭因为在第二次世界大战爆发前就已经和纳粹党断绝了关系，因此被宣判无罪释放。但是，就在被释放后的第 4 天，巴伐利亚州新政府颁布了“去纳粹化”的法律条令，沙赫特又被抓了起来。在经历了 5 种不同形式的审判之后，所有人都没有被判刑，最终沙赫特于 1950 年被释放。

在第二次世界大战的最后几天里，沙赫特唯一的儿子延斯被苏联人抓获，之后便杳无音信，而无数名德国士兵也在沿东部前线行进的囚犯队伍中失踪。73 岁时，一贫如洗的沙赫特又开始了一段新的生活，他成了一名独立经济顾问，并为印度尼西亚、埃及和伊朗政府工作。沙赫特于 1970 年去世，享年 93 岁，当时世界经济基本上已处于繁荣时期，直到最后他都没有承认自己曾经做过任何错误的事情。

战争也使昔日的同伴走向了不同的命运。当年“四人组”中的另一位，法兰西银行行长埃米尔·莫罗自 1930 年 10 月退休后又担任了巴黎荷兰银行行长。在 1940 年德国占领法国后，莫罗因为对英国太过仁义而被法国的维希政权驱逐——这是对曾经在事业最高峰时期一心想摧毁英国金融统治的莫罗的最大讽刺。

20 世纪 30 年代，法国社会和意识形态的冲突使法国变得支离破碎，莫罗感到非常害怕，对法国的共和制和议会民主制越发失去了信心。他不支持左派，也不支持越来越倾向于法西斯主义的右派。相反，他成了一个保皇主义者，保皇主义其实是非常脆弱的—— 一项调查显示，仅有不足 6% 的法国人认为君主制度在国家政治领域能发挥作用。

1935 年，莫罗担任了吉兹公爵让·德奥尔良（Jean d'Orléans）的秘书，德奥尔良公爵是 1830—1850 年主张自由执政的法国国王路易·菲利普（Louis Philippe）的曾孙，也一直想登上王位。1886 年颁布的放逐法律禁止法国前皇室继承人进入法国，而莫罗则扮演着法国公爵之间联络人的角色。1940 年，当德奥尔良公爵去世后，他的儿子巴黎伯爵亨利六世也想登上王位。就在法国于那年投降后，亨利设法为自由法国和维希通敌政权之间牵线搭桥，一时间甚至传出君主制度将重回法国的说法。尽管莫罗尽其最大努力想要将这一说法变成现实，但最终毫无结果，亨利重新回到了他原有的地位，再次出现在《巴黎竞赛画报》（*Paris Match*）的社会新闻版面上。

1950 年，当放逐法律最终被废除后，巴黎伯爵被允许回到了法国，莫罗有幸于有生之年在巴黎自己的家中，也就是后来巴黎伯爵所有活动的秘书处，再次见到了他敬爱的君主。就在那年 11 月，莫罗去世。

当亚尔马·沙赫特在 20 世纪 30 年代重掌大权之后，他的朋友蒙塔古·诺曼则不得不接受自己在英国国内和国际金融事务中明显逊色的角色。1933 年 10 月，诺曼在每年一度的市长官邸演讲中引用了一句阿拉伯俗语："我用这个观点来安慰自己，尽管群狗乱吠，游行队伍仍照常前进（说者自说，做者自做）。"过去，这句话一度被看作是表明统治者高明智慧的令人难以理解的禅学言论之一。然而现在，它却激起了人们的强烈情绪。诺曼暗指他的批评者们只不过是狂吠的狗，他将自己直指银行和金融机构的愤怒彻底发泄了出来。"关于德国赔款及其影响，他们（这些银行家和金融家们）错了；当他们就金本位制向丘吉尔先生提出意见的时候，他们又错了；另外，当他们在 1931 年辩称金本位的再次终止将打破文明的底线时，他们再次大错特错了。"他日益被人们看作是一位"抱怨事情并非其本来面目的年老绅士"。尽管如此，他仍担任了 11 年的行长职务——也许是因为他的职权被大大削减，因此他基本上搞不了什么破坏了。

20 世纪 30 年代后期，他与绥靖主义政党产生联系。尽管他并非围绕在南希·阿斯特（Nancy Astor）身边的克利夫登（Cliveden）团伙的一分子，但是当他体会到政治八卦和令人厌恶的丑闻的整个氛围后，他对外公布了他对于战争的观点，他认为战争太过惨痛而无法令人接受，他会不惜任何代价阻止战争的发生。

> 绥靖主义在那时候还是个高尚的词语——还没有涉及懦弱或自我欺骗。实际上，它不仅被看作是一个务实主义政策，更是一个道德方针。在第一次世界大战这场大屠杀之后，和平主义备受推崇，因此德国在《凡尔赛条约》中的愤怒和痛苦也就被看作是合理的了。对于诺曼而言，他对勤奋的德国人的喜爱胜于对背信弃义的法国人的喜爱，再加上他对沙赫特的钦佩，甚至是在纳粹统治的早些年里希特勒的功绩——据说他曾经对一个 J. P. 摩根的合伙人说“希特勒和沙赫特是德意志文明的支柱”，所有这些都使得他的行为更具有说服力。

在 1939 年的最后几个月里，由于战争发生的可能性似乎越来越大，他对驻伦敦的美国大使约瑟夫·肯尼迪感叹道：“如果斗争继续，我们都知道英国将会……失去黄金和外国的资产，英国的贸易将越发受到限制……结局很可能会是……大英帝国的权力和规模将会收缩到与其他国家相同的程度。”

在 20 世纪 30 年代，诺曼和沙赫特一直保持着亲密的友情——他们经常在巴塞尔的国际清算银行月度会议上见面。1939 年 1 月，诺曼专门去柏林参加了以他的名字命名的沙赫特孙子的洗礼仪式。英国外交部试图让诺曼明白，在这种情况下去柏林会招致不必要的麻烦，但诺曼还是执意要去。那一次也将是他们两人的最后一次见面，因为一旦两国爆发战争，他们就不能再来往了——尽管当时流传着他们仍存在联系的谣言。第一次世界大战后，当沙赫特被捕入狱时，诺曼还给他送过食物和用品，但是在 1950 年当诺曼想再次去柏林看望老朋友时，竟然被拒发签证。

在 1944 年的一个大雾天里，诺曼被屋外一块巨大的花岗岩石头绊倒擦伤了腿，随后其伤势引发了一次感染，甚至蔓延到了大脑。尽管在经历了一次手术后诺曼的病情有所好转，但他的身体已大不如前，非常虚弱。73 岁时，他最终被劝说辞去了银行行长的职务。那年，诺曼被加封为圣克利尔诺曼勋爵。圣克利尔是肯特郡的一个村庄的名字，诺曼祖父的房子就曾坐落于此，之后诺曼从他叔叔那里继承了这幢房子。诺曼于 1950 年去世，他人生的最后几年基本上都是在这里度过的。

诺曼在 1948 年对自己的事业生涯进行了一次极为尖锐的自我评价。他写道："当我回首往事时，现在看来好像是我们提供了那么多想法、做了那么多工作、制订了那么多计划，而最后却什么也没有得到……我什么也没做，在国际上也没有产生任何好的效果——或者说，除了在聚敛可怜虫的钱财而最后又全部落空方面确实产生了一定的效果。"

1931 年之后，当诺曼光辉不在时，梅纳德 · 凯恩斯站了起来。在金本位制破灭之前，凯恩斯一直都被认为是个标新立异的人；在金本位制破灭之后，人们越发觉得他是正确的，不仅是在金本位制方面，而且在过去 10 年他所参与的几乎每一场辩论中都是如此。德国的赔款已经被免除；法国和英国也开始拖欠战争赔款；两大主要的中央银行——英格兰银行和美联储开始实行一项故意贬值货币的政策。

世界经济仍然被萧条困扰着，这时，凯恩斯打破常规，在经济研究领域向前迈出了一步，开始撰写新的理论书籍，这是他试图理解高失业率的一次尝试。他发现了经济萧条的一些影响因素：比如，德国经济的毁灭可以用诸如赔款和积欠的外债等因素来解释。然而，美国并没有经历这样的问题，它是个债权国，而且拥有丰富的黄金储备，但美国却像欧洲一样也出现了严重的经济不景气，从一些方面来说甚至更糟糕，其中的原因仍然是个谜。凯恩斯一直想弄明白是什么在阻止一些诸如降低利率的经济调节政策发挥作用。

凯恩斯借鉴了之前研究工作中已经搞清楚的许多类似的问题，比如不确定性的影响、金融体系可能对正常的经济运行造成短路的方式、信心波动造成的内在不稳定性。他的《就业、利息和货币通论》（*The General Theory of Employment, Interest, and Money*）一书直到 1935 年底才完成，于 1936 年 2 月出版。在这本书出版时，英国、美国和德国都正处于经济复苏阶段，虽然该书并没有对后来的政府政策造成影响，但它却是凯恩斯的杰作。而且，虽然这本书并没有被普遍接受，并且在很长一段时间内饱受争议，但它确实改变了人们对当代货币经济的认识，直至今日它仍然是政府和中央银行管理体系的奠基石。

> 1937年春天，也就是《就业、利息和货币通论》出版一年之后，凯恩斯患上了心脏病，饱受疾病的困扰。他被诊断患有因心脏瓣膜受到细菌感染而引发的慢性心功能疾病。在之后的三年里，他基本上都因病重而卧床休养。1939年，他遇见了一名匈牙利犹太流亡者——雅诺什·普拉什（Janos Plesch）医生。据凯恩斯所说，普拉什是一名介于"天才"和"江湖郎中"之间的医生，除了一些非常规的治疗手段之外——把冰袋放在病人的胸部达三个小时之久，或者在他的病人卧床休息时跳来跳去，这位医生让凯恩斯尝试了当时新发明并非常盛行的磺胺类药物，这是在青霉素大规模使用之前第一种也是唯一一种有效的抗生素。尽管他的心脏疾病并没有被完全治愈，但是，在这位被凯恩斯的妻子莉迪娅称为"魔鬼"的古怪的普拉什医生的治疗下，凯恩斯又可以重新开始工作了。

在20世纪30年代，凯恩斯通过投机而变得非常富有。当1928年商品价格开始崩溃后，凯恩斯持有的资产减值了大约80%，于是在1929年，他终止了一个4万美元的投资组合。接着，他改变了原来的短期投资战略，开始进行长期投资，在经济萧条的最低点，他集中投资了精心挑选的英国和美国股票。由于他相信罗斯福将来一定能重新恢复美国经济，因此他利用将近1：2的杠杆率来进行资产投资，到了1936年，他的净资产已达到250万美元，相当于现在的3 000万美元，虽然1937年的熊市使得他的资产减值了一大半，但是到了1943年他的资产又回到了200万美元。

到了20世纪30年代末，凯恩斯成了世界上最著名的经济学家和英国当局的支柱。1941年，他被加封为蒂尔顿凯恩斯勋爵，并常常列席英国上议院会议，这让他那些放荡不羁的布卢姆茨伯里的文人朋友们感到十分开心。他甚至还受到他的老对手蒙塔古·诺曼的邀请，担任了英格兰银行的董事。在董事们日常的周会上，当他们的看法不一致时，凯恩斯的观点常常支配着其他人，他总是会说："我确实喜欢英格兰银行的午餐，而且蒙塔古·诺曼总是非常有魅力，但他的一些观点也总是绝对错误的。"

当欧洲爆发第二次世界大战时，凯恩斯成了英国财政大臣的无偿经济顾问。曾经有一段很短的时间，他是英国战时主要的经济计划人。为了避免重蹈第一次世界大战时期依靠印刷大量钞票融资的覆辙，凯恩斯设计了一种不依赖通货膨胀而为战争融资的新方案。此外，他还担任了英国与美国谈判《租借法案》（第二次世界大战时美国向友邦供应武器、物资和粮食的相关法案）的相关范围、条款和条件的主要代表。

1942 年，凯恩斯开始把精力放在研究战后世界的重建上。第一次世界大战以后，中央银行的银行家们希望努力重建他们如此怀念的 1914 年以前的黄金时代。但凯恩斯并没有这样的幻想，他汇总了新国际货币体系的所有计划——没有人在回忆往事时，脑海里只有 20 世纪二三十年代混乱时期的恐怖，尤其对于凯恩斯而言。

第二次世界大战后，为了使他的观点得到进一步的推广，凯恩斯开始试图创造一种基于缓和的黄金本位规则的国际金融体系，他的计划需要货币“是固定的但是可调的”。在金本位制度下，一国货币的价值必须时刻保持在一个永久不变的固定点上，只有当国家的经济局势恶化时，才可以改变本国的货币价值。在这一制度下，德国和英国被迫提高利率、增加失业率以维持在当时不管怎样都是不合理的货币价值，凯恩斯决心改变这种 20 世纪二三十年代的束缚政策。

凯恩斯计划的另一个要素是国际中央银行。为了避免长期黄金储备短缺对战争期间全球金融体系正常运转的阻碍，凯恩斯提出建立一个新的机构来为需要资金的国家发放临时性贷款，这就好比向银行透支一样。

对于凯恩斯来说，幸运的是美国也开始建立一种与他的构想相似的机制。美国这一计划的构建者是财政部国际事务助理秘书哈里·德克斯特·怀特（Harry Dexter White），怀特 1892 年出生于波士顿，父母是曾逃离俄国沙皇迫害的立陶宛人。他曾就读于斯坦福大学和哈佛大学，作为一个新政拥护者，他于 1934 年加入了美国财政部，凭借着努力、智慧和他圆滑的处事风格，他的事业可谓是平步青云。

怀特身材矮壮，有着圆圆的脸庞，戴着一副无框眼镜，在他丰满的嘴唇下面留着精心修剪的胡须。他不太讨人喜欢，朋友也不多，而且似乎无法抑制住他在专业领域的傲慢与粗鲁，甚至对他的同事也是如此，那些认为他是华盛顿令人讨厌的家伙的人还称他为“畜生”和“无法忍受的人”。凯恩斯显然能够忍受别人的小癖好，他写道：“在如何表现或遵守人类文明的规则方面，他并不是一无所知。”尽管怀特经常公然反对英国，凯恩斯还是对他的聪明才智、研究精神和干劲渐生敬佩。

怀特还曾是个苏联间谍，他在 1935 年被吸收进包括惠特克·钱伯斯（Whittaker Chambers）和阿尔杰·希斯（Alger Hiss）在内的间谍圈子。第二次世界大战期间，他说服了他在金融研究院财政部门的几个同事加入了这个组织，还做了很多努力以支持苏联战争。

作为处理国际事务的机构间委员会财政部门的主要代表，怀特比包括总统在内的其他任何一个官员所掌握的机密情报都多，他把包括美国对苏联的金融援助计划在内的全部美国金融政策机密都传给了苏联情报局；他还通过拖延美国对蒋介石的援助为中国的共产主义事业做出了贡献；此外，他还安排美国政府向苏联政府提供了一个当协约国占领德国时所发行的货币印版的复制品，这使得苏联可以随时印刷美国货币来为自己融资。第二次世界大战后，这些活动最终被曝光，但怀特仍然坚称自己不是苏联间谍，他说他既不是一个共产党员，也没有接受苏联方面的任何钱财，他只代表着美国的最高利益，他相信美国、苏联和协约国在那时应该是目标一致、团结一体的。直到 1942 年，都没有人知道他之前的那段秘密生活。

正如最初所构想的那样，英国和美国的计划侧重点是不同的，凯恩斯的计划在规模和范围方面更具野心。在 20 世纪 20 年代流动性严重缺乏的时期，凯恩斯希望建立一个拥有创建国际货币权力的、类似于世界中央银行的机构；而怀特则希望建立一个类似于国际信用合作的机构，以便给国家提供贷款，并且这一机构的规模还要受到成员国家支付金额数量的限制。凯恩斯希望将该资金设定为 260 亿美元；而怀特意识到美国将会支付更多的金额，因此将资金限定为 50 亿美元。最终，他们协商一致将资金确定为 85 亿美元。凯恩斯还想引进一种新的规范制度，来制止一些国家非正当地贬值本国货币以积聚额外的黄金储备而非循环利用它们的行为——法国在 20 世纪二三十年代曾这样做过。在其他国家经历战争创伤的情况下，美国担心因自己拥有丰富的黄金储备而被扣上抬高货币价值的罪名，最终没有同意凯恩斯的这一想法。

经过凯恩斯和怀特两年的磋商，分歧最终被消除——这在很大程度上有利于美国变得更加强大。到 1944 年，大部分计划都已经落实，两个最主要的第一次世界大战的西方协约国处于即将建立联合统一战线的阶段，在这样的背景下，美国决定邀请 44 个国家召开一次会议来讨论如何重建战后国际金融体系。

美国选择在新罕布什尔州怀特山布雷顿森林的芒特华盛顿酒店里召开这次会议。这个地方宁静偏僻，而且气候温和凉爽、舒适宜人，可以说是召开这次会议的最佳地点。芒特华盛顿酒店建于 1902 年，是专门为富裕的波士顿人和躲避东海岸酷暑的纽约人而建的，它看起来像是个西班牙城堡，白灰粉刷的墙壁、两个巨大的蜂窝角塔、红色的屋顶，室内用豪华的维多利亚风格的彩绘玻璃进行装饰。尽管这家酒店在 20 世纪 30 年代的艰难时期破产倒闭，成了萧条时期的牺牲品，但之后又被波士顿的投资者重新购买，并再次进行了粉刷装修。怀特山上的一些大酒店禁止犹太人入内，这为身为犹太人的财政部长摩根索参加会议带来了很多麻烦，而这家酒店对它的客人（包括犹太人）并没有做出任何限制。

两次世界大战期间的许多大型国际会议被认为是充满了腐蚀性气氛和不信任感，而 1944 年 6 月 30 日召开的这次布雷顿森林会议则充满了学院氛围，甚至令人愉快，用凯恩斯的话来说：“酒精的作用是惊人的。”参加这次会议的共有 750 名代表及其助手，据莉迪娅·凯恩斯所说：“这里就像是个精神病院，他们的工作量如此之大，以至于超出了人类力所能及的范围。”整个白天代表们都在开会，只有在晚上的鸡尾酒会以及宴会之间的时间才停下来，之后又继续开会直到第二天的凌晨 3 点，接着早上 9:30 又开始了第二天的会议。

布雷顿森林会议召开之时，凯恩斯的战时工作已经使他的病情完全恶化，普拉什之前给他开的药物已经不能治愈他心脏内部的细菌感染，他的病情已经变得非常严重。莉迪娅劝说凯恩斯不要去参加鸡尾酒会，而让他陪着她一起在屋里吃晚餐。然而，莉迪娅经常在深夜时还在屋里练习芭蕾舞，致使包括她楼下的摩根索在内的客人们都无法入睡。

在此次会议召开之前，美国和英国已经协商了许多事情。在布雷顿森林会议上，最大的争论焦点是到底各个国家能从现在所说的国际货币基金组织中借到多少资金。虽然很少有人会说英语，但苏联还是派去了很多代表，他们要求借款权不仅应表明一国的经济实力，还应反映其军事实力，他们坚持要求拥有和英国一样的借款数额；印度希望和中国拥有一样的权利；而玻利维亚则希望能和智利、古巴享有同等的地位。美国作为这个基金组织中的主要金融家，这些借款金额由怀特在一系列的幕后交易中精心确定。

7月22日，这次会议在一次大宴会之后闭幕。凯恩斯做了最后致辞，他再次提醒所有与会人员不要忘记那段折磨整个世界整整一代人的经济混乱时期，并赞扬了这次会议的合作精神："如果我们能像这样坚持下去，那么这场大多数人曾在其中度过很多时日的噩梦就即将结束，而且人们之间的情谊也就不仅仅只是一句话而已。"当他离开房间时，所有代表们都一起称颂着："他是一个大好人。"

两年后，凯恩斯因心脏病突发去世，享年61岁。第二次世界大战后，怀特被任命为国际货币基金组织的执行董事。但是在1947年，他受到了美国联邦调查局的调查，于是他以身体不适为由被迫辞职。第二年，惠特克·钱伯斯公开指认怀特为苏联间谍。怀特在反美内务委员会活动之前被要求出庭作证，但就在出庭作证后的第4天，即1948年8月16日，他的身体也彻底崩溃，最终因心脏病发去世，享年56岁。

然而，这两个人的伟大贡献，也就是被称为布雷顿森林体系的国际货币体系成功地维持了30年之久。它为第二次世界大战后欧洲和日本的重建工作奠定了一定基础，而且它还使得全球经济在20世纪五六十年代重新繁荣起来。在这段时期，没有爆发任何经济危机，这一时期也成了世界上前所未有的经济增长持续时间最长的时期之一。

Lords of Finance

尾声 毁了世界的银行家

我还没有看到任何问题，尽管它可能是复杂的，但如果你以一种正确的方式看待的话，它就不会变得更加复杂。

——波尔·安德森

任何人以后写到或是想到大萧条时，都无法避免这样一个问题：它会不会再次发生？首先，回顾 1929—1933 年的那次经济崩溃的规模是很重要的。在那三年里，主要经济大国的实际 GDP 下跌超过 25%，1/4 的成年男性失去了工作，商品价格下跌了一半，消费品价格下跌了 30%，工资缩水了 1/3。美国的银行信贷缩减了 40%，许多其他国家的整个银行系统也都崩溃了。几乎所有的发展中国家、中东欧国家，包括世界上第三大国德国的主权债务人都已经拖欠债务，这次经济风暴席卷了全球的各个角落，从加拿大的大草原到亚洲拥挤的城市，从北美的工业腹地到印度最小的村庄，世界上没有哪次经济风暴的深度和广度能够赶得上这次大灾难。

1929—1933 年的这次世界经济危机的危害之所以如此之大，是因为它并不是一次危机，而是一系列危机：从大西洋的一端反弹到另一端，每一次新的危机都从上次的危机中积蓄力量。这次危机以 1928 年德国经济的萎缩开场，接着是 1929 年华尔街经济的崩溃，然后是 1930 年底美国的银行出现恐慌，最终以 1931 年夏天欧洲金融体系的瓦解收场。这些事件的每一部分都是当代危机的一次模拟。

第一次危机是1928年美国流向欧洲的资本突然中断，造成德国经济陷入困境。1994年发生在墨西哥的比索危机与此相似。20世纪90年代早期，墨西哥从其他国家借了太多的短期资本，当1994年美国利率突然大幅上升时，墨西哥很难使自己的贷款获得展期，于是便面临着贬值比索还是拖欠债务的抉择。

当然，这两者也存在着许多不同之处，1928年的德国相比世界各国来说属于经济实力比较强的国家，它的经济规模大约是1994年时墨西哥的三倍。但是，最大的不同在于危机的处理方面：在墨西哥面临危机时，时任美国财政部长的罗伯特·鲁宾（Robert Rubin）以惊人的速度向墨西哥注入了500亿美元的紧急贷款，阻止了债务的拖欠；相反，德国就没有这样的救星。另外，墨西哥在1994年时是可以贬值比索的，但德国在1929年刚刚摆脱了一场恶性通货膨胀，由于受制于金本位制度，德国必须牺牲本国经济来维持德国马克与黄金的比价。

第二次危机是华尔街的大冲击，这次危机与2000年的股市暴跌非常相似。两者都经历了一场疯狂的泡沫，股价已经完全脱离实体经济，严重被高估大约30%—40%。在这两次危机中，华尔街的一个无赖画廊和一些公司内部的知情人士大量抛售股票，造成价格下跌。两次危机的后果是相似的，美国GDP在第一年下降了大约40%，接着又出现了急剧的投资缩水。美国当局的反应也是相同的：在1929年危机爆发的第一年，美国的利率从6%下调到2%；而在2000年，利率从6.5%下调到2%。

之后，**由美国银行倒闭引起的1931—1933年的一连串银行恐慌和2007年夏天爆发的全球金融危机有着相同的特性，**并且直到本书写作时全球金融危机还在影响着全世界的银行系统。这两次危机都是由储户对持续发生巨额亏损的金融中介机构的怀疑所引发的。1933年，人们的这些担心造成了一系列银行发生挤兑，储户从银行把钱取出囤积起来，这一举动在两年里遍及了整个美国。而当前的这次混乱也导致了一场大规模的金融体系挤兑风潮，但这次不是由储户个人从银行提取现金，而是由一些银行家和投资者从商业银行、投资银行、货币市场基金、对冲基金以及那些在过去10年中迅速成长起来的、神秘的"表外特殊目的载体"等形形色色的金融机构挪用现金，每一个依靠从同行那里获得大额资金的金融机构都会或多或少地受到一定程度的威胁。

从某些方面来看，和1931—1933年的银行恐慌相比，当前的这次危机更加致命。在20世纪30年代，大多数储户不得不站在银行外排队等候取钱，而现在大部分的资金通过点击鼠标就可以取出。而且，现在的全球金融体系比GDP的规模更大，也更复杂。现在的杠杆作用也更大，许多银行依靠短期融资获得的巨额资金在一夜之间就可以灰飞烟灭。可以说，现在的银行体系比以往更加敏感和脆弱，因此当前的这次恐慌横扫整个体系的速度更快，破坏性更大。

唯一可以对这次全球金融危机进行一些弥补的是中央银行和当局的反应。在1931—1933年期间，面对着数千家银行的倒闭，银行信贷缩水40%，美联储却坐以待毙。然而，当前的金融危机爆发后，全球中央银行和财政部汲取了大萧条时期的教训，采取了一系列前所未有的措施，立即向信贷市场注入了巨额资金，并向银行业注入了资本金。倘若没有采取措施，全球金融体系可能会像20世纪30年代的大萧条一样遭遇惨重崩溃。尽管一系列措施对这次危机最终信贷供应以及中央银行所采取的补救措施的影响还不确定——数月来还未见成效，但至少当局的这些措施看起来已经避免了一次灾难的爆发。

最后，**欧洲1931年的金融危机和1997—1998年“新兴市场”的危机相似。**1931年，人们对欧洲银行和货币的信心破灭，造成德国和中欧其他国家开始实行资本管制和拖欠债务，这一现象导致了恐慌蔓延，最终达到极点，英国因此被迫放弃了金本位制度。

1997年，一次与1931年相似的危机困扰着亚洲的韩国、泰国和印度尼西亚，它们被迫终止支付高达数百亿美元的债务。亚洲的货币相对美元大幅贬值，摧毁了新兴市场证券的所有信心，最终在1998年引发俄罗斯拖欠债务，两年后阿根廷也开始拖欠债务。但是在1931年，部分受危机影响的欧洲国家的GDP占美国经济规模的一半；而在1997年，拖欠债务的新兴市场国家的GDP仅占美国GDP的1/4。

这些类比虽然不是精确的，但它们可以反映出1929—1932年经济崩溃的规模，相当于以下危机的联合作用：1994 年的墨西哥比索危机、1997—1998 年的亚洲和俄罗斯危机、2000 年的股票市场泡沫和 2007 年 8 月的全球金融危机。而且，1929—1932 年大萧条时期的一系列危机都集中在两年之中发生。从某种程度上来说，因为过去 10 年中一直反复冲击世界经济的危机只是一个接一个地爆发，并且两次危机之间有一段适度的缓冲时间，因此世界经济才得以免于遭遇像大萧条时期那样的大危机。

许多年以来人们都认为，甚至如今也是如此：大萧条造成的严重经济灾难可能仅仅是政府无法抵抗的、神秘而无情的作用力对经济施加影响的结果。现代人经常把大萧条时期描述成一场经济地震、暴风雪、大漩涡和洪水，所有这些隐喻都暗示着世界遭遇的是一场自然灾害，而与个人或团体没有任何关系。相反，在这本书中，我坚持认为这次危机并不是上帝的行为或是资本主义深层矛盾的结果，而是一些经济政策制定者一系列误判的直接后果，一些人在 20 世纪 20 年代反省了，另一些人在第一次危机之后又重蹈覆辙——无论如何，它都是金融家们曾犯过的一系列愚蠢错误中最戏剧性的一个。

那么，这场经济危机到底应该归罪于谁呢？**第一个罪犯应该是主持巴黎和会的政治家们**，那时世界经济正在努力从第一次世界大战后巨大的国际债务负担的影响中逐渐恢复，但他们却为世界经济雪上加霜。

> 德国从 20 世纪 20 年代开始向法国和英国借了 120 亿美元，第一次世界大战期间法国向美国和英国借了 70 亿美元，而反过来英国又向美国借了 40 亿美元。以现在的标准来看，相当于德国借款 24 亿美元，法国 14 亿美元，英国 8 亿美元。在长达 10 年的时间里，处理这些巨额索赔问题消耗了政治家们的精力，同时也破坏了各个国家之间的关系。更重要的是，这些债务导致全球金融体系产生了巨大的断层，因此在第一次压力之下才会破裂。

第二个该受惩罚的就是当时的中央银行家们，尤其是本书的 4 位主人公——蒙塔古·诺曼、本杰明·斯特朗、亚尔马·沙赫特和埃米尔·莫罗。即使沙赫特和诺曼花了整整 10 年的时间来努力减轻他们在战争赔款和战争债务方面的一些政治错误，但是与其他人相比，他们尤其应当对20世纪20年代让世界经济重回金本位制度的第二次经济政策这一错误决定承担责任。

> 黄金供给已经赶不上价格的变化，而且黄金储备的分配也极为不公平，大部分集中于美国，结果造成金本位制度失调，不能像第一次世界大战前一样起到自动调节的作用。欧洲以某一严重偏离的汇率重回金本位制度，给这个世界金融体系的核心——英格兰银行带来了持续的压力，并且英国和法国之间破坏性的小争执摧毁了国际之间的合作关系，这些都使得黄金储备短缺现象越发严重。

这4位银行家确实成功地使经济重新运转了起来，但他们所做的也只是下调美国利率，从而使德国渡过了巨额借款的难关。这个体系注定要以一场彻底崩溃来结束。确实，它为自己将来的灾难埋下了种子，**为了支撑起国际交易而采取的下调美元利率这一政策最终引发了一场美国股市泡沫。**1927年，美联储在两个互相冲突的目标选择上不知所措，到底是应该支撑欧洲还是应该控制华尔街的投机活动？美联储努力想同时实现这两个目标，但最终两头落空。美联储所有控制投机活动的尝试都不够认真，没能把股票拉回到现实中来，但却足够强大，以至于导致向德国发放的贷款陷入崩溃，并将中欧大多数国家一同拉进了深渊，而且还引发了世界上其他国家的通货紧缩。最终，在1929年10月的最后一周，股市泡沫破灭，美国经济陷入了衰退，股市产生了双重效应：一方面，它引发了国际信贷紧缩，使得德国和其他国家陷入了衰退；另一方面，它则撼动了美国经济。

为了努力维持跛行的金本位制度，各个国家面临着巨大的压力，由此经济的轻度振荡将不可避免，但这次危机却本不必演变成全球性的灾难。大约一个世纪以来，欧洲中央银行一直在应对金融危机，它们早已吸取了教训，深知在一只无形的手的悉心呵护下，经济在大部分时间里都运转良好。但是，在经济恐慌期间，这只手似乎已经不起什么作用了，而市场（尤其是金融市场）却变得非常可怕。在这样的环境下，为了重新恢复健全和某种平衡，需要一只有形的手来引导这只无形的手。总之，这种情况需要建立领导机制。

1929年以后，国际货币事务的责任落在了一帮对这些事情毫不理解的人身上，他们的理念说得好听点儿是过时，说得难听点儿就是完全错误。斯特朗于1928年去世，他的接替者乔治·哈里森虽然十分努力，但却缺乏接管美联储的个人魅力和才能。相反，美联储的权力被交给了一帮毫无经验和一知半解的趋炎附势者，这帮人认为经济会自动回到平衡点，面对经济通货紧缩的压力，没必要做什么，只需要坐着等就行，到最后就连最基本的最后贷款人和支持处于恐慌时期的银行体系的中央银行职责也没有尽到。

诺曼和沙赫特都明白处于自由落体状态的金融体系需要中央银行的主动干预，但他们各自的银行——英格兰银行和德意志银行都长期缺少黄金，也没有采取措施的余地。结果，尽管诺曼有着巨大的威望，沙赫特有着非凡的创造力，但他们却因为受到金本位制度的束缚而无能为力，而且被迫与美国绑在一起，当美元下跌时，他们就相应地贬值本币。

美联储之外唯一一个拥有足够黄金、能够独立行事的中央银行家就是法兰西银行的莫罗。但是在被无意卷入金融主导地位后，他看起来更像是要下定决心好好发挥法国新获得的政治力量，而不是要实现经济目标。而且，最初发生于美国和德国的经济衰退还是比较温和的，可以被挽救过来，但是在非常愚蠢和短视的行为下，这次衰退最终转变为一场全球范围内的大灾难。

1934年，耶鲁大学经济学家欧文·费雪在内务委员会出庭作证时说："斯特朗去世时，他的经济政策也跟着他被埋葬了，我一直都认为，他如果还活着的话，我们现在很可能会有一个不同的结果。"费雪是众多经济学家和历史学家中第一个提出如果斯特朗还在世的话，事情将会不一样这一迷惑人的反事实言论的人。尽管斯特朗在重建金本位制度上犯了许多错误，而且在导致美国股市泡沫的放松银根政策上需要承担责任，但毫无疑问，在1931年早期，为了防止银行连续发生挤兑，他可能会比他的继承者哈里森表现得更加积极和更加努力。而且，从国际层面上来说，他不仅是唯一一个集合了4位银行家的能力、智慧和洞察力的人，而且他还拥有美联储巨大黄金储备的经济支持，因此他可以担当起世界经济的领导重任，并可以采取措施抵抗全球通货紧缩。

可以说，大萧条是由智力判断错误和对经济运转缺乏理解造成的。在研究大萧条的原因及其影响方面，没有人能比梅纳德·凯恩斯付出的精力更多。他认为，只要人们消除了“紊乱”的思绪——他一贯喜欢这样描述经济问题，那么，与他所认为的存在的核心问题相比——“人生问题、人际关系问题、创造力问题、行为问题与宗教问题”，社会将会允许它的物质福利管理处于次要地位。这就是当他在人生的最后时刻做演讲时，他声明的经济学家“不是文明社会的而是使文明社会成为可能的委托人”的含义。他所说的这番话是他在60多年的生命中留给托管制度的最伟大的遗产，由于他深刻的洞察力，世界得以避免再次发生比1929—1933年的经济危机规模更大的经济灾难。

本书不可避免地会出现许多数据，尤其是以各种各样的货币形式出现的金融数据。为了使本书内容简洁易懂，我通常以美元来表示其他货币（比如法国法郎和德国马克）的数额——特殊情况除外。

理解从20世纪20年代开始的经济数据的重要意义，并将它们与今天的美元联系起来并不是件简单的事情，这不仅是因为从那时起价格产生了很大幅度的增长，而且美国和欧洲经济体也已经发展得非常庞大了。

与个人经济状况有关的金融数据——比如亚尔马·沙赫特的工资应该与生活费用的变化相应配。根据经验法则，为了弥补通货膨胀的影响，这些数据应该乘以12。因此，本杰明·斯特朗在20世纪20年代中期担任纽约联邦储备银行行长时的5万美元的工资相当于今天的60万美元，而凯恩斯在他漫长的金融市场投机生涯中所积累起来的200万美元的养老金则相当于今天的2 400万美元。

相反，为了理解与整个国家经济状况相关的货币数额的真正意义，比如各国欠美国的战争债务数额，我们不仅应该考虑到生活费用的变化，还应该了解经济规模的变化。如果将这些金融数据转化为与2008年对应的数额，应将原有数据乘以200。例如，1921年向德国索赔的数额被敲定为120亿美元，相当于今天的2.4万亿美元的债务。

未来，属于终身学习者

我这辈子遇到的聪明人（来自各行各业的聪明人）没有不每天阅读的——没有，一个都没有。巴菲特读书之多，我读书之多，可能会让你感到吃惊。孩子们都笑话我。他们觉得我是一本长了两条腿的书。

——查理·芒格

互联网改变了信息连接的方式；指数型技术在迅速颠覆着现有的商业世界；人工智能已经开始抢占人类的工作岗位……

未来，到底需要什么样的人才？

改变命运唯一的策略是你要变成终身学习者。未来世界将不再需要单一的技能型人才，而是需要具备完善的知识结构、极强逻辑思考力和高感知力的复合型人才。优秀的人往往通过阅读建立足够强大的抽象思维能力，获得异于众人的思考和整合能力。未来，将属于终身学习者！而阅读必定和终身学习形影不离。

很多人读书，追求的是干货，寻求的是立刻行之有效的解决方案。其实这是一种留在舒适区的阅读方法。在这个充满不确定性的年代，答案不会简单地出现在书里，因为生活根本就没有标准确切的答案，你也不能期望过去的经验能解决未来的问题。

湛庐阅读App：与最聪明的人共同进化

有人常常把成本支出的焦点放在书价上，把读完一本书当作阅读的终结。其实不然。

时间是读者付出的最大阅读成本
怎么读是读者面临的最大阅读障碍
“读书破万卷”不仅仅在“万”，更重要的是在“破”！

现在，我们构建了全新的“湛庐阅读”App。它将成为你“破万卷”的新居所。在这里：

- 不用考虑读什么，你可以便捷找到纸书、有声书和各种声音产品；
- 你可以学会怎么读，你将发现集泛读、通读、精读于一体的阅读解决方案；
- 你会与作者、译者、专家、推荐人和阅读教练相遇，他们是优质思想的发源地；
- 你会与优秀的读者和终身学习者为伍，他们对阅读和学习有着持久的热情和源源不绝的内驱力。

从单一到复合，从知道到精通，从理解到创造，湛庐希望建立一个“与最聪明的人共同进化”的社区，成为人类先进思想交汇的聚集地，与你共同迎接未来。

与此同时，我们希望能够重新定义你的学习场景，让你随时随地收获有内容、有价值的思想，通过阅读实现终身学习。这是我们的使命和价值。

湛庐阅读App玩转指南

湛庐阅读App结构图：

三步玩转湛庐阅读App：

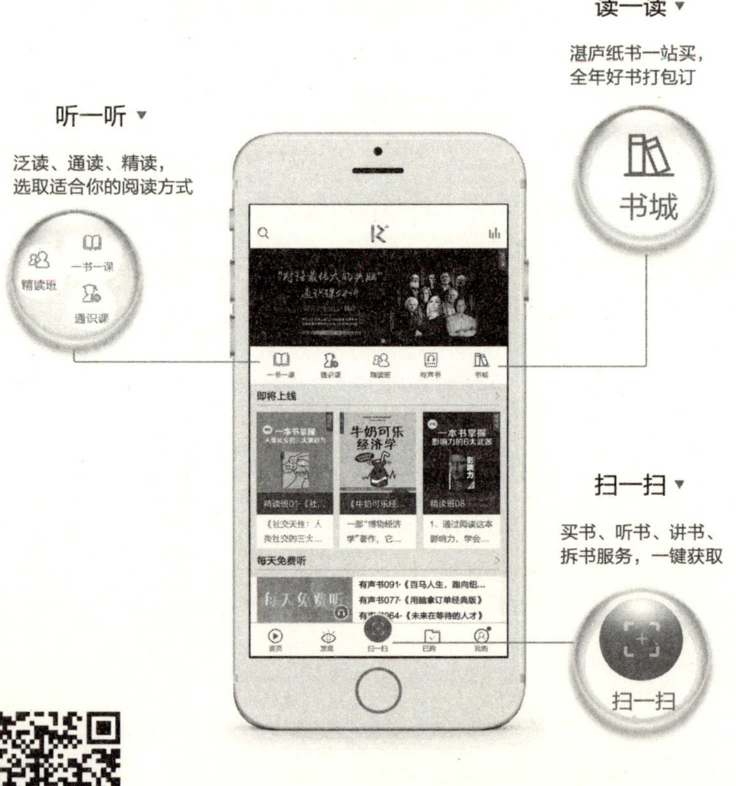

使用App扫一扫功能，遇见书里书外更大的世界！

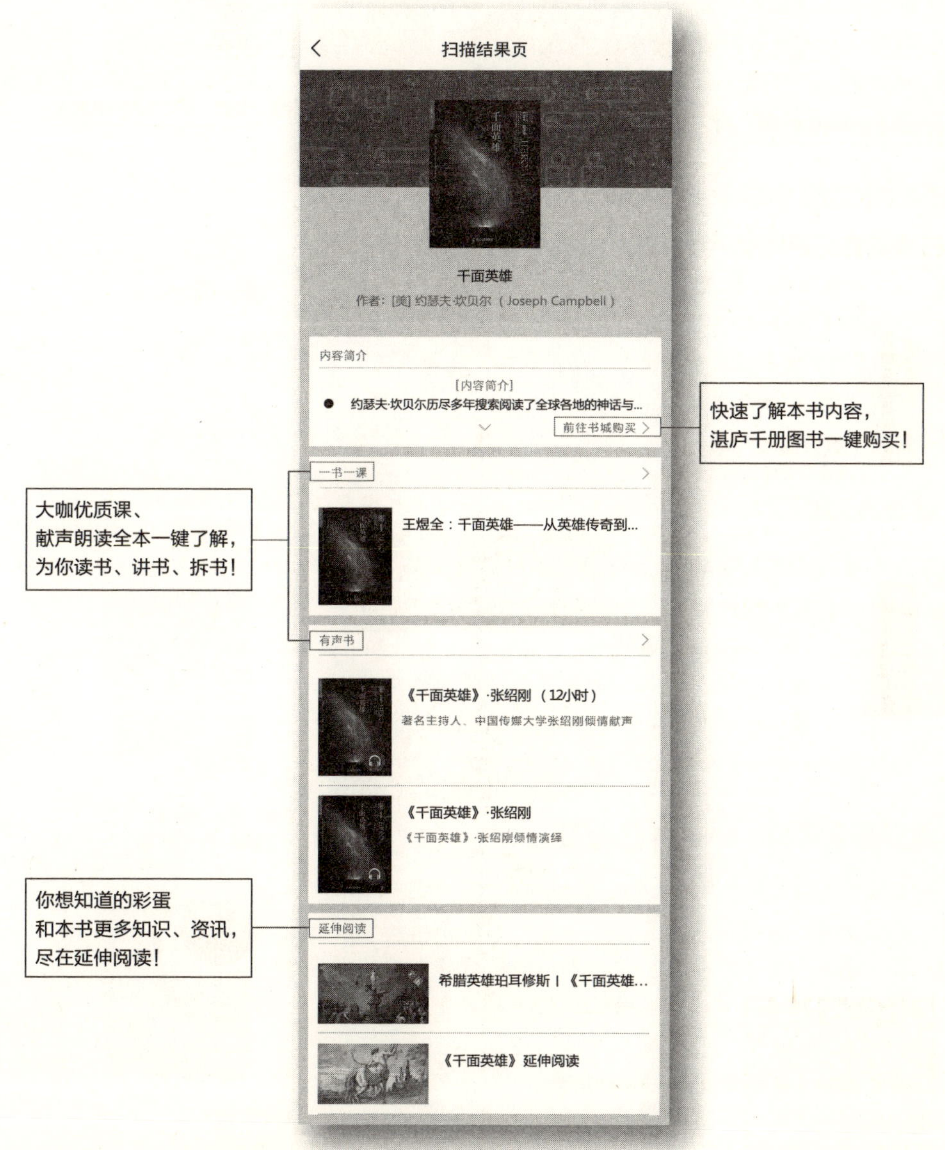

延伸阅读

《价值》

◎ 沉淀15年，张磊的投资思想首度全面公开，系统阐释了张磊对投资和商业的全方位思考，全面剖析了高瓴的投资体系和创新框架。

◎ 马化腾、李开复、李彦宏、董明珠、雷军、苏世民等50位国内外大咖罕见同框共同力荐。

《投资中最简单的事（更新版）》

◎ 高毅资产董事长邱国鹭22年投资经验凝聚之首部作品，历经市场5年洗礼之后全新升级。

◎ 作者从多年投资经验出发，剖析了"便宜才是硬道理""定价权是核心竞争力""人弃我取，逆向投资"等简单易行的投资原则和工具，让读者真正可学、可用、可掌握。

《证券分析》

◎ 由本杰明·格雷厄姆和戴维·多德共同写著而成，本杰明·格雷厄姆被誉为"现代证券分析之父""华尔街教父"，价值投资理论奠基人。

◎ 价值投资流派的开山之作，给出了历经时间检验的价值投资思想和常识，被誉为"投资者的圣经"，让价值投资和基本面分析真正走入人们的视野。

《共同基金常识（10周年纪念版）》

◎ 约翰·博格是基金业的先驱，第一只指数型共同基金的建立者，世界第二大基金管理公司领航集团创始人。这本书是他的心血之作，用翔实的数据和事实诠释了简单的常识必然会胜过代价高昂且复杂的投资方法。

◎ 著名金融学家巴曙松先生领衔翻译。

Lords of Finance: the Bankers Who Broke the World by Liaquat Ahamed.

ISBN 978-0-14-311680-6

This edition published by arrangement with Penguin Press, an imprint of Penguin Publishing Group, a division of Penguin Random House LLC.

本书中文简体字版由 Penguin Press, an imprint of Penguin Publishing Group, a division of Penguin Random House LLC授权在中华人民共和国境内独家出版发行。

图书在版编目（CIP）数据

金融之王 /（美）利雅卡特·艾哈迈德著；巴曙松，李胜利等译. — 成都：四川人民出版社，2020.12
ISBN 978-7-220-11957-6

Ⅰ.①金… Ⅱ.①利… ②巴… ③李… Ⅲ.①金融危机—研究 Ⅳ.①F830.99

中国版本图书馆CIP数据核字（2020）第198277号
著作权合同登记号
图字：21-2020-394

上架指导：金融史 / 畅销书

JINRONG ZHIWANG
金融之王
［美］利雅卡特·艾哈迈德 著
巴曙松 李胜利 等 译

责任编辑：刘姣娇
版式设计：湛庐CHEERS
封面设计：水玉银文化

四川人民出版社
（成都市槐树街 2 号 610031）
天津中印联印务有限公司印刷 新华书店经销
字数 473 千字 710 毫米 ×965 毫米 1/16 印张 27.25
2020 年 12 月第 1 版 2020 年 12 月第 1 次印刷
ISBN 978-7-220-11957-6
定价：99.90 元
